Eine Region und ihre Küche

Venetien & Friaul

Hans Peter Bleuel
Robert v. Aufschnaiter

HÄDECKE VERLAG

Impressum

Wir danken Frau Renata Liut, Liut Relazione Pubbliche, Codroipo, für die freundliche Unterstützung bei der Recherche und fotografischen Arbeit im Friaul.

Gestaltung: A&M–Design, München.
Druck: Milanostampa, Farigliano

Printed in Italy 1997
ISBN 3–7750–0299–5

Inhalt

Venedig im Herbst: Die Calle nebelverhangen und leer…

Ein Vorgeschmack

Caffè am Ausguck: Die Mauern tränend und grau

Gondeln in Schwarz: *Die Kanäle trüb und müde*

Normalerweise, sagen wir's offen, fällt man in seine Reiseziele ein. Mit dem Flugzeug geradewegs vom Himmel, wo die Freiheit so schön und der Sitz beim Lunch so eng ist, daß man sich die Ellbogen in die eigenen Rippen staucht. Oder mit dem Wagen direkt von der Autostrada – Maut auch noch! –, wo man zwischen dem Kauen an zeitsparenden Stullen auch noch den Zorn über die Horden automobiler Dilettanten und Konkurrenten loswerden muß. Niemand könnte behaupten, wir hätten uns in dieser europäischen Reisegeschichte seit Goethe und Maler-Müller, Heine und Lassalle, Wagner und Rilke mit Ansehen bedeckt. Italiener würden das eher *antipasti crudi* nennen, rohen Vorgeschmack.

Ein Schluck an der Bar: Bezahlt wird gleich

In Oberitalien heißt das Reiseziel meistens Venedig. Man muß es gesehen haben. Wegen der Romantik, der Reputation oder der Reminiszenzen, die man dann ein Leben lang ausbreiten kann: *Ach ja, und kennst Du die Carpaccio-Gemälde in der Scuola di San Giorgio degli Schiavoni* (schon die lässige Aussprache weist den Kunstliebhaber aus), *bei Cipriani hat man übrigens auch diese deliziöse Kreation aus rohem Rinderfilet und Trüffeln nach dem Maler benannt, natürlich war ich in der Trattoria de la Madonna, ein Geheimtip* (seit 15 Jahren), *und am Markusplatz haben sie für einen Espresso mit Mineralwasser und Campari 60 Mark verlangt* (weil dazu einer fiedelte, 100 Prozent Aufschlag)...

Ach ja, Venedig ist sehr schön. Aber hinter der Fassade ein bißchen anders. 100.000 Venezianer haben es in den letzten Jahrzehnten verlassen, weil sie Arbeit und Auskommen nicht mehr fanden. Heute wohnen noch 60.000 in den ausblutenden Vierteln. Die Palazzi und Kirchen sind restauriert. Aber viele Millionen Förderungsmittel sind im Behördendschungel spurlos verschwunden, mit denen man die Kanäle hätte ausbaggern und Schleusen anlegen sollen. Die Serenessima der Adria steht auf hölzernem Fundament, Eichen- und Lärchenstämmen aus Istrien und dem Cadore, die man vor Jahrhunderten einrammte. Der Zersetzungsprozeß hat begonnen, und diese morbide Fäulnis unter den Füßen ist trotz Thomas Mann und Visconti, trotz Carneval und Lido weder gesund noch romantisch, auch wenn man es als flüchtiger Besucher und Verehrer gerne glauben möchte und Vitalität erlebt.

Ich war einmal im November dort, die *calle* nebelverhangen und leer, die Mauern tränend und grau, die Kanäle trüb und müde. In den Stadtvierteln abseits Rialto hörte man nur Dialekt und begriff nichts außer Selbstverständlichkeit. Frauen jung und alt, die in fröhlicher Streitlust frisches Gemüse und glänzende Meeresfrüchte zum Mittagsmahl einhandelten. Hagere Männer, die zwischen der Arbeit kaum weniger redselig in der Bar nebenan einen Espresso oder *goto de vin* über die Zeit streckten. Kinder, die lärmend im Dunst auftauchten und entschwanden. Es war kleinstädtische Lebendigkeit, das Leben der kleinen Leute und zwischen *Stazione* und *San Marco* verloren sich die Fremden, zu denen ich gehörte. Ich war in Venedig hineingefallen. Ich stand ganz draußen, aber dicht davor, denn ihre Freundlichkeit beim *bicerin* an der Theke schien uns ländlich einzuschließen.

Wäsche im Wind der Lagune: Ländliches Idyll, Mühsal wie seit altersher

Warum so viel voraus über die Markusstadt, wenn wir doch von Friaul und Venetien erzählen wollen? Venedig ist ein Kind dieser meerverwandten Landschaften unter dem Gebirge, ein spätgeborenes dazu. Doch der Ruhm und Glanz, den „die Königin des Meeres" über einige Jahrhunderte ausstrahlte, verdrängt noch immer das Land, aus dem die Stadt – buchstäblich – erstand. Der Ort Adria, der dem Meer den Namen gab, ist längst unbedeutend in der Flußebene entschwunden, die Po und Etsch von Westen angeschüttet haben. Die antike Handelsmetropole Aquileia, Hafenstadt im Norden mit 100.000 Einwohnern, ist in den Zerstörungen der Völkerwanderung untergegangen; ein Flecken, den die eiligen Strandurlauber von Grado nur im Vorbeifahren wahrnehmen. Venedig hat überdauert; und rechnet man den Millionenstrom der Besucher ab – auch eine verheerende Völkerwanderung –, so ist die bedrohte Lagunenstadt heute nur Schwester unter vielen erstaunlichen Stätten reicher Vergangenheit, die in dieser Region zwischen Verona und Triest so zahlreich sind.

Das Schwemmland von Po und Etsch und Piave, die Geröllmassen von Tagliamento und Isonzo haben hier eine Verbindung von Gebirge und Meer geschaffen, die es in Europa nur einmal in dieser Dichte und Nähe gibt: Friaul und Venetien. Kaum 100 Kilometer trennen die Dolomitengipfel des Cadore und die Weiden der Karnischen Alpen von den Lagunen, am Golf von Triest stürzt der höhlenreiche Karst steil in die See. Dazwischen wuchs ein Land von unglaublicher Fruchtbarkeit und Vielfalt. „Ein kleines Kompendium der ganzen Erde", hat es der junge Dichter Ippolito Nievo schon vor 150 Jahren genannt, in dem sich der Abdruck alter Zeiten sehr lange bewahre.

Am Abend, wenn Menschenstrom und Lärm verebben und der Schleier der Dunkelheit die Grenzen von Pracht und Verfall verwischt, die Gondeln mit dumpfem Laut an ihren Pfählen dümpeln, zeigt die Serenissima für Stunden Erinnerung an alten Glanz und verblichene Macht, an triumphales Gehabe und verborgene Intrigen…

... ein Leben zwischen Tag und Traum.

Es konnte nicht anders sein: Bei dieser natürlichen Verlockung zog die Region immer neue Völkerschaften und Herrschaften an, durch drei Jahrtausende. Kelten, Karnier genannt, Veneter und Illyrer, Römer und Markomannen, Goten und Hunnen, Langobarden und Franken, Slawen und Türken. Rom und Byzanz, Kaiser und Papst, Grafen und Patriarchen haben um die Region gestritten, die als Grenzmark, Einfallspforte und Streitpunkt Europas im Südosten immer wieder von Verheerungen und Verwüstungen heimgesucht wurde. Und sich dennoch behauptete, indem sie wandernde Völkerschaften geduldig aufnahm, Eroberer assimilierte und gar fremde Stämme ins Land zog, wenn die vorangegangene Zerstörung zu groß war und die eigenen Kräfte zur Bestellung des Bodens und Bewahrung des Handels nicht mehr reichten.

Alle haben ihre kulinarischen Spuren hinterlassen, und der Gaumen ist dabei kein schlechter Wegweiser, wenn man ihn zu nutzen weiß: ein Kompendium der ganzen Welt. Aber es wird sich kaum erschließen, wenn man nur in Iesolo oder Lignano, am Lido oder Miramare einfällt.

Vergessen Sie das Ziel. Machen Sie den Weg zum Erlebnis, und die Augenblicke werden in der Kraft der Erinnerung verweilen und mit dem feinen *gusto* aus der eigenen Küche zurückkehren. Aquileia, Bassano del Grappa, Carsino, Cividale del Friuli, Colline, Conegliano, Cormons, San Daniele, Duino, Gorizia, Marostica, Padova, Palmanova, Pordenone, Treviso, Tarvisio, Udine, Zuglio... Namen wie Perlen an einer Kette, deren eine die andere nach sich zieht. Es gilt eine Landschaft zu entdecken, eine Lebensart zu erkunden zwischen Gebirge und Meer.

Dann aber muß man schon einmal in Trient die Autobahn verlassen und gemächlich durch die weite Mulde der Brenta rollen, um in Bassano weißen Spargel zu schmecken, im nahen Marostica die Kirschenkultur zu kosten und in Padova die Fresken Giottos zu sehen und das Katheder Galileos – Geburtsstätten der Neuzeit.

Oder man wählt den mittelalterlichen Handelsweg *strada d'alemagna*, die hoch im Pustertal bei Toblach, der Wasserscheide zwischen Adria und Schwarzem Meer, ins Ampezzo abzweigt. Bald hinter Cortina entdeckt man die einstige Staatsgrenze zwischen k.u.k.Habsburg und der Republik von Venedig, in Pieve di Cadore das Geburtshaus Tizians, und steht dann am weiten Lauf der Piave vor der Entscheidung, ob man den Weg zwischen den verlockenden Rebhügeln der Weinstraßen von Valdobbiadene nach Conegliano oder direkt nach Treviso mit seinen beschaulichen Arkaden und Kanälen nehmen soll.

Kaum weniger reizvoll ist die Anreise über die *Via Julia Augusta* der Römer vom Plöckenpaß hinab in die Schotterebene des Tagliamento – die kürzeste Route zu den Schinken von San Daniele, dem bezaubernden *centro storico* von Udine, dem *tempietto* der Langobarden in Cividale und Austrias – und Lloyds – einstiger Hafenmetropole Triest.

Es wäre Blasphemie, dies nur einen Vorgeschmack zu nennen. Jeder Weg führt mitten hinein in Kunst und Kultur, Geschichte und Gegenwart Friauls und Venetiens. Wußten Sie, daß alle Brillenmacher und Eisverkäufer auf der Welt aus dem Cadore kommen und nirgends in Europa so viele Stühle gebaut werden wie in Udine und Umgebung? Daß der zarteste Radicchio in Treviso und Castelfranco gezogen wird und Beltrami das *Tirami su* in Treviso erfand? Daß Meerspinnen eine Delikatesse sind und Strandkrabben am besten nackt? Na also. Bereiten Sie sich auf erstaunliche Genüsse vor: Antipasti.

Aquileia ist heute ein Flecken von kaum 3000 Einwohnern. Die wenigen Säulen des Forums (linke Seite) lassen kaum noch ahnen, daß es in römischer Kaiserzeit mit 100.000 Einwohnern eines der größten mediterranen Handelszentren mit Flußhafen am damaligen Lauf des Natisone war. Die Barbaren Attilas, Theoderichs und Alboins haben den Niedergang vollends besiegelt: Die Bevölkerung floh in die Lagunen, die Bischöfe nahmen ihr Patriarchat in Grado wahr (Pietá in Santa Eufemia, rechte Seite).

Sauris: Stille Bergtäler zwischen Dolomiten und Karnischen Alpen mit mittelhochdeutschen Sprachinseln im Hinterland der Terra ferma. Venedig scheint sehr fern – doch auch dieses Gebiet gehört zu seiner vormaligen Herrschaft in der Provinz Friaul-Julisch Venetien.

Aus dem Bordlautsprecher kommt die Durchsage des Kapitäns: Wir überfliegen jetzt, linkerhand, Venedig. Er hätte es nicht sagen müssen, es ist atemberaubend, die Überraschung des großen Blicks nimmt den Atem. Eine winzige Insel, von Mäandern durchzogen, mit Klötzchen und Türmchen bestückt, drumherum weitere Inselchen, abgrenzende Landbänder in der grünblauen Wasserfläche. Ein ungeheuer weites Areal zwischen Land und Meer, Lagune mit Pfannen und Buchten, in der sich die menschlichen Dimensionen aus 8.000 Metern Höhe verlieren, Wunderland, Disneyland – Macht und Größe?

Erinnerung kehrt zurück, der Rückgriff auf Geschautes, Erlebtes, die kleine Dimension. Die Fahrt im Vaporetto zu später Stunde zwischen den Signalpfosten des seichten Gewässers, die Anlege an knarzendem Gebälk, die kaum begangenen Wege und Brücken durch Schilf und Gärten, das sachte Schwappen des Wassers, das Plätschern der Ruder. Man steht davor, empfindet das leise Ziehen im Bauch, doch ganz draußen zu sein, und fühlt sich so wohl wie weh. Unser Leben spielt auf Meeres Ebene und selten in Berges Höhen. Der Flug darüber ist nur ein kurzes Erlebnis, ein unwirklicher Zustand.

Ein Platz in Venedig…

... ein Hof in Venetien:
Orte wie viele, an denen Menschen sich einzurichten gelernt haben.

Treviso: Einklang der Elemente, urbane Harmonie von Kanälen und Gebäuden, Arkaden und Gassen, offener Begegnung und privater Zurückgezogenheit im Bild einer Stadt.

Antipasti

Die Mark von Treviso am Fuß der Alpen verdankt ihren Beinamen „La Gioiosa", die Heitere, sicher nicht allein dem Reiz, sondern auch der Fruchtbarkeit ihrer Landschaft, in der zwischen Hügeln und Tiefland der strohgelbe Prosecco di Conegliano und der perlende Cartizze aus Valdobbiadene, die markanten Rotweine der Piave und die zartesten Gemüse angebaut werden. Die leuchtenden Sonnenblumen folgen im Lauf des Tages unisono ihrem Gestirn, bunte Felder ziehen sich in die Weite, doch der Blick ist von so vielen Geschäftsbauten – rechts und links der geradlinigen Hauptstraßen verstellt – Mobile! Arredamenti! Ceramica! Calzature! -, daß man kaum wahrnimmt, welche Reize am Wege liegen – zum Schauen wie zum Schmecken. Nur wenige Kilometer abseits, an irgendeiner unscheinbaren Abzweigung, warten die Wunder an den Wassern, in den Feldern und Flecken, an bäuerlichen Tischen, dörflichen Trattorien und den Tafeln Trevisos. Muße muß man sich gönnen, um Genuß zu erfahren.

Radicchio rosso

Der Rote Radicchio aus Treviso ist länglich und der mildeste, der gescheckte aus Castelfranco nahebei schon rundlich und ein wenig herber, und hierzulande findet man meist den festen Kugelkopf aus Chioggia, der übers ganze Jahr gezüchtet wird. Ihn müßten Sie für unser Rezept achteln: Nur zwischen November und März gibt es das köstliche Original.

Radicchio alla trevisana bedeutet: Die lange Blattblume putzen und die Wurzel kappen, längs halbieren, in Öl tauchen, pfeffern und salzen – und dann etwa zehn Minuten auf oder unter dem Grill wenden. Das kann man heiß oder kalt essen, warm mit ein paar Tropfen Zitrone schmeckt es mir am besten.

Radicchio alla giudia dagegen ist eine heiße Delikatesse: Die zarten Blätter werden einzeln in siedendem Ölbad gesotten und knusprig zu einem Glas Tocai gereicht.

Der schlanke Radicchio aus der Mark: Köstlichste Blüte im Dezember

Zucca marinata

Mit dem großen gelben Kürbis weiß man bei uns nicht viel anzufangen. In Venetien schon. Da wird er halbiert, entkernt, geschält und das Fleisch in kräftige Schnitze geteilt, die man mit Mehl bestäubt und in reichlich Öl anbrät. Die tropfen auf Küchenpapier ab und werden in Schichten, zwischen die man Rosmarin und Thymian streut, in einem Glasgefäß gehortet. Darüber gießt man eine Marinade, die aus Weinessig mit einer Knoblauchzehe, zwei Nelken, Pfefferkörnern und Meersalz aufgeköchelt wurde (ein Schuß delikater Garganega von den Colli Berici hinterher ist eine gute Ergänzung), und hat schon am nächsten Tag einen frischen Gaumenhappen, der sich zwischen *affetati misti* trefflich einpaßt (S. 33).

Carciofi sott'olio

Eigentlich ist es ja nur eine Distel, und viele scheuen die Mühe der Zubereitung, um an die mildfleischigen Blättchen und Böden der Artischocken heranzukommen. Aber im Frühjahr findet man auf den Märkten der *Terra ferma* auch die kleinen grünen Blütenknospen, aus der ersten Ernte (*castraura*), so zart, daß man sie roh einfach in Öl stippen kann oder geschnitten als saftigen Salat genießt.

Unter Öl, kurz vorgedünstet oder eingelegt, werden sie noch delikater, und es lassen sich auch etwas erwachsenere lange Knospen verwenden, die man von harten Blättern und Spitzen befreit und eventuell halbiert hat. Nach einem alten venezianischen Rezept wird da Knoblauch, Zwiebel und Schinkenspeck (*pancetta*) fein gehackt und in Öl golden angebraten; dann kommen die Carciofi hinzu (es dürfen auch Schnitten von Fenchel, *finocchio*, sein) und werden mild mit ein bißchen Brühe geweicht. Pfeffer und Salz, ab und zu ein paar Hitzestöße, damit überflüssige Feuchtigkeit entweicht, und dann wird das warm oder kalt ein perfekter Vorgenuß.

Carciofi heißen in Italien erst die ausgewachsenen Knospen, und die werden auf den Märkten geschält in Wasserbottichen zwischen Zitronenscheiben schwimmend feilgeboten: Artischockenböden.

Asparagi alla bassanese

Italienischer Spargel ist in der Regel schlank und grün. Um Bassano del Grappa wird ein weißer dicker zarter Spargel gestochen, wie bei uns bündelweise *a punto* in Salzwasser gegart, abgetropft und abgekühlt.

Spargel aus Bassano del Grappa, Arcole oder Chioggia in Weiß, Violett oder Grün zählt zu den kulinarischen Exzellenzen der Region und ist vielen Venetiern eine Reise in die Anbaugebiete wert.

Dazu gibt es eine würzige salsa: Hartgekochte Eier sehr fein hacken und mit zwei Teilen Olivenöl und einem Teil Weinessig sämig verrühren, mit Pfeffer und Salz abschmecken und kalt über dem Spargel servieren.

Spargel *alla bassanese* sind eine starke Vorspeise und verstoßen eigentlich gegen ein geschmäcklerisches Prinzip: Antipasti gibt es immer in der Mehrzahl. Mehrere kleine Happen, gut abgestimmt, ganz nach Tagesform und Angebot mit Überraschungen für den Gaumen. Das Land zwischen Gebirge und Meer bietet sie in Fülle, zum Beispiel Schnecken und Muscheln.

Bovoleti co l'agio

Jetzt sind wir mitten im venezianischen Dialekt, denn *bovoletti* sind kleine *bovoli,* und man nennt sie sonst in Italien *lumachelle* mit dem Diminuitiv für *lumache*: kleine Schnecken. Wobei man sich fragt, wie Schnecken noch kleiner sein können, und die lakonische Antwort erhält „e piú un passatempo che un antipasto" – sie sind sowieso eher ein Zeitvertreib als eine Vorspeise!

Vor allem in der Zubereitung, wie mir scheint, denn die sieht klassisch so aus: Den „großen" Schnecken verabreicht man vorab eine Zwei-Tage-Diät zwischen Weinblättern und Brotkrumen zur inneren Säuberung, die kleinen wirft man gleich per Kilo in siedendes Wasser, gießt nach ein paar Minuten ab und läßt die Tierchen samt Gehäuse in einer Mischung von viel Öl und Knoblauch mit Petersilie und Rosmarin ziehen.

Und dann steht man mit einem Glas Verduzzo an der Bar – denn freihändig geht das kaum – und suckelt und pickt mit *stuzzicadenti* die würzigen Weichkörperchen aus der Schale. Das, gebe ich zu, ist dann ein sehr amüsanter Zeitvertreib und auch ein *amuse geule*.

Capelunghe

Es muß auch von den Mollusken des Meeres die Rede sein, denn an den felsigen Küsten Julisch-Venetiens gibt es eine Fülle von Muscheln, die schwer zu ernten und zart zu bereiten sind: *Cape lunghe* (Scheidenmuscheln), *Datteri di mare* (Meerdatteln), *Cape sante* (Jakobsmuscheln), *Vongole* und *Cozze*, Venus- und

Miesmuscheln... Die drei ersten lassen sich nur als Gaumenhappen würdigen.

In frischem Wasser lagern, spülen und bürsten. Dann ganz naß in einem geschlossenen Topf kurz erhitzen. Die noch geschlossenen Muscheln wegwerfen, den leicht

geöffneten die obere Schale vorsichtig abtrennen – der Saft darf nicht verloren gehen! Und dann die Muscheln in der Schale auf eine Blech setzen, mit einem feingewiegten *battuto* aus Petersilie und Knoblauch und in Butter angerösteten Semmelbröseln bestreuen und je einen Tropfen *olio oliva extra vergine* benetzen. Ein paar Minuten unter den Grill oder in den vorgeheizten Backofen schieben. Warm auftragen.

Moleche col pien

Moleche sind *granchi*, genauer gesagt Strandkrabben, und eine Spezialität der Lagune, die in Körben gezüchtet wird. In Frühjahr und Herbst wechseln die kleinen Krebse ihren Panzer und sind für ein paar Stunden weich und zart, ehe sich die neue Schale verfestigt. Den Punkt müssen die Fischer abpassen, damit die „Weichlinge" rasch in Venedigs Küchen kommen.

Dort werden sie in Salzwasser gewaschen und lebendig einige Stunden in eine Schüssel mit aufgeschlagenem Eigelb und Parmesan gepreßt, damit sie sich schön abfüllen – *col pien*. Dann einzeln mit Mehl bestäubt und in Öl frittiert, heiß serviert. Barbarische Methoden und zivile Genüsse gehen manchmal bemerkenswerte Verbindungen ein.

Früchte des Meeres: Im Schwemmland der Lagunen wird der Begriff sinnfällig. Man braucht sich nur zu bücken, um Muscheln und Mollusken, Krebse und Krabben aufzupflücken.

Grancevola

Die Große Seespinne ist ein handgroßer Taschenkrebs und wie die kleinen nur meerfrisch zu verwenden. Zwei davon muß man haben, heißt es am Golf von Triest: eine männliche, weil das Fleisch geschmackvoller, und eine weibliche, weil es reichlicher ist.

Sie werden exakt sieben Minuten in Salzwasser gekocht und etwas abgekühlt, ehe man Zangen und Beine abdreht, den Panzer aufbricht und das Fleisch auslöst; auch den nun korallenroten Rogen und das braune Fleisch. Es ist zwar nicht so schön, aber intensiv (weshalb es gern für *risotto* verwendet wird). Alles zerpflücken, vermischen und wieder in die Schalen füllen. Mit Olivenöl und Zitronensaft beträufeln, mit Pfeffer und Salz bemahlen und mit Petersilie bestreuen. Dazu gibt es kleine Gäbelchen und einen eleganten *Pinot bianco* aus den Hügeln um Gorizia.

Gamberetti con olio e aglio

Bei allem, was so ähnlich klingt und bei uns auch Shrimps oder Nordseekrabben heißt, handelt es sich immer um kleine Garnelen – aber fingerlang sollten sie hierfür schon sein. Von Geburt aus sind diese zartschaligen Wesen grau: Rot werden sie wie alle Krustentiere erst durch Erhitzung. Die entsprechende Konsumware ist zur Konservierung also vorgekocht und hat damit ihren besten *gusto* schon verloren. Darauf sollte man achten.

Kochen Sie Wasser mit etwas Salz und einigen Blättern Lorbeer und Petersilie auf, schalten Sie die Flamme ab und lassen Sie die grauen Gamberi mit der Schale im Sud fünf Minuten erröten – höchstens, es kommt auf die Größe an. Der Sud ist dann prächtig für *risotti*. Die Garnelen werden in einer Schale mit Olivenöl, feingewiegtem Knoblauch und Petersilie vermischt. Warm ist das Fleisch, kühl die Würze am deutlichsten zu schmecken.

Zweiter Weg: Marinieren Sie die rohen Garnelen einige Stunden mit der Öl- und Würzmischung und gemahlenem Pfeffer in einem schweren flachen Tiegel (wenden!) und schieben Sie dann die Pfanne einige Minuten (wenden!) unter den Grill.

Richtig: Die Gamberetti werden ganzheitlich in der Schale dargeboten. Soviel Arbeit – Kopf und Körper ausbrechen – kann man guten Gästen mit guten Geschmacksgründen und dicken Papierservietten zumuten.

Calamari imbottiti

Tintenfische verlieren auch gekühlt importiert wenig von ihrer kulinarischen Verwendbarkeit, aber sie müssen schon noch Kopf und Tentakel haben, also geputzt werden.

Die violette Haut abziehen, den Kopf mit den Innereien auslösen, die „Arme" ab- und kleinschneiden, den „Mantel" auswaschen. Das Kleinfleisch wird jetzt mit gewiegtem Knoblauch und Petersilie angebraten, dem man Brösel von Weißbrot und magerem Schinken zufügt und ein bißchen Weißwein, damit es schön sämig einköchelt. Auskühlen, Eigelb unterziehen und mit der Masse die Mäntel der Calamari füllen und verschließen (*stuzzicadenti* = Zahnstocher). In reichlich Olivenöl aus- oder besser anbraten: Nicht zu lang, denn sonst schmeckt der saftige Mantel wie Kunstleder. Im Tiegel warm servieren.

Einer der nettesten Schwindel, die Ihnen dort oben an der Adria begegnen, sind übrigens die *canocchie,* die man Ihnen als Scampi offeriert. Es sind aber weder Garnelen noch Kaisergranate, sondern die „Schwänze" von Heuschrekkenkrebsen, die gar nicht zur Familie der Zehnfüßer gehören, sondern von den Italienern auch *cigale di mare* genannt werden. Das Nette an dem Schwindel? Die Dinger schmecken fabelhaft!

Doch nun wollen wir von den *frutti di mare* zu den echten Fischen kommen – soweit sie nicht als Secondi den Magen füllen.

Sardine alla cipolla

Frische Sardinen können Sie roh marinieren: Den Kopf abtrennen, halbieren und die Gräte herausziehen. Die Filets mit Küchenpapier gut abtupfen und auf eine Platte legen: Sie werden mit ganz dünnen Scheiben milder Zwiebeln (weiße, spanische, Schalotten) belegt, mit Olivenöl, Zitronensaft oder Essig, Pfeffer und Salz gewürzt und müssen anderthalb Tage ziehen.

Sardine alla cipolla

Bottarga

Auf russisch heißt das Kaviar und stammt vom Stör, auf venezianisch von Thunfisch oder Meeräschen und ist vom gleichen luxuriösen Stoff: getrockneter und gepreßter Rogen. Er wird in ganz feine Scheibchen geschnitten, mit Öl und Zitrone und Pfeffer gewürzt, und statt Blini aus Buchweizen (der auch in Venetien Anhänger hat) speist man geröstete Polentaschnittchen zur Begleitung. *Grano turco* statt *grano saraceno*: Die Beilage ist immer billig, die Hauptsache teuer und selten. Aber ziemlich gut.

Baccalà condito

Gedörrter Fisch gehört seit Jahrhunderten zum Repertoire der Küchen Venetiens, es soll über 30 Rezepte geben! Im Unterschied zum ungesalzenen luftgetrockneten Stockfisch des Nordens – *stoccafisso* – wird hier der Kabeljau (*merluzzo* oder *nasello*) noch an Bord gesalzen und an Land in Seiten gedörrt. *Baccalà* weicht auch schneller auf und hat ein erstaunlich festes Fleisch.

Baccalà über Nacht wässern, dann weich köcheln und in mundgerechte Happen schneiden. Die werden in einer Schale mit gehacktem Knoblauch und Petersilie, Olivenöl, Pfeffer und Salz und etwas Zitronensaft oder Weinessig gewürzt und schmecken warm ebenso kräftig wie kalt.

Anguilla marinata

Die Aale aus dem Po-Delta haben einen großen Ruf, in den Lagunen ist *bisato* ein alltägliches Gericht.

Ein großer Aal wird gehäutet, gesäubert und so in Stücke geschnitten, daß die Rollen noch zusammenhängen, mit Salz bestäubt und auf dem Grill gegart.

Unterdessen haben Sie einen Liter Weinessig mit einigen Lorbeerblättern und Pfefferkörnern aufgekocht: In dieser Marinade wird der heiße Aal eingelegt und ist nach einigen Tagen genußfertig und lange haltbar.

Pesciolini in saor

Dies ist eine der preiswerten venezianischen Spezialitäten: eingelegte Winzlinge, am besten frische Sardellen.

Ein Kilo der Fischlein wird gut gewaschen und getrocknet, mit Mehl bestäubt und in reichlich Öl rasch ausgebraten. Dann sollen sie auf Küchenpapier gut abtropfen und werden leicht mit Salz bestreut.

Inzwischen schneiden Sie ein Pfund Zwiebeln in feine Scheiben und lassen sie in Öl geduldig golden dünsten. Danach wird Weinessig darüber gesprenkelt, und nun simmern sie noch ein wenig.

In einem Gefäß schichtet man jetzt Sardellen und Zwiebeln lagenweise aufeinander und streut Pinienkerne und in Wein geweichte Rosinen dazwischen. Zwei Tage sollen die Pesciolini *in saor* ruhen, dann ist der Geschmack perfekt.

Man sieht, bei den Vorspeisen aus dem Meer geht es recht einfach zu: Im Küstenland ist Fisch das Fleisch der kleinen Leute. Aufwendiger wird es bei den Antipasti aus feinem Fleisch.

Oca in pignatta

Gänse sind nach einem alten Wort des Veneto „molto stupidi da vivi, ma molto boni da morti“: im Leben sehr dumm, aber im Tod sehr gut. Besonders im späten Herbst, wenn sie schön dick und vollgefressen sind und im eigenen Fett konserviert werden können.

Da werden sie dann gerupft und abgesengt, ausgenommen und in Stücke zerlegt und mit wenig Öl und einigen Rosmarinzweigen ausgebraten, bis sie im eigenen Saft schwimmen. Dann löst man Haut und Knochen ab, bettet das Fleisch in eine Terrine (*pignatta*) und übergießt es mit seinem Schmalz. Unter einer dichten Folie hält sich diese Pastete lange und wärmt an kalten Wintertagen.

Pesciolini in saor

Paté de fegato alla Tron

Die Leberpastete soll einst für den verwöhnten Gaumen des Dogen Nicolò Tron erfunden worden sein. Man versteht, daß ihm bei solchen Belastungen für die Ausübung seines hohen Amtes 1471–1473 nur mehr zwei Jahre verblieben.

In einem schweren Tiegel werden Scheiben von weißen Zwiebeln – ihre Menge soll etwas geringer sein als die der verwendeten Kalbsleber – mit hälftig Öl und Butter golden gedünstet. Dann kommt die Kalbsleber mit gehackter Petersilie, Pfeffer und Salz dazu und wird bei starker Hitze zehn Minuten gebraten; wenn nötig, fügt man Brühe hinzu, denn das muß saftig bleiben. Dann wird die ganze Mischung durch die Maschine getrieben – im Original sogar noch durch ein Sieb gestrichen – und mit der gleichen Menge weicher Butter gut vermengt. Daraus formen Sie nun eine Pastetenrolle, die in Aluminiumfolie geschlagen einige Stunden im Kühlschrank ruhen muß.

In den Palazzi bediente man sich dabei wohl einer Methode, die Marco Polo aus China mitgebracht hatte: Wasser kühlt unter Zusatz von Salpeter.

Soppressata arrostita

Die *soppressa* ist im Original aus Valpolicella eine gepreßte und getrocknete Schlackwurst aus grobem Schweinefleisch vom Typ *nostrano* (ländliche Art), in Venetien allgemein begegnet man ihr als fetter, weicher würziger Salami, und in Furlans, der alten Sprache des Friaul, heißt unser Rezept *Salamp cul asêt*.

Man brät dicke Scheiben dieser Schweinswurst in etwas Butter an, dann sülzt sie ein wenig, und gießt etwas Weinessig darüber, der verdunsten soll. Man kann auch dünne Zwiebelscheiben mitbraten. Sehr heiß mit Polentaschnittchen – kalt oder warm – servieren.

Ganz ohne Frage streifen wir hier – Polenta als Beilage! – ein kulinarisches Zwischenreich: *Piatti di mezzo* nennt man diese Gerichte italienisch, halbe Sachen, die in kleiner Dimension Antipasti und Primi ersetzen können, ausgewachsen aber zu einem herzhaften Imbiß werden. In ländlichen Gegenden ist es das warme Mahl zur Vesperzeit, und im Friaul liebt man die *Ghiringêj*!

Salsiccia al vino bianco

Lujanie heißen diese weichen Schweinswürstl in den *Colline* – das Wort hat mich immer fasziniert, denn Sie finden diese Bezeichnung in vielen Variationen von der *Lughanega* im baskischen Pyrenäenland durch die ganze europäische Hochgebirgskette bis zur *Lokanka* im bulgarischen Balkan wieder. Essen verbindet, Ernährung ist Kulturgeschichte, und wenn man hier nach dem sprachlichen Ursprung suchte, würde man wohl irgendwann auf das lateinische *loco* stoßen: die Wurst, die am *Ort*, daheim gemacht wird bei jeder Schlachtung.

Auch Sie finden diese würzigen Bratwürste hausgemacht bei einem guten Metzger oder als *salsicce* im Feinkostladen. Sie werden mit einer Gabel angepickt und kurz und heiß angebraten, mit Essig bespritzt, der verdampft, und dann mit einem Glas *Tocai friulano*, also einem frischen und fruchtigen Weißwein vollends gegart.

Die Beilage können Sie sich denken: Polenta.

Muset e bruade

Schaut man genau hin, dann ist diese Spezialität aus dem Friaul wohl ein traditionelles Winzermahl, das zur Zeit der Weinlese in den *Colle orientali e occidentali* von altersher aufgetragen wurde und den fröhlichen Abschluß schwerer Arbeit begleitet, eine Schlachtplatte in herbstlichen Tagen.

Muset oder *Mule*: Das sind frische Brühwürste aus Schweinefleisch bzw. Schweineblut, intensiv gewürzt mit einer Auswahl aus Pfeffer, Nelken, Muskat, Zimt und Koriander mit Pinienkernen, Sultaninen und Chilli. So etwas finden Sie im Original hierzulande nie und auch im Friaul nur mit Glück und Gespür. Aber den ähnlichen *Cotechino* erhalten Sie folienverschweißt in jedem guten Delikatessengeschäft.

Bruade oder *brovade*: Das sind weiße Rübchen, in Traubentrester gesäuert, die dann gehobelt oder geraspelt werden. Den Geschmack kann man im städtischen Haushalt auch kaum nachmachen. Doch mit Hilfe des italienischen Feinkostladens nachahmen und ahnen.

1 Cotechino, etwa 400 g (eine schweinerne Kochwurst)
600 g weiße (Teltower) Rübchen
1 Zwiebel und 1 Knoblauchzehe
1 Streifen Rauchspeck
Weinessig

Die Haut des *Cotechino* picken Sie mit der Gabel – nicht zu sehr – an, damit das Fett austreten kann, wenn die Schweinswurst nun in separatem Topf eine knappe Stunde sacht simmert.

Die Rübchen zart schälen und in feine Streifen schneiden oder hobeln. Die Zwiebel schnitzeln und mit zerdrücktem Knoblauch und gewürfeltem Speck – und etwas Butter – in einer Kasserolle anbraten. Die Rüben dazugeben, pfeffern und salzen, mit etwas Essig säuern und eine Viertelstunde sanft garen – dann legen Sie den *Cotechino* für weitere zehn Minuten ein. Vor dem Auftragen wird er gehäutet und in grobe Scheiben geteilt.

Brot dazu, einen kräftigen Wein, und am nächsten Tag schmeckt das Gericht noch besser: ein Mahl für den Wingert.

Affetato misto aus Paprika und Zucchini

Affetato misto

Kehren wir zurück zu den kleinen Köstlichkeiten, die nicht *Piatti di mezzo* sind, sondern ganz regulär vor dem ersten Gang der Paste und Polente, Risotti und Minestre den Gaumen reizen und vorbereiten.

Wir haben nicht von den vielen *antipasti misti* gesprochen, frittierten oder eingelegten Auberginen, Bohnen, Paprika, Pilzen, Tomaten, Zucchini und Zwiebelchen, die auch in Friaul und Venetien frisch zubereitet an allen Theken auf den Vorschmecker warten. Aber von den *affetati misti*, die man vorweg genießt, von dem „gemischten Aufschnitt" aus Fleischwaren müssen wir reden, weil sie in diesen Landstrichen so ungeheuer vielseitig sind. Denn da gibt es nicht nur *Sopressa* und *Soppressata*, Brat- und Kochwürste, sondern auch die regionalen Spezialitäten der kleinen harten *salsicce* und *salume*, luftgetrocknete oder geräucherte *salame* aus Sauris, die *costa* aus dem Rippenfleisch der Schweine, die aufgerollte *pancetta* aus dem „mageren" Schweinebauch, *palmone*, eine Wurst aus Lunge, Leber und Milz, Spezialitäten wie Salami aus dem Fleisch von Gänsen, Wildschweinen oder Eseln (in Rumänien kennt man die als *mititei*) und pikante *polpette*, Fleischküchlein nach vielen Rezepten überall.

Und es gibt außer den luftgetrockneten Schinken aus Sauris und dem Karst den *prosciutto* von San Daniele, der für sich ganz alleine steht.

Prosciutto di San Daniele

Kenner können beredt diskutieren, ob der Schinken aus Parma, aus San Daniele oder von Serrano am feinsten ist. Für die 26 gesetzlich geschützten Hersteller im kleinen Städtchen über dem Tagliamento ist das keine Frage: Der ihre ist einzigartig.

Schon die Römer haben auf dem längst besiedelten „Colle massimo" (250 m) eine Befestigung errichtet. Naja, wohl nicht wegen des Schinkens, auch wenn die Legende will, daß schon die karnischen Kelten... Aber irgendwann müssen die Bauern in der Ebene gemerkt haben, daß sich die Schlegel ihrer schwarzen Schweine dort oben nicht nur besonders haltbar, sondern auch besonders schmackhaft pökeln und trocknen ließen.

Die Ursache, so weiß man im *Consorzio* heute, ist ein einzigartiges Mikroklima. Die würzig kühlen Winde von den Bergen treffen über dem Moränenhügel auf die feuchten und warmen Strömungen von der See, und der durchlässige Steingrund sorgt für einen ausgeglichenen Stand der Luftfeuchtigkeit. In der Poesie des Gewerbes gesprochen: Die aromatischen Winde streicheln das Fleisch und der luftige Boden läßt es reifen.

Ein bißchen Arbeit gehört freilich auch dazu, und die wird hier mit Sorgfalt betrieben. Es handelt sich um kleine oder mittelständische Betriebe, ihre Produktion hat sich in den letzten Jahrzehnten allerdings verdreifacht: bald drei Millionen Schinken per anno. So viele findet man lebendig nicht im Friaul und schon gar nicht bei schwarzen Schweinen; aber aus Italien müssen sie laut Gesetz stammen.

Das geprüfte Mindestgewicht einer frischen Schweinekeule beträgt 9,5 kg, der Durchschnitt liegt bei zwölf Kilo. Jeder Rohschinken wird von den *salatori* von Hand eingerieben: So viel Meersalz wie nötig, so wenig wie möglich, das richtet sich nach dem Gewicht. Ebenso die Dauer des folgenden Salzbades: Nach der Faustregel ein Tag pro Kilo Gewicht. Nach der Hälfte der Zeit erfolgt ein *ripasso*: Die verbliebenen Salzkristalle werden entfernt, das Gewebe massiert und damit die Adern ausgedrückt, neu gesalzen. Und nach insgesamt rund zwei Wochen wird die Salzkruste wieder abgetragen, der Schinken in Lagen übereinander zwischen Tannenbrettern gepreßt. Dabei nimmt er nicht nur seine charakteristische flache Mandolinenform an, sondern absorbiert auch Salz und würzige Festigkeit.

Jetzt werden die Schinken in großen luftigen Räumen aufgehängt, mindestens neun Monate lang. Dazwischen erfahren sie noch eine „kosmetische" Behandlung: Sie werden geduscht, schön sauber beschnitten, nach hauseigenem Rezept balsamiert. Und vielleicht läßt man sie auch 12–17 Monate lagern – das hängt vom Ehrgeiz des Padrone ab. Die Qualitätskontrolle obliegt bestellten *puntatori*: Sie picken geschwind eine Nadel aus Pferdeknochen in den reifen Schinken (zu zweit!) und prüfen den Geruch unter der Nase. Das funktioniert zuverlässig, und der Ausschuß ist minimal: unter einem Prozent. Nur so kommt der flache Schinken mit dem runden Stempel „SD – prosciutto di san daniele" auf den Markt. Und dann ist er ganz schön teuer.

Es gibt Rezepte zur Verwendung des *San Daniele*. Das wichtigste: Der Schinken muß hauchdünn geschnitten sein, und es ist eine Sünde, außer der Schwarte auch nur ein Gran Speck abzuschneiden!

Man kann ihn mit frischen kühlen Feigen oder saftigen Melonenschnitten servieren; aber am besten mit guten trockenen *grissini*, knusprigen Brotstangen. Alles andere ist von Übel und eine Sünde wider den guten Geist von San Daniele.

Wenn Sie aber ein Endstück vom Fuß und die Schwarte sowieso erwischen: Das ist eine ideale Einlage für Kraut und Bohnen, Jota und deftige Minestrone.

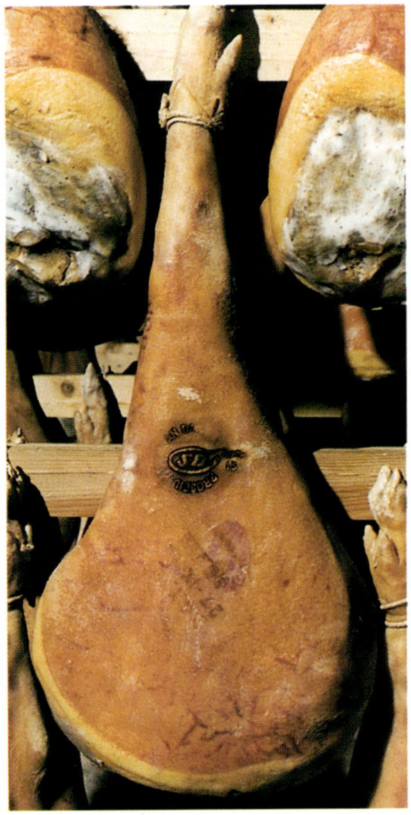

Bevor der Schinken von San Daniele diese prächtige Mandolinenform erhält, hat er eine aufwendige und streng kontrollierte Reifezeit hinter sich. Die puntatori haben am Ende seine Qualität geprüft: Mit speziellen Nadeln aus Pferdeknochen, die dem Kenner unbestechlich Konsistenz und Duft jedes einzelnen Prosciutto wiedergeben und seine Schwächen verraten würden.

Cividale del Friuli, einst erste Stadt des Reiches

Eine lange Reise in die Vergangenheit:

Die Langobarden

Im Jahre 568 brach ein Volk langbärtiger germanischer Krieger mit seinem Troß von adeligen und freien Familien, Halbfreien und Sklaven von Ungarn her in das Friaul ein und eroberte ein Gebiet, das schließlich halb Italien umfaßte. Nach zwei Jahrhunderten ging seine Herrschaft unter. Geblieben ist der Name einer großen und heute noch blühenden Region, der Lombardei, und eine Reihe schwer zu deutender Zeugnisse in einer pittoresken kleinen Stadt, die *Cividale del Friuli* heißt.

Ganz so geheimnisvoll ist die Geschichte natürlich nicht – aber sehr europäisch.

Die Winniler kamen zur Zeitenwende aus Skandinavien an die Niederelbe und gerieten dort mit den Wandalen aneinander. Ihre Frauen, so die Sage, verstärkten die Männer im Kampf und banden sich die langen Haare unter dem Kinn zusammen. Diese List der „langen Bärte" soll Wotan so begeistert haben, daß er ihnen den Sieg und einen neuen Namen schenkte: Langobarden. Sie wanderten gen Süden in den Donauraum, wo sie um 500 in Pannonien ihr erstes Reich gründeten. Dort wurden sie zu Verbündeten Kaiser Justinians und seines byzantinischen Feldherrn Narses, der mit Hilfe ihrer Kriegerschaften den Kampf um Rom gegen Totilas Ostgoten gewann. Doch die Langobarden waren gefährliche Verbündete. In Italien hatten sie einen Reichtum gesehen, der sie magisch anzog. Die Langobarden, sagt der Historiker Jörg Jarnut, suchten vor allem eines zu erringen: ein Leben ohne körperliche Arbeit.

Dazu hatten sie gerade den richtigen Kriegsherrn, den schlauen und wagemutigen König Alboin. Ostern 568 beschloß seine Heerversammlung den Angriff, sechs Wochen später marschierte die bunte Völkerschaft – es waren auch 20.000 Sachsen und ein Haufen Gepiden darunter – durch das Tal des Isonzo in Italien ein. Mit Mann und Roß und Wagen nicht nur, sondern begleitet von Frauen, Kindern und Sklaven, 100–150.000 Menschen mitsamt ihren Viehherden.

Wie vor ihnen Goten, Hunnen und Herkuler zogen sie mordend und verwüstend durch das Land. Aber sie zogen nicht durch, sie ließen sich nieder. In Cividale gründeten sie ihr erstes Herzogtum, das *Ducatus Forojuliensis*, überrannten in drei Jahren Oberitalien und machten Pavia zur Hauptstadt ihres Königreiches, das zwei Jahrhunderte über die Gebiete zwischen Alpen und Mittelitalien herrschte.

Das Friaul zählte zu den stärksten Bastionen dieser Herrschaft. Die Langobarden beseitigten die alte romanische Oberschicht und setzten an deren Stelle ihre *Farae*, militante Familienverbände mit einem Gefolge von Halbfreien und Unfreien, als neue Herren ein. Die unterworfene Bevölkerung hatte ihnen ein Drittel aller Erträge als *hospitalitas* („Gastlichkeit"!) zu entrichten. Die Verwaltung besorgten herzogliche Schultheiße und königliche Gastalden. Man kann sie sich kaum barbarisch und effizient genug vorstellen, denn die dünne Herrenschicht glich eher einer abgekapselten Besatzungsmacht und das langobardische Recht, von König Rothari in lateinischer Sprache kodifiziert, schied noch 643 strikt zwischen den Freien und Unfreien und ließ eigentlich keine Verbindungen mit dem einheimischen Volk zu. Dennoch war eine allmähliche Assimilation im Laufe dieser zwei Jahrhunderte unvermeidlich: Die Eroberer wurden zu Gutsherren, Händlern, Bauern.

Aus der Endphase des langobardischen Reiches (568–774) stammen seine eindrucksvollsten Zeugnisse, und sie alle sind mit der *Civitas Forum Julii* verbunden, dem heutigen Cividale.

Das eine ist die lateinische „Historia Langobardum", eines der großen Geschichtswerke des frühen Mittelalters. Ihr Verfasser war Paulus Diaconus (um 725–799), ein Langobarde und Universalgelehrter europäischen Ranges. Am blühenden herzoglichen Hof in Cividale erhielt der junge Adlige seine lateinische Bildung, an der berühmten Hofschule von Pavia erwarb er sich seinen hohen Ruf, wirkte dann im

Borgo Castello in Gorizia über dem Isonzo, Einfallspforte aus dem Osten auch für die Langobarden. Im Mittelalter herrschten Patriarchen von Aquileia, dann bayerische Grafen von Görz über die Grenzmark, ehe ein europäischer Krieg 1514 gegen die Ansprüche der Republik von Venedig und für den Besitz der Habsburger Monarchie entschied.

Herzogtum Benevent. Um 774, als Karl der Große König Desiderius in Pavia unterwarf, zog Paulus Diaconus sich als Mönch ins Kloster Montecassino zurück. 782 reiste er mit einer Bittschrift für seinen gefangenen Bruder, der im Friaul am letzten Aufstand gegen die Franken teilgenommen hatte, an des Karolingers Hof. Sein Ruf war so groß, daß Charlemagne ihn in seine Gelehrtenrunde berief und fünf Jahre lang zu bleiben bewegte. Fremd gefühlt hat sich der Langobarde trotz des hohen Gönners dort wohl immer: „Mihi palatium carcer est" – der Palast ist mir Gefängnis. Er kehrte nach Montecassino zurück und verfaßte dort nach vielen Schriften seine stolze Langobarden-Chronik. Sie bricht im Höhepunkt mit der Herrschaft des Königs Liutprands ab.

Aus der „liutprandinischen Renaissance" stammen die berühmtesten Kunstdenkmäler der Langobarden: das *Taufbecken des Callixtus* und der *Altar des Ratchis* im Museo Christiano in Cividale. Das eine stand einst in der Taufkirche auf heutigem Domgrund und wurde vom Patriarchen Callixtus in Auftrag gegeben, der andere in einer ebenfalls untergegangenen Kirche San Giovanni und war von Herzog Ratchis gestiftet. An Herkunft und Datierung ihrer Formen und Elemente rätseln die Kunsthistoriker noch heute. Sie vereinen viele Stile und Symbole frühmittelalterlicher Kultur aus der Spätantike, dem Orient und Byzanz mit der reliefartigen Schmiedekunst und Schmuckornamentik der Langobarden aus dem Norden – oder schon irisch/schottischen Einflüssen und des christlichen Frankenreiches im Westen?

Das letzte und seltsamste Monument langobardischer Zeit erreicht man am Steilufer des Natisone in Cividale del Friuli, den *Tempietto Langobardo* mit seinen wunderbaren Gestalten und Fresken. Wohin dieses Refugium strenger Besinnung gehört, ob es eine Kapelle im Hoftrakt oder Gebetsraum eines Klosters gewesen sei – das weiß man nicht so recht. Der Tempietto, so vermuten Kunsthistoriker, sei auch gar nicht von den Langobarden errichtet, sondern vielleicht früher angelegt und später von den Franken ausgestattet worden. Doch das erklärt nicht den singulären Charakter der Figuren und Ornamente, die man dann doch lieber mit der Aura des untergegangenen Langobardenreiches verbinden möchte.

Karl der Große hat es auf Hilferuf des Papstes Hadrian 774 zerschlagen und sich fortan „Durch die Gnade Gottes König der Franken und Langobarden" genannt. Forum Julii wurde zum Namen der karolingischen Grenzmark, seine Hauptstadt in Civitas Austriae umbenannt, die „Stadt im Osten": Cividale del Friuli. Und noch einmal 200 Jahre später waren nach verheerenden Ungarneinfällen die Volksgruppen aus ganz Europa, die es besiedelt oder erobert, verwüstet und wieder aufgebaut hatten – Kelten, Veneter, Romanen, Langobarden und Slawen –, zur eingestammten Bevölkerung des Friaul verschmolzen. Sie stand unter der Herrschaft bairischer Grafen und Patriarchen mit Sitz in Cividale, Görz oder Udine bis 1420, als die Serenissima Venedig sich der Region bemächtigte.

Ach ja: die Langobarden und Europa. Was hat ihr Reich in Italien über zwei Jahrhunderte bewirkt? Ihre Könige in Pavia strebten ein Regiment über die ganze Appeninnenhalbinsel an. Das glückte ihnen nicht. Den Süden konnten sie sich nicht einverleiben, die Päpste in Rom und die eigenen Herzöge haben das aus ihren Territorialinteressen mit wechselnden Verbündeten verhindert. Doch die Vorherrschaft der oströmischen Kaiser haben die Langobarden gebrochen und Byzanz aus Italien verdrängt. Sie haben Ober- und Mittelitalien dem Norden zugewandt und der europäischen Entwicklung integriert. Die kleinräumige Verklammerung von Stadt und Land in ihren Herzogtümern mit königlicher Verwaltungskontrolle führt über die Kommunen des Mittelalters direkt zu den mächtigen Stadtstaaten der europäischen Renaissance: Lucca, Siena und Florenz, Genua, Parma und Mailand. Im *Lombard*satz des modernen Bankengeschäfts ist dieses Spurenelement ökonomisch erhalten. In der „Lega Nord" und den separatistischen Problemen der italienienischen Republik klingt die historische Hinterlassenschaft an: Es ist nie gelungen, den Norden, der reich wurde, mit dem Süden, der arm blieb, zu vereinen.

Tempietto Langobardo in Cividale aus dem 9./12.Jahrhundert.

Ponte del Diavolo: Nicht vom Teufel gestiftet, sondern von Erhard von Villach 1452 erbaut und im Weltkrieg 1917 schwer beschädigt.

„Die Ebene stand in reicher Ernte; es gab viele Gärten voller Obstbäume, und jenseits der Ebene waren die Berge braun und kahl" – Ernest Hemmingway

Die Fülle des Lebens

Venetien und Friaul – das ist Bauernland unter den Bergen mit Verbindung zum Meer, in dem der Norden noch sehr spürbar ist und der Süden sich ankündigt. An Treviso, dem Zentrum der Mark *Gioiosa* strömt der Verkehr vorbei, die alten Mauern des *centro storico* wehren ihn ab. Nicht so die Kanäle des Sile, dem sie zwischen ihren Fundamenten großzügig Einlaß gewährt, damit seine Arme die Stadt und ihre Lauben, Gassen und Durchgänge kühlen. Treviso ist erfüllt von Leben, aber es fließt auch bei Eile beschaulich dahin. An der Piazetta finden ältere Herren wie Touristen bei einem *caffè* Zeit für Lektüre oder die Diskussion der Fußballergebnisse, nicht nur in der Mittagszeit stellt man sich im Vorbeigehen bei Naneti für ein Gläschen *prosecco* und ein *panino* mit deftiger *mortadella* oder kräftigem *formaggio* ein – soviel Zeit für ein Schwätzchen muß immer sein. Für einen Besuch auf dem Fischmarkt allerdings sollte man früher aufstehen, um die glänzenden und glitschigen Leiber der *pesce* und *frutti di mare*, an den Ständen ständig mit Wasser besprenkelt, noch in aller Vielfalt und Frische zu erleben. Beim Weg durch die Gassen drängelt man sich oft – aber ganz gelassen – zwischen Auslagen und Hausfrauen, die sich mit kritischem Blick, prüfendem Griff und natürlich eingehendem Gespräch mit Gemüse versorgen. Doch eigentlich ist Gemüse ein viel zu derber Ausdruck – man muß schon von den Früchten des Feldes sprechen, so vielseitig und verlockend ist das Angebot aus der *Gioiosa*. Der Fremde freilich steht hilflos davor, sehnt sich nach der eigenen Küche, um das alles zuzubereiten, und überlegt an der nächsten Bar bei einem *caffé macchiato* oder *Bianco di Conegliano*, ob er all die Genüsse mittags beim *pranzo* im *Ristorante Beccherie* und beim Abendessen, dem *cena*, in der *Trattoria Tre Mori* einholen kann.

Auf den Speisekarten Venetiens und Friauls findet man natürlich die lokalen Vorlieben, aber auch den Süden und den Norden wieder.

Unter den *primi piatti*, dem Angebot zum ersten Gang des Mahles, stehen da erst einmal *minestre* – und welch üppige Suppen in welcher Vielfalt! In einem Triestiner Kochbuch von 1927 werden 120 Rezepte für *minestrine* (Bouillons), *minestre* (leichte Suppen) und *minestrone* (dicke Suppen) aufgeführt. Nun ja, werden Sie sagen, da zeigt sich eben der Einfluß Österreich-Ungarns und der Wiener Beisl-Küche. Schon wahr – aber ebenso wahr, daß Erbsen und Bohnen, Kohl und Spinat und andere Blattgemüse, Sellerie und Rüben, Kürbis und Kartoffeln, Gerste und Mais und Reis in dieser Region schon angebaut wurden, als sie noch nicht unter k.u.k. Herrschaft stand. In den letzten Fällen ging der Weg sogar nachweislich anders herum.

Fröhlichkeit und Gelassenheit sind für mich Stichworte und Motiv einer raschen Einkehr bei Naneti. So cool und unverdrossen heiter, wie Signora auch den Eiligsten und Mürrischsten begrüßt und pian piano Zerstreute oder Drängende versorgt und beruhigt – so versiert kann man ohne glückliches Naturell und lange Erfahrung gar nicht sein. Für Gäste aus dem Norden ergibt sich da leicht ein kleines Problem: Wie verkraftet man die freundliche Verlockung mit standhafter Zurückhaltung?

Auf der Piazzetta zu beobachten: Situationen und Gesten, Ruhe in sich und Bewegung am Rande, ein adretter Schlenker in der Hüfte, ein paar Jahre später nicht mehr ganz so einfach, aber in allem Gespräch miteinander.

Kanäle des Sile, nachts in Treviso.

Der Mais fand seinen Weg aus der Neuen Welt nach Europa über See, und welche Rolle dabei das Mittelmeer und seine Handelsmacht Venedig mit ihren „türkischen" Besitzungen spielte, zeigt der italienische Name *grano turco* ebenso wie die Bedeutung der Polenta in der *Terra ferma*, dem Festland, Hinterland und Nährboden des luxuriösen Großimporteurs: Die anspruchslose Maisfrucht wurde zum Brot der Armen.

Der Reis kam zweifelsfrei aus Ostasien, schon die Römer kannten ihn aus Ägypten, doch den Weg nach Italien nahm er aparterweise über die Araber und die Reconquista auf der Pyrenäen-Halbinsel: König Ferdinand von Aragon (und Kastilien) ließ auch auf seinen neapolitanischen Besitzungen Reis anpflanzen, und sein Enkel und Nachfolger Carlos I. von Spanien – besser bekannt als Habsburger Kaiser Karl V. – förderte den Reisanbau in Oberitalien, um seine Söldner im Kampf um die Reichsherrschaft zu verpflegen. Heute werden in der Poebene die größten und besten Reisfelder Europas maschinell bearbeitet. Doch durch Jahrhunderte war das eine mühselige Schufterei in Wasser und Gras: bitterer Reis.

Die Beispiele zeigen es noch einmal: Bauernland, teils karg und steinig, teils lößreich und fruchtbar, teils überschwemmt und umspült, doch wenig weite Flächen für Getreide und Viehzucht. Mit Fleisch wird da sparsam umgegangen, Weizen ist kostbar, und darum ist die Pasta aus *grano duro* hier als sättigender Vorgang selten und fremden Ursprungs. Nur die *bigoli* gibt es als regionale Kreation, und die tendieren zum Hauptgericht: eine *pasta fresca* aus Weizenmehl, Butter und Eiern. Im Original können das auch Enteneier sein – so wie die klassische *salsa* dazu auch aus Entenfleisch (oder Sardellen!) geköchelt wird. Im Friaul wird Weizenteig noch sparsamer verwendet, als Hülle für würzige Füllungen. Dafür finden Sie pikante *gnocchi* aus Kartoffelteig – auch Importe aus dem fernen Amerika und in Hungerszeiten als billiger Nährstoff entdeckt – und natürlich die Polenta aus Maisgrieß in vielen Variationen.

In der Reismühle Antica Riseria Ferron nahe Verona werden die edlen Sorten Vialone Nano und Carnaroli noch nach dem alten schonenden Verfahren durch pestelli in Marmorschalen geschält und poliert und anschließend in großen Sieben, den crivelli, von Staub und Spreu zerstoßener Spelzen und Körner getrennt. 15 Kilo am Tag schafft eine der traditionellen Maschinen, 90 Kilo die ganze Anlage:eine Auslese der Größenordnung semifino.

„Die Straßen
weiß und leer..."
(Hemingway)

„Im Spätsommer jenes Jahres lebten wir in einem Haus in einem Dorf, das über den Fluß und die Ebene zu den Bergen hinaufsah. Im Flußbett lagen Kieselsteine und Geröll trocken und weiß in der Sonne, und in den Stromrinnen war das Wasser klar und reißend blau. Truppen marschierten an unserem Haus vorbei und die Straße hinunter, und der Staub, der von ihnen aufgewirbelt wurde, puderte die Blätter der Bäume."

„Wir folgten dem schmalen Weg zwischen den Hecken entlang. Er führte zu einem Bauernhaus. Das Haus war niedrig, mit einem Weintraubenspalier über der Tür. Der Bauernhof war verlassen. Ich sah zurück und ging den Weg entlang, das Bauernhaus war auf einer winzigen Erhebung über der Ebene, und wir konnten über das Land sehen und sahen den Weg, die Hecken, die Felder und die Baumreihen längs der Chaussee… – *Ernest Hemingway, In einem anderen Land*

Minestra della Banda Giuseppe Verdi di Lavariano

Primi Piatti • Minestre

Die ganz leichten Süppchen mit den kleinen Einlagen aus Pasta und Gemüsen lassen wir aus und konzentrieren uns auf die kräftige Phalanx, die so bündige Bezeichnungen trägt wie *jota* und *papazoi*, *pasta fagioli* oder *sopa coada*. Sie bergen hinreichend Überraschungen, deren überquellende Phantasie dem Reichtum eines fruchtbaren Landes entspringt und bisweilen deftige Dimensionen annimmt.

Minestra della Banda G. Verdi

Die lebhafte *Trattoria „Blasut"* in Lavariano steckt selbst voller Überraschungen. Am Sonntag Vormittag versammeln sich nach dem Platzkonzert vorne an der Theke die Musikanten und Freunde der *Banda Giuseppe Verdi* zu einem fröhlichen Gläschen mit kleinem Imbiß, während hinten im Speisesaal die Tische für die Honoratioren des Ortes und angereiste Gäste gedeckt werden. Die Menukarte da ist durchaus nobel.

1 Zwiebel
Olivenöl
4 würzige weiche Schweinswürstl: salsicce
4 Tomaten
3 Kartoffeln
1 Peperoncino und Knoblauchzehe
Pfeffer und Salz
1 Liter Fleischbrühe (Extrakt)

In einer Kasserolle werden zuerst Zwiebelscheiben mit Öl golden angedünstet. Dann fügen Sie die gehäuteten und gewürfelten *salsicce*, Tomaten und Kartoffeln hinzu und lassen die Mischung mit der zerdrückten Pfefferschote und Knoblauchzehe fünf Minuten köcheln, schmecken den *soffritto* mit Pfeffer und Salz ab, ehe Sie einen Liter Brühe aufgießen.

Die *Minestra* kann dann auf kleiner Flamme 1–2 Stunden ziehen und über Nacht ruhen, ehe sie am nächsten Tag rasch gewärmt serviert wird.

Papazoi

Ich grübele noch immer, was das „zoi" heißen kann. Vielleicht entspricht es dem bayrischen „z'samm" – die friulische Mark stand lange genug unter der Herrschaft bajuvarischer Bischöfe und Grafengeschlechter. Auf jeden Fall ergibt das Allerlei aus Bohnen, Gerste, Mais mit Speck und Kartoffeln einen massiven Eintopf nach harter Tagesarbeit.

200 g weiße oder Borlotti Bohnen
200 g Rollgerste
100 g Rauchspeck
Petersilie, Knoblauch, Pfefferkörner
100 g Zuckermais (aus der Dose)
2 Kartoffeln

Die über Nacht vorgeweichten Bohnen werden mit der Gerste und Speck in reichlich zwei Litern Salzwasser zum Kochen gebracht und simmern eine Stunde lang. Dann kommen gehackte Petersilienstengel und Knoblauchzehen mit Pfefferkörnern dazu, Mais und geviertelte Kartoffeln. Nach weiteren 15 Minuten ist die Suppe gar. Mit rechtzeitig eingelegten *salsicce* oder *prosciutto* – Schweinsfüße aus San Daniele! – wird sie zum Hauptgericht.

Paparot

Bei dem Namen brauchen Sie weder an den Vater noch den Papst zu denken und ebensowenig an die Farbe. Es wäre höchst irreführend, denn hier ist der Dialekt von Friaul am Werk: *pappa* ist der Brei, *pappare* heißt in Luthers Deutsch fressen, und das „rot" kommt von *rotto* und meint gehackt. Im übrigen handelt es sich um eine mit gelbem Maismehl eingedickte grüne Spinatsuppe.

500 g grober Blattspinat
4 Löffel Butter
1 Löffel Mehl
2 Zehen Knoblauch
3 Löffel Maismehl

Den gut gewaschenen und von Stielen befreiten Spinat blanchiert man in zwei Liter siedendem Salzwasser, läßt ihn im Sieb über der Brühe abtropfen und hackt ihn rasch durch. Inzwischen haben Sie im Suppentopf die Butter mit dem Mehl und Knoblauchscheibchen zu einem goldenen *soffritto* (in diesem Falle: Mehlschwitze) angerührt und lassen nun ein paar Minuten den Spinat darin anziehen. Dann kommt – Rühren! – die Spinatbrühe dazu, das körnige Maismehl; und nach einer halben Stunde wird die dickliche Suppe mit Pfeffer und Salz abgeschmeckt.

Iota

Als Sprachforscher bin ich überfordert, denn dieser Kraut- und Bohnentopf aus dem Friaul ist alles andere als ein Nichts, ernährungsphysiologisch weit mehr als ein *Jota* oder Tüpfelchen wert. Als Kulinariker sehe ich mich im Streit gefordert: Das ebenso verwendete Sauerkraut ist eine – ebenfalls reizvolle – österreichische Entfremdung; doch zum Original gehört roher Weißkohl, den man triestinisch noch *garbucci* nennt.

Bohnen, hier die delikaten gesprenkelten borlotti, sind venezianische Importe aus Mexiko und wurden im Gebiet um Lamon am Oberlauf der Brenta schon im 16. Jahrhundert kultiviert, sind besonders in gebirgigen Gegenden Grundnahrungsmittel geworden wie Reis und Mais in den Ebenen. Es gibt kaum eine Form und Farbe und Zubereitung, in der man sie nicht als Antipasto in der Theke oder Primo auf der Speisekarte findet.

200 g weiße Bohnen
1 Scheibe Speck
3 Kartoffeln
1 kleiner Weißkohl
Kümmel und Lorbeer
10 Löffel Öl
3 Zehen Knoblauch
1 Löffel Mehl
2 Löffel Maismehl
Instant - Brühe nach Belieben

Die Bohnen werden über Nacht in zwei Liter Wasser gelegt und dann mit dem geschnitten angebratenen Speck weichgeköchelt; die Kartoffelwürfel fügt man für 20 Minuten Garzeit hinzu. Die streifig geschnittenen Kohlblätter werden mit Kümmel und Lorbeer mit Wasser bedeckt vorgegart. Dann kommt wieder der Soffritto: Großer Suppentopf, in dem man mit dem Öl den Knoblauch erhitzt, mit Mehl golden andünstet und das Kraut einzieht. Schließlich mischen Sie die Bohnen mit den Kartoffeln ein und in feinem Strahl unter Rühren Maismehl. Mit zusätzlicher Brühe wird die Dicklichkeit des Eintopfs reguliert, gepfeffert und gesalzen.

Pasta e fagioli

Schon wieder ein Name, der auf ein sehr ländliches Mahl hinweist. Pasta heißt zunächst einmal nichts anderes als Teig – in jeder Form, doch hier sollten es Bigoli oder Tagliatelle sein. Mit den *fagioli* wird es schon komplizierter: Es könnten weiße, braune, rote Bohnenkerne, vielleicht gar dicke grüne Saubohnen sein, *fave*, die man im Norden wie im Süden Italiens als *Appetizer* pur aus der Schote verzehrt. Doch in Venetien versteht man darunter die zarten Kerne der rotgesprenkelten Sorte *borlotti*, im Idealfall frisch enthülst. Übrigens: Bohnen stammen auch aus dem tropischen Amerika und sind Importe des neuzeitlichen Seehandels.

200 g Borlotti Bohnen
100 g Speck oder Pancetta
Je 1 Zwiebel, Karotte, Selleriestange, Knoblauchzehe
2 Lorbeer- und Salbeiblätter
200 g Tagliatelle
Olivenöl

Die trockenen Bohnen werden über Nacht eingeweicht. In einer großen Kasserolle brät man mit etwas Öl den *battuto* an: Speck, Zwiebel, Karotte, Sellerie und Knoblauch, kleingeschnitten. Die abgetropften Bohnen darin überglänzen, mit reichlich Wasser aufgießen, Lorbeer und Salbei – vielleicht auch einen Rosmarinzweig und gar einen Schinkenknochen! – zugeben und dann gut zwei Stunden köcheln lassen.

Dann schöpfen Sie knapp die Hälfte Bohnen ab, passieren sie und geben die *pappa* zurück in die dickende Suppe. Mit Pfeffer und Salz abschmecken und genügend Wasser oder (Instant)Brühe nachfüllen, denn jetzt kommen für die letzte Viertelstunde auch noch die Nudeln in den Topf.

Der Rest ist Geschmacksarbeit. Ein kräftiger Schuß Olivenöl sollte untergezogen werden. Mancher mag auch einen sauren Schuß Weinessig oder das kräftige Aroma von Tomatenmark und bei Tisch frisch geriebenen Parmesan oder Montasio. Und natürlich können Sie schon vorher in diesen Tiegel allerlei Schweinernes gesalzen oder geräuchert einlegen.

Sopa coada

Die „ausgebrütete" Suppe geht auf noble Zeiten zurück. Die feinen Herrschaften bekamen das edle Fleisch vorgesetzt, für das Gesinde blieben die Reste und wurden mit Brot gestreckt. Wenn Sie Probleme mit den Täubchen haben: Stubenküken sind auch geflügelt.

4 junge Täubchen
1 Stange Sellerie
Butter
Tomatenmark
Fleischbrühe
300 g altbackenes Weißbrot
100 g frisch geriebener Parmesan

Das Geflügel wird geputzt und geviertelt und mit den Innereien und gehacktem Sellerie in viel Butter ganz zart angedünstet, ehe Sie gerade so viel Wasser mit wenig Tomatenmark (oder *salsa di pommodoro* und vielleicht ein Glas trockenen Weißwein) dazu geben, daß die Stückchen bei kleiner Flamme ganz lange mürbe schmoren können. Dann werden die Knochen ausgelöst und eine Viertelstunde in einem knappen Liter Brühe ausgeköchelt, während die Fleischstückchen mit Leber, Herz und Magen in ihrem Sugo nachziehen. Das sind dann die zu verwertenden „Reste".

Unterdessen reiben Sie eine Ofenform – am besten eine irdene Terrine – kräftig mit Butter ein. Legen eine Schicht dünne Brotschnitten ein, die sparsam mit der Brühe getränkt sind; darauf saftiges Geflügelfleisch, das mit frischem Käse bestreut wird; dann wieder Brot undsoweiter. Wenn von Fleisch und Sauce nichts mehr übrig ist, kommt obenauf Brot, und man drückt das ganze leicht zusammen. Bei schwacher Hitze (80° C) im Ofen drei Stunden ausbrüten.

Die Taubenschwärme auf der Piazza San Marco zählen zum romantischen Arsenal jeder Venedig-Erinnerung, auch wenn ihre Attacken noch so dreist waren. Nüchtern betrachtet handelt es sich um eine rechte Plage, deren Verunreinigungen erheblichen Schaden anrichten. Und für die Küche sind diese maroden Stadtstreicher – fanatische Tierfreunde mögen verzeihen – völlig unergiebig.

Zuppa di sedano

Diese Suppenterrine wird im Friaul traditionell am Weihnachtsabend serviert.

3 Löffel Butter
3 Löffel Öl
1 kleine Zwiebel
3 Stangen Sellerie
250 g Weißbrot
Parmesan oder Montasio

Das Fett auslassen und die gehackte Zwiebel andünsten. Darin werden bei ganz kleiner Hitze zehn Minuten lang die in feine Röllchen geschnittenen Selleriestangen geweicht, ehe man auch die zarten Blättchen hinzufügt und zwei Liter kochendes Wasser aufgießt, das nun gesalzen zwei Stunden zur Suppe simmert.

Inzwischen legen Sie in eine Suppenschüssel eine dünne Schicht Weißbrotscheiben, darauf reiben Sie großzügig harten Käse, dann wieder Brot, Käse etc. Darüber wird die Suppe gegossen und nach fünf Minuten heiß ausgeschöpft – von unten natürlich.

Pancotto con la crosta

Dies ist das venezianische Pendant: Brotsuppe auf einfachste Art. Sie sollten allerdings italienisches Weißbrot verwenden – es ist luftiger und würziger als das unsere.

300 g altbackenes Weißbrot, entrindet
1 Liter Fleischbrühe (Extrakt)
Zimtstange oder Muskatnuß
Butter und Öl

Das klein gewürfelte Weißbrot wird mit einem (ordentlichen) Stück Butter erwärmt, mit der heißen Brühe aufgegossen, einem Stück zerstoßenem Zimt oder gemahlenem Muskat gewürzt und durchgeköchelt. Dann füllen Sie den *pancotto* in eine irdene Schüssel (*cassouela*), die mit reichlich Butter und Öl ausgeschwenkt wurde, und backen bei mittlerer Hitze im Ofen eine goldene Kruste aus.

Die Variationen sind unendlich: Man kann mit Fenchel, Tomaten, Knoblauch, Kräutern würzen, Eigelb einrühren, mit hartem oder halbfestem Käse überbacken... Was man als bescheidener Esser eben zur Hand hat.

Zuppa di riso alla veneziana

Wie die Sopa coada kann auch dies leicht zum vollwertigen Gericht werden – aber die Intention ist anders herum. „Per una tavola d'impegno", sagt die klassische Anweisung, bei einer pflichtgemäßen Einladung also soll man den Kapaun wieder entfernen: „ma per un ordinario di famiglia", bei einem richtigen Familienessen, wird das Huhn in der Suppe oder als weiterer Gang mit gekochtem Rind- und Schweinefleisch gereicht. Der Kapaun schmeckt ein bißchen edler als ein schlichtes Masthuhn.

1 Suppenhuhn oder Kapaun
1 Zwiebel mit Nelken besteckt
2 Handvoll Reis (semifino)
Salz und Parmesan

Das Tier wird mit der Zwiebel von hinreichend Wasser bedeckt sanft gegart. Dann entfernen Sie erst mal die Zwiebel und geben den Reis dazu: die Sorte *semifino* weicht schneller als *superfino* – also in 10–12 Minuten. Jetzt müssen Sie in jedem Fall noch salzen und mit einer Handvoll frisch geriebenem Käse aromatisieren. Ob Sie nun das Fleisch gehäutet und entbeint in Stückchen in der Suppe servieren oder für einen weiteren Gang oder für bessere Gäste aufbewahren – das muß man sich gut überlegen.

Sugoli

Das Veneto ist Weinland, und wie sich frischer roter Most zur Zeit der Lese mit exotischen Gewürzen von fernher vereint, zeigt diese aparte Weinsuppe. Man darf auch jungen Rotwein dafür hernehmen – *novello* heißt er jetzt modisch.

1 Liter junger Wein oder roter Most
3 Löffel Zucker und Zitronenschale
4 Löffel Weizenmehl
Je 1 Handvoll Pinienkerne und in Wein getränkte Rosinen
1 Zimtstange und zwei Nelken

Der Wein wird mit Zucker und Zitronenschale erhitzt, das Mehl löst man in etwas kaltem Wein und quirlt es ein. Dann simmern auch die süßen Früchte und Gewürze zehn Minuten in der eindickenden Cremesuppe. Sie wird kalt in adretten Schalen serviert.

rechtes Bild: Sugoli

Primi Piatti • Risotti

Reis ist ein zartes Korn, gesund und leicht verdaulich, enthält wenig Fett und Eiweiß. Doch was damit angestellt wird, ist oft verheerend und erklärt das Zögern mancher Hausfrau. 8000 Sorten soll es geben – vom Reis –, und der aus der Poebene wird grob drei Gruppen zugeordnet: der rundkörnige *ordinario* für Süßspeisen, der gestrecktere *semifino* als Suppeneinlage, der langkörnige *fino* oder *superfino* für Risotti.

Auf diese Bezeichnungen müssen Sie achten, denn wir sprechen von *risotto*, von eigenständigen Reisgerichten, und die gelingen am besten mit *riso superfino*, den man hierzulande meist in den Sorten Arborio oder Vialone findet.

Zweites Problem: Sie wollen Reis auch als Beilage verwenden. Das gibt es in Italien kaum, ist aber – so es sich nicht um fernöstliches Tafeln handelt – auch mit italienischem *riso fino* leicht zu realisieren, wenn Sie sich an ein **Grundrezept** halten:

Einen Löffel Butter auslassen. Bei ebenso sanfter Hitze trockenen Reis darin überglänzen. Mit trockenem Weißwein löschen und den unter Rühren eindünsten. Dann allmählich die doppelte (Reis)Menge klarer (Instant-) Hühnerbrühe zufügen und gelegentlich lockern, damit durch die Stärke nichts anhängt; eventuell nachsalzen. Nach etwa 20 Minuten ist der Reis bißfest gegart und heiß zu servieren.

Zweitens. Ein bißchen italienischer wird es, wenn Sie mit der Butter auch noch feingehackte Zwiebelchen andünsten und zum Schluß einen Batzen Butter mit frisch geriebenem Parmesan unterziehen. Dann ist es fast schon *risotto* und mit einer Prise Safran beinahe *risotto milanese*, der zum klassischen *ossobuco*, geschmorten Beinscheiben vom Rind gereicht wird. Da wird der Reis in Knochenmark angedünstet.

Drittens. In Venetien und Friaul sind Risotti fast ausnahmslos suppig – also gar keine Beilage mehr. Diese Konsistenz erfordert nicht nur mehr Flüssigkeit, sondern auch ein feines Händchen. Denn man muß die Feuchtigkeitsabgabe der Zutaten mit dem Garpunkt des Reises gut abstimmen. Frische Gemüse haben davon eine Menge – Fleischsaft oder gar die „Tinte“ der so benannten „Fische“ dicken eher ein.

Denn es gibt – viertens – eine Kardinalsünde: Die Körnchen im Risotto müssen immer Biß haben, und er darf nie pampig sein. Und man soll alle Ingredienzen herausschmecken können.

Risotto alla primavera

Nichts einfacher und moderner als das: ein Konzentrat des ganzen Frühlings in Venetien. Doch wenig komplizierter als das: Wie bekommt man zur selben Zeit auf unseren Märkten zarte Artischockenknospen, grüne Spargelsprossen, feine Zuckererbsen, halbgrüne Tomaten, süße Kartöffelchen, kleine runde Möhren, zartgrüne Bohnen und aromatisches Basilikum?

Doch wenn Ihnen das kleine Wunder glückt: Dann putzen Sie die Gemüse, schneiden und garen sie je nach Art in ein wenig Butter oder Wasser *a punto*, ziehen sie nach zwölf Minuten unter den Risotto italienischer Variante und servieren das Gericht fünf Minuten später mit Basilikum bestreut in einer duftenden Schale. Sie ist abendfüllend bei leichtem Prosecco – danach brauchen auch üppige Esser eine Pause und nur mehr Käse mit einem Schlückchen Grappa. Den bietet das Friaul.

Bohnen, frische grüne fagiolini, runde Artischockenköpfe, kleine zucchine mit der Blüte, und grüne Spargel – nein: bruscandoli, zartbittere Hopfensprossen, die man auf unseren Märkten kaum findet.

Riso e zucca

Riso e zucca

Der pralle gelbe Kürbis ist von unseren Küchenzetteln fast verschwunden und hat in den Zucchini seine vielseitigeren Nachfolger gefunden. In Mantua jedoch ziert er sogar das Stadtwappen und wird als Mus zur Füllung von *tortelli*, Teigtaschen, verarbeitet. Die Mischung mit Reis gibt eine Vorstellung von einfacher Kost: stilgerecht für eine hungrige Landpartie, auf offenem Feuer zu bereiten! (Sonst die halbe Menge.)

500 g Kürbis
2 Zwiebeln
4 Knoblauchzehen
Öl und Butter
500 g Reis semifino
Fleischbrühe (Extrakt)
Petersilie und Parmesan

Kürbisfleisch, Zwiebeln und Knoblauch werden in dünne Scheibchen geschnitten, in reichlich Fett angedünstet und mit hölzernem Löffel zu Brei gerührt. Den Reis unterziehen, genügend Brühe hinzufügen und in gut zehn Minuten suppig garen. Viel gehackte Petersilie und geriebener Parmesan sorgen für die nötige Würze.

Risi e bisi

Das ist eine liebenswerte Lautverbindung und so etwas wie ein kulinarisches Signum Venedigs. Dies *mangiatutto* wurde am Markustag, dem Fest des Dogen am 25. April feilgeboten: Zuckererbsen und Reis. Heute bescheidet sich das Rezept auf ein Risotto mit zarten Erbschen, *piselli*, und die verwendet man halt auch ohne Schale und aus dem Frostpaket. Doch aus der Dose nie: Da werden sie matschig und der Reis pampig!

300 g Erbsen (aus 1 Kilo frischer Schoten)
1 Zwiebel
50 g Pancetta oder Rauchspeck
Butter und Öl
200 g Reis superfino
Petersilien- und Fenchelblätter (oder Samen)
Pfeffer und Parmesan

Zwiebelscheibchen und Speckwürfel werden in Fett langsam golden gedünstet. Inzwischen palen Sie die Erbsen aus und sieden die Schoten in hinreichend Wasser und Salz.

Zum Soffritto mischen Sie jetzt den Reis ein und köcheln mit der Schotenbrühe (oder Hühnerbrühe) in doppelter Menge auf. Nach zehn Minuten gibt man die frischen (oder eben gefrorenen) Erbsen und gehackte Petersilie und Fenchelblättchen (oder ein paar Fenchelsamen) dazu. Nach 6–8 Minuten kommt die Feinarbeit: Den Biß kontrollieren, mit frisch gemahlenem Pfeffer und Parmesan, Salz und einem weiteren Stück Butter abschmecken und heiß auftragen.

Riso di quaglia

Wachteln, Wein und Reis – diese delikate Kombination kann in diesem Land nicht ausbleiben. Pro Person wird mit einer Wachtel gerechnet, zwei brauchen Sie zusätzlich zur Aromatisierung des Reises. Natürlich schaut es deliziös aus, wenn Sie je ein Vögelchen im Reisnest garnieren; aber gesetzt den Fall, Ihre Gäste haben beim Zerlegen doch ein bißchen Probleme, rate ich, die Knöchelchen vorher auszulösen, im Sugo mitzuköcheln und das Fleisch als *ragú* zu servieren.

6 Wachteln
Schweinsnetz oder zarte rohe Schinkenscheiben
Salbeiblätter, möglichst frisch
Öl und Butter
trockener Weißwein
Hühnerbrühe (Extrakt)
300 g Reis superfino

Vier schön geputzte Wachteln werden mit Salbeiblättern gefüllt, in Schweinenetz oder Schinkenscheiben (feststecken) gehüllt und in mehr Butter als Öl angebraten. Sie gießen etwas Wein an und lassen die Vögelchen unter dem Deckel zart garen.

Zwei Wachteln zerteilen Sie, um sie rasch mit Butter anzubraten und mit Brühe auszuköcheln, lösen das Gebein aus und benutzen den mit ihrem Fleisch wieder versehenen Fond, um den Reis anzuschmoren und mit mehr Brühe *al dente* zu garen. Dann ziehen Sie noch ein Stück Butter oder zwei Löffel Sahne unter den Reis, formen ihn auf vier Tellern zum Nest und setzen je eine Wachtel hinein.

Risotto alla sbiraglia

Daß es sich bei diesem Reis der Häscher um ein kräftiges Gericht und österreichische Gendarmen handelt, erhellt die Zugabe von einem Stückl Siedfleisch. Es muß *all'onda* Wellen schlagen, suppig sein.

1 junges Suppenhuhn
1 Stück junges Siedfleisch – also Kalb
2 Stangen Sellerie
2 Zwiebeln
2 Karotten
Öl und Butter
300 g Reis semifino
1 Glas Weißwein
Parmesan

Das Huhn wird zerteilt und entbeint. Die schönen Fleischpartien legt man gehäutet beiseite. Aus der Karkasse, dem Geflügelklein, der Hälfte des geputzten und grob gehackten Gemüses siedet man in zwei Litern Wasser mit dem Kalbfleisch gemächlich eine gepfefferte und gesalzene Brühe aus. Inzwischen schneiden Sie das rohe Hühnerfleisch mit der Leber und später das gegarte Siedfleisch in kleine Bissen, die übrigen Gemüse fein.

In einer Kasserolle reichlich Butter und Öl auslassen. Das feingeschnittene Würzgemüse golden andünsten, darin das Fleisch anbraten, mit Wein löschen und zehn Minuten schmoren. Dann ziehen Sie unter Rühren den Reis hinein und peu à peu so viel von Ihrer Hühnerbrühe, daß in 20 Minuten eine körnige Suppe entsteht, die mit ein, zwei Löffeln frisch geriebenem Parmesan und Butter träge Wellen schlägt.

Riso in cavroman

Diese Rezeptur orientalischen Ursprungs zeigt die alte Pracht Venedigs und würde heute noch einem Sterne-Koch als innovativ bescheinigt: Heimische Produkte des Veneto kombiniert mit Frischfleisch aus dalmatinischen Kolonien und teuren Gewürzimporten aus dem Morgenland!

Je 1 Selleriestange, Zwiebel, Karotte und Tomate
Salbeiblätter
Butter und Öl
300 g Lammfleisch (Schulter)
Zimtstange, Muskatnuß und Gewürznelken
200 g Reis superfino

In hälftig Butter und Öl werden feingehackt Sellerie, Zwiebel und Karotte angedünstet. Dann gibt man das geschälte und entkernte Tomatenfleisch mit frischem Salbei hinzu und brät rasch die in feine Streifen (wie für Geschnetzeltes) geschnittenen und fettfreien Happen des Lammfleischs darin an. Salz und Pfeffer daran – und eine Zimtstange (die nach Geschmack wieder herausgenommen wird), Muskatnuß frisch gerieben und zwei Nelken. Dies *ragú* wird eingeschmort, mit dem Reis unterzogen, mit Wasserzugaben bedeckt und behutsam vermengt, bis sich nach 20 Minuten ein schwach suppiger *riso in cavroman* ergibt.

Risotto di salsicce

Ich war ziemlich mißtrauisch, als uns an einem frostigen Wintertag in Borca di Cadore ein Freund aus Friaul zu diesem Abendmahl einlud. Schweinswurst mit Reis klang gar zu grob. Aber es waren eben *salsicce*, die man hierzulande nur luftdicht verpackt oder in Öl gelegt bekommt; und die besitzen eine andere Würze. Nicht gerade zurückhaltend – aber fabelhaft an kalten Abenden.

4 salsicce: würzige rohe Schweinswürste (200 g)
Je 1 Zwiebel und Selleriestange
Butter
200 g Reis fino
1 Glas trockener Weißwein
Brühe (Extrakt)
Petersilie und Parmesan

Braten Sie in der Kasserolle ein Stück Butter mit dem gehackten Gemüse und kleinen Stückchen des Schweinemetts an, die Sie aus der Haut pressen. Dünsten Sie den Reis darin an und löschen Sie mit dem Wein. Dann wird der Risotto unter ständiger Zugabe von Brühe mit wenig Rühren gegart: Er soll wieder suppig werden und beim Schütteln Wellen schlagen *all'onda* und wird mit gehackter Petersilie und Parmesan serviert.

Auch hier kann man zur leichteren Verdaulichkeit ein bißchen frisches Tomatenfleisch untermengen, pro Person noch eine Salsiccia einlegen – oder extra braten – und einen Ruccola-Salat dazu servieren. Dann wird das zur üppigen Mahlzeit.

Risotto nero

Dieses schwarze Reisgericht von kleinen Tintenfischen, *seppie*, ist eine der eigenartigsten und schmackhaftesten Kreationen venezianischer Küche. Die „Tinte" verleiht dem Risotto nicht nur Farbe, sondern auch ganz eigene Konsistenz und Gusto. Ein bißchen gewöhnungsbedürftig freilich – auch wegen der Mühe.

500 g kleine Tintenfische (ungeputzt)
Olivenöl
1 milde Zwiebel
2–3 Knoblauchzehen
1 Glas Weißwein
300 g Reis superfino

Die Seppie putzen Sie selbst: Das Innere entfernen, aber die dunklen Tintenblasen aufbewahren, Mund und Augen entfernen, Tentakel und Körper gut waschen und in Stücke schneiden. Geschnittene Zwiebel und Knoblauch in Öl glasig dünsten, das Fleisch darin anbraten und mit dem Wein zehn Minuten einköcheln. Dann ziehen Sie den Reis ein und garen den Risotto unter Zugabe von reichlich heißem Wasser – wie gewohnt peu à peu, sehr suppig.

Inzwischen haben Sie die Flüssigkeit aus den Tintensäckchen gepreßt und ziehen sie wenige Minuten vor dem Garpunkt unter den Risotto, der gleich eindickt und vielleicht noch Salz verlangt. Sie können zuvor auch noch junge Erbsen einziehen, das bringt saftigen Biß; aber Tomaten, meine ich, nehmen dem *risotto nero* seine Eigenart.

Riso in cavroman

Risotto di scampi

Den bekommen Sie überall an der Adria, wo die Märkte tagesfrische Krustentiere bieten, seien es Scampi, Canocchie oder Gamberi. Mit Etikettenschwindel ist zu rechnen, doch er tut dem Wohlgeschmack kaum Abbruch. Zuhause ist das eine Frage der Güterabwägung: Soll man tatsächlich meeresfrische Scampi mit Reis verarbeiten oder fleischiger mit Spaghetti oder köstlich pur servieren? Entscheidend ist: Sie müssen roh sein, auch vom Eis nicht vorgekocht und mit Kopf und Schale. Denn die liefern dem Reis den besonderen Geschmack.

400 g Scampi oder Garnelen
Butter und Olivenöl
Fisch- oder Geflügelfond
1 kleine weiße Zwiebel und frischer Knoblauch
200 g Reis superfino
1 Glas trockener Weißwein
Petersilie

Sie müssen den *crostacei* den Kopf abtrennen, die Bauchseite aufschlitzen, den dunklen Darmfaden und die Schale ablösen. Das Fleisch legen Sie beiseite. Kopfteile und Schalen werden im Mörser zerquetscht, in Butter angebraten und mit Fond ausgeköchelt: Sie brauchen fast einen halben Liter dieser aromatischen Flüssigkeit.

Der Risotto wird konventionell vorbereitet: Kleingehackte Zwiebel und Knoblauch in heißem Öl andünsten, den Reis unterziehen und mit Wein löschen. Sobald er eingezogen, gießen Sie durch ein Sieb löffelweise den „Krustenfond" an und bewegen den Risotto sanft. Fünf Minuten vor dem Garpunkt ziehen Sie mit einem Stück Butter das Krebsfleisch unter, ein bißchen später die gehackte Petersilie und tragen gleich im Schmortopf auf.

Primi Piatti • Pasta e Polenta

Nach der einen Lesart haben die Griechen den Römern die Nudeln überliefert, nach der anderen haben schon die Etrusker in Italien Teig in dünne Streifen geschnitten, nach der dritten hat erst Marco Polo die Pasta aus China mitgebracht; und die ist sicher falsch. In jedem Fall wäre Venetien Anlaufstation gewesen: den Etruskern verschwägert, von Römern und Byzantinern besetzt, Heimat des weitgereisten Kaufmanns aus Venedig. Doch erst in den vergangenen Jahrzehnten ist die Pasta auch hier alltäglich geworden, und der Grund liegt nahe. In Venetien und erst recht Friaul wurde kaum Weizen angebaut, das edle Getreide war eher Luxusware. Für den auch hier alltäglichen Brei und als Zukost (lat. *pulmentum*) verwendete man Buchweizen, den *grano saraceno*. Dieses stärkereiche Knöterichgewächs verdrängte eine amerikanische Importe: Mais, auf italienisch *grano turco*. Heute ist Mais, die Mutter der Polenta, das meist angebaute Getreide der Region.

Bigoli in salsa

Bigoli sind die einzige angestammte Pastaform Venetiens. Der Teig wird aus Vollkornmehl mit Enteneiern angerührt, durch den *bigolare* zu Strängen gepreßt und kurz gekocht: eine *pasta fresca* also, frische Spätzle.

Sie werden sich kaum die Mühe machen, sie aus 300 Gramm grobem Weizenmehl und 3 (Enten)-Eiern mit einer Prise Salz aufzurühren und durch die Maschine in kräftige Streifen zu treiben. Verwenden Sie aber frische *taglierini* und wallen Sie diese minutenlang in Geflügelbrühe auf, dann kommen Sie dem Original nahe.

1 milde (Gemüse)Zwiebel
4 kurz gewässerte Sardellenfilets
100 g weißes Thunfischfilet (gute Dosenware)
Olivenöl
Petersilie
300 g frische Pasta

Die Zwiebel halbieren, in nicht zu dünne Scheiben schneiden und mit den gehackten Sardellen und dem zerpflückten Thunfisch in reichlich Öl andünsten. Mit etwas Wasser oder Weißwein zart köcheln, pfeffern und salzen. Die Nudeln *al dente* garen und tropfend heiß unter die Salsa heben, gehackte Petersilie und noch einen Löffel Olivenöl einziehen und servieren.

Spaghetti agli scampi

Tatsache ist: Heutzutage finden Sie auch im Veneto eher Spaghetti alla bolognese mit faschiertem Fleisch als die eingestammten *Bigoli coi rovinassi* mit Hühnerlebern und Salbei. Und wahr ist: Zu zarten Genüssen aus dem Meer sind die neutraleren *pasta secca* sehr viel bessere Begleiter.

300 g Scampi oder Garnelen, roh
1 milde kleine Zwiebel und Knoblauchzehe
Butter und Olivenöl
2 Tomaten
300 g Spaghetti

Sie lösen das Fleisch der ungekochten Krustentiere aus, rösten Köpfe und Schalen in Butter an, gießen etwas Wasser oder Weißwein an und köcheln daraus einen kleinen Fond. Der Rest geht ganz schnell.

Spaghetti in siedendes Salzwasser geben. Die Tomaten brühen, schälen und ihr Fleisch in Streifen schneiden. Zwiebel und Knoblauch fein geschnitten in Olivenöl andünsten, Scampi darin kurz sautieren, das Tomatenfleisch zugeben und mit ein paar Löffeln Fond durchziehen, pfeffern und salzen.

Inzwischen sind die Spaghetti *al dente*, werden abgegossen, auf Teller verteilt und gerecht mit dem süß duftenden Sugo überschwemmt.

Spaghettini alle vongole in bianco

Der lange Titel entspricht der fein abgestimmten Delikatesse: dünne Spaghetti, zarte Venusmuscheln und ein weißer Sugo. Es gibt auch eine rote Version mit Tomaten, aber darin geht der Meeresduft unter.

1 kg Vongole
Olivenöl
Knoblauch und Petersilie
Pfeffer aus der Mühle

Die frischen Muscheln waschen Sie in Salzwasser noch einmal kräftig durch und werfen alle weg, die nicht mehr fest geschlossen sind. In einem großen Topf erhitzen Sie reichlich Olivenöl und mengen darin die Vongole, bis sie sich öffnen. Jetzt schüttet man den Saft der Muscheln durch ein Sieb – es darf nichts davon verlorengehen! – und löst das Fleisch aus den Schalen; der verbliebene Saft wird nochmal fein geseiht.

Nun setzen Sie die Spaghettini auf und dünsten in einer servierfähigen Kasserolle zwei oder drei ganz fein geschnittene Knoblauchzehen in reichlich Olivenöl an, köcheln darin den Muschelsaft ein – gerade Zeit genug, die Petersilie mit dem Messer zu hacken.

Die Spaghettini sind gar und abgegossen und werden sofort mit dem Muschelfleisch und Petersilie unter den Sugo gezogen und heiß in der Kasserolle serviert. Pfeffer und eventuell Salz kommen bei Tisch darüber.

Bigoli coll'anatra

Diesen Vor-Gang kann man leicht zum Entenmahl ausweiten, und dann ist der Aufwand der Mühe wert. Denn Sie brauchen erstens eine fleischige Ente mit allen Innereien und müssen zweitens einiges sezieren und sollten drittens jegliches Fett abschöpfen.

1 Ente mit Leber, Herz und Magen
1 Zwiebel, 2 Karotten und Selleriestangen
2–3 Glas Rotwein (Cabernet)
1 Handvoll schwarze Oliven
Olivenöl und Butter
300 g frische Pasta wie tagliolini oder fettuccini

Die Ente wird gehäutet, Brust und Schenkel lösen Sie aus. Die zerteilte Karkasse wird mit dem geschnittenen Gemüse, Pfefferkörnern und Salz im Rotwein mit der gleichen Menge Wasser eine Stunde durch- und eingeköchelt: Am Ende brauchen Sie ein schwaches Viertel Flüssigkeit.

Brust und Keulen legen Sie beiseite: Daraus wird später, zart angebraten mit rosigem Kern und begleitet von knusprigen Polentaschnitten und *salsa peverada*, der Hauptgang.

Die Innereien schneiden Sie klein, die Oliven werden entsteint und halbiert: Daraus bereiten Sie nachher den Sugo. Aber inzwischen können Sie von dem sacht geweichten „Skelett" noch einiges Entenfleisch ablösen und das Fett von der Brühe schöpfen, die jetzt durch ein Sieb in einen anderen Topf gegossen wird.

Und nun erst braten Sie Leber, Herz und Magen mit Butter in einem Tiegel an, geben von der Brühe darauf und lassen den Sugo mit Oliven und den Fleischstückchen schön dicklich schmoren.

Unterdessen kocht separat die Entenbrühe auf, und Sie geben so viel wie nötig Wasser hinzu, denn darin werden jetzt in fünf Minuten die frischen Nudeln *al dente* gegart. Abgießen, mit dem Ragú vermengen und heiß auftragen.

Anschließend gibt es als *secondo piatto* – ein herber Ruccola-Salat dazwischen klärt den Gaumen – Anitra rosolata con salsa peverada e polenta fritta. (S.105)

Cialcons di Timau

Calzone kennen Sie als Teigtaschen aus den Pizzerien, aber diese Spezialität aus dem Friaul ist eher mit den Südtiroler Schlutzkrapfen verwandt. Nicht von ungefähr, denn Sprache und Traditionen dieser Bergregionen gehen auf gemeinsame rätoromanische Ursprünge zurück. Timau ist wie Sauris eine deutsche Sprachinsel in den Karnischen Alpen mit einem alten Mischdialekt.

Für den Teig:
300 g Weizenmehl
3 Eier
Für die Füllung:
2 gekochte Kartoffeln
3 Löffel Butter
1 milde Zwiebel
1 Ei
1 Löffel Zucker
1 Handvoll gewässerte Rosinen
1 Stückchen Zimtstange, gestoßen
frische Petersilie und Minze
geriebene Zitronenschale

Für die Sauce:
4 Löffel Butter
frischer Montasio oder fester Ricotta

Aus Mehl und Eiern arbeiten Sie einen glatten Nudelteig und walzen ihn dünn aus. Mit einem feuchten Tuch abdecken.

Zwiebel fein schneiden und in einer Kasserolle mit Butter golden dünsten. Vom Herd nehmen. Dann mit der zerstampften Kartoffel, dem Gelben vom Ei, Zucker und abgetropften Rosinen, etwas zerstoßenem Zimt, gehackten Kräutern und Zitronenschale zu glitschiger Füllung verarbeiten (mehr Butter hilft).

Jetzt setzt man auf die Hälfte des großen Teigblatts teelöffelweise die Füllmasse, streicht streifenweise Eiweiß über die Zwischenräume, klappt die andere Teighälfte darüber, preßt die Talsenken gut an und radelt oder schneidet längs und quer die Krapfen aus. Wichtig: Die Ränder müssen gut verschlossen sein, ehe die Cialcons in siedendem Salzwasser fünf Minuten garziehen.

Mit dem Schaumlöffel auf eine vorgewärmte Platte heben und schichtweise ausgelassene Butter und frisch geriebenen Käse darübergeben. Ungewohnt ist das schon, aber eine Süßspeise auch wieder nicht. Es sei denn, Sie streuen noch einmal Zucker und Zimt darüber...

Bigoli coll'anatra

Frico

Er stammt auch aus dem Friaul und ist eine Art Fondue. Eine Pasta aus der täglich anfallenden Milch war für die Bergbauern immer noch billiger als aus kostbarem Getreide. Außerdem konnte man Kartoffeln, Rüben, Zwiebel oder Äpfel einrühren, was immer in Hausgärten und steilen Feldstücken wuchs.

300 g Montasio oder Asiago, geraspelt
Butter

In einem Caquelon lassen Sie etwas Butter aus, können für Geschmack und Konsistenz auch Stückchen der erwähnten Feldfrüchte zufügen, und geben dann *pian piano* bei kleiner Flamme den Käse hinzu. Immer in einer Achterform mit dem Holzlöffel rühren. Das Fett kann man abschöpfen, oder es zieht wieder ein.

Irgendwann bildet sich ein Käseomelett. Das drehen Sie um, damit es auch von der anderen Seite knusprig wird. Diesen herzhaften Schmarren serviert man heiß oder warm – mit einem kräftigen jungen Merlot zur besseren Verdauung.

La polenta

Wir sind beim „Maisbrei", und das ist ein kulinarisches Ritual, wenn er zur Polenta werden soll.

Es gehört dazu erstens ein Kupferkessel, der *paiolo*. Im Friaul hängt er – das ist schon ein bißchen romantisch und heute nur mehr in ganz alten *locande* oder ganz eleganten *ristorante* anzutreffen – inmitten des Speiseraums (vulgo Küche) über offenem Holzfeuer, dem *fogher*.

Darin wird er zweitens über kräftiger Hitze unablässig und geduldig mit einem Holzlöffel – aus Kirsch- oder Akazienholz! – gerührt und geschwenkt, damit sich keine Klümpchen bilden und bis er sich freiwillig vom Rand löst.

Das dauert drittens mindestens 30 Minuten, und erst nach der Hälfte dieser Kochzeit – also 15 Minuten – darf man die Polenta salzen. Aber sie braucht *al gusto* etwas länger, wenn man sie – viertens – aus grobem Maismehl bereitet, und das ist die einzig wahre Weise.

Dann kann man Polenta 1. im Paiolo heiß auftragen, 2. auf eine kalte (Marmor)Fläche ausgießen und mit dem Messerrücken fingerdick ausstreichen und a. als warme oder b. überbackene Schnitten servieren oder 3. später kalt und gebuttert ausbacken oder 4. einfach kühl und weich oder krustig beilegen. Sie sehen, das ist alles ganz einfach und ungeheuer vielseitig.

Also das Grundrezept:

500 g grano turco: Maisgrieß

In einem großen Kupferkessel oder einer dieser adretten Pyroflamkreationen kocht man zwei Liter Wasser auf und gießt dann in sanftem Strahl unter dauerndem Rühren und Schwenken von einer Seite zur andern ein Pfund Maisgrieß dazu. Nach einer Viertelstunde Holzrühren wird gesalzen und weiter gleichmäßig bewegt; man könnte ein bißchen Butter zugeben, das hilft späteren Verwendungen. Nach einer halben Stunde müssen Sie aufpassen: Jetzt gelingt es oder nicht – auch die Polenta muß körnigen Biß haben. Das war's schon.

30-10-96
MARCHIO DEPOSITATO
FARINA
DI GRANO SARACENO
PESO NETTO 1000
MOLINO
F.lli ZENDORINI
LAIVES (BZ) - Tel. 0471 - 954.110
DI GRANOTURCO
PER POLENTA

Polenta di grano saraceno

Es gibt noch einige Spezialitäten bäuerlicher oder Hirtenart. Der Polenta *contadina* mischt man nach einer Viertelstunde ausgelassenen Speck mit Fett und Grieben ein; bei der Polenta *concia* wird im *paiolo* statt Wasser Milch, Butter und Käse aufgeköchelt. Und es gibt die *Pasticciata friulana*, einen massigen Auflauf, dessen Ragù Sie auf Seite 111 im Rezept „Pastizzada de manso" finden. Von der beliebten *polenta e osei* nur so viel: Das sind am Spieß mit Speck und Salbei gegrillte Vögel auf dem Maisbett – man kann auch Wachteln nehmen.

Polenta di grano saraceno

Buchweizen, ein rasch sprießendes Knöterichgewächs, war das Korn einfacher Leute und wurde auch als Zwischenfrucht angebaut, denn das edlere Getreide mußte man großteils als Zehnten abführen. Der italienische Beiname *saraceno* und der deutsche „Heidenkorn" zeigen noch, woher es stammt: Aus dem Mittelmeerhandel mit den Moslems. Auch hier sollte man das grobe Mehl verwenden.

300 g Grano saraceno grosso: Buchweizenmehl
1 Liter Brühe
Butter
10 Sardellenfilets
Parmesan

Aus dem Grobmehl und Brühe rührt man auf bekannte Weise eine nicht zu dicke Polenta an und gießt sie in eine gut gebutterte Bratpfanne. Die gehackten Sardellen werden ebenfalls in Butter aufgeschmort und über die Polenta verteilt, mit frisch geriebenem Parmesan bedeckt und in den heißen Ofen geschoben. Man läßt die gebackene Polenta auf eine warme Platte gleiten, schneidet sie rautenförmig und serviert die duftenden Schnitten heiß mit Butterflocken.

Polentina bianca

Polentina bianca

Jetzt wird's ein bißchen komplizierter – ein Crashkurs für die Breiküche. Die *polentina bianca* wird aus Milch und Weizenmehl hergestellt. In Venedig macht man daraus dann feine Klößchen, *gnocchi,* die aber Scheiben sind und im Dialekt *macaroni ala venessiana* heißen und nicht gegart, sondern gehäufelt ausgebacken und als *Primo piatto* gereicht werden. Zu lernen ist aus diesem Rezept außerdem, wie man aus jeder Polenta durch Abstechen mit dem Löffel oder teilen in Schnittchen auch eine rasche Beilage bereiten kann.

1 Liter Milch
150 g Butter
200 g Weizenmehl
4 Eier
Parmesan und Butter

In die handwarme Milch gießen Sie die geschmolzene Butter und rühren sehr sorgfältig, damit sich keine Klümpchen bilden, in sanftem Strahl das Mehl und die aufgeschlagenen Eier ein, würzen mit Salz und Muskat.

Erst jetzt ziehen Sie den Topf für 10 Minuten auf kleine Flamme und mischen mit dem Schneebesen einen zarten Teig an. Sobald er eindickt, gießt man ihn auf eine kalte Fläche – Marmor, Holz, Folie – und streicht ihn mit dem Messerrücken zentimeterdick aus. Sobald er auskühlt, stechen Sie mit einem Glas runde Scheiben aus, die *macaroni*. Die Teigreste werden in eine gebutterte Backform gegeben, darauf die Macaroni gehäufelt, mit Parmesan und Butterflocken bestreut und eine halbe Stunde krustig überbacken.

Auf Holz und Legenden gegründet:

Die Serenissima

Die Republik von Venedig wurde im Jahr des Herrn 421 gegründet. Noch genauer: am 25. März dieses Jahres, dem Geburtstag des Evangelisten Markus. Denn der große Schüler von Petrus und Paulus, der als Patriarch von Alexandria den Märtyrertod fand, soll zuvor Bischof in Aquileia gewesen sein, auf dessen Erbe sich die Stadt in den Lagunen berief. Ob der Heilige Markus wirklich dort gewesen war, mag Historiker und kleingläubige Chronisten beschäftigen. Für Staat und Herrschaft von Venedig war im allerchristlichsten Mittelalter vor allem wichtig, daß sie das behaupten und Gottes unmittelbaren Segen für sich beanspruchen konnte. San Marco war ihr Schutzheiliger und sein Symbol, der Löwe, ihr Wahrzeichen.

Wie wichtig dieses Gottesgnadentum war, zeigt eine andere Geschichte. Zwei Kaufleute aus Torcello und Malamocco

stahlen 828 die Gebeine des Heiligen aus seiner Grabkirche in Alexandria und schmuggelten sie unter Schweinefleisch verborgen an den islamischen Zöllnern vorbei per Schiff nach Venedig. Über den wundersam duftenden Gebeinen wurde dort die erste Markuskirche aus Holz gebaut. Sie löste sich mitsamt den Reliquien 976 in Flammen auf. Aber bald nachdem der heutige steinerne Contarini-Bau nach dem Vorbild der Zwölf-Apostel-Kirche in Konstantinopel an dieser Stelle 1071 geweiht wurde, geschah in San Marco ein Wunder: Eine Säule spaltete sich und gab die Gebeine des Schutzheiligen wieder frei...

Die Historie sieht die Ursprünge der Lagunensiedlung ein bißchen genauer. Die Veneter am nördlichen Adria-Bogen hatten als römische Region seit Caesars Tagen blühende Zeiten und florierende Hafenstädte erlebt: Aquileja, Adria, Altinum. Doch als Konstantin der Große 313 das Christentum zur offiziellen Religion erklärte und 331 Konstantinopel anstelle Roms zur Hauptstadt des Imperiums wurde, brachen Sicherheit und Wohlstand im Westen zusammen. Slawen und Teutonen zogen um 360 über Friaul und Veneto her, ihnen folgten Alarichs Goten (401), Attilas Hunnen (452) und die Attacken der Slowenen und Ungarn, bis die Langobarden (568) die Herrschaft übernahmen. Und sie alle haben geplündert und geschändet, verbrannt und verwüstet, was ihnen anheimfiel.

Kein Ort mehr nirgendwo. Zu dieser Zeit flohen die Menschen aus ihren festen Städten in die Lagunen zwischen Grado und Chioggia. Unsicheres Territorium zwischen Land und Meer, in das ihnen niemand folgen konnte, Inseln und Buhnen, Schlamm und Flut, Röhricht und Schilfhütten, Fluchtpunkte der Armseligkeit.

Doch diese See-Veneter waren tüchtige und eigenwillige Leute. Sie nährten sich von Fischfang und der „Gartenkultur" ihrer Eilande und machten mit dem begehrten Salz, das sie in trockengelegten Pfannen der Lagunen ernteten, ein einträgliches Geschäft. Sie hatten seit Paulinus (568) ihren kirchlichen Patriarchen in Grado und seit Paoluccio Anafesto (697) einen weltlichen Regierungsherrn („Dux"), dessen freie Wahl zum „Doge" sie 726 durchsetzten. Das gelang, weil sie in ihren Lagunen für die Byzantiner, die Langobarden und die Franken eben schwer beherrschbar waren. Daraus entstand die Fama von der Republik.

Erst 811 verlegte der Doge Angelo Partecipazio (ein schier unglaublicher Name, in dem die Heilsnähe des „Engel" ebenso steckt wie die Volksnähe der „Mitwirkung"!) seinen Sitz von der Insel Malomocco an den Rivus altus, den Rialto. Und nun begegnen sich Historie und Legende und der rasante Aufstieg der Lagunensiedlung am Canale grande zur europäischen Handelsmacht beginnt.

Wie ein Bug ragt die Fassade des Dogenpalastes zu Piazetta und Hafen: Serenissima, die Republik von Venedig und Königin des Meeres stellt sich dar.

Unter dem Torre dei Signori: Markuslöwe in Vicenza

Venedig regierte den Seehandel mit dem Orient und importierte Sklaven aus Dalmatien. Es konnte nicht ausbleiben, daß man sich dabei auch einige Stützpunkte, Provinzen und Inseln von Ragusa bis Zypern zueigen machte. Die christlichen Kreuzfahrer waren auf die Fährdienste der venezianischen Flotte angewiesen. Sie brachte Ritter, Reisige und Troß an die Levante und kehrte flugs zurück: beladen mit wertvoller Handelsware, erworben auf den Basaren und traditionellen Routen des Ost-West-Geschäfts mit Muselmanen.

Der greise und blinde Doge Enrico Dandolo (1192–1205) brachte ein Glanzstück zuwege. Er trieb die christlichen Krieger zum Vierten Kreuzzug und der Eroberung und Zerstörung Konstantinopels. Die Quadriga der Bronze-Pferde aus dem 4. Jahrhundert schickte er als Beutestück nach Venedig. Und da steht sie nun an der Piazza neben dem Markusdom und den monumentalen Säulen, die auch eine ganz profane Herkunft haben: An ihnen wurden die großen Kriegs- und Kauffahrtei-Schiffe vertäut.

Auf der einen Säule steht seit 1329 der Heilige Theodor. Nicht weil er heilig ist, sondern weil er den venezianischen Anspruch auf die westlichen Teile des byzantinischen Reiches verkörpert. Auf die andere

Unter dem Zeichen des Löwen: Loggien und Uhrturm in Udine

Säule hat man einen tonnenschweren Markuslöwen gehievt. Der ist aber Jahrhunderte älter als der biblische Markus, vielleicht eine assyrische Chimäre, ebenfalls aus dem Orient geraubt und mit einem Buch bereichert, das man zu jenen Zeiten noch nicht kennen konnte.

Doch dieser geflügelte Löwe ist zum Signum der Serenissima und venezianischer Herrschaft geworden, als sie im 15. Jahrhundert ihr Hinterland, die „Terra ferma" im Veneto, Friaul und Istrien eroberte und die Region sich untertan machte, aus der sie einst geflüchtet war. Die Päpste, Kaiser und Feudalherren im Heiligen Römischen Reich Deutscher Nation waren zu schwach, sich gegen Venedigs Expansion zu wehren.

Die „Königin des Meeres" setzte in den Märkten und Städten zwischen Trento und Capodistria lokale Verwalter, *Luogo Tenente* und *Sindaci*, aus Venedig gesteuerte Beamte ein, und schonte den altansässigen Landadel. Sie folgte damit einem alten Vorbild. Auch frühe Eroberer wie die Langobarden und spätere wie die Habsburger begnügten sich damit, ein feingesponnenes Verwaltungsnetz über das Land zu werfen und an den Subzentren Prunkbauten ihrer Herrschaft zu errichten.

PAX TIBI MARCE:
Der Stadtheilige von Bassano del Grappa (oben), ein Brunnen in Asolo (links) und der Triumphbogen Palladios in Udine (rechte Seite) unter dem Regiment des Markuslöwen

Auch heute noch wichtig: Wo liegt Venedig? Blick vom Monte Berici auf Vicenza mit Palladios Basilika

Der Niedergang der Großmacht Venedig setzte im 16. Jahrhundert ein, als sie mit der Umsegelung Afrikas ihr Monopol im Orienthandel verlor und die Güter der Neuen Welt Amerika entdeckt wurden.

Doch die adeligen Familien der Stadt, die auch im Großen Rat das Sagen hatten, mehrten und pflegten ihren Reichtum, ihre Paläste in der Lagune und Villen auf dem Lande, und zeigten ihren Sinn für Kunst und Luxus vor. In Renaissance, Barock und Rokoko beschäftigten sie die großen Meister und Maler venezianischer Eleganz: Carpaccio, Bellini, Giorgione, Tizian, Tintoretto, Veronese, Tiepolo, Canaletto, Palladio, Massari... Venedig wurde Lehrstatt europäischer Künstler, Station vornehmer

Bildungsreisender und Treffpunkt einer vergnügungswilligen Haute volée.

Und die Republik von Venedig wurde müde und hohl. 1797 ließ sie sich widerstandslos von Napoleon vereinnahmen und wurde im Frieden von Campoformio, den der Franzosenkaiser in des letzten Dogen Lodovico Manin prächtiger Villa unterzeichnete – „zu groß für einen Grafen, zu klein für einen König", kommentierte Bonaparte – Österreich zugeschlagen. Ein Daniele Manin führte die Stadt in der Revolution von 1848/49 gegen die Habsburger Fremdherrschaft; doch auch die Venezianer, cholerageschwächt, waren erfolglose Revolutionäre und im Risorgimento, der italienischen Einheits- und Freiheitsbewegung, wenig aktiv. Erst als die Preußen Österreich schlugen, 1866 bei Königgrätz, fand Venedig ins neugegründete Königreich Italien: Die Habsburger mußten es mitsamt der Lombardei an Bismarcks Allianzpartner abtreten.

Prima veneziani, poi christiani – das kaufmännische Motto der alten Seemacht weht noch leise nach. Zuallererst sind wir Venezianer.

Links: Die ehemalige Wasserstraße im Garten der Villa Barbarigo bei Valsanzibio in den Euganeischen Hügeln.
Oben: Einer der Zwerge (Nani), die die Grundstücksmauer der Villa Valmarana „Dei Nani" bei Vicenza, schmücken

Das Wassertor der Villa Barbarigo

Villa Barbaro in Masèr, erbaut von Palladio

Villa Foscari
„La Malcontenta"

Im Garten der Villa Foscari

Der Hochgenuß

Ein italienischer Tag ist mit kulinarischer Logik um einen Mittelpunkt aufgebaut: *il pranzo*, das Mittagsmahl. Am Morgen zu Hause genügt ein Becher Milchkaffee, das Frühstück nimmt man in der Regel auf dem Weg zur Arbeit rasch an einer Bar ein. Meist ist es dieselbe, und die Mädchen stellen dem Gast schon ungefragt seinen *caffè macchiato* – mit geschäumter Milch – und das gewohnte *brioche* auf die Theke.

primo Pasta, Risotto oder Minestre. Darum muß der Zeitpunkt gut koordiniert sein, *al punto e dente* – Anruf aus dem Büro genügt. Als *secondi piatti* werden eher Fleischspeisen als Fischgerichte aufgetragen, die *contorni*, meist Beilagen aus Gemüsen, sind reichlicher bemessen. Zum Abschluß kommt Obst und Käse auf den Tisch, während Wein und Wasserflaschen schon abgeräumt werden und der Espresso brodelt. Italiens Männer sind in ihren Tischgewohnheiten folgsame

Piazza Libertà in Udine

Für fünf *soldi*, meinte der Schriftsteller Gaspare Gozzi (1713–1786), „bist du besser bedient als zu Hause; auf einen bloßen Wink von dir siedet einer den Kaffee, die Schokolade, bringt dir das Wasser und den Korb mit Krapfen." Er mußte es wissen, denn in seiner Heimatstadt Padua gab es damals schon 77 Kaffeehäuser, in denen man auch die begehrten Zeitungen fand.

Für die Zeitungslektüre – meist sind es Sportblätter, die in Italien täglich dutzendweise erscheinen – nimmt man sich heute bei kluger Einteilung lieber ein bißchen später am Vormittag noch ein Viertelstündchen frei, dann kann man die jüngsten Ergebnisse und Trainersünden gleich noch bei einem *bicerin* diskutieren und sich zum Mittagessen verabreden, so man nicht daheim erwartet wird. Zum Hauptmahl setzt man sich zwischen Eins und Zwei: *il pranzo*.

Am Mittagstisch in der Familie sind Antipasti selten üblich, aber mit Gewißheit als

Anhänger der *mamma* und entwickeln von Kindesbeinen auf lebenslange Geschmacksvorlieben. Das Regime der Mamma bestimmt auch die Küchenausbildung der Töchter, und darum gibt es auch für die Hausfrau keinen größeren Stolz und bei einer – seltenen – Einladung kaum ein höheres Lob als die Versicherung, es habe geschmeckt wie bei *mamma – cucina da casa*.

Im Ristorante oder der Trattoria, wo man sich zu gemeinsamem Essen trifft, geht es etwas anders zu. Dort steigert sich der stille Genuß zum fröhlichen Hochgenuß, bei dem es viele Debatten gibt, bedächtig oder temperamentvoll. Dem Uneingeweihten scheint dieses Procedere oft ein unentschlossenes Hin und Her oder gar mäkelndes Auswählen, aber es ist eine unbeschwerte Lust und keinerlei Drängen. In der Regel sitzen dort mindestens zwei, drei Partien beisammen – Geschäftsleute, Männer mit Frauen, Familien mit Kindern. Eines ist immer gleich, nämlich wie flugs und freundlich sie

Piazza Matteotti in Udine

versorgt werden und Brot und Wasser, ein *aperitivo* oder Hauswein auf dem Tisch stehen. Aber dann gibt es Varianten.

Geschäftsleute, das ist überall so, suchen je nach Rang oder Kundeninteresse ihre kulinarische Versiertheit unter Beweis zu stellen: Welche Spezialiäten dieses Restaurants, welche Folge, welcher Wein dazu? Es siegt, wer die größte Zustimmung findet; Kontroversen werden im Verlauf des Mahls durch sich steigerndes Eßvergnügen eingeebnet und münden beim *caffè* in befriedigtes Einvernehmen.

Männer mit Frauen folgen in privater Runde auch zwei Grundmustern, überall. Entweder sie gockeln oder sie überlassen das Reden ihrer Frau und wenden sich

Gemüsemarkt in Padua

gesprächsweise scheinbar wichtigeren Dingen zu – oder umgekehrt. Das kann ganz spannend sein, weil sich die Diskussion dann manchmal meilenweit von der Menükarte entfernt und vollkommen heiter in der Frage endet: Was essen wir nun eigentlich? Und das entscheidet sich dann ganz rasch und für den Betrachter völlig undurchschaubar. Nur der Kellner, die Signora oder der Padrone haben es vollkommen begriffen.

Mehrere Familien mit Kindern zusammen – das ist die unterhaltsamste Kombination. Überall kommt heraus: Die Kinder stehen auf Pasta, auch in Venetien und Friaul, mit viel Sugo, Tomaten, Fleisch und löffelweise Käse. Die Frauen denken oft an ihre häuslichen Rezepte: Was machen die hier wohl besser? Die Männer diskutieren, was zu Hause oder anderswo besser ist und warum. Es entwickeln sich zwei völlig verschiedene Gesprächskreise, die durch die Attacken der Kinder gefesselt werden. Und am Ende, so gegen vier Uhr, stehen alle aus einem scheinbar heillosen Chaos auf und versichern, wie köstlich und wunderbar es gewesen.

Denn da gibt es noch etwas Gemeinsames: Alle fragen und verlassen sich am Ende auf die Empfehlung des Padrone oder der Signora, die die Küche betreut, und sie tun gut daran. Hier ist es noch das Glück – und natürlich der Erfolg – der Wirtsleute, zufriedene und fröhliche Gäste zu haben, die wiederkehren.

Es liegt nahe, daß nach solch geselligem Tafeln der Tagesbedarf gestillt ist und wenig Hunger bleibt.

Nach ein bißchen Siesta – die Fensterläden zuhause sind zum Schutz gegen die Sonne bis weit nach drei Uhr zugeklappt – und ein paar Stündchen Arbeit – die Büros und Geschäfte öffnen wieder gegen Vier – kann man zum Vesperläuten zwischen Sechs und Sieben ein schattiges Gläschen und einen Happen *all'ombra* nehmen, und wenn der Tag gegen zehn Uhr ausklingt, braucht man zu Hause nur ein kleines kaltes Abendmahl. Wem der Sinn nach mehr steht, der läßt es sich in seinem Stammlokal servieren, einer Trattoria oder Osteria, weil es sich so aus dem Gespräch oder der Verabredung mit Freunden ergibt. Ein runder Tag voller kulinarischer Freuden, in selbstverständlicher Gelassenheit bescheiden genossen.

Für Menschen aus dem Norden, die alten Barbaren, ist das immer noch nicht ganz leicht nachzuvollziehen, ein recht ungewohnter Rhythmus der strengen Ordnung Frühstück/Mittagessen/Abendbrot. Da helfen nur Einsichten und Anpassungen: Man lernt daraus genießen und ein bißchen andere Lebensart. Was der Sinn eines Urlaubes sein sollte.

Sie könnten zum Beispiel im Hotel Astoria in Udine absteigen. Direttore Quaia wird Sie gern in Ihr Zimmer führen, das gar nicht so teuer ist für das erste Haus am Platz. Er ist nämlich stolz darauf und zu recht, weil er in der kleinen Großstadt der geschäftstüchtigen Provinz seiner klassi-

schen Herberge im historischen Zentrum auch noch ein perfekt ausgestattetes Kongreßzentrum angeschlossen hat.

Es ist das Nachbargebäude Palazzo Kechler, das ein altes friulanisches Grafengeschlecht aus Österreich sich 1833 von Giuseppe Japelli bauen ließen. Das ist derselbe Architekt, der zwei Jahre zuvor das berühmte und betörende *Caffè Pedrocchi* in Padua errichtete – in dem 1848 die Studenten den republikanischen und nationalen Aufstand gegen die Habsburger Monarchie planten. Wenn Sie im Palazzo Kechler zu Udine heute im Tagungsraum *Sala Gotica* sitzen, dann befinden Sie sich im Schlafzimmer der Grafen. Historische Linien verschlingen sich auf seltsame Weise, wenn man ihnen folgt.

Also bleiben Sie am nächsten Morgen nicht beim *continental breakfast* sitzen, sondern steigen Sie gemächlich hinauf zum Kastell, in dem einst mittelalterliche Patriarchen von Aquileia über einen Staat zwischen Venedig und Habsburg herrschten, ein ständisches Parlament lange Zeit Mitsprache über die *Patria del Friuli* besaß und ein Machtzentrum war, von dem die Gemälde Tiepolos im erzbischöflichen Palais noch eine Ahnung aufkommen lassen.

Die gepflasterte Treppe hinab am gotisch-venezianischen Bogengang ist bequemer zu gehen, und nun biegen Sie ja auch gleich rechts in die Via Mercatovecchio ein, die über dem alten Stadtgraben als Handelszeile aufgeschüttet wurde: Udine war in früheren Jahrhunderten ein wichtiger Platz am europäischen Weg von Süden nach Norden. Unter den Lauben – Udine war vor vielen Erdbeben viel alpenländischer als heute – finden Sie passende Gelegenheiten für *caffè e brioche*. Aber Sie können auch noch bis zum *borgo* warten, wo bei Durchgängen der ehemaligen Vorstadt der alte Kanal wieder auftaucht und Stimmung zum Sitzen und Kaufen liefert.

Wichtig ist, daß Sie nicht zu spät die Piazza Matteotti erreichen. Dort findet – fast seit 1245, als der in Sizilien residierende Stauferkaiser Friedrich II. dem in Udine herrschenden Patriarchen Berthold von Andechs Stadt- und Marktrecht verlieh – immer noch der Tagesmarkt statt. Pure Freude und Lebendigkeit, ein überquellendes Angebot an Gemüsen und Obst, Geflügel und Fleischwaren, Käse und Broten – und Menschen, die prüfen und plaudern, anpreisen, kaufen, betrachten. Man genießt das auch an den kleinen Tischen am Rande des Platzes, ein kleines Meer von Farben und Formen, Palaver und Zurufen vor Augen und in den Ohren. Wenn die Glocken von *San Giacomo* gegenüber Zwölf Uhr läuten, ebbt die Geschäftigkeit langsam ab.

Zeit, um den kleinen Weg durch die Hallen des Domes zurück zur Piazza Libertá zu nehmen. Zur Mittagszeit wird auch dort der Durchgangsverkehr stiller. Vor der Bar an der Ecke sitze ich dann und schaue Säulen und Statuen, die Loggien, Löwen, den Raum kaum genutzter Arkaden und Plätze, einen der schönsten Plätze Venetiens. Muntere junge Leute eilen vorbei – Udine hat eine lebhafte Universität –, nehmen schnell einen Drink, meist eine Cola, und wir diskutieren noch beim dritten Gläschen *Chardonnay*: Wo gehen wir hin *per pranzo*?

Secondi Piatti • Pesce

Es soll noch Menschen geben, die bei einem Urlaub an der Adria nichts anderes als *frutti di mare* speisen. Die Triestiner schwören darauf, daß es in ihrem Golf noch immer die besten Meerestiere gibt, die Lagunenbewohner legen Eide ab auf den eigenen Fang. Es ist ziemlich sicher, daß man so viele Millionen Saisongäste zwischen Bibione und Rimini nicht aus dem eigenen Küstengut versorgen kann - aber wer will das schon beim Verzehr von *calamari fritti* und *wurstl* an der nächsten Bude „Man-spricht-deutsch" wissen. Die Nagelprobe auf Qualität und Frische des lokalen Angebots findet in der Frühe auf den Fischmärkten und in den Restaurants bei Tische statt, wenn der *padrone* seine Auswahl im Rohzustand präsentiert: Glänzen die Augen unverschleiert hervor, sind die Kiemen beim Anlupfen rot, reagiert das Fleisch auf Fingerdruck fest und unwillig? Diese Kriterien gelten zuhause wie an der Adria, und die Trefferquote sollte die Wahl des Lokals genauso wie die des Händlers bestimmen.

Eine Fischsuppe ist die einfachste und heikelste Sache der Welt: Es gibt tausend Variationen. Zwischen Venedig und Triest bewegen sie sich in zwei Aggregatzuständen – Fisch als Brühe oder Fisch als Ragù.

Brodetto alla veneziana

Mindestens vier Sorten Meeresfrüchte werden unter Salzwasser geputzt und geschuppt; und dafür braucht man für den Geschmack vor allem die kleinen grätenreichen Gründeln (*gobido*); die stacheligen Drachenköpfe (*scorfano*) und Seeteufel (*coda di rospo*) mit ihren knochigen Köpfen und fleischigen Schwänzen; und dazu noch einige Krustentiere wie Garnelen, Krabben oder Heuschreckenkrebse (*mantis*).

1,5 kg Fische
1 dl Olivenöl
1 Zwiebel und Knoblauchzehen, Menge nach Gusto
1 dl Weinessig
1 Tomate
Petersilie, Fenchelgrün, Safran
Weißbrot

Die Fische schuppen, ausnehmen und mit Salzwasser waschen; die großen in Stücke schneiden. Zwiebelscheiben und Knoblauch in Öl andünsten, die Fische darin rasch und heiß ringsum anbraten, pfeffern und salzen. Dann gießen Sie Essig und soviel Wasser an, daß der Inhalt bedeckt ist, und lassen das Ganze bei kleiner Hitze garen. Die besseren Fleischstücke werden Sie jetzt auslösen und beiseite legen. Alles übrige wird noch eine halbe Stunde mit geschälter und gehackter Tomate, Petersilie, Fenchel und einigen Safranfäden ausgeköchelt und durch ein Sieb gegossen..

Schließlich verteilen Sie getoastete Brotscheiben und das zuvor ausgelöste Fleisch – auch der *crostacei* – auf tiefe Teller, schöpfen die heiße Brühe darüber und tragen gleich auf.

Vielfältiges Angebot auf dem Fischmarkt: Drachenkopf (oben), Garnelen und Heuschreckenkrebse (Mitte), Rotbarben, Goldbrassen, Seezungen, Marmorbrassen und Meeräschen (unten von links nach rechts).

Boreto a la graisana

Ragù aus der Lagune von Grado: Dazu brauchen Sie feinen Steinbutt (*rombo*), Seeteufel und Äschen (*muggine*) oder Dornhai (*gattuccio*).

1,5 kg Fische
viel Olivenöl
mehrere Knoblauchzehen
weißer Weinessig

Zunächst filettieren Sie die Fische – aus dem „Abfall" können Sie einen Fischfond extra bereiten. Dann bräunt man in heißem Öl die Knoblauchzehen, fischt sie wieder heraus und brät im dampfenden Knoblauchöl unter Wenden und Schütteln die Filets an. Sie löschen mit mehreren Löffeln Essig, der rasch verdampft, pfeffern und salzen und garen das Fleisch minutenlang mit etwas heißem Wasser – es soll nicht zerfallen. Als Beilage Polenta.

Anguilla allo spiedo

Die Lagunen wimmelten von Aalen, und man kann sich gut den einfachen Imbiß der Glasbläser auf Murano vorstellen. Sie steckten die schlanken Körper nur auf die langen Pfeifenrohre, die sie für ihr kunstfertiges Mundwerk brauchten, und hielten sie ein paar Sekunden in den glühenden Ofen: *Bisato scota all'antica*. Heute grillt man ein bißchen anders.

Gut geputzte Aale werden in Rollen zerteilt und zwischen Lorbeer- und Salbeiblättern auf Spieße gesteckt, über oder unter dem Grill im eigenen Fett geröstet und gepfeffert und gesalzen vom heißen Spieß verzehrt.

Baccalà mantecata

Baccalà alla vicentina

Um der Wahrheit die Ehre zu geben: Auch in Italien kommt der Dörrfisch heutzutage meist ungesalzen aus dem hohen Norden und ist eigentlich *stoccafisso*. Das hat der Beliebtheit der Gerichte keinen Abbruch getan. Sie müssen den Stockfisch, der seitenweise verkauft wird, zuvor 12–24 Stunden wässern; und wenn Sie ihn noch milder mögen, zuletzt eine zeitlang in Milch.

500 g Stockfisch
3 milde Zwiebeln
1–2 dl Olivenöl
Petersilie und Knoblauch
4 Sardellenfilets
Mehl und Zimtstange
Pfeffer und Parmesan
1/2 l Milch

Dem geweichten Fisch zieht man die Haut ab, entfernt die Gräten und schneidet ihn in grobe Stücke. Nun dünsten Sie in einer Kasserolle mit dem Öl zuerst einmal geduldig feine Zwiebelscheiben ganz weich, ziehen dann mit einem Hitzestoß Petersilie, Knoblauch und Sardellen, fein gehackt, darunter und nehmen dies *soffritto* vom Herd. Inzwischen haben sie gestoßenen Zimt und gemahlenen Pfeffer mit einer Prise Salz und einigen Löffeln Mehl gemischt und wenden darin die Fischstücke.

Sie werden in eine geölte, am besten irdene Backform geschichtet und mit frisch geriebenem Käse und der Zwiebelsauce bedeckt – eventuell auch in zwei Schichten. Dann gießen Sie die warme Milch – mit einem Schuß Öl darin – darüber und lassen das Mahl bei 180 Grad drei Stunden im Ofen garen. Es gibt Polenta dazu – und Variationen.

Bei *Baccalà alla cappuccina* oder *friulana* werden bemehlte Fischstücke in einem Soffritto aus Öl, Butter und Zwiebeln angebraten, mit Brühe gelöscht und mit gehackten Sardellen, Lorbeerblättern, Pfeffer, Salz und einer Prise Zucker auf dem Herd eingeschmort; oder man fügt auch noch Rosinen und Pinienkerne, Zimt und Muskat hinzu. Dann kommt noch einmal etwas Brühe zum Aufsaugen daran, Semmelbrösel werden darüber gestreut und zehn Minuten in der Röhre zu knuspriger Haube ausgebacken.

Baccalà mantecata

Wohl wahr – hierzulande gilt Stockfisch eher als skandinavischer Exote oder abfälliges Urteil über eine lahme Person. Aber wenn die Venezianer soviel Einfallsreichtum darauf verwenden, muß da geschmacklich sehr viel mehr zu erfahren sein – wie bei dieser würzigen Cremespeise, die auch jedem kalten Buffet zum Überraschungssieger geraten kann.

500 g Stockfisch
viel Olivenöl
Petersilie und Knoblauch
Crème fraîche

Der gewässerte Fisch wird entgrätet und gehäutet und im Topf weich geköchelt. Dann schneiden Sie ihn in ganz dünne Scheibchen oder drehen ihn durch den Fleischwolf. Auf ganz leiser Flamme oder im Wasserbad rührt man dem Fleisch nun soviel Öl hinzu, wie es aufnehmen kann, um zum glatten Mus zu werden. Das wird mit fein geschnittener Petersilie und Knoblauch, mit frischem weißen Pfeffer und milder Sahne nach Geschmack gewürzt und warm oder kalt zu knusprigem Weißbrot oder heißem Toast serviert.

Pesce a scottadito

Auch an kleinen Fischen kann man sich die Finger verbrennen. Hier verwenden Sie handlange Sardinen, Äschen (*cefalo*) und Barben (*triglie*), die gut geschuppt, ausgenommen und gewaschen sind. Kenner meinen, Rotbarben dürfe man wegen der köstlichen Leber nicht ausnehmen, sondern müsse sie mit den Innereien verspeisen, und das sollten Sie zumindest versuchen.

Die Fische werden zwei Stunden in eine Marinade aus Öl und Limettensaft, Pfeffer und Salz eingelegt, dann noch einmal gesalzen, knusprig gegrillt und von Kopf bis Schwanz heiß von der Platte aus Papierservietten verzehrt.

Sogliole al basilico e ai pinoli

Seezungen sind sehr in Mode, fallen aber nach der engmaschigen Ausbeutung der Meere heutzutage auch in Italien sehr zierlich aus. Das klassische venezianische Rezept *sfogi in saor* (S.30) ist für so zarte Filets nicht mehr zu empfehlen, wohl aber diese aromatische Zubereitung aus Caorle.

2–3 Seezungen
1 Büschel Basilikum
Olivenöl und Limette
1 Handvoll Pinienkerne

Sie lösen die Filets aus und legen sie eine Stunde in eine Marinade, die aus mehr Olivenöl als Limettensaft mit Meersalz und frischem Pfeffer und fein geschnittenen Basilikumstreifen angerührt ist. Dann betten Sie die Filets auf eine ofenfeste Platte, lassen getrennt die Marinade mit den *pinoli* sanft einköcheln, garen die Sogliole minutenlang in der heissen Röhre und geben zum Schluß die nußig duftende Sauce darüber. Dazu ist die *polentina bianca* recht (S.73).

Fritti misti: kleine Fische, Calamaretti und Garnelen. Es müssen nicht immer Sardinen sein…

Sarde fritte o ripiene

Zwischen Comacchio und Capodistria bruzzeln auf jeder Herdplatte *fritti misti*, kleine Fische, Tintenfische, Garnelen in Öl. Es müssen nicht Sardinen sein – viele andere handspannenlange Küstenfischchen sind weit schmackhafter. Sie müssen in jedem Fall geschuppt, aufgeschnitten, ausgenommen und von der Rückengräte (aber nicht Kopf und Schwanz!) befreit, schließlich trockengetupft werden.

Dann kann man die aufgeklappten Hälften pfeffern, salzen und ein bißchen bemehlen und wie die übrigen *frutti di mare* rasch in viel heißem Öl beidseitig ausbacken.

Oder Sie haben ein Füllsel aus Semmelbrösel, gehackter Petersilie, Knoblauch, Kapern und Olivenöl vorbereitet, das sie auf die eine Seite streichen und dann die andere darüberklappen. Die gefüllten Fische setzen sie in eine geölte Form, streuen noch einmal Semmelbrösel und frisch geriebenen Käse darüber und backen sie bei 180 Grad im Ofen 20 Minuten heiß aus.

Orate & Co.

Die feinsten und teuersten Fische wachsen an den felsigen Küsten, doch Sie werden sie allenthalben in der Frühe auf den Fischmärkten finden: schlanke Gold- und Rot-, Streifen- und Fleckenbrassen, mit denen allenfalls noch der füllige Wolfsbarsch (*branzino*) konkurrieren kann.

Solchen Delikatessen wird nur eine Zubereitung gerecht: Sorgfältig schuppen, behutsam ausnehmen, zart pfeffern und salzen, frische Kräuterzweige nach Geschmack (Thymian, Salbei, Rosmarin) einlegen, mit ausgesuchtem Olivenöl besprenkeln und in der Pfanne auf dem heißen Herd *ai ferri* oder im vorgeheizten Ofen (180–200 Grad) nicht zu lange ausbraten – innen soll noch ein schwach rosafarbener Saft austreten.

Wolfsbarsch – und Forellen, an denen das Hinterland reich ist – können Sie allerdings auch *al cartoccio* zubereiten, wie ich es in einem Kellerlokal beim Hafen von Triest genossen habe. Der geputzte und trockengetupfte Fisch wird zart gesalzen und dann sekundenlang auf heißer Platte oder Pfanne beidseitig hoher Hitze ausgesetzt: Das intensiviert die spätere Geschmacksentwicklung. Dann wird er mit Öl und Butter, Knoblauch und Petersilie, Weißwein und *brandy vecchio*, einem alten Weinbrand, in einer Folie verschlossen und im Ofen gegart. Je nach Größe dauert das 20–40 Minuten, und man muß ein feines Gespür dafür haben: Denn ist die Hülle einmal geöffnet, bringt auch Nachgaren den vollkommenen Gusto nicht zurück.

Fegato di coda di rospo

In Chioggia müssen einst die Seeteufel so zahlreich gewesen sein, daß jedenfalls herrschaftliche Feinschmecker sich aus ihren Lebern einen Leckerbissen bereiten konnten: Sie werden genau wie Kalbsleber auf Zwiebeln geschmort (S 113). Vorstellen kann ich's mir, die Sache mit den Triglie (S.99, vgl. Rezept „Pesce a scottadito") stimmt ja auch – doch woher nimmt man die teuflisch guten Lebern?

Aragosta alla busara

Es geht um Feinheiten, und es ist kein Gerücht, daß im Golf von Triest immer noch lebendige Hummer und Langusten gefangen werden, die mit den kastengezüchteten Lobsters aus Amerika wenig geschmackliche Verwandtschaft besitzen. Nicht sehr viele, nicht sehr groß; aber richtige Langusten überraschend angerichtet. Bei Caicio in Triest – auch diese einfache Trattoria ist leider verschwunden – haben wir in großer Runde einmal blindlings *aragosta alla busara* bestellt. Was uns aufgetischt wurde, war nicht nur preiswert und originell, sondern auch kostbar und köstlich – ein richtiges Familienessen.

Zwei Langusten werden gespalten, geölt und gewürzt und auf der heißen Platte beidseitig angebraten. Dann gart man sie vollends in einem vorbereiteten brodelnden Sugo aus Olivenöl, süßen Zwiebeln und gehackten Tomaten mit Kräutern und richtet sie auf einer heißen Platte über Nudeln (*penne!*) an, die den ganzen Duft und Sugo aufnehmen. Es schmeckt phantastisch. Aber fragen Sie mich nicht, was *busara* heißt. Es muß ein Geheimcode für verborgene Genüsse sein.

Cannocchie

Der Heuschreckenkrebs (*squilla mantis*) ist eine Spezialität von den Sand- und Schlammstränden der Adria und, so sagen die Venezianer, schmeckt im November am besten. Diese *cannocchie* werden dann in einer Court-Bouillon minutenlang gegart, aus der Schale gelöst und mit einer leichten Marinade aus Öl, Limette, Petersilie, Peffer und Salz gewürzt.

Gamberi

All diese netten Krustentiere sind von Meer aus grau und werden erst durch Hitze rot. Sind die Prawns, Shrimps, Langostinos, Krabben oder Garnelen also schon errötet, so heißt das vorgekocht und reduziert im Geschmack. Den kann man im Binnenland eh nur nutzen, wenn die *crostacei* mindestens fingerlang und saftig prall sind; und die süße Fülle des Aromas kommt nicht aus dem zarten Schwanzfleisch, sondern aus Kopf, Korpus und Schale. Darum werden sie im ganzen zubereitet oder vorbereitet und ausgesuckelt.

Dafür gilt an den Küsten zu recht nur eine Methode: Gamberi werden in Salzwasser durchgespült, abgetropft und rasch geröstet in einem kleinen *soffritto*, der aus Olivenöl, fein geschnittenem Knoblauch und Petersilie besteht, ein wenig Tomatenfleisch und Kräuter wie Basilikum, Thymian oder Majoran enthalten darf – aber immer nur eines davon.

Mila Contini, die ein wunderschönes Buch über die Küche des Veneto mit Originalrezepten im Dialekt der Serenissima herausgegeben hat, fügt noch ein kleines Ritual hinzu: *Pataceto de gambari*.

Da werden die Garnelen in einem *soffritto* wie oben mit einem Glas trockenen Weißwein sanft gegart und heiß aufgetragen und ausgepult. Vor jedem Gast steht ein Schüsselchen mit Weißwein. Darin legt er die Schalen ab, und zum Schluß des Ganges werden sie mit dem Löffel ein wenig ausgepreßt und der *pataceto* verkostet. Oder man köchelt den Inhalt aller Schalen mit etwas Fleischfond noch einmal fünf Minuten auf und serviert den Garnelenwein ganz heiß.

Datteri di mare in sughetto

Dattelmuscheln sind zäh haftende, aber besonders leckere Mollusken, die sich in die Küstenfelsen eingraben. Auf die gleiche Weise kann man natürlich auch Miesmuscheln –*cozze* oder *peoci* – zubereiten.

1,5 kg Muscheln
1 dl Olivenöl
1 kleine Zwiebel
Knoblauch und Petersilie
1 Glas trockener Weißwein
Weißbrot

Die Muscheln wie üblich gründlich waschen, die geöffneten wegwerfen. Öl in einer großen Kasserolle erhitzen, den *battuto* aus Zwiebel, reichlich Petersilie und Knoblauch darin anschmoren und die abgetropften Muscheln mit viel frischem Pfeffer und etwas Salz einziehen. Zudecken, durchschütteln und zwei Minuten stark erhitzem. Den Wein über die jetzt geöffneten Muscheln sprenkeln (nun entfernen Sie die noch geschlossenen) und ein paar Minuten eindampfen lassen.

Inzwischen haben Sie Weißbrot getoastet, legen die Scheiben in tiefe Teller, auf die Sie Muscheln und Sud verteilen, und streuen darüber frisch gehackte Petersilie.

Seppie alla veneziana

Für dieses Ragù kaufen Sie mittelgroße und möglichst frische Tintenfische: Nur in denen finden Sie noch die Tintensäckchen, haben aber auch mehr Arbeit durch das Putzen. Zart sind auch tiefgefrorene Seppie – zäh und trocken werden sie erst durch langes Schmoren.

600 g Tintenfische
Olivenöl
3 Knoblauchzehen
1 kleine Zwiebel
Petersilie
1 Glas trockener Weißwein
Tomatenmark

Frischen Tintenfischen müssen Sie Augen, Mund, Tintenblasen (beiseite legen) und Eingeweide entfernen, dann waschen und die Haut abziehen.

In einer Pfanne mit reichlich Öl wird zuerst Knoblauch leicht gebräunt und wieder entfernt. Dann braten Sie die Seppie mit fein geschnittener Zwiebel und Petersilie darin an, gießen Wein dazu und lassen ihn eindünsten. Nun haben Sie die Wahl: Entweder Sie mischen die Tinte mit wenig Tomatenmark und heißem Wasser oder mehr Tomatenmark mit heißer Brühe und ziehen diesen Sugo unter die Fische, die binnen Minuten unter dem Deckel vollends gar sind. Verkosten, pfeffern, salzen und gleich mit Polenta auftragen.

Eine besondere Köstlichkeit sind *Seppie al forno col pien*. Da werden die Mäntel mit einem Häcksel aus Tentakeln, Knoblauch, Petersilie und Semmelbröseln mit Olivenöl gefüllt, mit *stuzzicadenti* zugepickt und in einem gebutterten Tiegel mit etwas Weißwein im Ofen zart ausgebacken. Das ist warm wie kalt eine Gaumenfreude!

Cape sante in forno

Die gut geduschten Jakobsmuscheln gibt man in eine heiße Pfanne, bis sie sich öffnen. Eine Schalenklappe wird entfernt, die anderen mit dem Fleisch setzt man auf eine Backform. In einem Saucenpfännchen haben Sie ein Stück Butter geschmolzen und mit etwas Öl, gehackter Petersilie – oder Estragon – und Knoblauch, Pfeffer und Salz verrührt. Diese Mischung löffeln Sie über die Muscheln, die im Ofen bei mittlerer Hitze golden ausgebacken werden.

Secondi Piatti • Pollame

„Wer das Glück hat, sich ein frisches Hühnchen beschaffen zu können...“: So beginnt ein altes Rezept aus der Lagunenstadt. Das Federvieh flatterte dort nicht gerade frei herum, und auch auf dem Lande wurden Hennen eher alt und zäh, denn es kam auf die Eier an. Hähnchen und Kapaune landeten auf den Tischen der Reichen, die edles Gefügel durchaus zu schätzen wußten: kräftige Enten, junge Puten, feine Perlhühner, zarte Täubchen, bunte Fasane. Sie müssen also Fortuna nachhelfen, denn auch das kurzlebige Batteriegezücht unserer Tage genügt solchen Geschmackserwartungen nicht, und sich wirklich frisches und freies Geflügel beschaffen. Dann steht die Wahl bei Ihnen: Ein würziges Ragù oder einen knusprigen Braten vom Spieß oder aus der Röhre? Zum ländlichen Geflügel bietet das Veneto zwei traditionelle Zutaten: *La salsa peverada* und *Il ripieno.*

Pollastro in umido

Pollastro ist ein junges Huhn oder eine zarte Poularde. Doch wenn Sie eine *salsa peverada* dazu planen, verwenden Sie ein delikates Perlhuhn und braten es, gewürzt und in Speckstreifen gehüllt, ohne weitere Zutaten im Ganzen aus.

1 junges Huhn oder Poularde
1 Handvoll porcini: getrocknete Steinpilze
Butter und Olivenöl
1 milde Zwiebel
1 Streifen Speck
1 Stange Sellerie und Karotte
1 Glas trockener Weißwein
etwas Brühe und Tomatenmark

Zuerst werden die Pilze in warmem Wasser für einige Stunden geweicht, das Huhn ragù-gerecht in Teile zerlegt, die Zwiebel in feine Scheiben, der Speck in kleine Stückchen, Sellerie und Karotte in Röllchen geschnitten.

In einer stattlichen Kasserolle lassen Sie zu gleichen Teilen Butter und Öl aus und bereiten darin mit dem gewürfelten Speck und Gemüse einen zarten Soffritto. Dem schmort man dann noch die abgetropften und gehackten Steinpilze ein und brät darin rasch die Fleischstücke an. Wein angießen und eindünsten. Schließlich geben Sie etwas Brühe mit Tomatenmark verquirlt hinzu und lassen das Ragù bedeckt bei kleiner Hitze garziehen. Mit Salz und Pfeffer abschmecken und Polenta dazu reichen.

Diese Zubereitung eignet sich für alle Landvögel, speckummantelte Wachteln oder halbierte Täubchen mit frischen Erbsen und einer Prise Zimt: Dann sind dies *Torresani in tecia*.

Peverada

Salsa peverada, so heißt es in Venedig apodiktisch, ist zur Begleitung gebratenen Geflügels erfunden worden und darf bei *faraona, colombini e polastreli* nie fehlen! Diesen Satz muß man auf der Zunge zergehen lassen – denn wer würde hierzulande ein solches kulinarisches Machtwort wagen! Doch in der Tat: Diese Kreation als „Pfeffersoße“ zu bezeichnen, wäre ein arges Vergehen.

6 in Salz gelegte Sardellen
Leber von Tauben oder Perlhühnern
2–3 Scheiben Rindermark
1 Zehe Knoblauch
1 Stückchen Zitronenschale
2–3 Scheiben sopressa oder salame
– und frisch zerkrümeltes Weißbrot

Diese Ingredienzen – die Sardellen gewaschen und trockengetupft! – werden erst einmal mit dem Küchenmesser durchgearbeitet und mit den Brotkrumen zu einer Paste verrührt.

Olivenöl
1 Zehe Knoblauch
1 Spritzer Zitronensaft
1 Schuß reiner Weißweinessig
ein wenig geriebener frischer Ingwer
– und ein Holzlöffel

In einem Saucentiegel erhitzt man das Öl, bräunt den Knoblauch darin und nimmt ihn heraus. Dann wird die vorbereitete Sauce hinzugefügt, Salz und Pfeffer, und mit dem Holzlöffel Zitrone, Essig und Ingwer eingerührt. Nach alter Tradition darf sich auch etwas Saft von Granatäpfeln dazu gesellen. Variationen dieser Rezeptur sind zulässig und ganz nach Geschmack zu entwickeln.

no. 1 *picante*: Es wird noch mit einem kleinen *battuto* aus Zwiebel, Petersilie, Kapern und grünen(!) *peperoni* gewürzt und Bratensaft eingemengt.

no. 2 *trifolate*: Es wird noch ein Stückchen gehackte Kalbsniere mit wenig Petersilie, einem Salbeiblatt und einem Zweiglein Rosmarin rasch angebraten und eingezogen.

no. 3 *orientale*: Ein bißchen geriebene Orangenschale und Zitronat beifügen.

Sie sehen: *La salsa peverada* ist alles andere als eine Pfeffersauce – aber sehr wohl eine kulinarische Erfindung und Begleitung zu Bratgefügel.

Wenn Sie die Kombination in Reinkultur genießen wollen: Perlhuhn oder Fasan in Lehm- oder Salzmantel (angemischt mit Eiweiß) gebacken und bei Tisch aus der Kruste gelöst, tranchiert und mit *peverada* serviert ...

Anatra in salmi

Dies Rezept geht den gleichen Weg, wird aber etwas aromatischer, weil es eigentlich für Wildenten gedacht ist.

1 junge Ente mit Herz und Leber
1 Zwiebel
Nelken, Salbei, Rosmarin
1 Gläschen Dessertwein und trockener Wein (weiß)
1/2 Orange: Saft und Schalenstreifchen
Weißbrot

Die Ente in acht Fleischteile zerlegen und mit Salz und Pfeffer einreiben; Herz und Leber klein-, die Zwiebel von oben in Schnitze schneiden.

In einer Kasserolle mit reichlich Olivenöl, Zwiebel und Innereien anschmoren, Fleisch und Gewürze zugeben und anbraten. Mit beiden Weinsorten löschen und fest verschließen: So darf das zwei Stunden ganz weich schmoren.

Dann köcheln Sie mit Saft und Schale der Orange kurz auf und servieren das Salmi mit *crostini*: heiße Toastschnitten mit Knoblauchduft.

Il ripieno

Es geht um das „Füllsel". Auch im Veneto und Friaul wird Geflügel, gekocht oder gebraten, gern gefüllt. Das ist – und war vor allem – nicht nur eine Frage der Würze und Saftigkeit, die sich dem leicht austrocknenden Fleisch mitteilen, sondern auch der Menge und Sättigung: Die Farce war zumindest leichter und billiger zu haben. Und dann wurde sie allmählich veredelt zu *pollame ripiene alla veneziana.*

Kastanien – auch eine Zutat zum Füllsel

Herz und Leber vom Geflügel
Petersilie, Salbei, Rosmarin: frisch gehackt
Zitronenschale gerieben
altbackenes Weißbrot und Milch
2 Eier
Muskat, Pfeffer, Salz: frisch gemahlen

Die kurz in Salzwasser blanchierten und mit dem Messer gehackten Innereien werden mit Kräutern und Zitrone gemischt. Dann pressen Sie das milchgeweichte Weiße vom Brot aus und mengen die zerzupften Bröckchen unter die Farce. Dazu die aufgeschlagenen Eier und Gewürze – und nach Geschmack frisch geriebenen Hartkäse. Das Ganze soll locker bleiben: Also nicht mit den Händen, sondern mit dem Löffel arbeiten.

Eine moderate Menge genügt bei Kleingeflügel. Pikanter und gut venezianisch wird sie, wenn man auch noch eine Handvoll Pinienkerne, in Süßwein geweichte Rosinen und zerbröselte *amaretti* (Mandelplätzchen) mit einer Prise Zimt- und Nelkenpulver einzieht.

Bei größerem Geflügel wie Puter oder Gans brauchen Sie mehr Masse. Dem Füllsel für den weißen *tacchino* zieht man deshalb noch eine Portion fein geschnittener *salsicce* oder *lughanege* (rohe Schweinswürstl), dem für die fette Gans ein Häcksel von vorgekochten oder gebackenen *maroni* (Eßkastanien) ein.

Für Feinschmecker: Ein paar edle Steinpilze oder Pfifferlinge, frisch oder getrocknet, geweicht und zerkleinert, tragen sehr zum Aroma bei.

Tacchinella al melograno

Dindo heißt der junge Truthahn auf italienisch in liebevoller Verkürzung, im Veneto wird aus der kleinen Henne sogar eine *dindiéta*. Die aufwendige Braterei mit Granatäpfeln – speziell geschält und entkernt und in Etappen gewürzt und gewendet und wieder zur Soße aufmontiert – hat mich immer gestört. Aber es geht auch ganz einfach klassisch.

Eine schöne junge Pute bekommen Sie heutzutage so leicht wie Granatäpfel. Nur das gute alte Schweinenetz – da brauchen Sie schon einen handverlesenen Metzger.

1 junge Pute mit Leber, Herz und Magen
Schweinenetz
Öl, Butter, Zwiebel, Rosmarin,
2 Granatäpfel

Die Pute wird gewaschen, getrocknet und innen und außen mit frischem Pfeffer und Salz eingerieben, mit dem zarten Schweinenetz umspannt und auf dem Spieß oder in der Röhre zart gebraten.

Unterdes dünsten Sie eine sanfte Sauce auf der Basis von Butter und Öl: aus Zwiebel und Puteninnereien fein geschnitten, Rosmarinnadeln und den Überbleibseln vom Schweinenetz. Dann salzen, pfeffern und handgepreßten Saft und kernfreies Fleisch von Granatäpfeln dazugeben. Davon darf nicht viel verköcheln, aber *il dindo* ist ja auch gleich ofengar und wird dann mit dieser *salsa melagrana* bei Tisch zerlegt und serviert.

Maiale al latte

Secondi Piatti • Carne

Mit Fleisch wird wie meist in Italien auch in Veneto und Friaul sparsam umgegangen. Doch es gibt zwei, drei Besonderheiten. Nicht nur Wild wird gerne mariniert und herb geschmort. Österreich hat in *spezzatini* und *gulash* seine Spuren hinterlassen. Einige deftige Spezialitäten entpuppen sich als rustikale Eintopfgerichte. Und die Würzigkeit des Balkans wie der Duft des Orients sind nahe.

Maiale al latte

Maiale ist Fleisch vom Schwein, und hier sind die saftigeren Teile gefragt.

1 kg Schweinekeule oder -hals
Knoblauch, Salbei, Rosmarin
1 Flasche trockener Weißwein
3 Löffel Butter
Milch
Zimt und Nelken

Die frischen Kräuter werden ein wenig zerstoßen und mit dem Wein in einer Schüssel vermischt: Darin legt man bedeckt zwei Tage lang den künftigen Braten ein.

Danach wird er herausgenommen, trockengetupft, mit Salz und Pfeffer eingerieben und in einer festen Kasserolle mit heißer Butter ringsum leicht angebraten. Nun gießen Sie bis zur Oberfläche warme Milch an und lassen das Fleisch etwa zwei Stunden weichköcheln.

Dann kommt der Braten auf einer Platte in den warmen Ofen, denn Sie kochen den Milchsud cremig ein und würzen nach Geschmack – auch orientalisch mit ein wenig Zimt- und Nelkenpulver. Mit dieser Sauce wird der *arrosto*, in Scheiben geschnitten, zu Polenta oder Tagliatelle serviert.

Costine di maiale

Costine ist das Rückenstück, aus dem man sowohl Rippchen wie Koteletts wie Lendchen schneiden kann. Wir beginnen mit der feineren venezianischen Version.

2 Schweinelendchen
2 Zwiebeln
1 kleiner Weißkohl oder Wirsing
Öl und Weinessig

Schneiden Sie die Lendchen in kräftige Medaillons, die Zwiebeln in zarte Scheiben und das geviertelte Innere des Kohls ohne Strunk in ganz feine Streifen.

Zwiebeln werden in Öl golden gedünstet, Fleischstückchen darin heiß und kurz angebraten und mit einem kräftigen Schuß Essig gelöscht. Pfeffern und salzen, die Kohlstreifen einziehen und unter dem Deckel alles weichgaren – zwischendurch muß man etwas Wasser oder Brühe nachgeben. Dazu darf man auch Salzkartoffeln reichen.

Vergis cu lis cuéstis di purcis

Ein toller Titel in *Furlans*, der alten rätoromanischen Sprache des Friaul, und ein ganz einfaches Gericht: Wirsing oder *verza* ausgekocht mit Schweinerippchen, die man bei uns neumodisch „Spareribs“ nennt.

1 kg Schweinerippchen
1 großer Kopf Wirsing
Öl und Weißwein

Der Kohl wird entblättert, die Rippen schneidet man heraus, blanchiert die saftigeren Blätter ein paar Minuten in Salzwasser und hackt sie klein.

Das Fleisch wird mit Öl in einem großen Eintopf angeröstet, kurz mit Wein durchgeschmort und mit dem Wirsing vermischt und weich geköchelt. Dazu braucht man noch Pfeffer und Salz und kann Polenta dazu bieten.

Das ergibt einen winterlichen Eintopf, zu dem Sie den Kohl ebenso in Speck anschmoren und mit anderem Schweinernen wie *cotechino* oder *salsicce* durchziehen lassen können. Dann heißt es natürlich *Verze con la salsiccia*.

Sguazeto alla friulana

Sguazeto könnte man als „Tunke“ übersetzen oder wie das *spezzatino* als Ragout bezeichnen. Im Ergebnis kommt es einem ungarischen *pörkölt* oder Gulaschsuppe nahe und wird mit Polenta kombiniert.

100 g Speck
Öl und Butter
500 g Schweinskeule
1 Zwiebel und Knoblauchzehe
1 Stückchen Zimtstange
1 Löffel Tomatenmark

Ein Stückchen Speck, fein geschnitten, wird mit einem gleichgroßen Stück Butter, einem Schuß Öl und dem nußgroß zerteilten Schweinefleisch, der ganzen Zwiebel und Knoblauchzehe und dem Zimtstück bei kleiner Hitze durchgerührt und unter dem Deckel allmählich mürbe gegart. Ab und zu gibt man einen Löffel heißes Wasser hinzu: Denn das Ganze soll weich, aber nicht braun werden. Dann wird der *sguazeto* mit Tomatenmark – in heißem Wasser aufgerührt – eingedickt und über die Polenta gegossen.

Gulash

Rindvieh wurde auf den Hängen und Hochebenen der karnischen und julischen Alpen zwischen Cortina und Karst schon immer geweidet – nicht üppig, aber beharrlich. Das regionale Rezept für *spezzatino di carne all'ungherese* stammt, mit Tomaten angereichert, aus der benachbarten Küche Österreich-Ungarns und paßte auch gut zum kernigen Fleisch der schwarzen Schweine San Danieles.

750 g mageres Rindfleisch
750 g Zwiebeln
1 Streifen Speck und drei Löffel Butter
1 Zweig Rosmarin und Thymian oder Majoran
2 Stengel Petersilie
2 Knoblauchzehen
1 Löffel mildes Paprikapulver
400 g frische oder Dosentomaten (geschält und gehackt)

Das Rindfleisch zerteilen Sie in große Würfel, die Zwiebeln in feine Scheiben, den Speck in Würfel; die Kräuter können Sie bequemlichkeitshalber zum Sträußchen binden, den Knoblauch mit grobem Salz zerquetschen.

Nun brät man in einer schweren Kasserolle das Fett aus und die Zwiebeln weich und darin bei stärkerer Hitze die Fleischbrocken rundum an. Dann kommen die Kräuter hinzu, werden Paprika und Knoblauch untergemengt und rasch Tomaten eingezogen, ehe etwas anhängen kann. Unter dem Deckel gart das kontrolliert eine Stunde – man muß gelegentlich Flüssigkeit zugeben. Beilage nach Wahl: *polenta di grano turco, gnocchi, tagliatelle* oder sogar *polenta di patate* – Kartoffelbrei!

Pastizzada de manso

Bei *manzo* handelt es sich um junges Ochsenfleisch und bei der *pastizzada* um das friulanische Äquivalent zum milderen venetischen Schmorbraten aus Schweinefleisch.

- 1 kg Rindslende
- 1 Streifen Speck
- 2–3 Salbei- und Rosmarinzweige
- 2 Löffel Butter und Öl
- 1 Stange Sellerie und Karotte
- 1 Handvoll Petersilie
- 1 Glas trockener Weißwein

Die Lende wird mit Speck gespickt und mit möglichst frischen Kräuterzweigen eingebunden. Dann dünsten Sie Speckwürfel und Fette mit den gehackten Gemüsen an und bräunen darin ringsum den Braten. Es wird gepfeffert und gesalzen und mit Wein gelöscht, und sobald der aufgesogen ist, knapp mit Wasser aufgefüllt. Darin schmort der Braten unter gelegentlichem Wenden zwei bis drei Stunden, wird dann in Scheiben geschnitten und mit der nachgewürzten Sauce durch ein Sieb auf heißer Platte übergossen und mit Polenta serviert.

Agnello al rafano

Meerrettich hätten Sie in Italien gewiß nicht erwartet, und Lammgerichte kennen Sie dort eher in milden Zubereitungen. Doch sie vergessen Triest. Dort hat k.u.k.Österreichs vergeblicher Versuch als Seemacht zur Erinnerung nicht nur ein streng theresianisches Stadtviertel, wunderschöne Kaffeehäuser aus der Tradition des 19.Jahrhunderts und das wunderliche Schloß Miramare des unglücklichen Erzherzogs Maximilian hinterlassen, sondern mit seiner Reichsherrschaft aus drei Jahrhunderten auch die süßen Rezepte und scharfen Zutaten seiner Küche, darunter auch den Meerrettich oder *rafano*.

- 1 kg Lammschulter oder -keule
- Butter und Öl
- Zwiebel, Lorbeerblatt, Thymian
- Weinessig und Brühe
- 3 Löffel Meerrettich frisch gerieben
- 1 Handvoll Petersilie, gehackt

Butter und Öl werden mit der gehackten Zwiebel, Lorbeer und einer guten Prise zerriebenen Thymians angeschmort, mit einem Gläschen Essig und Brühe durchgeköchelt. Darin garen Sie sanft das in Stücke geschnittene Lammfleisch unter dem Deckel eine gute Stunde lang. Es soll dann saftig sein, aber nicht schwimmen.

Jetzt wird mit einem weiteren Löffel Butter der Meerrettich und die Petersilie minutenlang aufgewallt, diese Sauce unter das *spezzatino* gezogen und gleich aufgetragen, sonst verliert der Kren seine frische Schärfe. Dazu darf man milde Salzkartoffeln reichen.

Spezzatino di castrato

Der Import von Schaffleisch aus Dalmatien und Albanien war einst auch zur Versorgung der Lagunenstadt von Bedeutung – „als ich noch Prinz war in Illyrien" singt der Narr bei Shakespeare. Dann war es getrocknet und gesalzen und mußte gut gewässert werden: Nicht gerade eine Fleischspeise der Nobilitäten, eher der aufstrebenden Hintersassen. Von einer Nachahmung des Originals rate ich ab, auch wenn der Hammel rechtzeitig kastriert ward und gar kein Prinz. Aber mit ausgelöstem Fleisch aus der Lammschulter ist dieses einfache Ragout großartig.

1 kg Lammfleisch
1 dicke Scheibe pancetta oder Schinkenspeck
Butter und Öl
2 Zwiebeln und 1 Rosmarinzweig
2 Glas trockener Weißwein
1–2 Löffel Tomatenmark mit etwas Brühe

Das Fleisch wird zu Gabelbissen geschnitten, Speck und Zwiebel in Würfel. Dann werden Butter und Öl ausgelassen, Speck und Zwiebel mit Rosmarin schnell angebraten und die Lammstücke von allen Seiten gebräunt. Wein angießen, die Hitze verringern, Deckel auflegen. Nachgucken und ab und an mit Brühe gemischtes Tomatenmark zugeben: Das *spezzatino* muß schön feucht und mürbe einschmoren. Auch dazu darf man Salzkartoffeln servieren.

Lepre in salmì

In salmì heißt die überlieferte Methode, nach der Wild oder Lamm, besonders aber Hase und Kaninchen mariniert und als Ragout geschmort werden. In Venedig findet man da genau wie in Andalusien Übernahmen aus der arabischen Kochkunst: süße Früchte und Schokolade.

1 küchenfertiger Hase mit Innereien
1 Flasche Rotwein: Garanega oder Cabernet
1 Karotte, Selleriestange, Zwiebel
Lorbeerblätter, Wacholderbeeren, Thymian- und Rosmarinzweig, Gewürznelken, Zimtstange, Knoblauchzehe und Salzkörner
Grappa
Zitronensaft, eine Handvoll eingeweichte Rosinen und Zitronat, zerbröselte amaretti (Mandelkekse) und geraspelte Schokolade

Der Hase wird in Portionsstücke zerteilt und ein bis zwei Tage in die Weinmarinade mit geschnittenen Gemüsen und den Gewürzen eingelegt; Leber und Herz (im Original: auch das Blut) ziehen ebensolang in Grappa oder Weinbrand.

Dann bringt man das Fleisch in der Marinade zum Sieden und läßt es reichlich zwei Stunden in schwerer Kasserolle einschmoren; nach der Hälfte der Garzeit fügt man Leber und Herz (mit Grappa und Blut!) hinzu.

Danach das Fleisch herausnehmen und warmstellen. Die Schmorflüssigkeit durch ein Sieb gießen, nach Belieben pürieren, und mit den orientalischen Zutaten zum *sugo agro-dolce* aufköcheln. Den gibt man über das Fleisch und serviert heiß mit Polenta.

Frittura di vitello

Diese delikaten Kalbsschnitzel sollten nur von zarten Gemüsen begleitet werden und sind ein typisches *secondo*: Fleisch vom Feinsten mit pikantem Beigeschmack, das ganz für sich alleine steht.

600 g Kalbskeule oder -nuß
2 Löffel Butter
1 Handvoll geschnittene Petersilie
2–3 gehackte Sardellenfilets
1 Löffel Mehl
Pfeffer und Salz, frisch gemahlen
wenige Tropfen Zitronensaft

Schneiden Sie selbst von dem saftigen Frikandeau dünne Scheiben ab und entfernen Sie alle Häutchen und Adern.

In einer Pfanne werden dann Butter angebräunt, Petersilie und Sardellenschnipsel heiß eingeschäumt und das Mehl klümpchenfrei mit dem Holzspatel eingerührt. Jetzt legen Sie die Schnitzel ein, salzen und pfeffern behutsam, und lassen die *frittura* ein halbes Stündchen zugedeckt braten – die Prozedur erfordert etwas Feingefühl, damit nichts eindickt oder anschmort. Zum Schluß die Flamme löschen, mit Zitronensaft Feuchtigkeit und Würze einziehen und nach einer Minute heiß servieren. Das Gemüse dazu – Brokkoli, Karotten, Blattspinat, Erbschen – muß nur warm sein: aber zart.

Fegato alla veneziana

Fegato alla veneziana

Die venezianische Leber gewinnt ihren besonderen Reiz aus dem süßlichen Geschmack milder Zwiebeln. Sie können ihn erhöhen, indem Sie den glasigen Zwiebeln noch ein Gläschen herben Weißwein ganz einschmoren.

- 500 g Kalbsleber
- 300–400 g weiße Zwiebeln
- Je 2 Löffel Olivenöl und Butter
- Pfeffer und Salz aus der Mühle
- 1 Handvoll frisch geschnittene Petersilie

Die Leber wird in zarte Streifen, Zwiebel in feine Scheiben geschnitten. In einer Stielpfanne lassen Sie das Fett heiß werden und dünsten darin gemächlich in einer halben Stunde die Zwiebeln glasig, rühren gelegentlich, bis sie Farbe annnehmen. Jetzt können Sie noch Wein einschmoren und behutsam pfeffern und salzen. Dann werden bei starker Hitze die Leberstreifen unter Schütteln in vier bis fünf Minuten rasch eingebraten: Sie sollen noch einen mürben rosigen Kern haben. Schnell Petersilie einziehen und heiß mit Polenta servieren.

Cjar su la gridele

Was in Furlans so fröhlich klingt, weist hinüber nach Slowenien und Kroatien: Fleisch vom Grill, dem Holzfeuer des *fogher*. Darauf röstet man hier auch halbe Hähnchen, Rippenschnitten vom Rind, Kalbsnieren und Schweinsleber. Mariniert und gewürzt wird mit Öl, Knoblauch, Petersilie und Schnittlauch. Bei *cevapcici*, den Fleischröllchen aus gemischtem Hackfleisch, werden die eingemengten Zwiebelwürfel zuvor in Weißwein eingelegt!

Brusadule tal for a la codroipese

Der Schweinebraten nach der Art von Codroipo besteht aus dem feinen Sattelstück des Rückens mit dem Filet und kurzen Rippen. Früher, so erinnern sich die Bauern schmerzlich, habe man dieses schmackhafteste Stück dem Pfarrer oder dem Tierarzt schenken müssen – die Herren brauchte man für alle menschlichen oder tierischen Notfälle.

1 Sattel- oder Kotelettstrang vom Schwein
Rosmarin, Salbei und Knoblauch
Butter
1–2 Glas Weißwein

Hacken Sie die Kräuter zu einem feinen *battuto*, schneiden Sie das Kotelettstück an den Rippen kräftig ein (es soll aber noch fest zusammenhängen) und reiben Sie das Fleisch sorgfältig mit der Kräutermischung ein. Dann setzen Sie es in einen Tiegel, verteilen Butterflöckchen, Pfeffer und Salz darüber und schieben den Braten in die vorgeheizte Röhre. Er soll bei mäßiger Hitze langsam garen und wird – zweimal wenden – zwischendurch mit Wein begossen, damit er seine Saftigkeit bewahrt.

Dazu passen zum Beispiel sanft geschmorte Zucchini oder Paprika und ein vollmundiger Pinot nero.

Capriolo

Reh- und Gamswild zählt in Bergregionen immer zur bäuerlichen Küchentradition, auch wenn es früher eigentlich der feudalen Jagdherrschaft gehörte. Es hängt auch damit zusammen, daß eher kapitale Stücke erlegt wurden – Tiere, deren abgehangenes Fleisch einen strengeren Hautgout entwickelte und gebeizt werden mußte. An dieser Marinade aus Friaul ist ungewöhnlich, daß sie auf vorgedünsteten Würzen basiert.

1 kg Rehfleisch
1 Zwiebel
2 Knoblauchzehen
Öl
1 Stange Sellerie, Lorbeerblatt, Thymian und Majoran
1 Flasche Rotwein: Cabernet
1 Gläschen Weinessig
100 g Speck

Zwiebelringe und Knoblauchscheiben werden in reichlich Öl langsam angedünstet. Dann geben Sie Sellerieröllchen und Gewürze hinzu, Wein und Essig, und lassen die Marinade eine halbe Stunde aufköcheln. Danach gießen Sie die Beize warm über das Fleischstück und lassen es 24 Stunden darin ziehen.

Dann das Fleisch herausnehmen, abtrocknen und in einer Kasserolle mit dem gewürfelten Speck und Zwiebelstreifen von allen Seiten anbraten. Salzen, pfeffern, die Beize aufgießen und sacht garen. Sobald das Fleisch zart ist, kochen Sie die Sauce sämig ein und würzen vollends nach Geschmack. Dazu gibt es nur eines: Polenta.

Trippa alla trevisana

Wieder ein Bauernmahl – kräftig, reichhaltig und preiswert. Kutteln bekommt man auch bei uns vorgekocht, das passende italienische Weißbrot ein wenig schwieriger.

600 g Kutteln
100 g pancetta oder Rauchspeck
2 weiße Zwiebeln
Butter
1 Zweig Rosmarin
1/2 l Brühe
4 Scheiben helles Bauernbrot
Knoblauch
Asiago oder Parmesan

Die Kutteln schneiden Sie in feine Streifen, den Speck in Würfel und die halbierten Zwiebeln in kräftige Scheiben. Dann dünstet man in einer Kasserolle die Zwiebeln mit dem Speck in reichlich Butter langsam weich, zieht bei stärkerer Hitze Kutteln und Rosmarin ein und löscht mit der Brühe. Das Gericht köchelt eine kleine Stunde und wird dann mit Pfeffer und Salz abgeschmeckt. Die Brotscheiben inzwischen toasten (und mit einer frischen Knoblauchzehe einreiben!), in tiefe Teller geben, mit *trippe* auffüllen und harten Käse darüber reiben.

Lesso misto all'udinese

Gekochtes Fleisch, *bollito misto* zählt zur Hausmannskost in vielen Regionen Italiens – so wie die Schlachtschüssel bei uns im Norden. Daher differieren auch die Zutaten. Man kann ebenso Ochsenschwanz dazu verwenden oder die kleinen Rippen, Schulterstückchen und Knöchel vom Schwein. In der ländlichen Version war das jeweils die Grundlage; und in dieser fleischarmen, aber reichhaltigen Brühe wurde dann das Kleingeflügel gegart, das eh auf dem Hof herumlief.

500 g mageres Rind (Suppenfleisch)
1/2 Huhn
500 g Kalbsnuß
1/4 Truthahn
500 g Kalbskopf
1 Zwiebel, mit 2 Nelken gespickt
2 Karotten
1 Selleriestange
1 Bund Petersilie
Pfeffer und Salz

Zwiebel und Petersilie, gestückelte Karotten und Sellerie werden in zwei Liter gesalzenem Wasser zum Kochen gebracht. Dann fügen Sie das abgewaschene Fleisch vom Rind, Huhn und Kalb hinzu und lassen es leise zwei Stunden schmoren. Kalbskopf und Truthahn lassen Sie besser separat in Salzwasser garen, Ihre Brühe wird sonst gar zu trübe. Dann servieren Sie alle Fleischstücke in der gepfefferten Bouillon in einer Schüssel. Ein paar frische Gemüsestangen (Paprika, Gurken) und geriebener Meerrettich mit einem Korb Brot dazu genügen.

Es gibt allerdings ein kleines Kunststück dabei, wenn man den Geschmack vollenden will. Nicht alle Fleischsorten garen bekanntlich in gleicher Zeit; Geflügel und Kalbsnuß werden leicht trocken, Kalbskopf zerfällt. Also müssen Sie abmessen, was wie lange in den Brühen ziehen darf, und rechtzeitig herausnehmen, damit es nachher in der Original Schlachtschüssel wieder gewärmt Biß und Genuß hat.

Coniglio arrosto

Es gibt da eine permanente Verwechslung nicht nur sprachlich zwischen *lepre* und *coniglio*, sondern auch kulinarisch zwischen Hase und Kaninchen. Ein Hase ist erstens biologisch etwas Anderes als ein Kaninchen, und zweitens sind im Angebot die Kaninchen fast immer Stallgezüchtete, die Hasen eher aus der freien Wildbahn. Das ist der zweite Grund, weshalb sie sich in Geschmack – oder Hautgout – unterscheiden. Das ändert freilich nichts daran, daß man sie im Friaul – wo beide meist wild geschossen werden – vor der Zubereitung einlegt. Beide sind danach zarter im Fleisch, das Kaninchen sowieso.

1 Kaninchen
Weinessig
Olivenöl
50 g Speck
1–2 Knoblauchzehen
1 Rosmarinzweig
1–2 Glas Weißwein
Wacholderbeeren und Pfefferkörner

Das Kaninchen kaufen Sie meist gehäutet in Stücken. Die legt man einige Stunden in kräftigem Essigwasser ein. Dann trocknen Sie die Stücke gut ab und schwenken sie in einer Pfanne über heißem Feuer, damit sich alle Flüssigkeit verflüchtigt.

Nun erhitzt man in einer Kasserolle mit reichlich gutem Olivenöl *extra vergine* kleingewürfelten Speck und gehackten Knoblauch mit dem Rosmarin, brät schnell die salzbepuderten Kaninchenteile unter Wenden darin golden an – trocken dürfen sie nicht werden! – und löscht mit Wein ab. Auf leiser Flamme soll das Fleisch unter dem Deckel langsam schmoren und ab und zu gewendet und mit dem Bratensaft – oder mehr Wein – begossen werden. Viel länger als eine Stunde dauert das kaum. Ich füge der Soße außer Wacholder und Pfefferkörnern gegen Ende gern eingeweichte getrocknete Steinpilze hinzu – denn die Soße ist wichtig, wenn man Coniglio nachher mit knusprigen Polentaschnitten aufträgt.

Einst ein Welthafen und nun von bestrickender Melancholie

Grenzgebiet der Kulturen:

Trieste

In dieser Gegend Europas ist alles alt. Auf dem Hügel von San Giusto mit weitem Blick vom Kastell über den Golf gab es wohl schon vor 4000 Jahren eine Ansiedlung. Die Kelten errichteten dort eines ihrer wallumkränzten „castellieri", und als die Römer von Aquileia her gegen die Illyrer zogen, fanden sie in „Tergeste" Unterstützung. Kaiser Augustus ließ den Marktflecken zur Grenzfestung mit Hafen ausbauen – davon zeugt noch, in Mauertrümmern halb versteckt, das einstige Stadttor Arco di Ricardo. Aus Gesteinsschichten ausgegraben wurden die Basilikafundamente und das Theater aus dem Regnum Trajans.

Der Brunnen der vier Kontinente (1728)

Tergeste muß eine belebte Militär- und Handelsstadt gewesen sein: Es fiel wie andere in der Region den Verwüstungen und Besetzungen durch Ostgoten, Byzantiner und Langobarden anheim, bis die Frankenkönige es der Herrschaft eines Bischofs unterstellten. 1236 kauften die Bürger ihm die Stadtrechte ab: Zur selben Zeit, als unter dem Stauferkaiser Friedrich II. auch Udine Stadtrechte erhielt und ein ständisches Parlament für das *Patria del Friuli* gründete.

Doch die Kaufleute von Triest konnten sich gegen die Konkurrenz der Patriarchen von Aquileia, der bayrischen Grafen von Görz und des übermächtigen Venedig kaum behaupten, und so verfielen sie auf einen klugen Schachzug: 1382 unterstellten sie ihre freie Kommune der Schutzmacht Habsburgs. Nun mußten sie zwar Österreich Tribute zahlen, aber sie gewannen dafür außer Schutz auch ein beträchtliches Handelsgebiet, das sich ständig erweiterte: Triest war der einzige nicht von Venedig besetzte Zugang aus Habsburger Landen zum Mittelmeer und bis 1918 der Welthafen der Donaumonarchie.

Es dauerte eine Weile, fast vier Jahrhunderte, ehe sich die Triestiner Spekulation in großem Stil amortisierte. 1719 machte der Habsburger Kaiser Karl VI. Triest zum Freihafen und 1749 startete seine Tochter Maria Theresia ein gewaltiges Erweiterungsprogramm für Triest. Neue Stadtteile zwischen Hang und Meer wurden vom Reißbrett nach Quadratmuster aufgeschüttet und hochgezogen: die *borgi Teresiano, Giuseppino, Franceschino*. Lagerräume, Kontore, Wohnungen. Der Hafen wurde mit neuen Molen ausgebaut. Der Ort über dem Golf schloß zur Stadt am Hafen auf und aus 4000 Bewohnern wurden 24.000.

Triest erhielt sein modernes Gesicht, wuchs nach napoleonischen Intermezzi im folgenden Jahrhundert auf 200.000 Einwohner an, Eisenbahnverbindung zwischen Wien und Istrien, Investitionen in den Suez-Kanal, Versicherungspaläste und Schiffahrtsgesellschaften, *Lloyd Triestino*, eine reiche, eine Adriametropole mit weltbürgerlichem Gesicht.

Der Bruch, nicht Abbruch, kam 1918/19 nach 500 Jahren österreichischer Zugehörigkeit, als dieses Grenzgebiet im Frieden von Saint Germain Italien zugeschlagen wurde. Damit verlor der Standort Triest mit seiner Anbindung an Mitteleuropa auch seine wirtschaftliche Geltung und die Stadt ihre multikulturelle Standfestigkeit.

Triest ist eine seltsame Stadt geworden und geblieben. Ihre Häuserfronten am Hang und die theresianischen Viertel und meeroffenen Plätze weisen zum Wasser. Doch der Blick und Sinn der Bewohner

Antikisierende Elemente an bürgerlichen Fassaden

geht *opicina*, hügelwärts, landeinwärts. Slowenien, Istrien, Kroatien sind ihr Einzugsgebiet, gar nicht so sehr Italien. Die Oberschicht rekrutierte sich jahrhundertelang aus habsburgischen Geschlechtern und zog durch Verwaltung, Handel und Handwerk weiter Menschen und Familien aus österreichisch-deutschen Ländern, aus Böhmen und Ungarn heran. Nicht nur dies: Das Seegeschäft und die Wirtschaft führten auch zur Niederlassung von Griechen, Levantinern und Juden.

Es lebte in Triest nebeneinander und mannigfach verflochten ein Gemisch vieler Nationalitätengruppen unter dem Mantel der Donaumonarchie. Übrig geblieben ist „ein Grenzgebiet der Kulturen", wie das der Triestiner und europäische Schriftsteller Claudio Magris sagt.

Und die Bahn, die die kleinen Bürger zum Wochenendvergnügen hügelwärts bringt, nach Opicina

Scala gigante über einem Straßentunnel

Castello di Miramare: Prunkschloß in normannischem Stil

Barcola, der Uferstreifen zwischen Stadt und Miramare, ist Erholungszone der verkehrsgestreßen Triestiner.

Man muß es schauen, man muß eine Weile dort sein und mit Menschen reden, um die Besonderheit oft unvermittelter Übergänge in Triest zu erspüren. Dann erfährt man nicht nur, daß Erzherzog Maximilian, Oberkommandeur der österreichischen Kriegsmarine, das pompöse Schloß Miramare 1864 für seine unselige Karriere als Kaiser von Mexiko verließ und Rainer Maria Rilke 1911 seine „Duineser Elegien" als Schloßschreiber der Prinzessin Marie von Thurn und Taxis-Hohenlohe auf der alten Burg über dem Golf nahebei mit den Zeilen begann: „Wer, wenn ich schriee, hörte mich denn aus der Engel Ordnungen?"
Steht man in der *bora*, dem fallenden Wind aus dem Karst da oben, der die Küste mit Kälte und Wasser überschüttet, dann ahnt man deren mystische Geburt. Läßt man sich Weile, so stößt man in der „Stadt zwischen drei Welten" (Milo Dor) auf mehr als fast vergessene Rudimente kosmopolitischer Vergangenheit, enthüllen sich literarische Ursprünge moderner europäischer Kultur, ihrer Verzweiflungen und Herausforderungen. Der Dubliner James Joyce hat als englischer Sprachlehrer aus Irland hier

ein Jahrzehnt gelebt und ein Jahrhundertwerk vollendet: „Ulysses", in dem auch Triestiner Nostalgie enthalten ist. An der Berlitz-School begegnete Joyce einem deutschstämmigen Banker mit bürgerlichem Namen Ettore Schmitz, der einige der größten Romane des italienischen Fin de siècle geschrieben hat: Italo Svevo. Zum Freundeskreis gehörte auch ein jüdischer Buchhändler und Dichter: Umberto Saba.

Die triestinische Linie Europas läßt sich fortsetzen bis in unsere Tage, zu Claudio Magris und Fulvio Tomizza und dem literarischen Zwischenreich von Verzehrung, Anspruch und Ansporn. Man sollte, wirklich, nicht nach Triest fahren, ohne sich durch Lektüre auf seine ganz eigenartige Atmosphäre von Erinnerung und Erschöpfung, vordergründiger Lebhaftigkeit und bitterer Resignation eingestimmt zu haben. Es ist ein überraschendes und aufregendes Erlebnis für Leser und Reisende und Triest immer noch eine sehr europäische Stadt im Schnittpunkt der Kulturen.

Ein „Forum Europa", scheinbar abgeschieden und im Kleinen – doch Spiegel seiner Konflikte und Konfigurationen, wenn wir es als Ganzes betrachten.

Nach dem Traurigsein

Das Brot da schmeckt nach Erinnerung.
Ich eß' es in der jämmerlichen Osteria, dort,
wo der Hafen so besonders öd und vollgerammelt ist.

Vom Bier schmeck ich das Bittre,
eingekehrt, halbwegs, am Rückweg,
gegenüber den bewölkten Bergen und dem Leuchtturm.

Die Seele, die ihren Kummer überwunden hat,
beobachtet, mit neuen Augen, im alten Abend,
den Hafenlotsen mit der schwangren Frau;

ein Schiff mit langem Schornstein,
sein altes Holz schimmert in der Sonne,
der gleich lang ist wie die zwei Bäume da: Zeichnung,

kindische, die ich gemacht hab, es ist zwanzig Jahre her;
– Wer hätte mir da das schon vorausgesagt: Mein Leben,
so schön, so voller süßen Kummers,

voll so viel einsamer Glückseligkeit!

Umberto Saba

Oben: Asiago dolce, Asiago saporito, Grana padano; unten: Bergkäse aus dem Val d'Astico, Montasio

Der Ausklang • Formaggi

Keine italienische Mahlzeit ist vollständig ohne Käse und Dessert und den obligaten Caffé – *espresso* natürlich, klein und schwarz, oder *macchiato*, mit einem Hauch geschäumter Milch. Zugegeben, man kann dabei nach Antipasti, Primo und Secondo in Schwierigkeiten geraten, das Fassungsvermögen auch des menschlichen Magens ist begrenzt. Da hilft wiederum nur Planung und Mut zur Entscheidung. Ich ziehe Käse vor – der bietet einen guten Vorwand für die fabelhaften *grappe*, die das Veneto und Friaul zu bieten haben. Andererseits: Auch die köstlichen Dessertweine der Region vom Recioto bis zum Ribolla laden zum Genuß. Aber den kann man sich vielleicht später am Nachmittag zu einigen süßen *biscotti* gönnen. Allerdings verhält es sich mit Käse nicht anders: Auch der mundet zur Vesper mit einem starken Amarone oder einem leichten Verduzzo. Sie sehen, die Wahl ist nicht einfach und der Planungsspielraum groß.

Italien ist auch in Sachen Käse mindestens so vielgestaltig und kompliziert wie Frankreich. 450 Sorten Käse zählt man zwischen Aosta und Sizilien, und die meisten stammen logisch aus dem weidereichen Norden. Da braucht es Regelungen zur Qualitätskontrolle, und die wurden per Gesetz seit 1954 getroffen. Zwanzig Sorten sind seitdem „geschützt" worden, darunter vier aus Venetien und Friaul: *Grana padano, Montasio, Asiago* und *Pressato*. Das sagt freilich nichts über den Wohlgeschmack der vielen anderen lokalen Spezialitäten, die genauso ihre Liebhaber haben: der weiche *Morlacco di grappa* zum Beispiel und die cremige *Casatella* aus dem Veneto, der halbfeste *Amaro*, die *Cuncia*, ein gewürzter und gepreßter, oder die *Pruna*, ein geräucherter Frischkäse aus dem Friaul. Sie alle sind, ganz nach Laune, zum Nachtisch wie als Tafelkäse geeignet, begleitet von saftigen Birnenschnitzen oder Datteltrauben, frischen Walnüssen und weißem Brot. Nur Butter soll nicht sein: Sie verschleiert den Eigengeschmack der Käsearten.

Grana padano

Dieser Klassiker, von dem schon Vergil berichtet, wird Ihnen hierzulande häufig als „Parmesan" verkauft, dessen lokale Herkunft als *Parmiggiano reggiano* aber wieder eigens geschützt ist. Der engen Verwandtschaft tut das keinen Abbruch: ein körniger Hartkäse aus der Poebene, der im Unterschied zum Original aus Parma ganzjährig produziert wird und in der kürzeren Zeit von 6–18 Monaten reift. *Fresco* ist er zart und delikat, *vecchio* strenger und pikant, und am besten, wenn beim Brechen mit dem Käsemeißel noch eine feuchte Molketräne aus den Poren quillt.

Montasio

Der vollfette Montasio kann mit einer ähnlichen Tradition aufwarten. Auf der Hochebene der Julischen Alpen wurde er in der Abtei von Moggio schon im 13.Jahrhundert hergestellt, ursprünglich wohl aus Schafsmilch. Nach wenigen Monaten Lagerung ist der junge Kuhkäse aus der Weidezeit als süßlicher Schnittkäse zu verzehren, nach einjähriger Reifung wird er zum leicht salzigen und festen Tafel- und Reibkäse.

Asiago

Der Asiago von den Hängen der südlichen Dolomiten ist ein Bauernkäse mit zwei reizvollen Varianten. *Als Asiago d'Allevo* reift er 6–18 Monate zum fettarmen Hartkäse und entwickelt danach als *Vecchio di montana* oder Bergkäse seine würzige Pikanterie. Als *Asiago grasso monte* oder *pressato* wird er binnen Wochen zum halbfetten Tafelkäse von mildem Aroma, das zu einem roten Cabernet oder Merlot aus dem Veneto paßt. Übrigens: Auch hier standen die Schafe den Kühen Pate, und das merkt man noch am *pecorino*-ähnlichen Geschmack der durchgereiften Käse.

Pressato

Dieser halbfette Preßkäse aus der Gegend von Vicenca, im übrigen Italien auch *spressa* genannt, wird schon in ein bis zwei Monaten Reifung zum milden Tafelkäse. Er ist ein guter Begleiter zu kräftigem Prosecco.

Der Ausklang • Dolci

Zucker ist heutzutage so selbstverständlich wie Salz. Wer erinnert schon, daß beide einst zu den kostbarsten Handelswaren zählten und Attribute des Wohlstands waren? Venedig war an beidem reich.

Das Weiße Gold aus den Salzpfannen der Lagunen machte sich schon das Reich der Römer als Einnahmemonopol zueigen, und bei dessen Niedergang wurde es Existenzgrundlage der auf Inseln geflüchteten Landbewohner und Quelle ihres wirtschaftlichen Aufstiegs, wie der Geschichtsschreiber Cassiodorus (anno 580) erahnte: „Nicht alle wollen Gold suchen; aber es gibt keinen Menschen, der ohne Salz auskommen könnte, denn das Salz macht jede Speise erst würzig und wohlschmeckend. Daher wetteifern die Veneter vor allem in ihrer Arbeit in der Saline. Anstatt des Pfluges und der Sichel hantieren sie mit Zylindern, und so ist ihnen jede Frucht erreichbar; denn mit dem Erlös aus dem Salzhandel können sie all das erwerben, was sie selber nicht erzeugen."

Den Händlergeist traf Cassiodorus schon; doch mit den „Zylindern“, den trapezförmigen Schöpfgefäßen, entwickelte es sich ein wenig anders. Die Venezianer zogen ihren Hut vor jedem Partner, der ihnen gute Geschäfte erlaubte, und entfalteten so ihre Selbständigkeit und Handelsmacht in der Seeverbindung von Orient und Occident. Ihre ausschweifenden Kauffahrteischiffe brachten begehrte Gewürze von Anis bis Zimt nach Europa, die in den noblen Handelshäusern am Rialto teuer verkauft wurden.

Den Höhepunkt des Profits erreichte die Zeit der Kreuzzüge (1096–1270). Da transportierten die dickbäuchigen Kähne der Serenissima heilig entflammte Reisige und Rösser, Knappen und Knechte zur Befreiung Jerusalems ins Heilige Land, überließen sie dort ihrem ziemlich unvermeidbar tödlichen Schicksal, und kehrten vollbeladen von den Küsten der Levante mit Gewürzen und Spezereien aus dem Morgenland in den Heimathafen zurück: Venedig.

Zucker aus Rohr war auch darunter. Den kannten zwar schon die alten Römer, aber nur als Heilmittel aus der Apotheke, denn gesüßt wurde mit Honig oder Sirup. Und dann gab es die begehrten Südfrüchte, Rosinen, Korinthen, Sultaninen, Mandeln und Pinienkerne und die süßen Rezepte aus der türkischen und arabischen Küche. Daraus entstanden die traditionellen *dolci* venezianischer Art – und überraschenderweise sind die feinsten nicht üppig, cremig und füllig, sondern trocken und locker.

Baicoli

Die berühmtesten Süßigkeiten Venedigs enthalten überhaupt keinen Zucker und sind auf den Namen kleiner Fische getauft: *baicoli*. Es sind *biscotti*, zweimal gebacken, also Zwieback, und witzigerweise nennt sich ausgerechnet danach die Zuckerbäckerei *biscotteria*. Süß genossen werden sie dennoch: Die knusprigen *Baicoli* werden traditionell in heiße Schokolade gestippt oder starken Dessertwein getunkt. Das einfache Originalrezept erfordert einige Geduld, doch sie wird knackig belohnt.

15 g frische Hefe
370 g feines Weizenmehl
100 g Butter
1 Eiweiß
Salz und Milch

Formen Sie 70 Gramm Mehl zu einem Nest, geben Sie die in etwas warmem Wasser gelöste Hefe hinein und verrühren Sie beide sacht zu einer Kugel. Die wird mit einem Messer kreuzweise eingeritzt und ruht unter einem Tuch, bis sich die Masse verdoppelt hat. Dann arbeiten Sie das übrige Mehl ein, die Hälfte der weichen Butter mit einer Prise Salz, die andere Hälfte der Butter geschmolzen, und ein geschlagenes Eiweiß. Der Teig muß gut durchgeknetet werden; dabei hält man ihn mit etwas warmer Milch feucht, damit eine ziemlich kompakte Masse entsteht. Die teilen Sie in vier Stücke und formen jedes zu einer Walze von etwa 30 cm Länge aus.

Die vier Rollen legen Sie auf ein gefettetes Backblech – mit gebührendem Abstand, denn nun sollen sie unter einem Tuch noch einmal anderthalb Stunden aufgehen. Dann schieben Sie das Blech in den vorgeheizten Ofen (180 Grad) – für etwa zehn Minuten: Die Teigrollen sollen gerade Farbe annehmen, aber nicht Kruste entwickeln. So werden sie aus der Röhre genommen, mit einem Tuch bedeckt, und müssen nun 48 Stunden auslüften.

Nach zwei Tagen schneiden Sie die Rollen schräg in sehr dünne Scheiben – wie eine Salami. Und nun haben Sie der Form nach *baicoli*, die bei Mittelhitze noch einmal im Ofen beidseits rasch zu Zwieback ausgebacken werden und vor dem Genuß auskühlen.

Zabaglione

Bei uns hieße das profan Weinschaumkreme, in Turin führt man sie als Kreation eines savoyardischen Konditors auf den Namen des San Giovanni *Baylon* zurück. Aber die Venezianer behaupten, sie hätten die Creme schon mit süßem Wein aus Zypern geschlagen, als es *Marsala* im Piemont noch gar nicht gab. Machen Sie das beste daraus: Verwenden Sie *Marsala alla mandorla*, einen Dessertwein mit Mandelaroma.

6 Eidotter
6 Löffel Zucker
6 Gläschen Marsala

Die Zutaten werden im heißen Wasserbad, der *bain-marie*, schaumig geschlagen, bis sie eindicken. Es dauert ein wenig, ehe man *zabaione* heiß in hohe Gläser zum Auslöffeln abfüllen kann. Man darf auch mit Vanille, Rum oder geriebener Schale von Orange oder Zitrone aromatisieren.

Caffé Beltrame in Treviso

braune Bohne aus dem abessinischen Hochland Kaffa das europäische Copyright. An der Piazza von San Marco wurde das duftende Getränk schon in der ersten Hälfte des 17. Jahrhunderts ausgeschenkt, noch bevor die Türken ihren Vorrat von 500 Sack 1683 nach der Belagerung Wiens hinterließen.

Biscotti alla veneziana

Nun wird es süß, sehr süß, und überdies sind diese Biskuits (einmal gebacken!) rasch zubereitet und Grundlage für das hausgemachte *tirami su*.

10 Eier
250 g Zucker
300 g Weizenmehl
Zitronenlikör (aus Zedrat)
Salz
Vanillezucker

Zuerst trennt man sorgfältig Eiweiß von Eigelb. Dann schlagen Sie die Dotter geduldig mit feinem Zucker zur Creme und rühren der behutsam Mehl und eine Prise Salz ein. Danach schlagen Sie das Eiweiß zu steifem Schnee, ziehen es unter den Teig und aromatisieren ihn mit einem Gläschen *liquore di cedro*.

Nun brauchen Sie eine Spritztüte oder einen Trichter für den Teig und Backpapier in Blechgröße. Darauf formen Sie längliche Löffelbiskuits und backen sie im vorgeheizten Ofen bei 200 Grad in knapp zehn Minuten golden hell. Mit Vanillezucker bestreuen.

Das Geheimnis luftiger Biskuits: Den Teig mit Geduld kremig rühren, das Eiweiß ganz steif einziehen und dann rasch ausbacken.

Tirami su

Da wir schon dabei sind und eigene Biscotti haben: Die Küchenkardinäle sind sich nicht klar, ob das *tirami su* im „El Toula" in Treviso vor Jahrzehnten erfunden oder nur eine alte Herrlichkeit wieder in Mode gebracht wurde. Wie immer, diese kremige Kraftnahrung aus Eiern und *caffè* wird ihrem Namen gerecht – sie „zieht mich hinauf". Übrigens beanspruchen die Venezianer auch für die

100 g Löffelbiskuits
1 Tasse starker Caffé: espresso
1 Löffel brauner Zucker
1 Gläschen Kaffeelikör – oder Grappa

Crème:
4 Eidotter
4 Eßlöffel Zucker
300 g Mascarpone: sahniger Frischkäse
Schokolade, geraspelt

Den Zucker lösen Sie in heißem Espresso, geben süßen Likör oder herben Grappa dazu und tränken damit die Biskuits. Das Eigelb wird mit dem Zucker zur Crème geschlagen und mit Mascarpone sahnig vermischt. Dann schichten Sie in einer Schale abwechselnd getränkte Biskuits und Crème, obenauf geraspelte Schokolade oder Kakao-Pulver. Im Kühlschrank einige Stunden durchziehen lassen.

Tortelli di zucca, Polentini alle mandorle, Zaletti – köstlich zu Caffè wie Wein am Nachmittag

Zaletti

Wir kommen zurück zu den trockenen Biscotti, die zum Glas Wein genossen werden – doch jetzt mit der sanften Zutat von Pinoli und Rosinen.

300 g feines Maismehl
1 Löffel Weizenmehl
2 Eidotter
150 g weiche Butter
150 g Zucker
100 g Rosinen
100 g Pinienkerne
etwas Milch

Weichen Sie vorab die Rosinen in warmer Milch ein. Dann verarbeiten Sie alle übrigen Zutaten und zuletzt auch die abgetropften Rosinen mit einem Holzlöffel und zum Schluß mit der Hand zu einem krümelig mürben Teig. Aus dem formen Sie mit Hilfe eines Teelöffels kleine Laibchen, die im vorgeheizten Ofen bei 200 Grad auf dem Blech in 10–15 Minuten zu Biscotti maisgolden ausgebacken werden.

Vom venezianischen Krapfen...

Frittelle de Venezia

Frittelle sind Krapfen, die man zur Faschingszeit ißt, und *frittole* bedeutet in Venedig Karneval, „fare le frittole": Man amüsiert sich. Machen wir also Krapfen, vergnügen wir uns.

500 g Weizenmehl
20 g Hefe und etwas Milch
4 Löffel Zucker und eine Prise Salz
1 kleines Glas trockener Weißwein
geriebene Schale einer Zitrone
1 Handvoll Rosinen, in Wein oder Rosenlikör geweicht
1 Handvoll Pinienkerne
Schweineschmalz zum Frittieren

Mehl und die in warmer Milch gelöste Hefe werden mit allen übrigen Zutaten zum Teig verarbeitet, der an warmem Ort eine Stunde aufgehen soll. Dann sticht man mit dem Löffel Krapfen ab und läßt sie in siedendem Schmalz oder Öl braun ausbacken. Die *fritelle* tropfen auf Küchenpapier ab, werden mit Zucker überstreut und heiß serviert.

Fave dei morti

Backwerk ist oft mit Ritualen und Kulten verbunden, so auch die „Bohnen der Toten". Bohnen waren in der Antike eine Grabbeigabe: Das Mandelgebäck symbolisiert sie und wird zu Allerseelen bereitet.

125 g Mandeln
125 g Zucker
4 Löffel Mehl
2 Löffel Butter
1 Löffelchen Zimt
geriebene Zitronenschale
1 Gläschen Grappa
Mehl und Ei

Die Mandeln in heißem Wasser weichen, die Schalen abziehen, die Kerne im Ofen kurz trocknen und dann mit dem Zucker im Mixgerät fein zerhacken. Es soll ein feiner Brei entstehen, der mit den übrigen Zutaten zu einem festen Teig verarbeitet wird. Den formen Sie mit bemehlten Händen zu daumendicken Wulsten und schneiden davon fingerdicke Scheibchen, die zu großen „Bohnen" flachgedrückt werden. Auf ein gefettetes Blech geben, mit verquirltem Ei bestreichen und bei 160 Grad in einer kleinen Viertelstunde goldgelb backen.

Fugassa da casa

Zu Ostern taucht in vielen Variationen ein süßes Brot wieder auf, daß dem Mailänder *panettone* und dem Veroneser *pandoro* aus der Weihnachtszeit ähnelt. Im Friaul heißt das dann *pinze pasquali*: ein Name, der ebenso auf den salzigen Verwandten *pizza* zurückzuführen ist wie die *fugassa* auf die würzige *focaccia*. Giuseppe Maffioli hat ein altes Hausrezept aus Venedig aktualisiert.

600 g Weizenmehl
10 g Backpulver
20 g Weinstein
6 Eier, getrennt
200 g Zucker
200 g weiche Butter
1 Täßchen Milch
2 Gläschen Rum
geriebene Schale einer Zitrone

Das Mehl und die Pulver werden mit den verquirlten Eidottern und den übrigen Zutaten zu einem geschmeidigen Teig verknetet. Dann schlagen Sie das Eiweiß steif und arbeiten den Schnee in den Teig. Sie decken ihn ab und lassen ihn an warmem Ort eine halbe Stunde aufgehen.

Danach lassen Sie den Teig in einer gebutterten Springform etwas antrocknen. Sie ritzen ein Kreuz in die Oberfläche, bestreichen sie mit einer Mischung aus Eigelb und Milch, bestreuen sie mit körnigem Zucker und backen die *fugassa* bei Mittelhitze eine Stunde.

... zum Triestiner Strudel

Gubana

In Julisch-Venetien bereitet man – nicht nur – zur Osterzeit zudem einen üppigeren Hefekuchen, bei dem Sie rasch die Herkunft aus der österreich-böhmischen Küche erkennen. Er heißt auch *presnitz* oder *potiza* in seinen lokalen Abwandlungen zwischen Cividale, Görz und Triest und zeigt seine stolze Besonderheit eben in der Füllung mit orientalischen Spezereien, die nur hier zur Verfügung standen.

500 g Weizenmehl
40 g Hefe
30 g Zucker
etwas Milch
120 g Butter
3 Eigelb
geriebene Zitronenschale
1 Tasse Milch
2 Eiweiß
Füllung: 200 g Nüsse, gemahlen
100 g Pinienkerne
100 g Rosinen, in Wein geweicht
100 g Zucker
100 g Biskuitbrösel (Amaretti)
je 50 g Mandeln und Schokolade, geraspelt
Zitronat und Orangeat
Rum und Zimt
Butterflocken

Sie bereiten einen Hefeteig: Hefe und Zucker werden in warmer Milch gelöst und mit einem Viertel des Mehls zum Vorteig gerührt, der an warmem Ort aufgeht. Unterdes schmelzen Sie die Butter, rühren nacheinander die Eidotter, Zitronenschale und eine Prise Salz, das übrige Mehl und den Vorteig mit soviel Milch ein, daß ein gerade geschmeidiger Teig entsteht. Er wird kräftig durchgeschlagen, ehe Sie auch den steifen Eischnee einarbeiten und den Teig noch einmal gehen lassen.

Dann walzen Sie ihn auf bemehlter Arbeitsfläche (oder einem Tuch) mit der Teigrolle fingerdick aus, bedecken ihn mit der feucht gemischten Füllung und Butterflöckchen und rollen den Fladen behutsam (dabei ist eben das Tuch hilfreich) zu einer langen Walze ein. Die wird nun zu einer schönen Kuchenschnecke eingedreht und bei Mittelhitze in der Röhre etwa eine Stunde locker ausgebacken.

Schlemmen alla triestina

Für verstohlene und bekennende Liebhaber und Freundinnen von Süß- und Mehlspeisen ist Triest eine Reise wert. Hier finden sie nicht nur mit dem Caffé degli Specchi, dem Tommaseo, San Marco und Tergesteo einige der schönsten Kaffeehäuser der Welt, sondern in den *pasticcerie* auch eine einzigartige Mischung der Habsburger Konditorherrlichkeit – am Wiener Hof verdiente Ende des 18.Jahrhunderts der oberste Zuckerbäcker dreimal soviel wie die Chefköche! – mit den Spezereien des Orients. Da gibt es *gonfietti* (Krapfen) mit Marmeladen- und *struccoli* (Strudel) mit Apfelfüllungen, den *kugelhupf marmorizzato* und den *koch di arancia*, den *palaschinke* mit Nuß- und Marillendessert und die *torta dobos* mit Karamelglasur. Und eine Weihnachtstorte, deren Gemenge süßer Üppigkeiten schwer zu übertreffen ist.

Dann können Sie wieder *fritelle di carnevale* mit Rosinen und Pinoli ausbacken, sich während der Fastenzeit erholen und auf trockene *pinze de pasquali* freuen, den Sommer über *biscotti* und *zaletti* knacken, ehe sich mit den *fave dei morti* der süße Jahresring der Schlemmer besinnlich schließt. Ein Espresso ist sein passender Begleiter zu Genuß und Muße in allen Lebenslagen, denn eine venezianische Spruchweisheit sagt von ihm: *El caffè l'é bon con tre S: senta, scotando e scrocando.* *Ein Espresso ist am besten, wenn man ihn heiß, im Sitzen und umsonst genießt.*

Weinberge in den Colli Euganei bei Valsanzibio

Wein in Venetien und Friaul

Es ist trotz allen Reisens und Lesens, Schmeckens und Verkostens am Ort und zu Hause nicht leicht, die roten und weißen Weine, kaum oder kräftig perlenden Prosecci und die Vielfalt der Grappe zu beschreiben oder auch nur aufzuzählen, die aus vielen Traubensorten in den Weinbergen und Feldern zwischen Etsch und Tagliamento, Dolomiten und Karst an Hängen und Hügeln, in Tälern und Ebenen gezogen werden. Einmal sind sie zu verschieden, zum anderen ist jeder individuelle Eindruck anders. Die Fachsprache der professionellen Weinkenner hilft dem dilettierenden Liebhaber nur begrenzt, und wenn er dann noch die Unterschiede der Bodenbeschaffenheit und Rebstöcke, der Jahrgänge und Verschnitte beachten, die besondere Kultur im Weinberg und den speziellen Ausbau im Keller berücksichtigen soll, schwirrt vielen noch vor der Kostprobe der Kopf.

Machen wir uns den Einstieg einfacher, benennen wir schlicht das einzigartige Zusammenspiel natürlicher Gegebenheiten, das die Weine aus Venetien und Friaul so abwechslungsreich und köstlich in ihrer Fülle werden läßt.

Die Sonne strahlt auch in den Wintermonaten noch sanft auf die südlichen Hänge und wärmt übers Jahr die Erde, salzig milde Brisen ziehen vom Meer durch die Gänge zwischen den Reben und wechseln mit den frischen Winden, die vom Gebirge herab streichen, die Temperaturwechsel sind selten abrupt, die notwendige Feuchtigkeit des Bodens bleibt auch in der Tiefe gewahrt.

Die Menschen, Bauern dort haben diese Begabung ihrer Landschaft, ertragreiche Trauben zu spenden, aus deren gepreßtem Saft sich ein wohlschmeckender Wein keltern ließ, schon seit mehr als 2000 Jahren genutzt und mit viel Talent entwickelt. Herodot und Livius, Virgil und Martial erzählten von dem Wein aus Rätien und priesen ihn.

Es ist ein Weinland - vom klassischen rubinroten Bardolino und dem duftigen weißen Custoza am Gardasee über den rauhen Merlot und den leichten Pinot grigio aus den Flußebenen bis zu den edleren Sauvignon und Tocai von den Hügeln des Friaul.

Die Produktionsmenge deutet allerdings schon auf einige Unterschiede hin. In Venetien werden jährlich über 10 Mio. Hektoliter gekeltert, im Friaul kaum anderthalb Millionen. Das liegt an den unterschiedlichen Anbauflächen der Regionen wie an der Bodenbeschaffenheit und hat in den letzten Jahrzehnten, als man die Massenerträge reduzierte und stärker auf Qualität setzte, zu einer beachtlichen Geschmackskultur geführt.

Denn dies muß man zugestehen: Was hierzulande in den vergangenen Jahrzehnten als Bardolino, Valpolicella oder Soave und oft gar mit der Auszeichnung „classico", also aus garantiertem Herkunftsgebiet, in großen Mengen in Verkaufsregale und auf Getränkekarten geriet, war nicht immer von der feinen Art. Das offizielle Gütesiegel „Denominazione di origine controllata" (DOC) hat seit 1968 zu einiger Klarheit geführt, und heute können Sie darauf vertrauen, daß auch ein roséfarbener Chiaretto wirklich aus der Bardolino-Zone kommt und ein kirschroter Superiore tatsächlich über ein Jahr im Keller lagerte. Eine samtige rote Auslese ist Recioto della Valpolicella, der sich in der trockenen Version zum hochgradigen Spitzenwein Amarone steigern kann. Ein guter Weinhändler wird Sie auch auf den hellen Trebbiano di Lugana und den duftigen Bianco di Custoza aufmerksam machen - wenn Sie diese leichten weißen Weine am Südufer des Gardasees nicht schon selbst entdeckt haben.

Heute können Sie in jeder Bar und Trattoria in Veneto und Friaul erwarten, einen sauberen offenen Wein zu erhalten und auf Nachfrage auch zwischen zwei oder drei lokalen Sorten auszuwählen. Markenweine sind das natürlich nicht, aber DOC-Qualitäten oft; und Sie werden Spitzen entdecken (und einkaufen!) können, weil sich inzwischen viele Winzer um naturgerechten Ausbau ihres Traubengutes bemühen. Denn sie haben, auch die vielen kleineren, sehr wohl verstanden, daß ihnen dies den besten Profit bringt.

Nach Verona führt die Reiseroute meist direkt nach Osten. Wenn Sie auf der Autostrada bleiben, versäumen Sie viel. Denn südlich Vicenza wölben sich die Hügel der *Colli Berici*. Spezialität dort ist Garganega, ein goldgelber Wein, frisch zu trinken. Er paßt gut zu den Pilzen und jungen Erbsen aus der Gegend.

Noch ein bißchen weiter, fast südlich Padua, warten die Colli Euganei. Dort in Arquá findet man den Alterssitz von Francesco Petrarca (1304-1374), staatsdienlicher Diplomat und gekrönter Dichter der italienischen Renaissance. Ein Genußmensch war er wohl auch, denn in diesen Hügeln gedeihen prachtvolle Tischweine, weiß und rot, die jahrhundertelang in der Serenissima abgeliefert wurden.

Noch größere Lust bieten dem Weinliebhaber die nördlichen Regionen Venetiens, die sich nach der Anreise durch das Val Sugana bei Bassano del Grappa als weites Hügelland nach Osten erschließen. Es gibt da eine rituelle Ouvertüre: Man schlendert zum Ponte degli Alpini, der berühmten Holzbrücke nach dem Entwurf Andrea Palladios, die von vielen Fluten der Brenta immer wieder zerstört und neu errichtet wurde, und dann in die Bottega Nardini, wo seit 1779 Grappa ausgeschenkt wird. Das ist ein herzhafter Auftakt - wir kommen auf das Weindestillat aus Trester zurück – , der zumindest vom Autofahrer Zurückhaltung verlangt.

„Der Fluß war hier träge und von einem schlammigen Blau, mit Schilf an den Ufern, und der Oberst hockte sich – es war niemand in Sicht – tief hin und sah von der Böschung über den Fluß weg, wo man bei Tageslicht niemals seinen Kopf zeigen durfte..."
Ernest Hemingway, Über den Fluß und in die Wälder

Denn von hier fahren Sie durch eine wundervolle Hügellandschaft mit stillen Orten nach Asolo, wo einst eine entthronte venezianische Königin von Zypern, Caterina Cornaro, die Künstler der Renaissance an ihrem Hof versammelte, Eleonora Duse, *die* Schauspielerin ihrer Zeit, zu Anfang unseres Jahrhunderts eine Zuflucht fand, das Hotel Villa Cipriani heute Hochadel und Prominenz ein nobles Refugium bietet und ganz nahe Palladios wohl schönste Villa Barbaro bei Maser liegt. Eine Landschaft der Musen also, der Zypressen stimmungsvoll Würde geben und Weinberge Heiterkeit. In den Montello-Colli Asolani wird ein granatroter Cabernet von intensivem Duft und ein feiner Merlot gezogen, die sich beide in zwei Jahren zur Qualitätsstufe superiore ausbauen lassen.

Nun heißt es aufmerken, denn ein kleines Stück weiter jenseits der Piave, die sich breit in die Ebene verströmt, beginnt in Valdobbiadene die *Strada del Vino Bianco* nach Conegliano und das eigentliche Prosecco-Gebiet.

Prosecco, auch wenn Sie den Namen mit „Sekt" verbinden, ist eine ganz besondere Traubensorte. Sie reift recht spät, es ist schon kühl, wenn man die Pergel erntet, und darum gärt der Most auch nicht mehr richtig durch. Er stoppt sich selbst und wurde so in den Wintermonaten abgefüllt. Das Ergebnis: In der Flasche verwandelte sich der verbliebene Zucker langsam in Alkohol und produzierte dabei Kohlensäure, wurde hefetrüb. Wenn man ihn öffnete, war er *frizzante*: schäumte auf und mußte sich im Glas klären.

Diese naturbelassene Herkunft des Prosecco di Conegliano/Valdobbiadene erleben Sie vor Ort. Ein Glas wird kühl aus offener Flasche serviert, eine Flasche in eine Karaffe umgefüllt, damit der Schaum verfliegt und übrig bleibt ein wenig perlender leichter und strohgelber Wein von trocken fruchtigem Aroma.

„Prosecco" ist ein Wein und kein Sekt oder Champagner, auch wenn er noch ein wenig bizzelt und seit dem tüchtigen Signore Antonio Carpené die Herstellungsverfahren verfeinert und spezifiziert wurden. Cartizze kann sich nur die Kreation aus einem kleinen Gebiet um Valdobbiadene nennen, aber Prosecco, zu 90 % aus eben dieser Traube gekeltert, dürfen viele Weine aus der Trevigiana heißen, der *marca gioisa*.

Die Hügel von San Floriano

Reisen Sie noch ein wenig weiter über Conegliano längs der Piave, so befinden Sie sich in einem Netz, das *Strada del vino rosso* heißt und vor allem Tischweine der Rebsorten Merlot und Cabernet und einen lokalen weißen Verduzzo von frischem Geschmack produziert.

Auf diesem Weg durch die Flußebene erreicht man auch den Flecken Fossalta di Piave. Er ist wenig eindrucksvoll; doch an einer malerischen Flußwindung nahebei steht ein Erinnerungsmal an Ernest Hemingway, der hier in den mörderischen Kämpfen des Ersten Weltkrieges verwundet wurde und das Veneto zum literarischen Ort zweier Romane machte. Als wir den Zoll der Pontonbrücke über die Piave passierten, sagte die junge Frau nur: Non per voi. Bei der Fahrt durch das Küstenland nach Julisch-Venetien kreuzt man noch das Gebiet um Pramaggiore. Hier wird ein weißer Tocai di Lison aus der friulischen Rebsorte angebaut, der zwar jung zu trinken ist, sich mit seinem zarten Geschmack nach Pfirsichen und Mandeln aber deutlich von den einfachen Tischweinen der benachbarten Regionen abhebt.

Am Tagliamento passieren wir die Grenze zur Provinz Udine und stoßen im Küstenland gleich auf zwei weitere Weinbaugebiete, Latisana und Aquileia, auf deren Sandböden leichte und säurearme Trinkweine in Rot und Weiß gezogen werden. Sieben Anbaugebiete zählt die Doppelregion Friaul-Julisch Venetien insgesamt. Auf dem Schüttungsboden im Flachland des Isonzo gedeihen vor allem die Rebsorten *Tocai friulano, Pinot bianco* und *grigio*,

aber auch ein frischer Merlot und ein freundlicher Cabernet. Im steinigen Karst-Gebiet zwischen Triest und Gorizia gibt es außer dem einfachen roten Carso noch eine kräftigere Version des Refosco, den Carso Terrano. Auf die nach Norden anschließenden Hügelregionen Collio und Colli orientali kommen wir gleich zurück. Von Ertrag und Ausdehnung her ist die Anbauzone Grave del Friuli bestimmend: Aus den weiten Ebenen zwischen Sacile im Westen und Cividale im Osten werden drei Viertel der Gesamtproduktion geliefert. Den weit größeren Anteil stellen Merlot und rote Weine, aber der traditionelle Tocai und weiße nehmen zu. Die Qualität zeigt merkbare Unterschiede: Das strengere Klima und die kieshaltige Bodenbeschaffenheit im Norden zeugen stärkere Kreszenzen als die nährstoffhaltigen Böden und das mildere Meeresklima im ertragreicheren Süden.

Zum Thema Ertrag: Das Friaul hat einen Anteil von gerade zwei Prozent an der gesamten Weinproduktion Italiens. Wie kommt diese kleine Weinregion dann zu ihrem großen Ruf, der sich freilich auch erst in den jüngsten Jahrzehnten verbreitet? Darauf gibt es drei bis vier Antworten.

Die erste liegt nahe. Es gibt kaum eine Region in Europa, die auf so dichtem Raum so viele natürliche Vorzüge und Verschiedenartigkeiten des Klimas und des Bodens für die Aufzucht von Reben vereinigt.

Da Menschen besondere Intelligenz und Hartnäckigkeit entwickeln, wenn es um die Befriedigung ihrer leiblichen Bedürfnisse und Genüsse geht, hat diese Entdeckung - zweite Antwort - dazu geführt, daß in diesen Weiten und Hügeln zwischen Meer und Gebirge besonders viele Rebsorten gepflanzt und gepflegt, gezüchtet und kultiviert und zu vielen verschiedenen Weinen ausgebaut, gemischt und getrunken wurden. Für den Hausgebrauch und nach gewohntem Geschmack sozusagen.

Die Stadtleute in Udine zum Beispiel, denen die Bauern aus dem Umland ihre Ware verkaufen konnten, mochten einen würzigen, aber keinen klaren Wein. Also setzten die Winzer ihrem ausgegorenen Wein wieder Hefe zu und lieferten ihn so von neuem eingetrübt in großen *damigiani* von 54 Liter Fassungsvermögen bei ihren Kunden ab. Das Geschäft und die Menge zählte. In den fünfziger, sechziger Jahren ließ man den Wein ganz modern in möglichst großen Behältern gären, aus Zement, aus Kunststoff, die Sortenreinheit war nicht so wichtig. Der Vielfalt, Fülle und Feinheit des Rebengutes bekam das nicht sehr gut.

Dann kam, dritte Antwort, eine Zeit der Besinnung. Manche kleinen Familienbetriebe hatten wie Humar im Collio an ihren traditionellen Methoden festgehalten, andere zogen nach, Önologie (die Lehre von Anbau und Ausbau des Weines) wurde zum landwirtschaftlichen Begriff, Fachschulen wie in Conegliano errichtet, prüfende Consorzii eingerichtet, gesetzliche Kriterien der Herkunft und Sorten (DOC) eingeführt, und es war unübersehbar, daß auch die Ansprüche der Gastronomie und der Gäste, des Handels und der Kunden vor Ort und in Europa wuchsen. So konnte es gar nicht ausbleiben, daß man sich auch im Friaul auf alte Vorzüge und Vorteile besann und sie durch neuere Verfahrensweisen und Erkenntnisse verbesserte.

Da war einmal die Vielfalt hochwertiger Rebsorten. Merlot und Cabernet liefern die meisten Rotweine, angenehm trocken bis herb und körperreich beide im Geschmack. Doch daneben gibt es Züchtungen, die sich so nur hier finden. Ein *Pinot nero* mit vollem Bouquet, den violett schimmernden Refosco Pedunculo Rosso und zwei ganz eigene Kreationen, den Schiopettino mit dem Duft wilder Beeren und den Tazzelenghe,

Giulio Ceschin und seine Mutter Carla führen die Azienda agricola „La Viarte" in Prepotto in den Colli orientali

Weinberge von La Viarte mit Trauben „Refosco Peduncolo Rosso"

der seine Bezeichnung „Zungenschneider“ dem Gehalt an Tannin und Gerbstoffen verdankt und sich erst spät entfaltet.

Gianni, Gianpaolo, Ornella und Giorgio Venica: Seit der 3. Generation, „Venica & Venica“, Dolegna del Collio

Bei den Weißweinen dominiert *Tocai friulano*, der mit seinen ungarischen Ahnen wenig gemein hat und trocken und weich im Geschmack ist, vor den beiden Burgundertrauben *Pinot bianco* und *grigio* und einem grünlich unverwechselbaren Sauvignon. Auch hier gibt es autochthone Sorten wie den leicht aromatischen Verduzzo Friulano, den hellen Ribolla Gialla mit Nelkenduft und den einzigartigen Picolit, einen eleganten Dessertwein mit den Aromen von Honig und Äpfeln, der nur in den Colli orientali gezogen wird.

Mit diesem Stichwort kommen wir zum zweiten einmaligen Vorzug dieses Gebietes. Im Hügelland des Collio über Gorizia und

Merlot-Lese in den Vigne Cerò von Venica & Venica

der nördlich anschließenden Colli orientali um Cividale gedeihen die besten Weißweine Italiens, und das verdankt es seinem tonig-sandigen Mergelboden, dem Flysch, der in Italien *ponca* heißt. Und einem Kleinklima zwischen Wald und Weinbergen in 100-300 Metern Meereshöhe, das ein ideales Biotop für Reben geschaffen hat.

Ich werde nie vergessen, wie ich zum erstenmal vom Isonzo hinauffuhr in *i cuei* durch unterholzdichten Wald und sich mit-eins der Blick weit öffnete, Kuppe hinter Kuppe, von Weingärten gesäumt, mit Flecken und Kirchen gekrönt, mit Gehöften durchsetzt, im Dunst dahinter die Kulisse der Karnischen und Julischen Alpen - die schönste Weinlandschaft Europas. Und Anlaß für eine notwendige Ergänzung: Das ganze Gebiet war ja einst habsburgisch. Castello Formentini in San Floriano del Collio zum Beispiel, heute exzellentes Weingut und nobles Hotel, kam schon vor Jahrhunderten in den Besitz der Familie. Durch die Grenzziehung nach dem Ersten Weltkrieg befand sich auch das Land vieler Bauern plötzlich auf fremdem Territorium, und dort in Slowenien liegen heute 70 Prozent des Weinbaugebietes Collio goriziano westlich des Isonzo. Es heißt nur anders: Goriska Brda.

Die Weingüter in den Hügeln sind meist von mittlerer Größe, in altem Familienbesitz wie Venica & Venica in Dolegna oder von Weinmachern aus Profession wie Giuseppe Ceschin La Viarte in Prepotto erworben und angelegt. Man hat die Erträge aus dem Weinberg reduziert, um höhere Qualitäten zu erreichen, und liest die Trauben früh, um die Säure und ausbaufähige fruchtige Weine zu erhalten. Sanfte Pressung und langsame Gärung in gekühlten Stahltanks schonen die Aromen. Auf Reinzuchthefe und Schwefel wird weitgehend verzichtet, die Hefe nicht selten aus den Sorten vorvergoren, um ihren Naturgeschmack zu bewahren. Zur Reifung des Weines läßt man ihm in kleinen Holzfässern Zeit, für edlere Sortenabfüllungen

links:
Sekt der Kellerei „Vigneti Pittaro" in Codroipo. In dieser Kellerei gibt es übrigens auch ein schönes Weinmuseum zu besichtigen.

werden zunehmend 225-Liter-Barriques aus französischer Eiche verwandt; und manche lagern dann noch auf ein Jahr oder mehr in Flaschen. Das Ergebnis der Mühe und Behutsamkeit sind Spitzenweine in DOC-Sorten und fein abgestimmte Mischungen wie der rote Ròi von Ceschin oder überraschende wie der künstlerisch ettikettierte Vino della Pace der Cantina Produttori in Cormons aus 400 (!) verschiedenen Reben.

Vom julischen Friaul ins alpine Venetien gibt es noch eine önologische Verbindung: die Grappa. Eigentlich ist das ein simpler Tresterschnaps, wie er in vielen Weinbaugebieten aus Traubenmaische destilliert wurde, eine rasse Sache. Nardini in Bassano hat das Verfahren kultiviert und das Destillat ausreifen lassen: Als ich in Cortina d'Ampezzo vor 20 Jahren damit Bekanntschaft machte, kannte man nördlich der Alpen noch nicht einmal das Wort Grappa. Die Flasche kostete auch kaum zehn Mark. Heute ist sie edel und ein Modegetränk geworden. Nonino in Percoto ist es gelungen, sie weiter zu verfeinern. Köstliche Grappe werden dort aus dem tagfrischen Trester einzelner Rebsorten und lokaler Spezialitäten wie Picolit verdampft und ausgebaut, und es liegt nicht nur an den fein geblasenen Fläschchen, daß ein Kult daraus geworden ist und nun oft schon für ein Zehntel mehr als damals für einen Liter zu berappen ist. Liebhaber dieses nuancenreichen Getränkes haben allerdings schon wieder eine neue Variante entdeckt: Ué oder Uva. Der wird allerdings nicht aus Trester, sondern aus dem Saft frischer Trauben gebrannt, und dann kommt es schon wieder auf Sortenreinheit an!

Ponte degli Alpini in Bassano del Grappa. Dort findet man die Grapperia von Nardini.

In diesem Fall bleibe ich lieber beim Original: Es ist doch zu schade, wenn man einen Riesling Renano oder Pignolo von den Hügeln Friauls zu Schnaps verdampft, statt ihn in Wein zu verwandeln. Darüber dachte ich ein bißchen nach, als ich vor Kurzem an der Bar einer Nobelherberge in der einstigen Sommerresidenz Titos stand und meine Freunde Aperitif bestellten. Es war im slowenischen Bled, jenseits des Sees lag die Burg, auf der bis 1858 die regionalen Statthalter der Bischöfe von Brixen ihren Sitz hatten, und habsburgisch war alles Land bis zur Adria. Ich habe einen Sauvignon aus Goriska Brda bekommen, köstlichen Weißwein aus dem Collio.

Rezepte

Küchenglossar

a punto – punktgenau gegart
ai ferri – von der Platte, Pfanne
al dente – mit Biß
al forno – im Ofen überbacken
al gusto – nach Geschmack
arrosto – gebraten
battuto – durchgehackte Basismischung
cena – Abendessen
col pien – mit Füllung
condito – gewürzt
contorni – Beilagen
cotechino – sülzende Schweinskochwurst
cotto – gekocht
crudo – roh
fresco – frisch
fritto – frittiert
goto de vin – Schlückchen Wein
gratinato – überbacken
in brodo – in der Brühe
in umido – in Sauce (feucht) gedünstet, geschmort
marinata – eingelegt
minestra – Suppe
minestrone – Gemüsesuppe
musetto – Schweinswurst
nostrano – ländliche, lokale Art
ombra – (Schatten) 1-dl-Glas
pancetta – aufgerollter Schweinebauch
pasta – Nudeln
polpette – Fleischklößchen
pranzo – Mittagsmahl
ripieno – gefüllt
salame – Salami
salmì – Ragout
salsa – Sauce
salsiccia – Schweins(brat)wurst
salumi – Würstchen
soffritto – angeschmort
soppressa – sülzende Preßwurst
stuzzicadenti – Zahnstocher
sugo – Sauce zu *pasta*

Pia Gyger

MARIA

Tochter der Erde
Königin des Alls

Vision der neuen Schöpfung

Mit Bildern von Susan Herrmann-Csomor

Kösel

Zum Titelbild:

Maria Immaculata-Concepta – Unbefleckt Empfangene –
Urbild der ersten Schöpfung

*Die Mitte ist nicht darstellbar.
Reiner, liebender Quellgrund aller Vielheit.*

ISBN 3-466-36604-6

Druck und Bindung: Kösel, Kempten
Umschlag: Elisabeth Petersen, München
Umschlagmotiv: Susan Herrmann-Csomor, CH-6275 Ballwil

*Gedruckt auf umweltfreundlich hergestelltem Werkdruckpapier
(säurefrei und chlorfrei gebleicht)*

Inhalt

Vorwort

Dieses Buch ist bahnbrechend. Es leistet tiefgreifende Reflexionen über die Herausforderung durch die Postmoderne und ein neues, kosmo-ökologisches Paradigma.

Die Autorin, Pia Gyger, schreibt nicht als Fachtheologin. Sie ist Psychologin sowie Zen- und Kontemplations-Lehrerin im Lassalle-Haus, Bad Schönbrunn in der Schweiz. Das ist ein Vorteil. Es gelingt ihr, die erfahrungsbezogene Seite der kirchlichen Lehren und Dogmen ins Wort zu fassen. Begriffe und Konzepte der akademischen Theologie sind ihr zweitrangig. Dennoch zeigt das Buch, dass sie das theologische Fach beherrscht. Aber eben darum geht es ihr nicht allein, sondern vielmehr um das Entziffern der menschlichen, geistigen und geistlichen Erfahrungen, um das Geheimnis hinter den Dogmen. Hier zeigt sich Pia Gyger als Meisterin.

Als eine Frau, die seit Jahrzehnten einen Weg in das Herz spiritueller Traditionen des Westens und des Ostens geht, konnte sie spirituelle Sinne entwickeln, sich für die Urkräfte der Seele öffnen. Zu ihrem persönlichen Weg gehören archetypische Träume und innere Visionen, die Erfahrung, dass »es« durch sie spricht und schreibt. Wer sich auf das neue Paradigma eingelassen hat, findet solche Phänomene nicht mehr absonderlich. Sie gehören dazu, sind Teil der spirituellen Dimension einer neuen, holistischen Erfahrungsweise.

Aus den verschiedenen Perspektiven des Buches möchte ich nur zwei hervorheben: die anthropologische Bedeutung der Marien-Dogmen und die vollständige Integrierung der Schattenseite der Schöpfung.

Pia Gyger geht davon aus, dass wir inmitten eines großen Umwandlungsprozesses stehen. Überall in der Welt erwacht in den Menschen ungezügelte Sehnsucht nach einem Mehr.

Unser Mensch-*Sein* bedeutet immer auch: Mensch-*Werdung* – ein Mysterium, das auf je unterschiedliche Weise zu Tage tritt. In unserer

Zeit kommt die Mensch-Werdung zu sich selbst durch das Auftauchen des verdrängten Weiblichen. Das Weibliche, im Mann wie in der Frau, offenbart sich in neuen Erfahrungsweisen der Wirklichkeit, neuen Formen der Lebensgestaltung. Das Weibliche befähigt uns, Gottes neues Gesicht in der Geschichte zu ent-decken und IHN herzlich aufzunehmen.

Pia Gyger kommt das Verdienst zu, zu zeigen, wie Maria von Nazareth in ihrer geschichtlichen und archetypischen Wirklichkeit diese Sehnsucht des postmodernen Menschen stillen kann. Sie greift die alten Wahrheiten des Glaubens über Maria auf und beleuchtet die spirituelle Erfahrung, die sich darin verbirgt. Dabei unterstützen Zeugnisse der frühen Mystiker und Mystikerinnen, die reichlich zitiert werden, der Beitrag Pierre Teilhard de Chardins mit seiner kosmischen Spiritualität und besonders die Lehre C.G. Jungs über die Archetypen. Auch Elemente der modernen Kosmologie werden hinzugezogen, um die existentielle Bedeutung der mariologischen Dogmen aufleuchten zu lassen. Maria wird als Leitbild für die Entfaltung des menschlichen Potentials dargestellt. Besonders hervorzuheben ist in diesem Zusammenhang die Auseinandersetzung mit dem menschlichen Körper, seiner Transformation, und mit der Rolle Marias als »Gebärmutter der Lichtmaterie«.

In der evolutiven Schöpfung gibt es das Sym-bolische und das Dia-bolische. Zusammen bilden sie die Dynamik des Weltalls und werfen zugleich theologische Probleme auf. Das Dia-bolische ist gebündelt in der Gestalt des Luzifer. Er ist der Widersacher und der Neinsager vor Gott und vor dem Sinn der Schöpfung. Daraus hat sich unser Bild der »Hölle« entwickelt. Ist Gott auch Herr über diese unheimliche Wirklichkeit? – Dies haben Gläubige sich seit jeher gefragt.

In Gott ist nicht nur Gerechtigkeit, sondern auch und besonders die Barmherzigkeit. Grenzenlose Barmherzigkeit ist ein Merkmal des Weiblich-Göttlichen, das in Maria zur Vollkommenheit gelangt ist. Pia Gyger stellt Maria als die zärtliche Mutter aller unerlösten Schöpfung dar. Ihre lockende Liebe befähigt Luzifer, nicht länger »Ich will nicht dienen« zu sagen, sondern »Dein Wille geschehe«. Somit hat nicht die Hölle das letzte Wort, sondern die barmherzige und göttliche Mutter. Dieser endgültige Sieg Gottes wird in unserer Zeit offenbar. Ein Sieg, für den ER Maria erwählt hat, als Wegbereiterin einer universellen Transformation, als verkörperte Vision der neuen Schöpfung.

Das Buch hilft, Dogmen als offene und potentielle Wirklichkeiten zu betrachten. Es inspiriert, sie neu daraufhin zu ergründen, wie sie uns Wege zur umfassenden Entfaltung unseres Menschseins eröffnen. Ich bin Pia Gyger dankbar, dass sie den Mut gehabt hat, ihre Visionen einem breiteren Publikum zugänglich zu machen.

Leonardo Boff
Petropolis, Rio de Janeiro, im Februar 2002

Einleitung

»Absurd,
sagte die Eintagsfliege,
als sie zum ersten Mal das
Wort Woche hörte.«
Mulla Nasrudin

Dieses Buch verdankt sich einer Überraschung. Beim Verfassen der Einleitung staune ich und bin dankbar, dass es Verlage und Lektoren gibt, die den Mut und die Fähigkeit haben, durch ihre Impulse initiatorische Prozesse auszulösen. Dies ist mir widerfahren beim Schreiben dieser Seiten.

Die Grundlage für mein Buch ist der dieser Einleitung folgende Text »Eins und Alles«: ein beim »intuitiven Schreiben« aus mir herausquellender Text, der mich zutiefst berührte und mir gleichzeitig Rätsel war. Wie gesagt: Ermutigt durch den Verlag, begann ich über den darin enthaltenen marianischen Teil zu schreiben, und die Botschaft im Kontext der christlichen Tradition und des modernen Weltbildes zu reflektieren. Ich wagte es, meine ganz persönlichen Antworten auf zentrale Inhalte des christlichen Glaubens zu Beginn des 21. Jahrhunderts ins Wort zu bringen. Dabei wurde ich in innere Grenzerweiterungen geführt, die oft mit Widerständen und Schmerzen verbunden waren. Ich wurde herausgefordert und beschenkt.

Dies ist kein theologisches, kein psychologisches und kein philosophisches Buch. Es ist auch kein Buch über den interreligiösen Dialog, obwohl alle diese Ebenen auf fast jeder Seite anklingen. Meine Absicht ist, die Leserinnen und Leser teilhaben zu lassen an der Auseinandersetzung mit intuitiv empfangenen Tiefenimpulsen und mit ihrer Umsetzung.

Jeder Mensch, der konsequent den »Weg nach Innen« geht, d.h. Einkehr übt, erfährt, dass in ihm eine Ausweitung stattfindet. Ein neues Sehen stellt sich ein. Das Alltägliche und Vordergründige erschließt sich immer mehr als großes Geheimnis. Das so genannte Gewöhnliche verliert die Banalität und es gibt keinen Zufall mehr. Die Einkehr weckt die Charismen, wie sie im 1. Korintherbrief beschrieben sind.

Der Text »Eins und Alles« enthält Elemente der Präkognition. Diese lässt uns die jetzt dringend anstehenden Bewusstseins- und Verhaltensänderungen vorausspüren, und so alte Verhaltensmuster auflösen. Er zeigt, wie wir die Ohnmachtsgefühle loslassen können. Er verlockt zu einem aus der inneren Quelle gespeisten Engagement für mehr Gerechtigkeit und Frieden.

Das Buch möchte die Leserinnen und Leser ermutigen, auf ihre eigene innere Stimme zu hören, sie ernst zu nehmen und den Weisungen der eigenen Tiefe zu ge-horchen. Es möchte befähigen, der Einheit in der Verschiedenheit zu dienen, auf allen Ebenen der Wirklichkeit, aber ganz besonders in der Auseinandersetzung mit den verschiedenen Religionen. Das Buch gibt Anregung, wie wir in einer immer komplexeren Welt die eigene innere Mönchszelle errichten, dort auf die Stimme des Herzens hören und entsprechend handeln.

Auf diesem Weg – so meine tiefe Erfahrung und Überzeugung – leuchtet uns die Gestalt der Maria von Nazareth entgegen. In ihr kommt zur Entfaltung und Blüte, was uns, den Frauen und Männern der Zeitenwende, als Geschenk gegeben ist: Wir können es wagen, der Ganzheit unseres Menschseins zu trauen, der Versöhnung von Himmel und Erde zuzuarbeiten und dabei die menschliche Nähe des Göttlichen zu realisieren. In Maria schaue ich die »Vision der neuen Schöpfung«.

Einladen möchte ich die Leserinnen und Leser dieses Buches, sich gleichsam auf mehreren Ebenen dem Thema und Anliegen dieser Ausführungen zu nähern: Sie mögen sich vom Gang der Argumente in meine Überlegungen mit einbeziehen lassen. In manchen Teilen meines Buches habe ich über Zitate andere Stimmen ausführlich zu Wort kommen lassen: Das hat einen guten Sinn. Will ich doch zeigen, dass der marianische Aufbruch getragen und unterstützt wird durch geistige Bewegungen verschiedenster Herkünfte. Hier lohnt sich die Zusammenschau.

Dann öffnen sich über die Bilder dieses Buches sinnenhafte Zugänge ganz überraschender Art. Die Bilder nehmen Motive meiner Überlegungen auf, weiten und bereichern sie in großartiger Weise. Auch hier lohnt sich intensives Verweilen – vielleicht inspiriert von den kurzen Betrachtungsimpulsen neben den Farbtafeln, die die Künstlerin (kursiv gelb gesetzt), Susan Herrmann-Csomar, und ich geschrieben (blau gesetzt) haben.

Texte und Bilder kreisen – wie schon erwähnt – schlussendlich immer auf jeweils neuem Niveau um den mir geschenkten Text »Eins und Alles«: Ihn auch zwischen der fortlaufenden Lektüre immer wieder zu meditieren und mit eigenen Einsichten zu vertiefen oder zu kontrastieren, entspräche meinen innersten Intentionen.

Mein Dank gilt Winfried Nonhoff, der die Entstehung dieses Buches mit auslöste. Mein Dank gehört der Zentralleitung des St. Katharina-Werkes, sowie Hildegard Schmittfull und Maria-Christina Eggers, die mich je neu ermutigten, »mein Gesicht zu zeigen«. Ein besonderer Dank gehört Niklaus Brantschen und Anna Gamma. Ohne deren Freundschaft und Stärkung hätten Mut und Kraft kaum ausgereicht, das Buch zu beenden.

Werner Mittelstaedts ermutigende und Elisabeth Jecklins kritische Kommentare zum Rohentwurf waren mir eine wertvolle Hilfe.

Dass Susan Herrmann-Csomor den Text mit ihren aussagekräftigen Bildern bereichert und Gerhard Hüppi durch seine finanzielle Unterstützung den vorzüglichen Druck ermöglicht, ist ein ganz besonderes Geschenk.

Pia Gyger
Luzern, Dezember 2001

»Eins und Alles« nenne ich den folgenden Text. Er ist im »intuitiven Schreiben« entstanden und leitete mich beim Verfassen dieses Buches.

Eins und Alles

GOTT ALLES IN ALLEM

- ICH BIN die Essenz allen Lebens
- ICH BIN vor aller Schöpfung, gestalt- und formloses Geheimnis Liebe
- ICH BIN seinsloses Sein, die Fülle der Nichtsheit
- ICH BIN LIEBE
- Nichts existiert außerhalb von MIR
- ICH trat hervor aus der unbewegten Bewegtheit und sprach: »Es werde Licht«
- In MEINEM WORT schuf ICH MIR die innersten Organe MEINES Schöpfungsleibes, die Engel als Throne, Herrschaften, Mächte und Gewalten
- ICH spiele, tanze, ertaste, erleide und befreie MICH SELBST IN MEINER Schöpfung
- ICH begabte MEINE Geschöpfe mit Freiheit. MICH entäußernd, versteckte ICH mich im innersten Kern der Lichtgeborenen
- ICH gab Luzifer die Freiheit zum »Ich will nicht dienen«
- Nicht hielt ICH daran fest, wie Gott zu sein, denn in Freiheit sollte MEIN Geschöpf MICH suchen, finden, auf meinen Akt der Liebe antworten
- Und weiter entäußerte ICH MICH, verlassend die Glorie der Himmel, anziehend die grobstoffliche Dichte, MEIN HERZ einschließend in den innersten Kern der Materie
- ICH BIN der anfanglose Anfang, die Essenz aller Wirklichkeiten: DER KOSMISCHE CHRISTUS

CHRISTUS – ALPHA UND OMEGA

- Als Essenz aller Schöpfung, in der Demut der Kenosis, BIN ICH doch immer Ausdruck MEINER selbst, MICH erfahrend, entdeckend, entwickelnd, durch den scheinbaren Gegenpol MEINER selbst: Denn, Illusion ist alle Getrenntheit
- MEIN Wort sind die kleinsten Partikel der Materie
- MEIN Schweigen sind die leeren Räume zwischen den Milliarden Galaxien des Weltalls
- MEINE Melodie ist das Summen der Insekten, das Singen der Vögel, das Rauschen der Ozeane, das Brausen der Winde
- MEINE Freude sind die Söhne und Töchter der Erde
- ICH wurde geboren als Menschensohn zur Fülle der Zeit
- ICH BIN Offenbarung des bildlosen Urbildes
- MEIN Leben und Wirken ist Deutung der Berufung aller Schöpfung: Gottes Leib zu sein
- Hinab stieg ICH nach MEINEM Tod, in Höllen- und Schattenreiche, öffnend die Tore der Liebe
- In MEINER Auferstehung und Himmelfahrt gebar ICH die Samen der neuen Schöpfung
- In MIR seid Ihr gestorben der alten Schöpfung, in MIR seid Ihr auferstanden
- Lass los alle Bilder MEINES gekreuzigten Körpers. Vergangen sind die Leiden des Jesus von Nazareth: ICH BIN DER AUFERSTANDENE
- Entdecke die Stationen des Kreuzweges im Leib der Menschheit und trage mit MIR das Kreuz des Aufstiegs ins neue Licht
- Erkenne MICH in den sterbenden Arten, Gewässern und Wäldern
- Erkenne MICH im Schrei der hungernden Kinder und in der Scham der ihren Leib verkaufenden Mütter
- Suche MICH im fehlgeleiteten Durst des Diktators und in der pervertierten Lust des Mörders

- Sprich an MEINE verleugnete Gegenwart in der Kenosis der Hölle Eurer Welt und aller Schattenreiche
- Heilige MEINE Gegenwart im Dunkel Eurer Zeit und fürchte Dich nicht: ICH BIN ES

GEIST, DER LEBENDIG MACHT

- ICH BIN innergöttliches Spiel, sich im ewigen Jetzt selbstzeugende, selbsterkennende Liebe
- ICH BIN Unbewegtheit und das Herz aller Bewegung
- In MIR wurde erhöht die Jungfrau aus Nazareth zur Königin aller sichtbaren und unsichtbaren Welten:
  - MEINE Zärtlichkeit formte sie zur Mutter aller unerlösten Schöpfung
  - MEINE Kraft erhob sie zur Virgo Potens, ihr Macht verleihend über das Haupt der Schlange
  - In Maria ist Euch geschenkt die neue Sammlung Eurer Kräfte: Sie ist Gebärmutter der Lichtmaterie
- So nehmt an Eure Berufung, in der Weihe Marias, Leib-Christi zu sein
- Sag JA, Kind der neuen Schöpfung, zur großen Wandlung
- Befähigt durch ihre Demut, lerne neu, das Fiat zu sprechen
- In Deinen Zellen, Säften, Organen und Knochen erhebt sie die Schwingung, bringt zum Leuchten das noch ungeweckte Licht des Auferstandenen

MARIA UND DIE ERLÖSTE SCHÖPFUNG

- In MARIA wird erlöst die alte Schlange. Ihre lockende Liebe befähigt Luzifer, den »Durcheinanderbringer«, den Menschensohn als Kyrios aller Schöpfung anzubeten
- Die Tore zur Hölle wurden geöffnet vom Menschensohn
- Die Umkehr Luzifers und seiner Reiche geschieht durch MARIA, die Mutter aller unerlösten Schöpfung
  - Hölle ist Zustand der Entfremdung und der freien Wahl
  - Hölle ist Ablehnung des Abstiegs und Aufstiegs Gottes
  - Hölle ist Widerstand gegen Gottes Menschwerdung und die Gnade des Kreuzes
  - Hölle ist die pervertierte Schöpferkraft der gefallenen Geister und der verblendeten Menschen
  - Aber leer werden die unermesslichen Dimensionen der Hölle sein am Ende dieser Zeit
- Die zärtliche Liebe der kosmischen Mutter, die sich segnend über alle Wirklichkeiten neigt, lässt Luzifer und seine Reiche einstimmen in den Urklang aller Schöpfung: Kodoisch, Kodoisch, Kodoisch, Adonai Zebajoth
- Die neue, zeitlose Zeit bricht an, wenn Gottes Geist noch einmal wandelt die Gestalt der Jungfrau aus Nazareth:
- Aus Maria Theotokos, der Gottesgebärerin
- Maria Aeiparthenos, der ewigen Jungfrau
- Maria Immaculata-Concepta, der unbefleckt Empfangenen
- Maria Assumpta, der mit Leib und Seele zum Himmel Erhobenen wird
- Maria-Sophia-Sponsa, die Gemahlin
- Als Braut, geschmückt mit der durch das Gericht der Endzeit neu ausgerichteten Schöpfung, erwartet sie den Bräutigam. Als Brautgabe IHM darreichend die in ihrer mütterlichen Liebe erlösten Schattenreiche

- Und der Bräutigam kommt. Der Sohn, offenbart als Kyrios aller Schöpfung, empfängt die Braut; als Brautgabe ihr schenkend den Schlüssel zur türlosen Tür ins innerste Herz der Gottheit:
- Dort ist Feier der Hochzeit
- Dort segnet der Geist der Liebe die neue Verbindung von Geist und Materie
- Dort beginnt die zeitlose Zeit:
- DER NEUE HIMMEL UND DIE NEUE ERDE

LEIBHAFTIGKEIT UND PARTNERSCHAFT

- Bitte Maria Assumpta und ihre Kräfte, Dich zu unterweisen im Hören auf die Botschaft Deiner Organe
- Kommuniziere mit Deinen Organen und wisse, Du kommunizierst mit dem ewigen Wort, das in jeder Zelle Deines Körpers west
- Erkenne MEIN Wirken im Drängen Deines Körpers, sich neu auszurichten
- Sprich an MEINE Gegenwart in Deinen Zellen und befiehl in MEINEM Namen ihr Erwachen
- In Freude und Leichtigkeit werdet Ihr ausrichten Eure Kräfte, hörend auf die Weisung Eurer Organe, die schwingen im Licht des Auferstandenen
- Lerne den neuen Atem
- Atme ein das alles Dunkle wandelnde Licht des Auferstandenen:
- Atme Lumen Christi, sei Lumen Christi

- Heiligt Eure Schöpferkraft, die geschlechtliche Anziehung
- Aus dem Herzen wird geboren die neue Vereinigung von Mann und Frau:
  - Mann und Frau sind zur gegenseitigen Inspiration und Freude berufen
  - Ohne Verbindung der männlichen und weiblichen Gestaltungskraft nicht kann geboren werden das neue Paradies, Vorbereitung des neuen Jerusalem
  - Dies lass sichtbar werden in allen Dimensionen der Kirche, dem explizit Leib-Christi gewordenen Aspekt der Welt
- Richtet Eure Kraft, um die neue Form der Begegnung anzuziehen und wisst:
- Jede aus dem Herzen geborene Begegnung ist Teilhabe an MEINEM schöpferischen Wirken, Inkarnation MEINES dreifaltigen Wesens, erhebend die Schwingung Eures Planeten
- In der Weihe der kosmischen Mutter lernt und lehrt die neue Macht:
  - Sie wird geboren in der Stille des Herzens, vor allem Tun
  - Sie ist getränkt von der OHN-MACHT der Liebe
  - »Dein Wille geschehe« ist ihre Nahrung
  - Die Stärke der neuen Macht entspricht Eurem Durst zu dienen
- Sei Auge, Ohr, Fuß, Hand und Herz der Königin des Friedens

KIRCHE UND WELT

- Erneuert MEINE Kirche im Geiste Marias
- Bittet Maria, Euch einzuweihen in die Mysterien des Priestertums der großen Wandlung aller Schöpfung in den Leib-Christi: Ermächtigt durch ihre Weihe, seid Priesterinnen und Priester der kosmischen Wandlung
- Täglich bringt dar die große Hostie: Euren Leib, Euren Planeten, Euer Sonnensystem, alle Wirklichkeiten der ersten Schöpfung
- Zusammen mit allen Menschen, ihnen dienend als Ausdruck MEINER Liebe, bereitet das große Mahl
- Esst MEINEN Leib und trinkt MEIN Blut. Zurückgelassen habe ICH Euch die Speise der Unsterblichkeit. MEIN Leib ist wahrhaft Speise, MEIN Blut wahrhaft Trank
- Ehrt MEINE Gegenwart in allen Religionen:
  - In MIR erwachten weisende Boten, verkündend den Weg der Rückkehr, des Aufstiegs ins neue Licht
  - Lasst los die alte Überheblichkeit und Intoleranz
  - ICH bekehre durch Anziehung
  - ICH öffne das Ohr des Herzens durch den Ton der Sehnsucht und zeige MICH in je neuer Gestalt
- Denn: ICH BIN LIEBE
- ICH ließ zu in CHRISTUS-ALPHA den Abstieg und bewirke in CHRISTUS-OMEGA den Aufstieg
- Im Menschensohn bereite ICH mit Euch das Freudenmahl für alle Schöpfung: ICH BIN DER ICH BIN. ICH BIN DER ICH SEIN WERDE. ICH BIN LIEBE

Die neue, zeitlose Zeit bricht an, wenn Gottes Geist
noch einmal wandelt die Gestalt der Jungfrau
aus Nazareth:

Aus Maria Theotokos, der Gottesgebärerin,

aus Maria Aeiparthenos, der ewigen Jungfrau,

aus Maria Immaculata-Concepta,
der unbefleckt Empfangenen,

aus Maria Assumpta, der mit Leib und Seele zum
Himmel Erhobenen,
wird Maria-Sophia-Sponsa, die Gemahlin

In Maria ist uns geschenkt
der Erlösungsweg.

1 Maria – Leitbild für die Entwicklung des menschlichen Potentials

»Haben Sie keine Angst, heilig zu werden, öffnen Sie sich nur der Liebe, die Ihnen angeboten wird.
So werden Sie die Liebe in die Welt hineintragen.
Sie werden ›Mutter-Gottes‹ für die Welt von heute werden.«[1]

Diese provozierenden Sätze las ich, als ich im Sommer 2000 in Lourdes war. Sie stehen im Führer durch das Heiligtum. Einfach so. Lange hatte ich mich gescheut, die berühmte kleine Stadt mit den unzähligen Hotels am Ausläufer der Pyrenäen zu besuchen. Scheu, von der Geschäftemacherei in Lourdes abgestoßen zu werden, hielt mich zurück. Aber dann war alles anders. Die Geschäfte und Souvenirläden prägen zwar das Stadtbild mit den 17.000 Einwohnern, aber das Herz von Lourdes ist der Wallfahrtsort, der jährlich fünf Millionen Menschen aus der ganzen Welt anzieht.

Die Begegnung mit Tausenden von Suchenden, Kranken und Behinderten, von ehrenamtlichen Helfern und Pflegerinnen betreut, öffneten das Herz für das Wesentliche – die Sehnsucht nach dem eigenen Heil-Werden.

Und der köstliche Satz im Pilgerführer: »Haben Sie keine Angst heilig zu werden, öffnen Sie sich der Liebe«, ermutigte mich, Marias Wirken in der Geschichte des Christentums und der Bedeutung der Mariendogmen für Menschen des 21. Jahrhunderts nachzuspüren.

Vor allem ermutigte mich Lourdes, das Locken Marias in meinem eigenen Herzen ernst zu nehmen.

Seit Beginn des gerade 2000 Jahre alten Christentums beschäftigt die Frage: »Wer ist Jesus Christus?« die Menschen. Sie bewegte jene, die mit ihm lebten –, sie bewegt jene, die nach ihm kamen. Verknüpft mit der Frage: »Wer ist Jesus von Nazareth?« war schon immer die Frage: »Wer ist Maria, seine Mutter, die Frau von Josef, dem Zimmermann aus dem Hause Davids?«

Die Entstehung der Mariendogmen gab dem Suchen und Finden um das Geheimnis Marias eine entscheidende Richtung. Sie zeigen: Maria ist Vorbild, Leitbild und Prototyp dessen, wozu wir Menschen alle berufen sind. Die Mariendogmen sind Hinweis zur Entfaltung des menschlichen Potentials. Sie sind Hinweis und Ermutigung, uns dem Vorbild Marias gemäß dem Prozess der Vergöttlichung zu überlassen. »Gott macht sich zum Menschen, auf dass der Mensch Gott werde. Der Mensch wird durch Gnade, was Gott seiner Natur nach ist.«[2]

Betrachten wir die Dogmen als Impulse, unser eigenes Menschsein zu deuten, das Gabe und Auf-Gabe ist. Alle Titel, die Maria, einem geschichtlichen Menschen, zugesprochen wurden: Gottesgebärerin, Ewig-Jungfrau, Unbefleckt Empfangene, mit Leib und Seele zum Himmel Erhobene, haben mit unserem Menschsein zu tun.

Maria – Urbild des Weiblichen

Theotokos – Gottesgebärerin

Es heißt, Maria, die Mutter Jesu, habe in der Zeit der Endperiode des 2. Tempels von Jerusalem gelebt und sei mit einem beträchtlich älteren Mann namens Josef verlobt gewesen. Mit ihm lebte sie in Galiläa, im Provinzstädtchen Nazareth. Man nimmt an, dass sie zwischen ihrem 12. und 14. Lebensjahr Mutter von Jesus wurde.[3]
In den Evangelien spielt Maria eine eher unbedeutende Rolle. Nur Lukas beschreibt die Erwählung Marias zur Gottesmutter und ihre Rolle als Gefährtin ihres Sohnes ausführlicher.

Aber schon die Kirchenväter der ersten Jahrhunderte (2. bis 8. Jahrhundert), welche um die Frage: »Wer ist Christus?« ringen, werden innerhalb dieses Prozesses vom Geheimnis Marias umfangen. Es ist, als wäre die Erfahrung des Geheimnisses Jesu organisch gebunden an die Erfahrung des Mysterium Marias.

So schreibt der Syrer Baläus:

> »Selig bist du, Maria, weil in dir die von den Propheten verkündeten Geheimnisse und Rätsel ihre Lösung gefunden haben. Moses stellte dich dar im Dornbusch und in der Wolke, Jakob durch die Leiter, David durch die Bundeslade und Ezechiel durch die Pforte, die verschlossen und verriegelt war. Und sieh, heute sind durch deine Geburt ihre Geheimnisse erfüllt worden.
>
> Selig bist du, Maria, denn du hast ihn empfangen. Selig bist du, denn du hast ihn geboren. Selig bist du, denn du hast ihn genährt, den Allernährer. Selig bist du, denn auf deinem Schoß hast du jenen Gewaltigen getragen, der die Welt trägt durch seine Macht, der alles lenkt.«[4]

In diesen Worten klingen Erschütterung und Glückseligkeit durch ob der Erfahrung, dass im Menschen Himmel und Erde sich verbinden.

Maria, Gottesgebärerin

Der Syrer Ephräm schreibt in seinem Hymnus auf die Geburt Christi:

»Richtet eure Blicke auf Maria! Als Gabriel bei ihr eingetreten war, und sie mit ihm zu verhandeln begann, sprach sie: › Wie soll dies geschehen?‹ Und der Diener des Heiligen Geistes antwortete ihr und sagte: ›Für Gott ist dies leicht, und ihm ist alles möglich.‹ Und da sie fest glaubte, was sie hörte, sprach sie: ›Ich bin die Magd des Herrn.‹ Und alsbald senkte sich das Wort (der Sohn Gottes) hernieder ... wie es ihm gefiel ... und nahm Wohnung in ihr... Sie empfing ihn, ohne etwas zu leiden; und er war in ihrem Schoß ein Kind, während zugleich der Erdkreis seiner voll war.

Maria ist uns heute zum Himmel geworden, da sie Gott trägt. Denn in ihr hat die allerhöchste Gottheit sich niedergelassen und Wohnung genommen. In ihr ist sie klein geworden, um uns groß zu machen ... In ihr haben die Aussprüche der Propheten und Gerechten ihre Erfüllung gefunden.«[5]

Der Syrer Jakob von Batnä, erfüllt vom Geheimnis der Menschwerdung Gottes und der Vergöttlichung des Menschen singt Marias Loblied:

»Selig ist sie, weil sie jenen Uralten gebar, der den Adam erzeugte, und weil durch sie alle Geschöpfe erneuert worden sind ... Selig ist sie, weil sie dem Milch reichte, auf dessen Wink die Fluten des Weltenmeeres hervorbrachen ... Selig ist sie, weil sie ihren reinen Mund auf die Lippen dessen legen durfte, vor dessen Glut sich die feurigen Seraphim verhüllen müssen.«[6]

In diesen alten Texten ist noch immer die Energie des Ergriffenseins wirkmächtig; Gott wird Mensch in Jesus von Nazareth, damit der Mensch zu Gott werde.

Aber schon in den ersten Jahrhunderten entzündete sich am Geheimnis Jesu und Marias Widerspruch und Zwiespalt. Kann Jesus ganz Gott und ganz Mensch sein? Oder hat er als das Wort des Ewigen nur ein materielles Kleid angezogen, ohne wirklich Mensch zu sein? Schon in der jungen Christenheit gaben jene, die Jesus Christus als Offenbarung des bildlosen Urbildes erfuhren, Maria den Titel Theotokos, Gottesgebärerin. Und gerade daran entbrannte der Streit.

Vor allem die Christologie des Nestorius, der aus der Lehre von den zwei Naturen in Christus, der göttlichen und der menschlichen, den Schluss zog, dass sich damit auch die Personalität verdoppele, war Anlass für heftige Auseinandersetzungen. Nestorius vertrat die Meinung, dass Maria Mutter des Menschen Jesu war und nicht Mutter seiner göttlichen

Natur. Aus diesem Grund war er dagegen, dass Maria als Gottesgebärerin bezeichnet wurde und plädierte für die Formel »Mutter Christi«.[7]

Im Konzil von Ephesus wurde dieser Streit beendet. Maria wurde feierlich der Titel Theotokos zugesprochen. Es heißt, die Frage, ob Maria Gottesgebärerin sei oder nicht, hätte die ganze Bevölkerung bewegt. In den Schenken, auf den Marktplätzen und Straßen hätten sich die Gemüter am Dafür und Dagegen erhitzt. Und als ihr dann der Titel Theotokos zugesprochen wurde, brach das intuitive Wissen um die Bedeutung Marias in überschäumender Freude durch. Die Menschen von Ephesus tanzten auf den Straßen und Marktplätzen und feierten die Gottesgebärerin.

Cyrill von Alexandrien schreibt in einem Brief: »Mit Fackeln begleitete man uns zu den Wohnstätten. Es war Nacht. Die Freude war allgemein und die ganze Stadt war beleuchtet; die Frauen gingen mit Weihrauchfässern vor uns her.«[8]

Das Konzil von Ephesus bekräftigte entscheidende Erfahrungen bezüglich der Person Christi und Marias, die im noch jungen Christentum zur Auseinandersetzung herausforderten.

So dankbar ich den Menschen von Ephesus bin, dass sie Maria den Titel Theotokos verliehen, so schmerzlich berührt die im Gefolge des Konzils entstandene Bestrafung jener, deren Suchen nach dem Geheimnis Christi und Marias zu anderen Erkenntnissen führte. Nestorius, Cyrill und Memnon wurden im Jahre 431 abgesetzt. Nestorius wurde in ein Kloster in Antiochia geschickt, dann nach Petra und schließlich zur großen Oase in der Libyschen Wüste, wo er gegen 450 starb.[9]

Dass die Kirche durch Dogmen Weisungen für die Gläubigen erarbeitet, ist ein Geschenk. Aber gibt es für den Umgang mit Andersdenkenden nur Ausschluss und Bestrafung? Liegt im anderen Pol der Erfahrung nicht immer auch ein mögliches Potential der Ergänzung und Bereicherung? Sind die noch stattfindenden Ausschlüsse jener, deren Erfahrung sich anders artikuliert, noch zeitgemäß? Waren sie jemals legitim? All diesen Fragen werden sich die christlichen Kirchen zu Beginn des 21. Jahrhunderts neu stellen müssen. Von den im Heiligen Geist neu geschenkten Antworten hängt die Kraft der Ausstrahlung des Christentums der Zukunft ab.

Was bedeutet der Titel Gottesgebärerin für den Menschen zu Beginn der Post-Moderne?

Forscher und Wissenschaftler der verschiedensten Disziplinen sagen uns, dass wir in einer Zeit leben, in der sich der schnellste und tief greifendste Wandel in der bisherigen Menschheitsgeschichte vollzieht. Dieser Wandel scheint grundlegender zu sein als jener vom Mittelalter zum modernen Industriezeitalter. Und er ereignet sich um und an uns, innerhalb von Jahrzehnten. Die Stunde um Stunde zunehmende Komplexität durch die modernen Kommunikationsmittel überfordert viele. Die Geschwindigkeit, mit der das postmoderne Zeitalter über uns hereingebrochen ist, ließ uns keine Zeit, die für diese Komplexität not-wendenden, neuen Antworten zu finden. Das heißt, wir haben eine neue Art des »Schwimmens« zu erlernen. Nicht im Übungsbecken, sondern mitten im anschwellenden Ozean, mitten in der mächtigen, stürmischen Welle.

Sind wir in dieser Komplexität nicht von Natur aus überfordert? Oder ist der menschliche Organismus auch jetzt wieder lernfähig? Können wir, indem wir uns eins mit der Welle erfahren, im Ozean der uns umgebenden Komplexität schwimmen, surfen, ohne unsere Mitte zu verlieren? Und was hat diese lebenswichtige Frage mit dem ersten Mariendogma, dem einem Menschen verliehenen Titel der Theotokos zu tun?

Für mich ist die wichtigste Botschaft der Mariendogmen die Verlockung und Herausforderung, gerade in der heutigen Zeit der Berufung des Menschen nachzuspüren.

Um unsere Mitte nicht zu verlieren, sondern uns selber tiefer zu begegnen, ist es wichtig, die christliche Erfahrung in unserer Zeit neu auszusagen und zu leben. Unter jedem Verzicht, die Zeugen und Zeuginnen der ersten Jahrhunderte nachzuahmen. Nicht Nachahmung, sondern Nachfolge ist das Heilmittel. Inspiriert von der geistgewirkten Erfahrung der frühen Christen über die Bestimmung des Menschen im Universum, uns öffnend dem Geist der Liebe, können wir die jetzt für uns heilbringenden Antworten auf die Fragen unserer Zeit finden. Denn der Geist Gottes wirkt in jeder Zeit. Er befähigt uns, das Geheimnis unseres Daseins zu erfahren und auszudrücken.

Lassen wir uns auf diesem Weg der Menschwerdung vom Ergriffensein der Zeugen und Zeuginnen der ersten Jahrhunderte ermutigen.

Die »Bestimmung des Menschen findet ihren vollsten Ausdruck in der Anbetung. (...) Es genügt nicht, das Gebet zu ›haben‹. Man muss selbst Gebet werden, Gebet sein, seine Gestalt in der des Gebetes errichten. Die Welt in einen Tempel der Anbetung wandeln, wandeln zur kosmischen Liturgie.«[10]

Oder, wie der Psalmist es ausdrückt (Psalm 103):

»Ich singe meinem Gott, solange ich lebe.«

»Die Anbetende« versinnbildlicht die wahre Haltung der menschlichen Seele.

Der Mensch ist nach christlicher Auffassung berufen, das Trishagion, das dreimal Heilig, das er im tiefsten Wesen seiner Seele ist, Tag um Tag mehr zu verwirklichen. Indem wir diese Bestimmung erkennen und uns täglich neu fragen, wie wir zum Gebet werden können, geschieht Gottesgeburt in uns. So wirken wir daran mit, die Welt in einen Tempel der Anbetung zu wandeln. In dem Maß, in dem wir dies tun, werden wir zur Theotokos, zur Mutter-Gottes für die Welt von heute.

Dies ist allerdings nur möglich, wenn wir das negative Selbstbild, welches das Selbstwertgefühl vieler Menschen prägt, loslassen und unsere eigentliche Bestimmung erkennen. Unsere tiefste Natur ist nicht das sündhafte Gespaltensein von Gott. Unsere tiefste Natur ist Gottes Leben in uns.

Der Maria zugesprochene Titel der Gottesgebärerin ist für uns eine Verheißung, dass das Mysterium, das leiblich an ihr geschah auch an uns geschehen kann. Deshalb ist sie Vor- und Leitbild, ganz im Sinne von Angelus Silesius, dem deutschen Mystiker aus dem 16. Jahrhundert:

> »Und wäre Christus tausendmal in Bethlehem geboren und nicht in dir,
> du bliebst noch ewiglich verloren.«

Maria – Urbild des Weiblichen für Mann und Frau

Maria Theotokos ist Leitbild für das Urbild des Weiblichen in jedem Menschen, im Manne ebenso wie in der Frau. Das Weibliche im Menschen ist jener Aspekt, der am offensten und empfänglichsten ist für die Gottesgeburt. Es besteht tiefste Verbindung zwischen dem Heiligen Geist und der Sophia, dem Weiblichen.

Das Weibliche in jedem Menschen so zu entfalten, dass Gott in uns geboren werden kann, dass wir Mütter und Väter für die Welt werden, wie es im Pilgerführer von Lourdes heißt: Dies ist der Appell des ersten Mariendogmas an uns Menschen im Übergang zur Post-Moderne.

Das wesenhaft Weibliche ist der in aller Materie, auch in jedem Menschen wirkende Drang nach Selbsttranszendenz. Dieser Drang, gespeist aus der in uns verschütteten Sehnsucht, Abbild des Urbildes zu sein, treibt und lockt uns durch alle Verwirrungen hindurch, das zu werden, was wir sind. Das wesenhaft Weibliche lässt alle unsere Sehnsüchte unerfüllt, bis wir unsere tiefste Sehnsucht erkennen und unser Leben aus ihr gestalten: die Sehnsucht, Mitschöpferin und Mitschöpfer Gottes zu sein.

Teilhard de Chardin, der sich mit der Zeit der Globalisierung (er spricht von Planetisation) auseinandersetzte, wusste, dass wir diese Zeit nicht heil überstehen können, ohne uns leiten zu lassen vom wesenhaft Weiblichen in uns. Schon in der Zeit des ersten Weltkrieges verfasste er die »Hymne an das Ewig Weibliche«. Er preist darin das in aller Schöpfung wirkende Grundprinzip, den Zauber der Anziehung. Eine Anziehung, die sich durch immer neue Wesensverwandlungen, von der untersten Stufe der Materie durch alle Reiche des Lebendigen bis zum Menschen, ja zum Gott-Menschlichen emporspielt.

Hören wir den Propheten der Planetisation. Er lässt die ewig-weibliche Anziehung sagen:

> »Seit Weltbeginn bin ich erschienen. Von den Ewen (Ewigkeiten) ging ich hervor aus Gottes Händen – umrisshaft, um im Gang der Zeit an Schönheit zu gewinnen, Mitwirkerin seines Werkes.
>
> Alles im Universum erfolgt durch Vereinigung und Befruchtung – durch Zusammenschluss der Elemente, die einander suchen, paarweise verschmelzen und neugeboren werden in einem Dritten.

Gott hat mich in das ursprüngliche Viele hinein ergossen, als die Kraft, die verdichtet und den Dingen zu ihrer Mitte verhilft.

Ich bin das einigende Antlitz der Seienden – bin der Duft, der sie herbeilockt und sie in Freiheit und Leidenschaft mitzieht auf den Weg ihrer Einigung.

Durch mich gerät alles in Bewegung und ordnet sich zueinander.

Ich bin der Zauber, der in die Welt gemischt ist, auf dass sie sich sammle – das über ihr schwebende Ideal, auf dass sie emporsteige.

Ich bin das wesenhaft Weibliche.«[11]

Maria Theotokos, Urbild des Weiblichen, ist nach christlicher Auffassung, von Seiten der Erde her der erste zur Himmelspforte gewordene Mensch. Die Gottesgeburt in uns ist ein Geschenk der Gnade. Diese in uns lebende Gnade aber fordert die Ausrichtung all unserer Kräfte, damit sie Gestalt annehmen kann.

Die folgenden Mariendogmen weisen uns den Weg, wie wir uns dafür bereiten können.

Maria – Urbild des Wesensgehorsams

Aeiparthenos – Ewig-Jungfrau

Der Titel »Aeiparthenos – Ewig-Jungfrau« wurde Maria auf dem Konzil von Konstantinopel im Jahre 553 zugesprochen.[12]

Er bedeutet, dass Marias Bräutigam Josef nicht der Vater Jesu war, sondern dass dessen Zeugung durch die Überschattung des Heiligen Geistes zustande gekommen ist. So wird es in den Kindheitsgeschichten Jesu bei Matthäus und Lukas beschrieben. Dieses Dogma war in der Neuzeit das am meisten umstrittene. Zu Recht. War es doch mitauslösend für die Höherstellung der zölibatär Lebenden über die Ehepaare und begünstigte die Idealisierung des sogenannten »Standes der Vollkommenheit«. Vieles, was in der Kirche an sexualneurotischen und sexualfeindlichen Elementen wucherte und teilweise noch heute lebt, hat in diesem Dogma ein Gefäß gefunden, um die eigene Behinderung zu überhöhen und zu idealisieren.[13]

Jungfräulichkeit ist mehr als eine Frage der Biologie

Was aber die Menschen des 21. Jahrhunderts brauchen, ist nicht eine Askese der Unterdrückung, sondern eine Askese der Entfaltung. Die Auseinandersetzung um das verletzte oder unverletzte Hymen wird denn auch der tieferen Bedeutung des Dogmas nicht gerecht.

Der eigentliche Sinn des Dogmas der Jungfräulichkeit liegt in der Aussage, dass der Heilige Geist Maria zu seinem Tempel macht, und dass Maria in ihrem »Fiat« (»mir geschehe, wie du gesagt hast«) zum personifizierten Ausdruck und Leitbild der Ganzhingabe und somit des Wesensgehorsams wird.

Die Verkündigungsszene bei Lukas ist von unauslotbarer Schönheit und Tiefe. Durch alle Jahrhunderte bewegte sie Künstler und Künstlerinnen, das Geheimnis der Begegnung zwischen Maria und Gabriel, dem Engel der Zeugung und Geburt, darzustellen.

Maria Aeiparthenos – Ewig Jungfrau – Urbild des Wesensgehorsams

Erde und Himmel sind verbunden durch Maria. Sonnendurchlässig.

»Im sechsten Monat wurde der Engel Gabriel von Gott in eine Stadt in Galiläa namens Nazareth zu einer Jungfrau gesandt. Sie war mit einem Mann namens Josef verlobt, der aus dem Haus David stammte. Der Name der Jungfrau war Maria. Der Engel trat bei ihr ein und sagte: Sei gegrüßt, du Begnadete, der Herr ist mit dir. Sie erschrak über die Anrede und überlegte, was dieser Gruß zu bedeuten habe. Da sagte der Engel zu ihr: Fürchte dich nicht, Maria; denn du hast bei Gott Gnade gefunden. Du wirst ein Kind empfangen, einen Sohn wirst du gebären: dem sollst du den Namen Jesus geben. Er wird groß sein und Sohn des Höchsten genannt werden. Gott, der Herr, wird ihm den Thron seines Vaters David geben. Er wird über das Haus Jakob in Ewigkeit herrschen, und seine Herrschaft wird kein Ende haben. Maria sagte zu dem Engel: Wie soll das geschehen, da ich keinen Mann erkenne? Der Engel antwortete ihr: Der Heilige Geist wird über dich kommen, und die Kraft des Höchsten wird dich überschatten. Deshalb wird auch das Kind heilig und Sohn Gottes genannt werden. Auch Elisabeth, deine Verwandte, hat noch in ihrem Alter einen Sohn empfangen; obwohl sie als unfruchtbar galt, sie ist jetzt im sechsten Monat. Denn für Gott ist nichts unmöglich. Da sagte Maria: Ich bin die Magd des Herrn; mir geschehe, wie du es gesagt hast. Danach verließ sie der Engel« (Lukas 1, 26–38).

Der Text zeigt, Gott macht sich in seiner Geburt als Mensch von einer Frau abhängig, denn das freie JA von Maria ist unerlässlich, dass Christus geboren wird. Maria wird zum Tempel des Heiligen Geistes.

»In ihr hat der Geist (...) menschliche Form angenommen. In der Person von Maria schlug er sein Zelt (Schekina) unter uns auf ... In einem Augenblick der Geschichte, bei der Verkündigung in Nazareth, wird sie mit einem Mal zum Zentrum des göttlichen Heilsplanes und zum niemals überstiegenen Höhepunkt beim Aufstieg des Menschen in Richtung auf seine Vergöttlichung. Durch Maria feiert das Weibliche zum ersten Mal Vermählung mit der Gottheit und findet zu seiner absoluten Verwirklichung. Das Geheimnis Gottes offenbart weibliche Züge, und das Weibliche erweist sich als von Gott, vom Heiligen Geist, bewohnt.«[14]

Die ergreifenden Worte Leonardo Boffs: »durch Maria feiert das Weibliche zum ersten Mal Vermählung mit der Gottheit«, weisen die Richtung, in der sich das menschliche Potential entfalten will. Die Aussage »Gott wurde Mensch, auf dass der Mensch zu Gott werde«, hat in den Zeugnissen vieler christlicher Mystiker und Mystikerinnen sowohl den Aspekt des Erwachens zum eigenen tiefsten Wesen, wie auch den Aspekt der Vereinigung. Deshalb drücken sie ihre Erfahrungen oft in Bildern der bräutlichen Liebe aus.

Der Weg der Erleuchtung, die Via Illuminativa, bedeutet für sie Erwachen aus der Illusion der Getrenntheit: Erfahrung der Einheit mit der letzten, allumfassenden Wirklichkeit, aber gleichzeitig auch Liebesbeziehung. Das Spannungsverhältnis zwischen Erfahrung der Einheit und Erfahrung des Angesprochenseins, also der Liebesbeziehung, ist im stammelnden Ausdruck ihrer Erlebnisse überwunden. Sie erfahren Einheit und Beziehung ohne Widerspruch. Ihre Erfahrung ist also weder unpersonal noch personal, sondern transpersonal.

Theresa von Avila hört Gott in sich sagen:

> »Du bist mein Haus und meine Bleibe,
> bist meine Heimat für und für.
> Ich klopfe stets an deine Tür,
> dass dich kein Trachten von mir treibe.
> Und meinst du, ich sei fern von dir,
> dann ruf mich, und du wirst erfassen,
> dass ich dich keinen Schritt verlassen:
> und, Seele, suche mich in dir.«[15]

In all den Zeugnissen jener Menschen, die sich auf das große Abenteuer der Gotteserfahrung einließen, ist aber das freie JA Voraussetzung, dass der Prozess der Wandlung beginnt. So war es auch bei Maria. Ihre Bereitschaft, die besondere Berufung ihres Lebens anzunehmen, ihr JA, sich dem Wirken des Heiligen Geistes vorbehaltlos anzuvertrauen, macht sie für uns zum Urbild und Leitbild.

Der tiefste Sinn der Jungfräulichkeit ist also nicht die sexuelle Enthaltsamkeit, sondern die radikale Offenheit und Hingabe an das Wirken des Geistes Gottes in uns. In diesem Sinne ist Maria Aeiparthenos, die Ewig-Jungfrau, Urbild und Leitbild des Wesensgehorsams.

Die Aktualität der Jungfräulichkeit

Im Folgenden wollen wir versuchen, auch das zweite Mariendogma für unsere Zeit zu aktualisieren.

In meiner Arbeit im Lassalle-Haus, einem »Zentrum für Spiritualität und soziales Bewusstsein« erfahre ich mit Staunen, wie stark die Sehnsucht nach Gotteserfahrung in den Menschen des beginnenden 21. Jahrhunderts lebt. Ja, mehr noch: Die Frage nach dem Sinn des eigenen Daseins scheint, parallel zum allgemeinen Wertezerfall und den vielfach ungenügenden Antworten der etablierten Kirchen auf die drängenden Probleme unserer Zeit, zu wachsen.

In den Angeboten des Lassalle-Hauses erfreuen sich gerade jene Kurse größter Beliebtheit, die als Königsweg, Via Regia, zur Erfahrung des eigenen »grundlosen Grundes« gelten: die Kontemplations- und die Zen-Kurse. Diese Angebote kommen aus der monastischen Tradition, sowohl des Christentums als auch des Zen-Buddhismus. Unsere Zeit mit den vielen ungelösten Problemen stellt uns nicht nur vor neue Aufgaben, sie gibt uns auch das Geschenk noch nie da gewesener Möglichkeiten.

Eines dieser Geschenke ist die Möglichkeit, dass der »Weg nach Innen«, der früher nur von Menschen praktiziert werden konnte, die der Welt entsagten, heute für alle zugänglich ist. Ohne Rückzug aus der Welt. Im Gegenteil. Die Kontemplationskurse und Zen-Kurse sind eine Art »Kloster auf Zeit«, um durch tiefe Selbstbegegnung fähiger zu werden, diese Welt zu einem Ort des Friedens und der schöpferischen Gestaltung umzubauen.

Der Weg dazu führt über das Schweigen. In den Zen- und Kontemplationswochen üben die Meditierenden das »Nicht-Denken«. Sie verzichten auf jeden sozialen Kontakt; sie lernen, sich im Atem sammelnd, ihr Bewusstsein zu einen und das diskursive Denken loszulassen. In der Stille, die sich in ihnen und im Meditationsraum von Tag zu Tag stärker ausbreitet, erfahren sie, wie sich die ›Türen nach Innen‹ zu öffnen beginnen. Sie werden zuerst mit all jenen Aspekten von sich selber konfrontiert, für deren Integration im Alltag die Kraft fehlte; zur Seite geschobene Kränkungen, unterdrückte Wut, nicht zugelassene Trauer und ungeweinte Tränen. Und ganz natürlich werden sie auf jenen Weg geführt, der zu allen spirituellen Traditionen gehört: auf den Weg der passiven Reinigung, die »Via Purgativa«.

Im Gegensatz zum therapeutischen Prozess, in dem das Unterdrückte und Verdrängte kathartisch durchgearbeitet wird, ist der Umgang mit dem Schatten im »Kloster auf Zeit« aber ein anderer. Auf den Versenkungswegen wird das Ungeordnete, Unerlöste und Unversöhnte während der Meditation nicht reflektiert und gedeutet, sondern Atemzug um Atemzug losgelassen und der heilenden Mitte anvertraut. So heißen die Anweisungen in dieser Art der Begleitung je neu: »Lass alle Deine Gefühle und Bilder zu, nimm alles, was sich manifestieren will wahr, aber lass

Dich nicht darauf ein. Halte Deine Aufmerksamkeit im Atem gesammelt. Lass Atemzug um Atemzug los, was Dich bedrängt und besetzt. Wenn Du die Bühne Deines inneren Dramas nicht betrittst, wenn Du Deine vielen in Dir lebenden Teilpersönlichkeiten unbeachtet lässt, entziehst Du Deinen inneren Dramen die Energie.«

Diese Art des Umgangs mit unserem Schatten löst immer wieder Tränen der Befreiung aus und bewirkt Heilung alter Wunden. Und die Kraft zur Versöhnung mit uns selber und unseren Mitmenschen wächst.

Je tiefer wir auf der »Via Purgativa« voranschreiten, umso klarer werden wir mit der Frage nach dem Sinn unseres Lebens konfrontiert. Fragen nach der Entfaltung unseres inneren Entwurfes, nach der Bedeutung des Todes, nach dem Sinn des Universums etc. werden drängend. Und: Auch wir heutigen Menschen reagieren auf diese existentiellen Fragen, denen wir nicht mehr ausweichen können, zu Beginn mit ähnlichen Mustern, wie sie uns in Märchen, Mythen und den Biographien der Heiligen und Weisen gezeigt werden. Wir haben Angst und möchten fliehen. Wir haben Angst, weil wir spüren, dass die Begegnung mit unserer Tiefe unser Leben verändern wird. Wir spüren, dass wir mehr sind als die Rollen, die wir spielen; dass wir das egozentrische Ich loslassen müssen, um unserer Tiefe zu begegnen.

In den spirituellen Traditionen wird dieser Prozess mit dem »großen Sterben« umschrieben.

Viele Menschen, die heute mitten in der Welt ohne schützende, die Einflüsse regulierende Klostermauern den Weg nach Innen gehen, befinden sich plötzlich an dieser Wegscheide. Die Frage, ob sie sich auf ihren Wesensgrund einlassen und die Kontrolle loslassen wollen, bringt sie phasenweise in große Not. In diesem Stadium ist es an der Zeit, den *langen Atem* und den *großen Mut*, wie er von den Helden im Märchen verlangt wird, zu entwickeln. So wie sich der Held im Märchen den betörenden Machenschaften von Zauberern und Hexen stellen muss, um die Kräfte des Herzens zu entfalten und zu trainieren, so hat der Mensch auf dem Weg des Erwachens zu seinem wahren Wesen zu lernen, die Angst vor dem Drachenkampf zu überwinden und das freie Ja, das »Dein Wille geschehe« zu sprechen.

Übersetzt in psychologisch-spirituelle Sprache bedeutet dies: Wesensgehorsam ist angesagt. Was ist damit gemeint? Wesensgehorsam ist jene geistige Haltung und Übung, die ermöglicht, dass wir in ständiger Offenheit ausgerichtet sind auf den grundlosen Grund unseres Wesens; christlich ausgedrückt: auf das in uns lebende trinitarische Geheimnis.

Wesensgehorsam verwirklicht sich in dem Maße, wie wir bereit sind, die aus unserer Tiefe aufsteigenden Impulse zu hören, ihnen zu ge-horchen, sie im Hier und Jetzt zu verwirklichen. So wir dies tun, nimmt der in uns liegende innere Entwurf Gestalt an. Wir erspüren unsere Berufung und sind bereit, ihr zu dienen. Wesensgehorsam, so verstanden, führt zu jener Art der Selbstverwirklichung, die im christlichen Raum mit Christusverwirklichung bezeichnet wird. Kurz gesagt: Wesensgehorsam ist offene, jungfräuliche Haltung.[16]

Viele Menschen, die den Weg nach Innen gehen, werden mit Radikalität zum Wesensgehorsam geführt. Niemand verlangt etwas von Außen. Das Drängen, alte Gewohnheiten loszulassen, echter und ganzheitlicher zu leben, sich der eigenen Tiefe vorbehaltlos anzuvertrauen, kommt aus dem eigenen Herzen.

Und viele lassen sich auf den Ruf ihres Herzens ein.

Dabei erfahren sie, dass der Prozess des Erwachens aus der Illusion der Getrenntheit nicht geradlinig verläuft. Sie erfahren Widerstände in sich und in ihrer Umgebung. Sie erfahren, dass die Oberfläche und Tiefe ihres Menschseins verschiedenen Strömungen unterworfen ist. Das Bedürfnis nach Kontrolle und die eigenen Begierden versuchen immer wieder, uns vom Wesensgehorsam abzuhalten. Dies löst nicht selten innerpsychische und äußere Konflikte aus, die schmerzhaft sind.

Tugend als Askese der Entfaltung

Neben großer innerer Wachheit sind deshalb auch neue Formen der Askese wichtig. Die schon erwähnte Askese der Unterdrückung sollte abgelöst werden durch eine Askese der Entfaltung. Unser menschliches Potential, der Drang nach Selbsttranszendenz, wird von uns oft irregeleitet durch vorwiegend triebhaft-sinnliche Bedürfnisbefriedigung. Weil aber diese Bedürfnisbefriedigung unsere Sehnsucht nach Sein nicht stillt, werden wir immer hungriger.

Studien im Bereich der transpersonalen Psychologie zeigen, dass sich die Themen in den therapeutischen Prozessen wesentlich verändert haben. Nicht mehr die verdrängten Triebkonflikte, die »normalen Neurosen«, sind die häufigsten Ursachen von psychischen Leiden. Die Hauptursache ist, so sagen diese Studien, die Angst vor der Entfaltung des eigenen Potentials.

Zu allen spirituellen Traditionen gehört das Einüben von Tugend. Hören Menschen unserer Zeit dieses Wort, so sieht man schon am Körperausdruck, dass dabei die meisten etwas stört. Für die Mehrzahl von uns ist das Wort negativ besetzt. Tugend bedeutete Lustfeindlichkeit, Angst vor dem Körper, Ablehnung der Sexualität, mit anderen Worten: Askese der Unterdrückung. Damit wollen wir nichts mehr zu tun haben.

Daher brauchen wir neue, der heutigen Zeit angemessene Formen der Tugend. Eine Form der Disziplin, die aus der Einsicht entspringt, dass ich gerufen bin, Mitschöpferin und Mitschöpfer Gottes zu sein, dass mein Leib Tempel des Heiligen Geistes ist und dass ich gerufen bin, alles zu tun, um das brachliegende Potential in mir ans Licht zu heben.

Menschen, die mitten in der Welt den Weg nach Innen gehen, brauchen Hilfe beim Finden und Einüben einer Askese der Entfaltung, die ihrem ganz persönlichen Wesen entspricht. Und sie brauchen eine neue Definition von Tugend.

»Tugend ist die durch Übung gewonnene Leichtigkeit und Freude am Guten.«[17] Dieser Satz weist die Richtung, in der sich die neue Askese entfalten will: Hin zur Einsicht, dass unser Menschsein Menschwerdung bedeutet. Zur Einsicht, dass unser Leben für jeden von uns Gabe und Aufgabe ist. Das umfasst die Bereitschaft, in Ausdauer, Freude und Demut auf die Impulse unserer Tiefe zu hören, und ihnen in unserem Leben und Tun Gestalt zu verleihen, so wie ein Bildhauer seinem Werk Gestalt verleiht. Maria, Urbild des Wesensgehorsams, kann uns in diesem Prozess ermutigen. Wenn wir sie darum bitten, stärkt und weiht sie uns auf unserem Weg des Erwachens. Sie hilft uns, den Archetyp der Jungfrau, die seit jeher das Symbol für radikale Offenheit dem Göttlichen gegenüber ist, in uns selbst zu aktivieren. In ihrer Weihe werden wir immer fähiger, den Impulsen unseres innersten Wesens gehorsam, die Antworten zu finden, die unser Leben jetzt verlangt.

Maria wurde mit dem Titel »Ewig-Jungfrau« geehrt, weil sie durch ihre Offenheit zum Tempel des Geistes Gottes wurde. Sie ist Urbild und Leitbild des Wesensgehorsams. Sie stärkt, ermutigt und weiht uns auf unserem Weg des Erwachens, wenn wir sie darum bitten.

Eine der raffiniertesten Versuchungen, uns vom Weg in die Tiefe abzuhalten ist die Überzeugung, dass der Mensch in seinem innersten Kern sündhaft und schlecht ist. Das dritte Mariendogma erlöst uns von dieser quälenden Vorstellung.

Maria – Urbild der neuen Schöpfung

Immaculata-Concepta – Unbefleckt-Empfangene

Der Titel »Immaculata-Concepta«, die »Unbefleckt-Empfangene«, wird Maria am 8. Dezember 1854 von Papst Pius IX zugesprochen. Er besagt, dass Maria eine Ausnahme bezüglich der in allen Menschen wirkenden Erbschuld ist, dass sie frei von jeder Sünde empfangen wurde.

Was bedeutet dies?

Nach katholischem Verständnis ist der Urmensch von Gott gut und heilig geschaffen. Er lebte im Einklang mit sich selbst, der Schöpfung und mit Gott. Er war nicht dem Tod unterworfen und kannte kein Leiden.[18] Die ihm von Gott gewährte Herrschaft über die Schöpfung wirkte sich vor allem aus als Herrschaft über sich selbst. Im neuen Katechismus der katholischen Kirche von 1993 heißt es dazu:

> »Der Mensch war in seinem ganzen Wesen heil und geordnet, weil er von der dreifachen Begierlichkeit, die ihn zum Knecht der Sinneslust, der Gier nach irdischen Gütern und der Selbstbehauptung gegen die Weisungen der Vernunft macht, frei war.«[19]

Die Bibel berichtet im Buch Genesis, dass Gott alles, was er schuf, für gut befand, ja sogar für sehr gut. Chaos, Übel, Sünde sind demnach nicht im Wirken Gottes enthalten. Sie sind Folge der Sünde der Urmenschen Adam und Eva, die das Verbot vom Baum der Erkenntnis von Gut und Böse zu essen, missachteten. Weil Adam und Eva auf die Einflüsterungen der Schlange (die für die gefallenen Engel steht) hörten und vom verbotenen Baume aßen, wurden sie aus dem Paradies verwiesen. Die Folgen sind Leiden, Tod und verwirrte Beziehungen zwischen den Geschlechtern. Seither wird das Paradies von Cherubinen mit Flammenschwertern bewacht, damit der Mensch nicht auch noch den Weg zum Baum des Lebens findet und davon isst.[20]

Diese Sicht der Welt, vor allem des Übels und der Sünde, prägte das christliche Grundverständnis. Die Ursünde des ersten Menschenpaares konnte die ursprünglich gut geschaffene Natur des Menschen zwar nicht vollständig verderben, aber sie ist geschwächt und für alles ungeordnete, egozentrische Streben anfällig. Es fällt den heutigen Menschen verständlicherweise schwer, mit dem Thema Erbsünde zurecht zu kommen. Auch dann, wenn wir die Geschichte vom Sündenfall als das annehmen, wofür sie steht: eine Erzählung über Grunderfahrungen der Menschheit zu den Themen Schöpfung, Geburt und Tod in mythologischer Sprache. Ich werde im dritten Teil ausführlicher auf dieses in der Pastoral weitgehend tabuisierte Thema eingehen.

Im Folgenden wollen wir uns an die Kraft des Leitbildes »Unbefleckt Empfangene« herantasten. Der Titel »Immaculata-Concepta« besagt, dass Maria nicht wie alle anderen Menschen an den eben geschilderten Folgen der Erbsünde teilhatte. Die geschichtliche Entwicklung des Dogmas zeigt, dass es sich über ein jahrhundertelanges Suchen entfaltet hat, bis es die jetzige Gestalt fand. Bedeutende Kirchenlehrer und Theologen lehnten die unbefleckte Empfängnis ab, mit der Begründung, alle Menschen seien erlösungsbedürftig, auch Maria. Die Aussage, Maria sei ohne Erbsünde geboren, würde in der Konsequenz bedeuten, dass sie der Erlösungsgnade Christi nicht bedürftig gewesen sei. Dagegen protestierten sie, obwohl viele von ihnen glühende Verehrer Marias waren.

Damit das Dogma verkündet werden konnte, wurde der Konflikt folgendermaßen gelöst: Einerseits wurde festgehalten, dass Maria als Tochter eines normalen Ehepaares ohne besonderes Eingreifen Gottes gezeugt und geboren wurde und somit den Folgen der Erbsünde unterworfen war, wie alle anderen Menschen auch. Andererseits konnten die Folgen der Erbsünde an Maria nicht wirksam werden, weil ihr die Erlösungsgnade, von Christus gewirkt, im voraus zuteil wurde. Damit war der Konflikt gelöst. Seither gilt Maria als die Unbefleckt-Empfangene.

Das Dogma von der unbefleckten Empfängnis macht Maria in zweifacher Hinsicht zum Leitbild für die Entfaltung des menschlichen Potentials. Zum einen ist sie, da bewahrt von den Folgen der Ursünde, in dem Zustand der Heiligkeit, in dem Gott den Menschen vor dem Fall erschaffen hat. Zum anderen ist sie durch die ihr im voraus geschenkte Teilhabe an der Erlösungsgnade in einem Zustand der Heiligkeit, der jenen des Menschen der ersten Schöpfung übertrifft. Nach den Zeugen der ersten Jahrhunderte war der Mensch in Adam nur vorgebildet, die Inkarnation erwartend. Selbst ›ante-peccatum‹, vor seiner Versündigung, war er nur ein Entwurf seiner eigenen Wahrheit. Nach den Kirchenvätern der ersten Jahrhunderte übertreffen Inkarnation und Erlösung die erste Schöpfung aber unendlich. In diesem Sinne ist Maria, die Unbefleckt-Empfangene, Urbild sowohl der ersten, wie auch der neuen Schöpfung.

Immaculata-Concepta – eine Botschaft für unsere Zeit

Die Mariendogmen sind eine Einladung, uns nicht nur auf die Erforschung des unendlich Großen (Makrokosmos) und die des unendlich Kleinen (Mikrokosmos), sondern ebenso auf die Erforschung des unendlich Tiefen, auf die Erforschung und Erfahrung des grundlosen Grundes im menschlichen Herzen einzulassen. Mehr noch. Obwohl aus den Erfahrungen der Menschheit gespeist, sind sie Einladung nach vorne zu schauen. Die Dogmen sind Verheißung, dass es möglich ist, den »alten Adam und die alte Eva« in uns abzulegen, um den »neuen Menschen« anzuziehen.

Was damit gemeint ist, wird deutlicher, wenn wir einen Blick auf die mythologische Sprache und die sogenannt mythische Bewusstseinsstruktur werfen. Jean Gebser, ein Pionier der Bewusstseinsforschung der Menschheitsgeschichte, zeigt in seinem Werk »Ursprung und Gegenwart«[21], dass sich in den Zeugnissen der Menschheit eine aufsteigende Linie der Bewusstseinsentfaltung erkennen lässt: von der archaischen, magischen, mythischen bis zur mentalen Bewusstseinsstruktur. Mit anderen Worten: Gebser stellt in der Menschheitsgeschichte eine Bewusstseinsentwicklung von der ichlosen Verschmelzung mit der Welt zur ichhaften Gegenüberstellung der Welt fest, die in den extremen Dualismus mündet, in dem wir uns heute noch immer fast ausschließlich befinden.

Aber, er macht uns Hoffnung. Die Bewusstseinsentfaltung ist mit dem Auftauchen des Rationalen nicht zu Ende. Er und viele andere sehen überall Anzeichen, dass wir weiter »geboren« werden, hinein in die transrationale Welterfassungs- und Bewusstseinsstruktur.

Maria Theotokos – Gottesgebärerin – Urbild des Weiblichen

Maria die kosmische Mutter hält und
umarmt liebevoll die Erde.

In der Mitte der Menschensohn,
spielend mit dem Atomkern.

Er nennt den Menschen, der aus dem Gefängnis des rational-dualistischen Bewusstseins befreit ist, den integralen Menschen. Dieser Mensch hat, ohne die Attribute des rationalen Bewusstseins zu verlieren, wieder Zugang gefunden zu dem in ihm verschütteten archaischen, magischen und mythischen Erleben. Der aus dem Gefängnis des Dualismus befreite Mensch hat wieder im Bezug zu seinen inneren Bildern und Kräften und erfährt sich sowohl als eins mit der Welt wie auch als einmaligen Ausdruck der Welt. Er erfährt sich als Holon, als Teil des Ganzen.[22]

Aber noch sind wir dabei, unsere einseitig rationale Welterfassung und Selbsterfahrung zu überwinden. Die Mariendogmen sind für mich Schlüssel, welche die in uns eingeschlossenen Erfahrungen neu zu beleben vermögen. Sie berühren die Welt der uns innewohnenden Bilder und aktivieren die Kräfte der Imagination. Der bekannte Mythenforscher Mircea Eliade schreibt zur mythologischen Welterfassung:

»Mythen berichten nicht nur von der Entstehung der Welt und aller darin befindlichen Dinge, sondern auch von den Urereignissen, die den Menschen zu dem formten, was er heute ist – sterblich, von unterschiedlichem Geschlecht, organisiert in einer Gemeinschaft, gezwungen zu arbeiten, um zu leben, und sich bei der Arbeit nach gewissen Gesetzen zu richten. All dies ist die Folge von Ereignissen in der Urzeit. Der Mensch ist sterblich, weil in der mythischen Ära etwas geschah, und wäre dies nicht geschehen, wäre der Mensch nicht sterblich geworden und hätte wie die Felsen in alle Ewigkeit weiterbestehen können, oder er hätte wie die Schlangen seine Haut wechseln können. Doch der Mythos vom Ursprung des Todes berichtet, was am Anfang der Zeit geschah, und beweist mit dieser Erzählung, warum der Mensch sterblich ist.«[23]

Die Geschichte von der Erschaffung der Welt und vom Sündenfall ist in mythologischer Sprache geschrieben. Die Mariendogmen knüpfen an die Sprache der Genesis an, verweisen aber in die Gegenwart und künden die Zukunft. Maria ist keine vorgeschichtliche Göttin, sie ist eine geschichtliche Gestalt, die erst vor ca. 2000 Jahren auf diesem Planeten lebte. Gerade deshalb sind die Aussagen über sie für uns von Bedeutung, denn es geht in unserer Welt des überspitzten Rationalismus darum, die geistigen Quellen der Mythen in uns selber zu entdecken, wieder Zugang zur schöpferischen Kraft der Welt der Bilder in uns selbst zu bekommen. Die Mariendogmen sind deshalb Türen ins integrale Bewusstsein. Maria Imaculata-Concepta sagt uns: »Du trägst die Samen der neuen Schöpfung in

Dir! Öffne Dich der in Dir schlummernden Wirklichkeit. So, wie Du über Dich selber denkst, so verhältst Du Dich und so wirst Du! Lass Dich von der Unbefleckt-Empfangenen verlocken, Dich Deinem grundlosen Grund, dem Göttlichen in Dir, anzuvertrauen.«

Die Unbefleckt-Empfangene als Leitbild ist das Heilmittel für die in uns noch immer wirkenden Programmierungen, die uns als »von Natur aus schlecht« und unwürdig charakterisieren.

Maria Immaculata-Concepta ist eine Botschaft. Sie sagt uns: Die unser Leben vergiftende Annahme, dass »die Summe aller Laster gleich bleibt«, ist eine Projektion des Menschen, der sich seiner Berufung verschließt in Angst vor der darin enthaltenen großen Verheißung. Dadurch erscheint das Leben einfacher. – Aber, sind wir deswegen auch schon glücklicher?

Die Theologie nennt Maria die Voll- oder Ersterlöste (Rahner), das Symbol der neuen Menschheit (L. Boff). In ihr kommt das Ursprüngliche des göttlichen Planes zum Vorschein.

»Erlösung (...) heißt also: Die (...) Spaltung der Welt wird aufgehoben; sie wird im wahren Sinn des Wortes (...) heil. Maria wird zur ersten Vertreterin der neuen Menschheit und zum eschatologischen Zeichen für alle Generationen.«[24]

Was aber ist gemeint mit »neuer Menschheit«, was kann der Ausdruck »eschatologisches Zeichen« für uns heute bedeuten? Das vierte Mariendogma ›Maria-Assumpta‹, die mit Leib und Seele zum Himmel-Erhobene, ist Leitbild und Weisung in dieser Frage. Es zeigt die Richtung, in welche sich, nach christlichem Verständnis, die gottmenschliche Evolution bewegt.

Maria – Urbild des neuen Menschen

Assumpta – Mit Leib und Seele zum Himmel Erhobene

An Allerheiligen im Jahre 1950 verkündete Papst Pius XII. auf dem Petersplatz in Rom das Dogma »Maria-Assumpta«.

»Es ist eine von Gott geoffenbarte Glaubenswahrheit, dass die unbefleckte, immer jungfräuliche Gottesmutter Maria nach Vollendung ihres irdischen Lebenslaufes mit Leib und Seele zur himmlischen Herrlichkeit aufgenommen ist.«[25]

Betrachtet man, wie wir das in diesem Buch tun, die Dogmen als Leitbilder und Kristallisationspunkte für die Entfaltung des menschlichen Potentials, so scheint mir gerade dieses Dogma wie ein »Schatz im Acker« voller verschlossener Reichtümer.

Es besagt, dass Maria der erste Mensch ist, der, außer Christus, Anteil an der Auferstehung des Leibes hat. Diese Aussage ist für unsere Zeit, in der sich immer mehr Menschen der verschiedenen Religionen auf einen Dialog der Erfahrung mit Mitgliedern anderer Religionen einlassen, von großer Bedeutung. Der Dialog der Erfahrung bringt uns in Kontakt mit dem Herzen der eigenen Tradition, mit unserer persönlichen Erfahrung und mit der Erfahrung von Schwestern und Brüdern anderer Bekenntnisse.

Auferstehung und Begegnung der Religionen

Wir leben in einer Zeit, in der die Religionen sich wie nie zuvor begegnen. In der Verschiedenheit der Religionen liegt ein noch brachliegendes Ergänzungspotential verborgen. Dieses Potential kann nur wirksam werden, wenn wir uns der Verschiedenheit öffnen. Es kann nicht wirksam werden, wenn wir die Verschiedenheit in Erfahrung und Ausdrucksweise der Religionen in das Gewand einer einzigen Religion hinein nivellieren. Aus der Not Rettendes entsteht nur über Vereinigung der Gegensätze, nicht aber über deren Auflösung. Dies ist ein Gesetz, das auf der physischen, psychischen und geistigen Ebene wirksam ist.

»Auferstehung« zum Beispiel ist in allen Religionen Thema, positiv oder negativ. Ich meine, dass wir dem Dialog der Begegnung die Essenz entziehen, wenn wir diese Unterschiede nivellieren oder einfach auflösen. Er scheint dann zwar harmonischer, aber spannungsarm wie Suppe ohne Salz. So sehr es von Vorteil ist, sich zuerst auf das Gemeinsame zu besinnen, wenn sich Mitglieder verschiedener Konfessionen und Religionen begegnen, so sehr wird diese Begegnung um die Chance der Ergänzung und gegenseitigen Befruchtung gebracht, wenn die Unterschiede aus einem ungesunden Bedürfnis nach Harmonie einfach aufgelöst werden.

Die Begegnung der Religionen könnte für die Gläubigen aller Traditionen zur großen Bereicherung, Bewusstseinserweiterung und auch Reinigung werden, wie es in einem römischen Dokument heißt.[26] Dies aber nur dann, wenn wir den Mut haben, uns sowohl am Gemeinsamen zu freuen, wie auch die Unterschiede klar und prägnant darzustellen. Wenn dies möglich ist, ereignet sich in den Teilnehmenden oft eine gegenseitige Befruchtung, die unsere Sicht von Welt und Mensch erweitert und uns neu staunen lässt über das Geheimnis des Lebens und der dieses Leben erhaltenden »letzten Wirklichkeit«.

In diesem Sinne möchte ich einladen, das Geheimnis Auferstehung zu umkreisen, oder besser, dem Geheimnis Auferstehung in unserem Herzen nachzuspüren. Die Zeit, in der wir Glaubenssätze übernehmen, wie Kinder Ansichten und Normen der Eltern übernehmen und introjizieren, ist für viele ein für allemal vorüber. Der langsam mündig werdende Mensch ist gerufen, seine ganz persönliche Antwort zu finden, wenn er nun, wie nie zuvor in der Menschheitsgeschichte, mit der Pluralität von Weltanschauungen und Religionen konfrontiert wird.

Könnte es nicht sein, dass in den Unterschieden und Gemeinsamkeiten der verschiedenen Bekenntnisse eine tiefe Verheißung liegt? Christlich ausgedrückt, eine Absicht Gottes?

Die Gemeinsamkeiten helfen uns, mit offenem Herzen und in Ehrfurcht den Erfahrungsdialog zu suchen, Begegnung zu wagen. So wir dies tun, können wir zum Beispiel in interreligiösen Feiern erfahren, dass in der anderen Tradition oft Dimensionen des Geheimnisses ins Licht gehoben sind, die in der eigenen Tradition unentfaltet im Dunkeln liegen.

Persönlich bin ich nicht der Meinung, dass die Pluralität der Religionen und Weltanschauungen eine Folge der Erbsünde oder des Turmbaus zu Babel ist. Ich glaube auch nicht, dass sie einen › Unfall der Evolution‹ darstellt, wie mir eine Christin einmal erschreckt in einem Zen-Kurs mitteilte. Vielmehr scheint mir darin die in aller Evolution wirkende und zu je neuer Synthese und Selbsttranszendenz drängende Anziehung verborgen. Diese Anziehung ist bis heute zum großen Teil unwirksam, weil die Angst vor dem Fremden, vor allem in den etablierten religiösen Institutionen, noch im Vordergrund steht. Haben wir erst einmal diese Angst abgelegt und lassen wir uns von dem Potential der Anziehung, das in der Verschiedenheit liegt, bewegen und wagen Begegnung, dann entsteht Bereicherung und Veränderung aller Beteiligten. Und ist es nicht das, was wir und die Welt brauchen?

Da ich sowohl praktizierende Christin, als auch im Zen-Buddhismus beheimatet bin, werde ich im weiteren Verlauf dieses Buches dem unterschiedlichen Verständnis von Auferstehung vor allem in diesen beiden Traditionen nachspüren. In diesem Kapitel über »Maria-Assumpta« wollen wir uns dem christlichen Verständnis von Auferstehung annähern. Wir fragen, welche Bedeutung die mit »Leib und Seele zum Himmel Erhobene« als Leitbild für uns haben kann.

Auferstehung aus christlicher Sicht und die Rolle Marias

Nach christlichem Verständnis ist die Schöpfung seit ihren Anfängen auf die letzten Dinge ausgerichtet.

»Das absolut Neue wird aus dem Vorlauf auf die letzten Dinge erwachsen. Das ist die Kunst apokalyptischer Zeiten: Man erinnert sich der kommenden Dinge.«[27]

Und diese »letzten Dinge« beinhalten die Vision einer »neuen Schöpfung«. Nicht Auflösung der Materie ist Ziel der christlichen Fülle, sondern Transformation der Materie. Die Auferweckung Christi und Marias zeigen, dass die Materie berufen ist, ins trinitarische Geheimnis aufgenommen, sozusagen mit dem gestalt- und formlosen Geheimnis vermählt zu werden. In diesem Sinne ist die ganze Schöpfung seit ihren Anfängen auf die letzten Dinge ausgerichtet.

Geht nach dem Tod etwas weiter, ist wohl Frage aller Menschen. Wenn wir den Tod nicht verdrängen, dann ist er die größte Provokation unseres Lebens.

Ostern und die Verkündigung des Dogmas »Maria-Assumpta« sagen, dass der Tod überwunden ist. Das österliche »Tod, wo ist Dein Stachel, wo ist Dein Sieg« wird nicht nur an Jesus-Christus sichtbar. Maria-Assumpta ist der erste Mensch, der Anteil am Erstgeborenen der Toten, an der Auferstehung des Leibes hat. Die für immer eingegangene Verbindung von »oben« mit der Materie, in der Gestalt der neuen Schöpfung, ist wirkmächtig in Christus. Die für immer eingegangene Verbindung von unten, von der Seite der Materie, ist wirkmächtig in einer Tochter der Erde: Maria-Assumpta.

Wenn die Auferstehung des Fleisches mehr darstellt als ein Konzept all jener, die Angst haben, die eigene Endlichkeit anzunehmen, wenn sie mehr ist als ein Märchen für schwache Menschen, dann wirkt die Auferstehung Christi und Marias jetzt schon.

Die Auferstehung des Fleisches anzunehmen, fällt nicht nur den meisten Menschen unserer Zeit schwer, sie war immer Stein des Anstoßes.

»Der christliche Glaube stößt in keinem Punkt mehr auf Widerspruch als in Bezug auf die Auferstehung des Fleisches (Augustinus, Psal. 88, 2,5). Man nimmt allgemein an, dass das Leben der menschlichen Person nach dem Tod geistig weiter geht. Wie kann man aber glauben, dass dieser so offensichtlich sterbliche Leib zum ewigen Leben auferstehen wird?«[28]

Wie können wir uns dem Geheimnis der Auferstehung annähern? Ich meine, dass wir uns dem rational Unfasslichen nur in der Tiefe unseres Herzens öffnen können. Im ersten Korintherbrief gibt es dazu faszinierende Aussagen. Wie bei allen Geheimnissen des Lebens, die wir mit unseren Fragen nach dem Woher und Wohin unserer Existenz umkreisen, sind sie in Bildern, also in mythologischer Sprache gehalten. Aber sie weisen die Richtung.

»Wenn aber verkündigt wird, dass Christus von den Toten auferweckt worden ist, wie können dann einige von euch sagen: Eine Auferstehung der Toten gibt es nicht? Wenn es keine Auferstehung der Toten gibt, ist auch Christus nicht auferweckt worden. Ist aber Christus nicht auferweckt worden, dann ist unsere Verkündigung leer und euer Glaube sinnlos. Wir werden dann auch als falsche Zeugen Gottes entlarvt, weil wir im Widerspruch zu Gott das Zeugnis abgelegt haben: Er hat Christus auferweckt. Er hat ihn eben nicht auferweckt, wenn Tote nicht auferweckt werden. Denn wenn Tote nicht auferweckt werden, ist auch Christus nicht auferweckt worden. Wenn aber Christus nicht auferweckt worden ist, dann ist euer Glaube nutzlos, und ihr seid immer noch in euren Sünden; und auch die in Christus Entschlafenen sind dann verloren. Wenn wir unsere Hoffnung nur in diesem Leben auf Christus gesetzt haben sind wir erbärmlicher daran als alle anderen Menschen. Nun aber *ist* Christus von den Toten auferweckt worden als der Erste der Entschlafenen. Da nämlich durch *einen* Menschen der Tod gekommen ist, kommt durch *einen* Menschen auch die Auferstehung der Toten. Denn wie in Adam alle sterben, so werden in Christus alle lebendig gemacht werden.«[29]

»Der letzte Feind, der entmachtet wird, ist der Tod. Sonst hätte er (Gott) ihm (Christus) nicht alles zu Füßen gelegt. Wenn es aber heißt, alles sei Christus unterworfen, ist offenbar der ausgenommen, der ihm alles unterwirft. Wenn ihm dann alles unterworfen ist, wird auch er, der Sohn, sich dem unterwerfen, der ihm alles unterworfen hat, damit Gott herrscht über alles und in allem.«[30]

»Nun könnte einer fragen: Wie werden die Toten auferweckt, was für einen Leib werden sie haben? Was für eine törichte Frage! Auch das, was du säst, wird nicht lebendig, wenn es nicht stirbt. Und was du säst, hat noch nicht die Gestalt, die entstehen wird; es ist nur ein nacktes Samenkorn, zum Beispiel ein Weizenkorn oder ein anderes. Gott gibt ihm die Gestalt, die er vorgesehen hat, jedem Samen eine andere. Auch die Lebewesen haben nicht alle die gleiche Gestalt. Die Gestalt der Menschen ist anders als die der Haustiere, die Gestalt der Vögel anders als die der Fische. Auch gibt es Himmelskörper und irdische Körper. Die Schönheit der Himmelskörper ist anders als die der irdischen Körper. Der Glanz der Sonne ist anders als der Glanz des Mondes, anders als der Glanz der Sterne; denn auch die Gestirne unterscheiden sich durch ihren Glanz. So ist es auch mit der Auferstehung der Toten. Was gesät wird, ist verweslich, was auferweckt wird, unverweslich. Was gesät wird, ist armselig, was auferweckt wird, herrlich. Was gesät wird, ist schwach, was auferweckt wird, ist stark. Gesät wird ein irdischer Leib, auferweckt ein überirdischer Leib. Wenn es einen irdischen Leib gibt, gibt es auch einen überirdischen. So steht es auch in der Schrift: Adam, der Erste Mensch, wurde ein irdisches Lebewesen. Der Letzte Adam wurde lebendigmachender Geist. Aber zuerst kommt nicht das Überirdische; zuerst kommt das Irdische, dann das Überirdische. Der Erste Mensch stammt von der Erde und ist Erde; der Zweite Mensch stammt vom Himmel. Wie der von der Erde irdisch war, so sind auch seine Nachfahren. Und wie der vom Himmel himmlisch ist, so sind es auch seine Nachfahren. Wie wir nach dem Bild des Irdischen gestaltet wurden, so werden wir auch nach dem Bild des Himmlischen gestaltet werden. Damit will ich sagen, Brüder: Fleisch und Blut können das Reich Gottes nicht erben; das Vergängliche erbt nicht das Unvergängliche. Seht, ich enthülle euch ein Geheimnis: Wir werden nicht alle entschlafen, aber wir werden alle verwandelt werden – plötzlich, in einem Augenblick, beim letzten Posaunenschall. Die Posaune wird erschallen, die Toten werden zur Unvergänglichkeit auferweckt, wir aber werden verwandelt werden. Denn dieses Vergängliche muss sich mit Unvergänglichkeit bekleiden und dieses Sterbliche mit Unsterblichkeit. Wenn sich aber dieses Vergängliche mit Unvergänglichkeit bekleidet und dieses Sterbliche mit Unsterblichkeit, dann erfüllt sich das Wort der Schrift: Verschlungen ist der Tod vom Sieg. Tod, wo ist dein Sieg? Tod, wo ist den Stachel.«[31]

Dieses vom Verfasser des Korintherbriefes vorgestellte Verständnis von Auferstehung ist nicht das gleiche wie zum Beispiel das Auferstehungsverständnis im Zen-Buddhismus. Wenn Zen-Buddhisten sagen, »in der Erleuchtung stirbt das Ich und steht im wahren Selbst auf«, so hat dies nichts mit Auferstehung des Fleisches zu tun. Diese Unterschiede gilt es ernst zu nehmen, wenn der interreligiöse Dialog fruchtbar werden soll.

Maria-Assumpta, von der es heißt, sie sei zur Königin des Alls erhöht worden, um vollkommen ihrem Sohn gleichgestaltet zu werden[32], ist also wieder die Erste, an der sich vollzieht, was allen Menschen verheißen ist.

Nicht nur in ihrem fürbittenden Wirken, sondern in ihrem Wirken als Tochter der Erde, welche die Lichtmaterie angezogen hat, ist sie Braut Christi und Mutter der Kirche.

In diesem Sinne wirkt Maria-Assumpta als Leitbild für die Entwicklung unseres Potentials. Auferstehung beginnt aber nicht erst nach dem Tod.

Gerade der neue Katechismus der katholischen Kirche befand, dass die Gläubigen durch den Heiligen Geist schon jetzt Anteil an der Auferstehung Christi haben.[33]

»Ihr seid mit Christus auferweckt, darum strebt nach dem, was im Himmel ist.«[34]

Maria-Assumpta kann uns helfen, uns dem in uns liegenden Samen der neuen Schöpfung zuzuwenden. Sie kann uns in ihrem wirkmächtigen Einfluss für das in uns lebende Geheimnis der Auferstehung sensibilisieren. Vor allem kann sie uns verlocken, einen neuen Umgang mit unserem Körper, dem Tempel des Heiligen Geistes, zu erlernen.

Maria-Assumpta – Mit Leib und Seele zum Himmel Erhobene – Urbild des neuen Menschen

*Die Schöpfung erwacht
zur großen kosmischen Einheit.*

2 Maria – Königin der sichtbaren und unsichtbaren Schöpfung

Erwartung erfüllte mich, als unser Flugzeug in Tel-Aviv landete. Der amerikanische Zen-Meister Bernard Tetsugen Glassman hatte uns, seine Nachfolger, im Januar 2001 nach Jerusalem eingeladen. Glassman-Roshi hat aus der buddhistischen, christlichen, hinduistischen sowie der islamischen Tradition Zen-Lehrer als seine Nachfolger ernannt. Den meisten war ich noch nie begegnet. Während drei Wochen sollten wir unter seiner Leitung koanähnliche Texte der je eigenen Tradition suchen und miteinander austauschen. Ein mutiges und faszinierendes Angebot.

Koans gehören im Zen-Buddhismus zu den hervorragendsten Mitteln der Unterweisung. Sie wirken wie der berühmte Stachel im Fleisch und helfen dem Meditierenden, sein ureigenstes Wesen immer tiefer zu erfahren. Der Zen-Lehrer gibt dem Schüler eine Frage, die sich auf der Ebene des rationalen Bewusstseins nicht beantworten lässt. »Stopp den Klang der tausend Kilometer weit entfernten Tempelglocke« heißt ein berühmtes Koan. Die richtige Antwort kann nur gefunden werden, wenn der Zen-Schüler, die Zen-Schülerin die Ebene des diskursiven Denkens loslässt und in tiefere Schichten des eigenen Wesens eintaucht. In jenen ortlosen Ort in uns, wo alles eins ist, wo es weder Nähe noch Distanz, weder Hier noch Dort, weder Vorher noch Nachher gibt.

In allen heiligen Schriften der großen Religionen gibt es koanähnliche Texte.

Die Vorstellung, in Jerusalem drei Wochen zusammen mit Menschen zu verbringen, die sich tief auf den Zen-Weg eingelassen haben und sich dennoch als Juden, Moslems oder Christen verstehen, beglückte mich.

Glassman Roshi schuf mit seiner Einladung ein ganz besonderes Forum zur Umsetzung dessen, was die katholische Kirche ihren Gläubigen immer dringender empfiehlt, nämlich den Erfahrungsdialog mit anderen Religionen zu suchen.

Ich ahnte, dass die äußere Situation, der sich täglich zuspitzende Konflikt zwischen Israel und Palästina, unser Suchen und Finden beeinflussen würde. Noch realisierte ich bei der Landung allerdings nicht, wie gefährlich die Situation für Touristen tatsächlich war. Dies geschah erst, als wir täglich überlegen mussten, welche Straßen zu unserem Tagungsort am ungefährlichsten zu begehen waren, und als ich mit der Angst der Juden und der Not der Palästinenser direkt konfrontiert wurde.

Die Vorstellung, mich während drei Wochen einerseits an den Weisheitstexten der großen Religionen zu laben und anderseits hautnah mit einem Konflikt konfrontiert zu sein, wie er zwischen Religionen in der Geschichte immer wieder entstand, erfüllte mich mit großem Ernst.

Religionen haben der Menschheit sowohl größten Segen als auch unendliches Leid beschert. Ich erwähnte schon, dass ich in der Verschiedenheit der einzelnen Traditionen überall Gemeinsames wie auch eindeutige Unterschiede in der Erfahrung der sogenannt letzten Wirklichkeit sehe. Diese Unterschiede waren und sind Ursachen grausamster Verfolgungen und Kriege. In Jerusalem, so wusste ich, würde sich dies erstmals vor meinen Augen abspielen. Es war mir ein Anliegen, den inneren und den äußeren Prozess mit wachen Sinnen und offenem Herzen wahrzunehmen, in mir die Gewissheit aktivierend, dass es nicht darum geht, die Unterschiede zwischen den Religionen aufzulösen, sondern voneinander zu lernen und sich gegenseitig zu ergänzen.

Schon bei der Ankunft in Israel spürte ich, dass noch eine weitere Integration täglich der achtsamen Zuwendung bedurfte: das mich seit Monaten bewegende Thema »Maria und die Entfaltung des menschlichen Potentials« und in diesem Kontext das Thema Nirvana und Auferstehung des Fleisches. Ich stellte mich also nicht nur auf eine Zeit des interreligiösen Dialoges in der Gruppe mit Glassman Roshi ein, sondern auch auf eine Zeit des intensiven »intra-religiösen« Dialoges in mir selber. In fast jedem Kapitel dieses Buches findet etwas von diesem inter- und intra-religiösen Dialog Ausdruck.

Das Thema »Maria, Königin der sichtbaren und unsichtbaren Welten« führt also hinein in die für jeden Menschen existentielle Frage, wie es nach dem Tode weitergeht.

Anhand des Dogmas »Maria Assumpta« und von Texten aus dem frühen Buddhismus wollen wir uns ermutigen lassen, dieser Frage im eigenen Herzen nachzuspüren. Wissend, dass wir gerufen sind, unsere eigene Antwort zu diesem Thema zu finden.

Maria, die Königin aller sichtbaren und unsichtbaren Welten führt uns aber nicht nur in die Auseinandersetzung mit dem Leben nach dem Tode. Sie konfrontiert uns auch, wie bereits erwähnt, mit dem Wesen des Weiblichen und mit uns Frauen in der Gegenwart. Der Titel »Königin des Himmels« trägt Samen der Entfaltung in sich, die uns helfen können, das Weibliche in unserer Zeit zum Blühen zu bringen. Ich gehe zunächst von persönlichen Erlebnissen und Erfahrungen aus.

Maria, Königin des Himmels

Die Erinnerung an die Maiandachten in meiner Kindheit haben den Geschmack von Geborgenheit und Freude. Sie fanden täglich während des ganzen Monats Mai statt. Das vorwiegend katholische Dorf besaß eine stattliche Kirche mit einem Priester, der auch uns Kinder durch seine Frömmigkeit und Güte zu aufmerksamen Zuhörern machte. Er war eine natürliche Autorität. In der Rückschau weiß ich, dass ich nicht nur wegen dem Spaß, den mir das Versteckspielen im hohen Gras der Maiwiesen nach der Andacht bereitete, möglichst täglich teilnahm. Die Andachten zu Ehren der Gottesmutter waren so gestaltet, dass Herz und Gemüt berührt wurden. Die beste Sängerin des Dorfes, die in großer Inbrunst die tägliche Feier mit einer Version der lauretanischen Litanei beendete, faszinierte mich so, dass ich mich jedesmal voll in der Kirchenbank umdrehte, um sie beim Singen zu beobachten.

Dass Maria in diesem Lied als Königin aller geistigen und materiellen Schöpfung besungen wird, scheint mich jedenfalls als Kind ergriffen zu haben.

Widerstände gegen den Titel Königin

Später, als junge Frau, hatte ich genau mit diesem Hymnus meine Schwierigkeiten. Was nützt es, wenn eine geschichtliche Frau die höchsten Attribute und Titel wie »Königin der Engel, Königin der Apostel, Königin der Patriarchen, Königin aller Heiligen« zugesagt bekommt, während die real existierende Frau der Gegenwart noch überall in der Welt darum kämpfen muss, in Partnerschaft und Gleichberechtigung ihre Rolle neben dem Mann zu finden?

So kamen Jahre, in denen ich mich besonders mit den frauenfreundlichen und den frauenfeindlichen Aspekten der Marienverehrung auseinandersetzte. Und mit Erstaunen erkannte ich, wie in einer bestimmten Art der Mariologie Maria als eine vom Fluch aller Weiblichkeit Verschonte dargestellt wird, die mit normalen Frauen nichts zu tun hat. Die Auswirkungen dieser Mariologie haben Generationen von Frauen in ihrer Selbstentfaltung behindert.

Aber ich entdeckte auch die andere Seite: Bücher über Maria von Frauen wie Männern, die frauenfreundlich sind und in Ansätzen Elemente dessen enthalten, was das Anliegen dieses Buches ist: Maria, ein Leitbild für die Entwicklung des menschlichen Potentials.

So schreibt Gertrud von Le Fort in ihrem Buch über die Ewige Frau[35], dass die lauretanische Litanei, in der Maria als Königin aller Schöpfung gepriesen wird, die »Hingebungsmacht des Kosmos in Gestalt einer Frau« preist. Im Titel »Königin des Himmels« wird nicht eine Göttin dargestellt, sondern gezeigt, dass Gott sich für die Vergöttlichung des Menschen an das Weibliche gebunden hat.

Was bedeutet dies nun aber für die Frau der Gegenwart?

Kann die »Königin des Himmels« etwas beitragen beim Suchen der neuen Identität von Mann und Frau in unserer sich rasant verändernden Zeit, die eine Neuausrichtung und Verankerung all unserer Kräfte verlangt?

Ist Marienfrömmigkeit nicht nur eine Domäne alter Damen, frommer Ordensfrauen und zölibatärer Männer?

Statt Frauenpower – machtvolle Frauen

Es sind schon fast dreißig Jahre her, dass Papst Paul VI. in seinem apostolischen Schreiben »Marialis Cultus« dazu aufrief, eine Mariologie zu entwickeln, die »biblisch begründet, ökumenisch verantwortet, liturgisch ausgerichtet und dem heutigen Menschenbild entsprechend«[36] ist. Mir scheint, dass diese Aufgabe, von einem Mann erkannt, noch viel zu wenig realisiert wurde. Und wer könnte dazu geeigneter sein als Frauen? Kommt jetzt die Zeit, in der wir Frauen die Verletzungen durch das Patriarchat loslassen können – durch die Entfaltung der weiblichen Kraft in uns?

Persönlich bin ich überzeugt, dass der renommierte Bewusstseinsforscher Ken Wilber recht hat, wenn er in seinen Büchern immer wieder darauf hinweist, dass das Patriarchat in der uns bekannten Form nicht entstanden wäre, ohne das Mitmachen der Frauen. Und ist es nicht noch heute für viele Frauen einfacher, die Ungerechtigkeiten des Patriarchats je neu anzuprangern, als das eigene Frausein ernst zu nehmen, zu entfalten und dadurch der Welt die weibliche Intuition und Kreativität zu schenken? Ist die Zeit endlich gekommen, in der wir uns wirklich freuen, Frauen zu sein?

Können wir den Titel »Königin des Himmels«, der einer geschichtlichen Frau verliehen wurde, in unserem eigenen Herzen wirken lassen? So wir dies tun, können wir die Stimme von Maria-Assumpta in unserem Herzen hören. Sie scheint uns Frauen zu sagen:

Erkennt Euere Berufung, Einbruchstor Gottes zu sein. Das Weibliche zieht an das Göttliche. Erkennt Euere Würde. Erkennt Euere Gabe und Aufgabe, Zeichen der Offenheit für alles Lebendige zu sein. Lasst hinter Euch die Verletzungen des Geschlechterkampfes. In der Weihe der Königin des Himmels vertraut den Kräften Eueres Herzens und öffnet Euch dem Leben in all seinen Formen, denn Erde und Menschheit hungern nach der Kreativität des Weiblichen. Nur das entfaltete Weibliche in Mann und Frau heilt Wunden, stiftet Versöhnung, gibt Kraft zu Neuanfang, erkennt das im Dunkeln verborgene Licht und bringt es zum Leuchten.

Wir Frauen tragen eindeutig selbst die Hauptverantwortung, dass sich das Bild der entsexualisierten, von buckliger Demut erfüllten Marienverehrung verändern kann.

Viele Frauen – nicht alle – haben Möglichkeiten der Selbstentfaltung, die sich die vergangenen Generationen nicht einmal zu erträumen wagten. Nutzen wir den Kairos, die gegenwärtige Stunde, und vergeuden wir unsere Kräfte nicht in der Nachahmung des Mannes! Verbinden wir uns täglich mit jenen Schwestern weltweit, welche die Befreiung von patriarchalen Strukturen noch vor sich haben, und helfen wir mit, dass in der Weihe der Königin des Himmels Altes sterben und Neues geboren werden kann.

Maria und die Auferstehung Christi

Die »Königin des Himmels« verweist aber nicht nur auf die Entfaltung des Weiblichen. Sie führt hinein in die Spannung, die wohl für jeden Christen im Erfahrungsdialog mit dem Buddhismus spürbar ist, wenn es um die Themen Nirvana und Auferstehung geht. Die Frage, ob nach dem Tode etwas weiter geht und falls ja, wie es weiter geht, beinhaltet wohl den markantesten Unterschied zwischen Buddhismus und Christentum.

Bezüglich dessen, was in beiden Traditionen unter Erleuchtung verstanden wird, gibt es viele Parallelen. Das Finden von gemeinsamem Grund, auf dem Verständigung möglich ist, gestaltet sich einfach. Beim Thema Nirvana und Auferstehung des Fleisches scheinen die Gegensätze unüberwindbar.

Der einem Menschen verliehene Titel »Königin des Himmels« führt mitten in diese Spannung hinein. Karl Rahner schreibt dazu:

Maria »ist mit ihrer ganzen Wirklichkeit schon dort, wo die vollkommene Erlösung ist, ganz in dem Daseinsraum, der wurde durch die Auferstehung Christi«[37].

Das Zitat weist darauf hin, dass es nicht darum geht, diese Körperlichkeit in die Ewigkeit hinüber zu retten. Mit Auferstehung ist eine völlig neue Dimension des Seins gemeint. Eine neue Schöpfung. Marias Aufnahme in den Himmel bedeutet wiederum die Vorwegnahme dessen, was jedem Menschen verheißen ist. Wiederum ist sie Leitbild, die Erste unter Ihresgleichen.

Der dogmatische Text sagt nichts darüber aus, ob Maria einen normalen menschlichen Tod erlitten hat oder nicht, auch nichts darüber, was man sich unter Auferstehung mit Leib und Seele vorstellen kann. Der Text stellt nur fest, dass Maria mit Leib und Seele in der Herrlichkeit Gottes lebt. Die Theologin Marion Wagner schreibt dazu:

»Die überzeitlich gültige Aussage, Maria lebt in der Herrlichkeit Gottes, wird in dem Definitionstext ganz unbefangen in einer Form zum Ausdruck gebracht, die die damals theologisch allgemein vertretene Lehre vom ›Zwischenzustand‹ voraussetzt. Diese Lehre entwickelte sich, als sich die junge Kirche darüber klar wurde, dass die als unmittelbar bevorstehend erwartete Wiederkunft Christi ausblieb, dass die Naherwartungshoffnung sich also nicht erfüllte. Nun stellte sich die Frage: Was passiert eigentlich zwischen dem Tod des Menschen, der jetzt erfolgt, und der eschatologischen Vollendung, die irgendwann einmal erfolgen wird? Die Antwort hieß: der Leib verwest, aber die Seele lebt an dem ihr jeweils zugewiesenen Ort im Himmel, Hölle oder Fegfeuer weiter. Am jüngsten Tag, beim Endgericht, wird der Leib auferweckt, und mit der Seele vereinigt. Dann lebt der ganze Mensch ewig.«[38]

Die Lehre vom Zwischenzustand kommt heute in der religiösen Unterweisung nicht mehr vor. Zu Recht. Die Auffassung, dass der Mensch bei seinem Tode auch Auferstehung erfährt, ist inzwischen gängige Sichtweise, sofern die Auferstehung des Fleisches überhaupt noch Thema ist. Für viele, vor allem gebildete Christen und Christinnen, ist diese Frage Relikt einer mythologischen Sichtweise, die dem modernen Menschen nicht mehr entspricht. Das im Westen wachsende Interesse an östlichen Religionen, vor allem dem Zen-Buddhismus, verstärkt dieses Faktum.

Dass buddhistische Meister Angehörige anderer Religionen in das Herz ihrer Tradition einführen und ihnen die Möglichkeit geben, diesen Weg auch zu lehren, ist ein großes Geschenk des Buddhismus an die Welt. Ist es da verwunderlich, dass an interreligiöser Spiritualität Interessierte, berührt von der Weisheit und Weite des Buddhismus, das Eigene immer mehr verlieren? Liegt dies nicht in erster Linie daran, *wie* das Mysterium der Auferstehung in christlichen Kirchen verkündet wird? In seinem Buch »Unser Haus die Erde« fragt auch Leonardo Boff nach der Verkündigung der Auferstehung in der heutigen Zeit:

»Wann schon hat man gehört, dass die Flora samt ihren Pflanzen, Blumen und Gräsern, die Fauna samt ihren Wirbel- und Weichtieren und ihren Mikroorganismen und dass der ganze Kosmos mit seinen Milchstraßen, Sternensystemen und Planeten auferstehen wird?«[39]

Soll der interreligiöse Dialog wirklich zu einem »Instrument der gegenseitigen Umformung« werden, wie es in einem römischen Dokument heißt, so gilt es, die eigene Tradition in der Konfrontation mit den anderen Traditionen nicht nur aufrecht zu erhalten, sondern auch in jede Zeit hinein neu zu übersetzen. Und es gilt – wie gesagt – die Unterschiede nicht zu nivellieren, sondern die Spannung zwischen scheinbar Unvereinbarem auszuhalten.

Auferstehung und Nirvana

Die Frage, ob nach dem Tod etwas weiter geht, beschäftigt die Menschheit seit dem Aufkommen selbstreflektierenden Bewusstseins. Aus dem frühen Buddhismus kennen wir eine inspirierende Geschichte dazu, die bei Alfred Weil nachzulesen ist:[40]

»Es gibt keine jenseitige Welt ... Der Mensch besteht aus den vier Elementen. Wenn er stirbt, geht das Feste in die Erde, das Flüssige zum Wasser, die Wärme zum Feuer, das Flüchtige in den Wind, und in den Raum gehen die Sinne. Vier Männer tragen den Toten auf der Bahre, bis zur Verbrennungsstätte werden Lieder gesungen, dann bleichen die Knochen, die Opfergaben fallen nieder, es ist Torheit dafür etwas zu spenden. Jene täuschen und lügen, die da behaupten, es habe einen Zweck. Wenn der Körper zerfällt, schwinden Toren und Weise gleichermaßen dahin und nach dem Tode sind sie nicht mehr.«

Frappierend, wie sehr die Argumente von damals den heutigen ähnlich sind. Da gibt es jene, die von einer Weiterexistenz nach dem Tod berichten. Auch der Buddha tut dies. Da sind die anderen, die ein Fortleben nach dem Tode radikal verneinen.

In der angesprochenen Lehrrede wird das Für und Wider beider Standpunkte dargelegt am Beispiel eines intensiven Dialoges zwischen dem Mönch Kumarakassapo und dem Kriegerfürsten Payasi. Payasi leugnet die Weiterexistenz eines Lebens nach dem Tode und fordert den Mönch heraus, zu seinen Ansichten und Fragen Stellung zu nehmen. So erzählt er dem Mönch, dass er viele Menschen, die am Sterben waren, gebeten hat, ihm zu berichten wie es auf der anderen Seite zugeht, falls nach dem Tode wirklich etwas weitergeht.

»Wenn ihr Lieben bei der Auflösung des Körpers, nach dem Tode, wirklich abwärts geraten seid, auf üble Fährte, zur Tiefe hinab, in höllische Welt, dann bitte kommt doch zurück und meldet es mir: Es gibt ein Jenseits, es gibt eine geist-unmittelbare Geburt, es gibt eine Saat und Ernte guter und böser Taten ... Was ihr gesehen habt, soll für mich gelten, als ob ich es selbst gesehen hätte. Mit dem Wort ›Gewiss‹ haben sie mir versprochen, sind aber nicht gekommen und haben auch keinen Boten gesandt. Dies ist ein Umstand, der mich zu der Meinung veranlasst: Es gibt kein ›Jenseits‹ ...«[41]

Payasi möchte wissen, ob es wirklich jenseitige Daseinsbereiche, so genannt transzendente Welten gibt oder nicht und ob das Erleben dort tatsächlich vom Verhalten in dieser Existenz abhängig ist. Da keiner, der ihm versprach zurückzukommen, sich meldete, ist er vom Ende aller Existenz nach dem Tode überzeugt.

Der Mönch Kumarakassapo zeigt nun dem Kriegerfürsten in einem langen Prozess, dass unser »fleischliches Auge« nicht fähig ist, die andersartigen Welten wahrzunehmen. Nur die Öffnung des Auges der Erkenntnis ermöglicht den Zugang zu den anderen Daseinsbereichen.

»Man darf, Kriegerfürst, das Jenseits nicht so betrachten, wie du glaubst – mit diesem fleischlichen Auge. Die da als Asketen und Priester im Walde an abgelegenen Orten ein einsames Leben führen, die können, sich unermüdlich, ernsthaft und hingebungsvoll bemühend, das himmlische Auge öffnen. Mit dem himmlischen Auge, dem geläuterten, über menschliche Grenzen hinaus reichend, erkennen sie diese Welt wie auch jene und die geist-unmittelbar Geborenen. So ist das Jenseits zu betrachten, und nicht wie du glaubst, mit dem fleischlichen Auge.«[42]

Der Mönch zeigt dem Fürsten, dass es zur Erfahrung der anderen Welten Erkenntnisvoraussetzungen braucht, über die der normale Mensch nicht verfügt.

»Nicht die gewohnte, sinnliche Wahrnehmung die uns ein Bild der materiellen Umwelt verschafft, ist dazu geeignet. Nicht die Augen und Ohren, oder die anderen Sinnesorgane des groben stofflichen Leibes sind dazu tauglich. Eine Sensibilität ganz anderen Charakters gilt es zu erwerben.«[43]

Da Payasi in seiner Entwicklung nicht soweit ist, dass ihm die Erfahrung, nach der er so sehr sucht, möglich wäre, schließt Kumakarakassapo die Unterweisung:

»Ebenso, Kriegerfürst, glaubst du töricht und uneinsichtig, auf unangemessene Weise das Jenseits erforschen zu können. Gib diese verderbliche Ansicht auf, damit sie dir nicht für lange Zeit Unheil und Leiden bringt.«[44]

Die so genannt subtilen oder feinstofflichen Welten sind im Buddhismus fester Bestandteil der Lehre und Erfahrung. Buddha sagt dazu:

»Es gibt fünf Daseinsfährten: die Hölle, das Tierreich, das Gespensterreich, die Menschenwelt und die Götterwelt. Diese Daseinsfährten kenne ich und ich kenne auch die Wege, die nach dem Tode zu diesen Daseinsfährten führen ...«[45]

Der Erleuchtete sagt mit frappierender Selbstverständlichkeit, dass es möglich ist, Zugang zu den fünf Daseinsbereichen zu haben, und dass er den Weg dahin kennt. Er zeigt, wie das Außergewöhnliche für ihn normal geworden ist und spricht von vielen Jenseitskontakten. Von Wesenheiten, die ihn hier besuchen und von solchen, die er dort, auf der anderen Seite des Ufers besuchte, um sie zu unterweisen:

»Diese Nacht, ihr Mönche, zu vorgerückter Stunde, kamen zahlreiche Gottheiten, mit ihrem herrlichen Glanz den ganzen Jetahain erleuchtend, zu mir heran, begrüßten mich ehrfurchtsvoll und standen zur Seite. Seitwärts stehend, sprachen jene Gottheiten also zu mir: › Früher, oh Ehrwürdiger, als wir noch Menschen waren ...‹ «[46]

Der Buddha zeigt auch seinen Schülern die Wege in die fünf Daseinsbereiche. Aber, obwohl er dies tut, ist sein Hauptanliegen ein anderes. Alle so genannt feinstofflichen Welten, von den Höllen bis zu den Himmeln und Götterwelten, sind dem Kreislauf des Samsara, das heißt dem je neu Geborenwerden und Sterben unterworfen. Niemand ist für ewig in der Hölle, aber auch niemand für immer im Himmel:

Maria, Königin der sichtbaren und unsichtbaren Schöpfung

In Maria sind alle Reiche vereint.
Luzifer, der Schattenengel,
trägt auf dem Rücken sein Lichtgesicht.

»Selbst jene Götter, ihr Mönche, die langlebigen, herrlich schönen, die in ihrer Glücksfülle seit undenklichen Zeiten in hehren, himmlischen Palästen wohnen, selbst diese überkommt gewöhnlich Furcht, Erschütterung und Beben, wenn sie die Lehrverkündigung des Vollendeten hören. Ach, klagen sie, die wir vergänglich sind, wir dünkten uns unvergänglich. Die wir dauerlos sind, wir dünkten uns beständig. Die wir wandelbar sind, wir dünkten uns ewig! Vergänglich sind wir also, dauerlos, wandelbar ...«47

Das Wiederkehrenmüssen ist die Ursache allen Leidens. Der Tod und der Zerfall müssen stets aufs Neue erlitten werden. Auf die qualvolle Frage seiner Anhänger: »Gibt es ein Entkommen aus dem Kreislauf des Leidens?«, sagt der Erwachte:

»Es gibt, Mönche, jenes Reich, wo nicht Erde ist, nicht Wasser, nicht Feuer, nicht Luft ... nicht diese Welt, nicht jene Welt, nicht Sonne und Mond. Wahrlich, ich sage euch: dort ist weder Kommen noch Gehen, kein Fortdauern, kein Schwinden, kein Wiedererscheinen; so ist es unabhängig von Grundlagen, ohne Fortgang, ohne Gegenstand; dies ist wahrlich das Ende des Leidens.«[48]

Es gibt, dies verkündete Buddha aus eigener Erfahrung, die Todlosigkeit; es gibt etwas, das keinen Anteil an Samsara hat. Gemeint ist Nirvana, das große Verlöschen aller Daseinsbereiche und ihrer Stützen. Was genau mit Nirvana gemeint ist, hat in den verschiedenen buddhistischen Traditionen mindestens ebenso viele zum Teil sich widersprechende Meinungen hervorgebracht, wie im Christentum das Thema Auferstehung und Himmel.

Nirvana zu beschreiben ist ein ebenso unmögliches Unterfangen, wie Himmel zu beschreiben. Alfred Weil schreibt dazu:

»Wie kann man das Nirvana benennen, wie es beschreiben? Welche Eigenschaften hat es? Wenn es wirklich das ganz Andere jenseits des Bisherigen ist, dann reichen Begriffe und Worte nicht hin, die ja stets aus einer begrenzten Erfahrung stammen, wie tief und durchdringend diese auch sein mag. Worte können eher sagen, wo das Todlose nicht zu finden ist: Nicht im materiellen, gestalthaften Sein kann es errungen werden. Nicht in Raum und Zeit, wo es Hier und Dort, Entstehen und Vergehen gibt. Nicht, wo Bedingtheit, Ursache und Wirkung existieren, ... wo Aktivität, Tun und Erleben sind ... Nirvana ist jenseits sinnlicher Erfahrbarkeit. Es kann nicht gesehen werden, nicht gehört, gerochen, geschmeckt, getastet werden. Im Gegenteil, wo all das ist, kann jenes nicht sein. Die äußere Welt mit ihren Formen und Farben, Tönen und Düften ist nicht mehr. Keine schmeckbaren und tastbaren Gegenstände sind zu finden. Der dingliche Kosmos und die Elemente sind untergegangen, Himmel und Hölle, Menschenwelt, Tier- und Geisterreich aufgehoben.«[49]

Zu Beginn dieses zweiten Teiles erwähnte ich die Arbeitswochen in Jerusalem mit Glassman-Roshi und seinen Nachfolgern. Das Suchen von koan-ähnlichen Texten in den verschiedenen Religionen, in Jerusalem, der heiligen Stadt der Juden, Christen und Muslime, aktivierte die in mir lebende Sehnsucht, dass wir eine Kultur der Begegnung zwischen den Religionen lernen, in der die Erfahrung der anderen mit großem Respekt angenommen wird. In diesem Kontext seien die Fragen erlaubt:

Wer hat das Recht zu bestreiten, dass der große Weise aus dem Osten sich in den grobstofflichen und den feinstofflichen Welten bewegte?

Wer kann ihm widersprechen, wenn er sagt, dass er das Todlose erfahren hat?

Anderseits: Wer kann leugnen, wenn die Freundinnen und Freunde Jesu seine Auferstehung bezeugen?

Nach christlichem Verständnis wechselte Jesus aber in seinen Erscheinungen als Auferstandener nicht zwischen den feinstofflichen Welten und unserer Existenzform hin und her. In seiner Auferstehung hat begonnen, was in der Geheimen Offenbarung mit den Worten: »Siehe, ich mache alles neu« angedeutet wird.

Maria, die *Tochter der Erde*, die zur *Königin des Himmels* wurde, ist nach dem Dogma die Erste, die in diesem neuen Daseinsraum lebt. Sie hat als erster Mensch die Auferstehungsmaterie angezogen, mit ihr beginnt die neue Schöpfung.

Als Kontemplations- und Zenlehrerin arbeite ich regelmäßig mit christlichen und buddhistischen Texten. In den Einzelgesprächen werde ich oft gefragt: »Was ist das Richtige, was muss ich glauben?« – Eine Chance unserer Zeit ist, dass wir zu verstehen beginnen, dass sich der »erste Himmel« ebenso in Entwicklung befindet wie alle grobstofflichen Dimensionen der Wirklichkeit. Die Offenbarung sagt uns denn auch, dass nicht nur eine neue Erde, sondern auch ein neuer Himmel geschaffen wird. Könnte es sein, dass über den Erfahrungsdialog der Religionen in uns selber eine ganz neue Sichtweise über die so genannt »letzten Dinge« emergiert?

In und aus der einen letzten Wirklichkeit sind die verschiedenen Religionen entstanden.

Wir Christinnen und Christen können vieles von Menschen anderer Bekenntnisse lernen. Vielleicht können sich auch ihnen neue, innere Räume öffnen, wenn wir Christen Auferstehung wieder ernst nehmen und wenn wir uns einlassen auf die Verheißung: »In Christus seid ihr auferstanden.«

Maria-Assumpta, die Königin des Himmels und Tochter der Erde kann uns helfen, die Stimme des Geistes Gottes in der Tiefe unseres Herzens zu hören, wenn wir sie darum bitten. Denn: Das Mysterium, dass wir in Christus schon auferstanden sind, kann uns nur der Geist Gottes erschließen.

Maria, Königin der Engel

Dass Maria in der lauretanischen Litanei der Titel »Königin der Engel« verliehen wurde, hat mich als Kind besonders erstaunt. Meine Eltern vermittelten mir, dass Engel Gottes Boten sind, hoheitsvolle Lichtwesen, damit beauftragt, die kosmische Ordnung aufrechtzuerhalten und die Menschen auf ihrem Lebensweg zu begleiten. Das abendliche Gebet zum Schutzengel gehörte zum Gutnachtritual. Wie konnte also ein Mensch Königin dieser hohen Wesen sein?

Zusammen mit der Loslösung von den Vorstellungen der Kindheit zum Thema »Königin des Himmels« verlor ich als junge Frau auch die »Königin der Engel«. Im Gegensatz zum Thema »Königin des Himmels«, bei dem mich die Ungerechtigkeiten gegenüber den irdischen Frauen zur Rebellion veranlassten, gab es zum Thema Engel keine aktive Ablehnung. Sie wurden einfach unwichtig. Erst als verschiedene meiner Freundinnen die Kirche verließen, um in esoterischen Kreisen neue Heimat zu finden, wurden die Engel erneut Thema für mich.

Die mir geschenkten »Engelkarten« oder das »Engeltarot« veranlassten mich, der Bedeutung der Engel in der christlichen Tradition nachzugehen.

Das Alte und das Neue Testament sprechen oft von Engeln. Angefangen von der Genesis, dem ersten Buch der Bibel, wo ein feuriger Engelkreis das Paradies bewacht, bis zum letzten Buch der Geheimen Offenbarung, in der Engel die letzte Umwandlung des Kosmos in den »neuen Himmel und die neue Erde« vollziehen, ist der Engel da, als Mittler zwischen Gott und Mensch. (Vgl. Offenbarung 21,1)

Die Engel der Bibel sind Wesenheiten voll Hoheit und Kraft, seit Beginn der Schöpfung in das Heilswerk Gottes einbezogen. Sie sind die Ersterschaffenen der physischen Schöpfung, Wesen mit pneumatischem Ätherleib, jener Art der Materie, die nach Origines die höchste ist und zusammenfällt mit jenem allumfassenden Lichtreich, welches an den Grenzen des reinen Geistreiches liegt.[50]

Im Alten wie auch im Neuen Testament erscheinen Engel immer dann, wenn wichtige heilsgeschichtliche Wendungen bevorstehen oder außergewöhnliche Ereignisse eintreten.

Aber: Wer sich mit Engeln befasst, ganz gleich aus welchem Kulturkreis, hört nicht nur von lichten, sondern auch von dunklen Engeln. Alfons Rosenberg, einer der Großen in der Symboldeutung, hat den Engelsturz in seinem Werk »Engel und Dämonen« meisterhaft beschrieben. Er zeigt auf, dass in die Apokalypse des Johannes alle Überlieferungen der vorderasiatischen, mesopotamischen, großgriechischen, syrischen und vor allem der jüdisch-apokalyptischen Traditionen eingeflossen sind.[51]

Der Engelsturz

In der Geheimen Offenbarung ist vorchristliches Überlieferungsgut aufs Engste mit der christlichen Überlieferung amalgiert. Der Bericht vom Engelsturz unterscheidet sich allerdings in dem Sinne von früheren Traditionen, als dass Satan zwar ein leidenschaftlicher Empörer gegen Gott, aber nichtsdestoweniger sein Geschöpf ist.

Rosenberg hat in seinem Bericht über den Engelsturz die verschiedenen Überlieferungen zu einem großen Drama zusammengefügt. Nach ihm sind Mythen die Ursprache der Menschheit, in denen existentielle Wahrheiten in Bildern und Geschichten verschlüsselt sind. Diese Ursprache zu entschlüsseln, ist Aufgabe jeder Zeitepoche, denn nur im lebendigen Kontakt mit Erfahrungen früherer Generationen kann die Gegenwart sinngemäß gedeutet werden. Der Kontakt mit jenen Bilden, die als Ursprache der Menschheit gelten, kann uns helfen zu ermessen, was es bedeutet, dass Maria, einem geschichtlichen Menschen, der Titel »Königin der Engel« verliehen wurde. Er kann uns auch helfen, Zugang zu unserem eigenen kollektiven Bewusstsein bezüglich lichter und dunkler Kräfte zu finden. Rosenberg fasst den Mythos mit folgenden Worten zusammen:

»Der große Mythos von Glanz und Elend der Engel beginnt mit den Worten: ›Im Anfang schuf Gott Himmel und Erde.‹ In diesem ersten Beginn rief der Herr durch seinen Geist, der über dem Chaos brauste, eine geistige Schöpfung hervor, die in allen Teilen noch vom göttlichen Urlicht durchdrungen war: die aus ätherischen Kräften gebildete › himmlische Erde‹ , die ›ewige Natur‹ . Diese erste geschaffene, noch heile, unversehrte Welt wird von der biblischen Überlieferung einem heiligen Gottesberg verglichen, dessen Stoff feuer- und farbenstrahlenden Edelsteinen ähnlich war. Zuhöchst auf diesem Gottesberg erhob sich inmitten des ›oberen Paradieses‹ der göttliche Thron. Von diesem Gipfelpunkt der Schöpfung flossen in Kreuzesform vier Ströme lebendigen Wassers nach den vier Richtungen des Universums herab. Als Bewohner dieser himmlischen, strahlenden Lichtwelt schuf der Herr aus feuriger Geistmaterie, dem Äther, das Heer der Geistwesen, die Engel, die in verschiedenen Farben juwelengleich schimmerten.

Sie sollten seine Diakone beim Schöpfungswerk und nach dessen Vollendung seine Boten sein. Unter diesen ätherischen Geistwesen waren sieben in besonderer Weise ausgezeichnet, die sieben Ersterschaffenen, gestalthafte Urbilder und Urkräfte der ganzen Schöpfung, von Gott geformte Prägestempel alles Erschaffenen. Diese höchsten sieben waren dazu berufen, allzeit das unverhüllte Antlitz ihres Schöpfers zu schauen, strahlend im Lichte seiner Herrlichkeit. Diesen seinen Ursöhnen, aber auch den Engelscharen, deren Praepositi sie sind, wollte der Schöpfer seinen gewaltigen Schöpfungsplan, längst bevor er ihn Gestalt werden ließ, vorführen. Ehe Gott den von ihm geschaffenen Weltstoff wie ein Bildhauer formte, entfaltete er das zu Bildende im Geiste vor seinen Engeln. Denn Gott hat, nach Augustinus, die Wirklichkeit der Dinge erst hervorgebracht, nachdem er sie dem Geiste der Engel eingeprägt hatte.

Diesen obersten sieben Geistwesen der Schöpfung war wiederum ein Führer vorgesetzt, in dem all ihre Schönheit, Macht und Herrlichkeit wie in einem Lichtfokus zusammengefasst war. Dies höchste geschaffene Lichtwesen, Samael, zuweilen auch Sataniel oder Luzifer, der Lichtträger genannt, wurde vom Herrn der Geister zu seinem Sachverwalter in der Schöpfung unter dem Amtstitel ›Fürst dieser Welt‹ berufen. Dieser Luzifer leuchtete in herrlichem Edelsteinglanz von Karneol, Topas und Jaspis, von Chrysolith, Saphir und Rubin. Aber der wunderbarste Edelstein, einem Smaragde gleich, strahlte in der ihm verliehenen Krone der Herrlichkeit als Urbild jenes allsehenden Geistorganes, das in der späteren Überlieferung das Geistesauge oder das Stirnauge genannt wurde.

Als aber der Herr seinen Ersterschaffenen samt Luzifer und allen Engeln den Plan seiner künftigen Welt vorführte, ließ er sie auch wissen, dass darin der Mensch unter allen Geschöpfen eine Ausnahmestellung einnehmen werde, da Gott ihn unmittelbar nach seinem eigenen Bilde schaffen werde. Ja, mehr noch: Gottes geliebter Sohn sollte dereinst aus eines Weibes Schoß fleischliche Menschengestalt annehmen. Dann sollten die Engel Gott in Menschengestalt verehren und um seinetwillen sollten sie auch den Menschen dienen.

Aber dieser Ratschluss Gottes empörte Satanael. Eine solche von ihm geforderte Beugung vor dem Menschen, in dessen Gestalt sich Gott verhüllen wollte, erschien ihm, dem herrlichen Lichtwesen, als eine Erniedrigung. Gerade weil die Natur der Engel die der Menschen weit überragte, vermochte Satanael nicht einzusehen, warum der Mensch so hoch erhoben werden sollte. Von da an begann Satanael an der Weisheit Gottes zu zweifeln und zugleich in einem unstillbaren Hass gegen den künftigen Menschen zu entbrennen. Wie ein dunkler Blitz zuckte der erste Zweifel durch das Geisterreich, der es für Aeonen entzweien sollte. Von Neid erfüllt beschloss Satanael, seinem Herrn nicht mehr zu gehorchen, ja sich selber zum Herrn zu setzen. Er gedachte in seinem Stolze: ›Ich werde meinen Thron im Himmel auf die Wolken setzen und dem Allmächtigen gleich werden.‹ Aber nicht genug, dass Satanael sich selber zum Herrn setzen wollte – er rief auch die Engelscharen zum

Abfall und zur Treulosigkeit auf. Da entstand eine schauervolle Unruhe und als Folge eine Spaltung im Engelreich: ein Drittel der Engel erlag den Verführungskünsten Satanaels.

Da der Herr um die Gedanken seines schönsten Engels wusste, beschloss er, den Stolzen samt den ihm anhangenden Engeln aus dem Himmel zu stoßen: ›Weil dein Herz sich überhoben hat und du gesagt hast: ›Ein Gott bin ich, auf einem Gottessitz will ich thronen‹ werde ich dich hinabstürzen. Ja, du warst ein urbildliches Siegel, voll Weisheit und von vollendeter Schönheit. Dein Herz aber hatte sich überhoben ob deiner Schönheit, so hast du deine Weisheit um deines Glanzes willen zerstört. Da füllte sich dein Inneres mit Frevel und Sünde. Darum schleudere ich dich aus dem Himmel hinab; durch deine übergroße Schuld hast du mein Heiligtum entweiht. Aus seiner Mitte soll ein Gottesfeuer hervorbrechen, dich zu verzehren; so mache ich dich zu Asche und Dunkelheit auf der Erde‹ .«[52]

Das Frappierende am Mythos vom Engelsturz ist der Grund, weshalb Luzifer sich von Gott abwandte: nämlich die besondere Stellung des Menschen unter allen Geschöpfen; und die Voraussage, dass Gott durch eine Frau menschliche Gestalt annehmen werde.

Dann sollten die Lichtgeborenen Gott in Menschengestalt verehren und den Menschen dienen. Der Titel »Königin der Engel« gibt, mit dem Wissen um diesen archaischen Hintergrund, auch dem modernen Menschen die Möglichkeit der Sinnfindung. Diejenige, die Gott zu menschlicher Gestalt verhalf, wird zur Königin der Engel. Und genau sie spielt im Prozess der großen Wandlung des »ersten Himmels und der ersten Erde« in die neue Schöpfung eine ganz besondere Rolle. Denn, Maria ist nicht nur die Königin der Lichtengel, sie ist auch die Königen der Engel des Widerspruchs, jener die da sagten: »Ich will nicht dienen.«

Der Teufel als Mariologe?

Luzifer, einstmals höchstes Lichtwesen, das von Gott vor seinem Fall zum Sachverwalter der Schöpfung bestimmt war mit dem Amtstitel »Fürst dieser Welt«, scheint durchaus zu wissen, dass er in besonderer Beziehung zu Maria steht. In dem Buch »Maria in Dichtung und Deutung« gibt es ein Gedicht mit dem Titel: »Der Teufel als Mariologe«. In diesem Text von Bonvesin de la Riva zeigt Luzifer Maria, dass sie alle Titel und alle Verehrung ihm allein zu verdanken hat, denn ohne ihn, den »Durcheinanderbringer«, gäbe es keine Sünde, und somit auch keine Erlösung:

»Wenn es keine Sünder gäbe, so wie ich von dir vernommen,
wärst Du zur Geburt des Sohnes, des Allmächtigen, nie gekommen,

also auch, wär' ich als Engel nicht im Anbeginn gefallen,
wärst du nicht die Gottesmutter, hoch gepriesen unter allen.

Wahrlich, ich bin jener, der es einstens auch verschuldet hatte,
dass zur Sünde Eva schritt und mit ihr Adam auch, ihr Gatte;

also lebt um meinetwillen nun der Sünder auf der Erde,
weshalb Christus auf die Welt kam, das ihm die Erlösung werde.

Wenn du also ob des Sünders hoch geehrt bist allerorten,
und der Sünder ohne Zweifel dieses erst durch mich geworden,

bist Du folglich einzig durch mich Mutter jenes höchsten Herrn,
wenn ich nicht gewesen wäre, stündst du nicht in deinen Ehren.«[53]

In diesem Gespräch, das in einem fast werbenden und flirtenden Ton gehalten ist, scheint der »Durcheinanderbringer« zu vergessen, dass Gott den Plan, Mensch zu werden, ganz unabhängig von jeder Sünde gefasst hatte und dass die Ursache der Sünde in seinem »Ich will dem Menschensohn und dem Menschen nicht dienen« begründet ist.

Es wird ihm in Zukunft wohl zum Heile gereichen, dass Maria nicht nur Königin, sondern vor allem Mutter aller sichtbaren und unsichtbaren Schöpfung ist. Wie könnte ihr da der gefallene Lichtengel, der »Fürst dieser Welt«, gleichgültig sein?

Maria, Königin des Alls

UNO-Hauptquartier, im Oktober 2000. Es war das fünfte Mal, dass Niklaus Brantschen und ich das Headquarter der Vereinten Nationen besuchten. Dieses Mal war auch Anna Gamma dabei, eine Mitarbeiterin des Lassalle-Institutes.

Niklaus Brantschen hat, als er die Leitung von Bad-Schönbrunn, einem Bildungshaus der Jesuiten übernahm, der Institution den Namen Lassalle-Haus gegeben. Dieser Name ist seither Programm des Hauses. Er steht für eine interreligiöse Spiritualität sowie Angebote, in denen Menschen Hilfen für den »Weg nach Innen«, wie auch für den »Weg nach Außen« finden.

Das bedeutet, dass im Lassalle-Haus nicht nur Exerzitien angeboten werden und meditiert wird. Im sogenannten »Lassalle-Institut« wird systematisch an Themen gearbeitet, die Erde und Menschheit zum Mittelpunkt haben. Dies ist der Grund, weshalb eine Equipe des Instituts jedes Jahr einige Wochen zum Studium der Weltorganisation in New York verbringt.

Der erste Aufenthalt wurde möglich durch eine Einladung von Samir Sanbar, einer der seit 1997 amtierenden stellvertretenden Generalsekretäre. Ziel unseres Aufenthaltes war das Studium der Reform der UNO, dieser einzigen Institution, die sich die Menschheit geschaffen hat, um Krieg als Konfliktlösungsstrategie zu überwinden, den Prozess der sich globalisierenden Menschheit zu unterstützen und Leitlinien zu erarbeiten, dass eine Kultur der Gewaltfreiheit für Mitwelt, Umwelt und Nachwelt wachsen kann.

Wie immer man zur UNO steht, wir haben keine andere Plattform, in der sich Regierungsvertreterinnen und -vertreter auf internationaler Ebene regelmäßig begegnen, um nach globalen Problemlösungen zu suchen.

Neben den Fragen zur Reform der UNO versuchen wir im Lassalle-Institut systematisch am Thema »Selbstorganisation der Menschheit« zu arbeiten. Was bedeutet »Selbstorganisation der Menschheit«, und wie kann sie verwirklicht werden?

Das Prinzip der Selbstorganisation hat die Evolution geleitet vom Werden der Materie, über die Entstehung des Lebens, bis hin zum Menschen, in dem das Bewusstsein zu sich selber fand, selbstreflexiv wurde. Was bedeutet nun Selbstorganisation auf der Stufe der zu einem Organismus zusammenwachsenden Menschheit? Wie entsteht eine Völkerfamilie, in der die Einheit, die Verschiedenheit und die Einzigartigkeit jedes Menschen, jeder Rasse und jedes Volkes anerkannt und als wichtiges Potential für den Organismus Menschheit gewürdigt wird? Selbstorganisation auf der Ebene des Menschen, der Stufe des selbstreflexiven Bewusstseins funktioniert ja nicht wie im Ameisenhaufen oder Bienenstock.

Welche ordnenden, übernationalen Strukturen braucht die Menschheit, damit sie und ihr Heimatplanet überleben?

Ein Marienbild im UNO-Hauptsitz in New York

Mit diesen Fragen im Herzen trafen wir am ersten Tag Maria Almeida, eine UNO-Delegierte, die ihre Kräfte seit 20 Jahren der Weltorganisation zur Verfügung stellt. Schon seit unserem ersten Aufenthalt begleitete uns Maria durch die bis zum Rand angefüllten Tage. Sie stellte Kontakte zu Diplomaten der verschiedenen Länder her, machte auf wichtige Ereignisse mit Nichtregierungsorganisationen aufmerksam und suchte alle wichtigen Dokumente zu unseren Themen aus den UNO-Archiven zusammen. Schon beim ersten Aufenthalt berührte sie uns durch ihr leidenschaftliches Engagement und ihre Religiosität. Vor allem erstaunte uns ihre tiefe Liebe zu Maria. Kaum hatten wir damals das uns im siebten Stock zur Verfügung gestellte Büro bezogen, brachte sie uns ein Marienbild mit dem Titel »Virgo-Potens«, die machtvolle Jungfrau. Denn, so ihre Überzeugung, wer sich mit der Erneuerung der UNO und der sich globalisierenden Menschheit befasse, brauche den Schutz und die Inspiration der machtvollen Jungfrau. Sonst sei es leicht möglich, von der Fülle der Probleme überfordert zu werden.

Wir hatten uns alle auf die gemeinsamen Tage mit Maria Almeida gefreut. So war unsere Begrüßung überaus herzlich. Aber Maria schien über die Wiedersehensfreude hinaus aufgeregt zu sein. Mit strahlenden Augen erzählte sie, sie hätte eine Überraschung für uns. Es sei ihr gelungen, das

Marienbild »Lady of the Universe« der bekannten amerikanischen Künstlerin Jaqueline Ripstein vor dem Eingang zum großen Restaurant für die Delegierten zu platzieren. Es sei ein besonderes Marienbild. Die Malerin, eine Jüdin, sei während des Bürgerkrieges in Bosnien gebeten worden, ein Marienbild zu malen für ein Heim zur Betreuung von sexuell missbrauchten Kindern, während jener Zeit also, als Vergewaltigungen von Frauen, Männern und Kindern in Ex-Jugoslawien systematisch als Waffe eingesetzt wurden. Sie hoffe, dass die UNO-Delegierten beim Weg zum Essen nach einem Blick auf die »Königin des Universums« Kraft, Durchhaltewillen und Mut für ihre oft aussichtslos erscheinende Aufgabe bekämen: erkennend, dass es in Zukunft nicht mehr genüge, die eigene Nation und das eigene Volk im Blick zu haben. Was es heute brauche, seien Menschen in der Weltorganisation mit großem Herzen und weitem Blick. Menschen, die um die Einheit allen Lebens wüssten. Menschen, die nach unserem Platz im sich ausdehnenden All suchen, ohne militärische Absichten und ohne das All nationalistisch vereinnahmen zu wollen.

Die UNO sei ein Spiegel des Bewusstseinsstandes der Menschheit. Wir seien dabei, uns wirtschaftlich und kommunikationstechnisch zu vernetzen, aber unsere Einstellungen seien meist noch egozentrisch und nationalistisch. Maria, »Lady of the Universe«, könne den Diplomaten und UNO-Mitarbeitern helfen, den Blick zu weiten, um neu sehen zu lernen.

Am folgenden Tag weilten wir lange schweigend vor dem Bild. Gefangen von der Jugendlichkeit, Kraft und Zärtlichkeit, die die Königin des Alls ausstrahlte. Jedesmal, wenn wir in den kommenden Tagen eine Erfrischung suchten, machten wir eine meditative Pause bei der »Königin des Alls«. Und wieder bewegte mich die Menschheitserfahrung, dass unsere Gottesbilder und Vorstellungen von himmlischen Gestalten Ausdruck der vorherrschenden Bewusstseinsströmungen der jeweiligen Zeitepoche und daher stetem Wandel unterworfen sind. In diesem Wandel liegt das Potential der Entwicklung und Bewusstseinserweiterung.

Maria und das Prinzip der Metamorphose

Das evolutive Prinzip der Metamorphose besagt, dass jeder individuelle oder kollektive Organismus von einem bestimmten, kritischen Punkt an nicht mehr wachsen kann, ohne sich zu wandeln. Ist dieser Wandel Frucht der Vereinigung von Gegensätzen, so werden die ursprünglichen Gegensätze nicht aufgelöst, sondern in eine neue, höhere Ebene aufgehoben.

Auf dieser neuen Ebene entsteht eine neue Gestalt, mit einem Mehr an Bewusstsein. Das Prinzip der Metamorphose ist auf allen Stufen der Evolution wirksam, vom Übergang des Einzellers zum Vielzeller bis hin zur sich globalisierenden Menschheit.

Der Einzeller hatte beim Übergang zum Vielzeller eine mächtige Metamorphose zu vollziehen. Bevor er anfing, Geschwisterzellen zu integrieren, bestand sein wichtigster Lebensinhalt in der Zellteilung. Sobald der Vielzeller entstanden war, musste sich die einzelne Zelle umstellen. Nicht mehr jede Zelle musste oder durfte alles tun. Einzelne hatten Verantwortung für die Fortbewegung zu übernehmen, andere für die Ernährung, wieder andere für die Replikation, usw. Damit neue Synergie im Vielzeller entstehen konnte, hatte sich der Einzeller den Gesamtzielen des Vielzellers anzupassen. Er hatte zu lernen, dass »Nachbarzellen nicht Konkurrenten, sondern Verbündete« sind (C. Bresch). Die Umstellung vom Ich zum Wir auf der Zellebene war ein langer Prozess.[54]

Das evolutive Prinzip der Metamorphose beschäftigte mich jedes Mal beim Betrachten des Bildes der »Königin des Universums«. Es war das erste Mal, dass mir Maria mit diesem Namen begegnete. Es ist sicher kein Zufall, dass dieses Bild mit gerade diesem Titel in der Zeit der Raumforschung, wo die Menschheit jährlich Milliarden in den Weltraum investiert und wo der erste Tourist den Schritt ins Weltall getan hat, auftaucht. Alle Namen und Titel, welche Maria bekam, sind Frucht des Prinzips der Metamorphose. So gab es zum Beispiel die Verehrung der Himmelskönigin, lange bevor Maria diesen Titel erhielt. Der römische Schriftsteller Apulius beschreibt seine Begegnung mit der Himmelskönigin folgendermaßen:

»Mitten aus dem Meer erhob sich eine Frau mit einem so wunderschönen Gesicht, dass selbst die Götter sie angebetet hätten. Zuerst sah ich das Gesicht, dann tauchte der ganze erleuchtete Körper aus dem Meer auf und schwebte auf der Oberfläche des Wassers. Ihr langes Haar fiel in Locken auf ihren zärtlichen Nacken, und sie trug einen Blumenkranz im Haar, bestehend aus allen Blumen der Natur. Auf ihrer Stirn leuchtete eine runde Scheibe wie ein Spiegel oder wie das Antlitz des Mondes, der mir sagte, wer diese Frau war. In ihrer linken Hand hielt sie züngelnde Schlangen, ihre rechte Hand war an die Stirn gelegt, an jene leuchtende Scheibe, die von Kornähren umgeben war. Ihr vielfarbiges Kleid war aus feinstem Linnen. Es leuchtete einmal weiß, dann wieder gelb, dann glühend rot. ...Was mein Auge mehr als alles andere gefangen hielt, war der tiefe, dunkle Glanz ihres Mantels. Sie hatte ihn um ihren Körper geschlungen, von der rechten Hüfte zur linken Schulter, dort war er wie ein Schildknoten geknotet. Der andere Teil des Mantels hing in unzähligen Falten von ihrem Körper und war besetzt mit zitternden Quasten. Der ganze Mantel war voll glitzender Sterne, und in der Mitte leuchtete ein voller, feuriger Mond ... alle Düfte Arabiens stiegen in meine Nase, als die Göttin sich würdigte, mich anzusprechen: ›Du siehst mich hier, Lucius, wie ich dein Gebet beantworte. Ich bin die Natur, die universale Mutter, die Herrin aller Elemente. Ich bin der uranfängliche Schild der Zeit, ich bin die Herrin über alle geistigen Dinge, die Königin des Todes, die Königin der Unsterblichen ... man verehrt mich auf vielfältige Weise, man ruft mich unter zahllosen Namen an, das ganze Erdenrund betet mich an‹ .«[55]

Viele weibliche Gottheiten wurden in die Gestalt Marias integriert. Andrew Greeley schreibt dazu:

»Viele Marienkirchen entstanden dort, wo früher die Tempel der weiblichen Gottheiten sich erhoben. Santa Maria-Maggiore wurde auf dem Esquilin erbaut, wo vorher der Kybele-Tempel stand. Die Kirche Santa Maria d'Aracoeli auf dem Kapitol wurde auf dem Platz erbaut, wo die phönizische Göttin Tanit ihren Tempel hatte. Andere römische Kirchen wurden dort errichtet, wo die Isis-Tempel standen oder wo die Göttin Minerva verehrt wurde. Minerva, die jungfräuliche Tochter des Zeus, hat ihre berühmtesten Kultstätten an die ›neue Jungfrau‹ abgetreten, so etwa in Syrakus und in Athen. Eine ähnliche Entwicklung sehen wir auch bei den volkstümlichen Kulten: Der rustikale Aphrodite-Schrein auf Zypern wurde in ein Marienheiligtum umgewandelt, wo sie bis heute als die ›Panhagia Aphroditessa‹ verehrt wird.

Die alten Göttinnen übergeben ihre angestammten Funktionen an Maria. Wie einst Kybele, so beschützt nun Maria die Stadt Rom. Und wie einst die Göttin Athene, so wird sie nun zur Schutzherrin vieler griechischer Städte. Wie einst Isis wacht sie über die Seefahrer und erhält den Titel ›Stern des Meeres‹. Statt der Göttin Juno beschützt sie die schwangeren Frauen.

Die christliche Kunst hat Maria reichlich mit den Attributen dieser Göttinnen ausgestattet. So erhält Maria die Krone der Göttin Kybele. Sie sitzt auf dem Thron mit dem Jesuskind, wo einst Isis mit ihrem Sohn Horus gesessen hatte. Der Titel und die Verehrung der Himmelskönigin ist so von Isis, Anath und Astarte auf Maria übergegangen.«[56]

Jede echte Integration, sowohl auf der physischen wie auch auf der psychischen Ebene, bewirkt die Metamorphose in eine neue Gestalt. Diese neue Gestalt bringt jedesmal eine komplexere Anordnung der Materie und dadurch eine intensivere psychische Dichte mit sich. Die vorherigen Gegensätze sind aufgehoben in eine höhere Bewusstseinsstufe.

Wie zeigt sich dies nun bei der Übertragung der Symbole der antiken Fruchtbarkeitsmythen auf eine geschichtliche Person? Was ist das »Höhere« und wo liegt der Unterschied zu den antiken Fruchtbarkeitsmythen? In den verschiedenen Fruchtbarkeitskulten artete die »heilige Hochzeit« zwischen dem Gottkönig und der die Göttin repräsentierenden Priesterin immer mehr in sexuelle Orgien, kultische Prostitution und Menschenopfer aus. Sowohl das Judentum wie auch das junge Christentum grenzten sich vehement gegen diese Praktiken ab:

»Die Propheten widersetzten sich aus theologischen Gründen dem Kult der ›Himmelskönigin‹, da sie keine Möglichkeit sahen, diesen Kult mit ihrem transzendenten Gott in Übereinstimmung zu bringen. Erst der christliche Jahweglaube konnte die Himmelskönigin in seine Verehrung aufnehmen, denn im Lichte des Osterereignisses, dieser Explosion menschlicher Hoffnung, fühlten sich die Christen stark genug, einen Gott der Liebe zu verehren, ohne in die Kultformen der alten Fruchtbarkeitsreligionen zurückzufallen. Sie fühlten, dass ihr Glaube an einen transzendenten Gott in keiner Weise dadurch beeinträchtigt würde. Sie mussten nicht mehr die Angst der Propheten teilen. Auch wenn es Fehlentwicklungen im Marienkult gegeben hat, so hat die Verehrung der neuen Himmelskönigin doch niemals die göttliche Transzendenz angetastet oder in Frage gestellt.«[57]

Maria, Wegweiserin bei einer menschengerechten Globalisierung der Welt

In einer sich globalisierenden Menschheit, die, wie der Einzeller, zu lernen hat, dass Nachbarstaaten nicht Konkurrenten sein müssen, sondern Verbündete sein können, ist zwar das Leitbild der Mater und der Virgo noch immer wichtig, aber diese Leitbilder genügen nicht mehr, um die Menschen in ihrem anspruchsvollen Übergang von der Moderne zur Postmoderne zu inspirieren. Die »Königin des Alls« aber kann uns helfen, unsere Kräfte neu auszurichten, unsere nationalistischen Egoismen zu überwinden, und einen »Sinn für die Erde, einen Sinn für die Menschheit und einen Sinn für den Kosmos« (Teilhard de Chardin) zu entwickeln.

Der erste Tourist des Weltalls stammelte vor Begeisterung und Ergriffenheit, als er auf seinen Heimatplaneten zurückkam.

Bitten wir die Königin des Alls, dass es uns möglich wird, die weiteren Schritte in den Weltraum in heiliger Ehrfurcht vor der Majestät des Kosmos zu tun. Bitten wir sie darum, dass es uns gelingt, den Schritt vom ausschließlich nationalen Bewusstsein zum Bewusstsein, dass wir Weltbürgerinnen und Weltbürger sind, in Freude zu vollziehen.

Persönlich bin ich von der Wichtigkeit der Raumforschung überzeugt. Vielleicht hilft uns aber die Königin des Alls, eine klare Prioritätenliste zu erstellen. Denn bevor uns der Kosmos willkommen heißt, bevor wir uns auf die Suche nach neuen Galaxien, den Anfängen der Schöpfung oder extraterrestrischer Intelligenz begeben, haben wir einige Hausaufgaben zu lösen. Bevor nicht jedes Kind ein Dach über dem Kopf und genügend zu essen hat, sind wir im Kosmos nicht willkommen. Robert Muller beschreibt in seinem Roman »The first Lady of the World«, wie Außerirdische, die die Erde beobachten, zeitweise in großer Sorge über unser mangelndes planetarisches Bewusstsein sind. Die »außerirdischen Komitees für planetarisches Management« trauten manchmal ihren Augen nicht, wenn sie die Erdenbewohner beobachteten. So rufen sie den Erdenbewohnern nach ihrem letzten Besuch voller Sorge zu:

»Ihr seid doch wohl nicht bei Trost. So kann man doch keinen Planeten verwalten. Ihr bekommt die schlechteste Note für planetares Management im ganzen Universum. Seht doch nur, was ihr tut. Euch wurde einer der schönsten Planeten im Kosmos gegeben – ein seltenes himmlisches Zuhause mit dem richtigen Abstand zur Sonne, ausgestattet mit wunderbaren Formen des Lebens. Es ist ein lebendiger Planet, mit einer Atmosphäre, mit fruchtbarem Boden, Gewässern, Ozeanen. Er pulsiert in einem sensiblen Gleichgewicht, seine Elemente greifen alle wunderbar ineinander. Ein wahres Juwel im Universum. Und schaut, was ihr daraus gemacht habt:

Ihr habt den Planeten ohne Sinn und Zweck zerstückelt in mehr als 180 voneinander getrennte Territorien – ohne geografische, ökologische, humane oder sonstige Logik. Alle diese Teilstücke sind souverän. Das heißt: Jedes von ihnen hält sich selber für wichtiger als den Planeten und den Rest der Menschheit.

Ihr habt diese Fragmente bis zu den Zähnen aufgerüstet, damit sie ihre sogenannte ›Integrität‹ verteidigen können. Oft stehlen sie ihren Nachbarn ein Stück Land.

Ihr erlaubt einigen Teilen aus diesem Puzzle, die Erde an ihrer Oberfläche und in ihrem Innern Atomkraft auszusetzen: die Gewässer, die Meere, die Luft von morgen, den Himmel und die Sterne. Eine Kraft, die in der Lage ist, einen Großteil des Lebens auf dem Planeten zu zerstören.

Ihr lasst zu, dass egozentrische Diktatoren menschliches Leben mit Giftgas ersticken.

Ihr setzt einen großen Teil eurer Intelligenz dafür ein, immer bessere Wege des Tötens zu erfinden – anstatt bessere Wege, wie Körper, Geist und Seele genährt werden können.

Ihr gebt gewaltige Summen Geld aus für jedes dieser souveränen Gebiete und fast nichts für die Bedürfnisse des ganzen Planeten, als Fürsorge und Schutz. Ihr habt nicht einmal ein planetares Budget. Welch eine Verwirrung!

Ihr lasst zu, dass viele eurer Wissenschaftler, eurer Industriellen, eurer Wirtschaftsfachleute und viele von euren Militärs die grundlegenden Ressourcen eures Planeten zerstören, sodass er in ein paar Jahrzehnten unbewohnbar sein wird.

Ihr erzieht eure Kinder so, als wenn jedes dieser Territorien eine autonome Insel in einem Ozean wäre – anstatt über ihren Planeten zu erzählen, der ihr Zuhause ist – und über die Menschheit, die ihre Familie ist.«[58]

Wenn wir die Königin des Alls bitten, dass sie uns hilft, unsere Kräfte zu verbinden, kann es sein, dass wir unsere Hausaufgaben schneller zu lösen vermögen als wir uns vorstellen können. Denn noch fehlt uns die Erfahrung, als geeinte Menschheit Entscheidungen zu treffen und entsprechend zu handeln. So wir dies tun, sind wir im Kosmos willkommene Gäste.

3 Maria – zärtliche Mutter aller unerlösten Schöpfung

Mein ganzes Bestreben geht dahin, dass wir Maria als Leitbild für die Entwicklung des menschlichen Potentials entdecken. Wir fragen nach den Ursprüngen menschlicher Intuition und Kreativität. Wir fragen nach der Kommunikation mit anderen Dimensionen der Wirklichkeit und außersinnlicher Wahrnehmung. Dabei scheint es mir wichtig, noch mehr als bisher mein persönliches Erleben ins Spiel zu bringen.

Persönliche Erinnerungen und Gedanken

Vor mir grünt ein Weizenfeld, rechts oben sprosst ein Tabakfeld. Gerade erst gesät, keimen die Samen in leidenschaftlicher Schnelligkeit und Kraft. Die Luft ist geschwängert mit Düften von aufgebrochener Erde, Thymian, Holunderblüten, frisch geschnittenem Gras und Sommerblumen.

Während ich diese Zeilen schreibe sitze ich in der Provinz Lot in Südwestfrankreich.

Gestern: Ein ca. 3 Millimeter langes Würmchen, an einem unsichtbaren Faden in freiem Raum schwebend, hievt sich mit geradezu unglaublicher Geschwindigkeit zur Krone eines Feigenbaumes. Wie fühlt sich so ein Würmchen? Kommuniziert es mit der Krone des Feigenbaumes? Welche Art von Wissen leitet es sicher zum Ziel auf seiner akrobatischen Reise?

Unwillkürlich denke ich an die neuesten Theorien der Physik, die von einem »Holofeld des Quantenvakuums« sprechen, in dem alle Informationen des Universums und aller Paralleluniversen gespeichert sein sollen.

Und ich denke an Teilhard de Chardin, der zu seinen Lebzeiten viel Spott und Ironie verdauen musste, weil er vom Universum als »Sammler und Bewahrer von Bewusstsein« sprach. Was ist Bewusstsein? Obwohl wir diese Frage mit Kategorien wie »elementares, vitales, reflexes und selbstreflexives Bewusstsein« beantworten können, was wissen wir über das Bewusstsein des Fluss-Steines, der Birke, der Bienenkönigin, des Spechtes und des Mondes?

Und was wissen wir über das Bewusstsein, das wir sind? Über die Kommunikation meines Magens mit der Leber, über die Kommunikation meiner Zellen, über die verschlüsselte Weisheit unserer Herzzellen?

Der Mensch ist ein multidimensionales Wesen. Mit welchen Dimensionen der Wirklichkeit kommunizieren die tieferen Schichten unseres Seins? Woher stammen die Einsichten und Erkenntnisse, die uns manchmal zufallen, weder bewusst gesucht noch gewollt? Woher kommen jene schöpferischen Ein-Fälle, die wir als »nicht in unserem Ichbewusstsein geboren« erfahren? Die einfach plötzlich da sind, für uns selber überraschend, in den Inhalten zu Beginn oft wie verschlüsselte Rätsel?

Die östlichen Weisheitslehren geben auf solche Fragen Antworten, die sich leichter mit dem modernen Weltbild verbinden lassen als die der christlichen Tradition.

In jeder Selbsterfahrungsgruppe wird mit größter Selbstverständlichkeit über »angezapfte Erinnerungen aus der Akasha-Chronik«, über die »Öffnung für höhere Dimensionen des Seins durch die oberen Chakren« oder über »Intuition durch morphogenetische Resonanz« gesprochen.

Teilhard de Chardin wäre mit seinen Erkenntnissen über Mensch und Kosmos heute weniger einsam. Wie lange können es sich die christlichen Kirchen noch leisten, all seine Einsichten über die menschliche Energie, über die Evolution des Menschen während der sogenannten Zeit der »Planetisation«, zu ignorieren? Ist er doch einer der wenigen Gesprächspartner, der zwischen den verschiedenen Disziplinen und Weltanschauungen Brücken schlagen kann!

Die Frage nach der Weiterentwicklung des menschlichen Bewusstseins hat ihn gegen Ende seines Lebens besonders bewegt. Er war überzeugt, dass der Mensch erst am Anfang seiner Entwicklung steht. Er war überzeugt, dass wir aus dem Gefängnis des vorwiegend rationalen Bewusstseins herausfinden. Er spürte, dass die Zeit der Globalisierung die

Chance eines Bewusstseinssprunges in sich trägt, wenn wir bereit sind, unser materielles Verhaftetsein zugunsten einer neuen Offenheit gegenüber dem Wunder des Lebens einzutauschen.

Hören auf die innere Stimme

Schon als Kind erlebte ich eine »Stimme« in mir, der ich immer gehorchte, wenn sie mich, vor allem in Krisensituationen, leitete. Die innere Stimme gehörte selbstverständlich zum religiösen Weltbild meiner Kindheit, lernte ich doch, dass Gott in unserem Herzen wohne und zu uns spreche, wenn wir ganz stille würden und ihm Fragen stellten... Da ich mit meiner Mutter über meine inneren Erfahrungen sprechen konnte, nahm ich an, dass diese Art des Angesprochenseins zu jedermanns Erfahrungsschatz gehöre. Erst in der Pubertät, als ich im Kreise von Freundinnen hörte, solche »Privatoffenbarungen« seien gefährlich, begann ich vorsichtig zu werden, um schließlich ganz darüber zu schweigen. Dieses Schweigen war immer mit einem unausgesprochenen, inneren Aufbegehren verbunden. Wie konnte die Kirche einerseits die Gläubigen ermutigen, auf die Stimme des Gewissens zu hören, und gleichzeitig ablehnen, dass die innere Stimme erfahren und ernst genommen wird?

Noch schwieriger wurde diese Art des Erlebens während meines Psychologiestudiums. Damals waren behavioristische Persönlichkeitstheorien und Therapiemodelle »in«. Für Intuition und Tiefenimpulse war wenig Raum in den Vorlesungen. Zum Glück gab es schon die ersten Bücher zur transpersonalen Psychologie und Bewusstseinsforschung. Untersuchungen zu den Themen »Intuition, Kreativität, Präkognition, Luzide Träume, Erweiterung der Ichgrenzen, Synchronizität der Gehirnsphären, Fragen nach der Vergeistigung des Physischen und der Physikalisierung des Geistigen« beschäftigten mich weit mehr als Freuds Penisneid und Ödipuskomplex.

Die Auseinandersetzung mit solcher Literatur sowie die Psychoanalyse bei einem Analytiker, der mit Weisungsträumen und Tiefenimpulsen umgehen konnte, halfen mir, mich dieser Art der Intuition und Kreativität immer umfassender anzuvertrauen.

Probleme bekam ich erst dann wieder, als »es« anfing, aus mir herauszuschreiben. Das erste Mal »passierte es«, als ich in Italien, in einem Straßencafe sitzend, Kartengrüße schrieb. Während ich im Gedächtnis die Adresse eines Freundes suchte, kritzelte ich auf einem Papier, und plötzlich »schrieb es« einen Text in einer mir nicht vertrauten Diktion. Zwar erkannte ich meine üblichen Wortwendungen und Denkmuster, aber der Inhalt des Geschriebenen war mir fremd – und zugleich mutete er mich an wie etwas tief Bekanntes.

In den folgenden Jahren habe ich mich an diese Art der Intuition gewöhnt, erfahrend, dass das mir so Geschenkte gut in meinen Seminaren und Kursen ankommt, wenn ich es in eine andere Sprache »verpacke«. Da Frauen, die sich solcherart von ihren Tiefenimpulsen leiten lassen, sowohl in den Kirchen wie auch in anderen gesellschaftlichen Bereichen suspekt sind, zeigte ich das so Erhaltene nur meinen engsten Freunden und Freundinnen.

Ein mir zugefallener Text

Zu Beginn des Jahres 1999 spürte ich, dass sich in meiner Tiefe etwas sammelt, das mit Vehemenz ans Licht des Tagesbewusstseins drängte. Es war nicht das erste Mal, dass ich in den »oberen Schichten meines Wesens« Widerstand spürte. Aber, irgendwann setzte ich mich hin und ließ »es« schreiben ...

Als ich den Text las, wusste ich, dass mich seine Botschaft bis ans Lebensende beschäftigen würde. Der relativ lange Text ist von solcher Dichte, dass Niklaus Brantschen mich, wie so oft in solchen Momenten, ermunterte, ihn nach Themen zu gruppieren und unter den Titel EINS UND ALLES (vgl. die Seiten 15-21 in diesem Buch) zu stellen.

Der »marianische Teil« des Textes beginnt folgendermaßen:

- In Maria wird erlöst die alte Schlange. Ihre lockende Liebe befähigt Luzifer, den Durcheinanderbringer, den Menschensohn als Kyrios aller Schöpfung anzubeten

- Die Tore zur Hölle wurden geöffnet vom Menschensohn

In MARIA wird erlöst die alte Schlange.
Ihre lockende Liebe befähigt Luzifer,
den »Durcheinanderbringer«,
den Menschensohn
als Kyrios aller Schöpfung anzubeten

Durch das Herz Christi bricht das erlösende Licht;
Marias Herz durchstrahlend
durchlichtet es das Dunkel.

- Die Umkehr Luzifers und seiner Reiche geschieht durch MARIA, die Mutter aller unerlösten Schöpfung
  - Hölle ist Zustand der Entfremdung und der freien Wahl in der Entfremdung zu sein,
  - Hölle ist Ablehnung des Abstiegs und Aufstiegs Gottes
  - Hölle ist Widerstand gegen Gottes Menschwerdung und die Gnade des Kreuzes
  - Hölle ist die pervertierte Schöpferkraft der gefallenen Geister und der verblendeten Menschen
  - Aber leer werden die unermesslichen Dimensionen der Hölle sein am Ende dieser Zeit
- Die zärtliche Liebe der kosmischen Mutter, die sich segnend über alle Wirklichkeiten neigt, lässt Luzifer und seine Reiche einstimmen in den Urklang aller Schöpfung: Heilig, heilig , heilig ...

Einige Monate später las ich in einem Seminar zum Thema »Ich und Selbst« einige Sätze daraus vor. Am Schluss des Seminars kam die Malerin Susanne Herrmann-Csomor auf mich zu und sagte lachend: »Wenn Du für diesen Text jemals einen Stift brauchst, ich bin Dein Stift ...«

Als der Kösel-Verlag mich ein Jahr später anfragte, ob ich nicht ein neues Buch schreiben wolle, lehnte ich mit der Begründung ab, ich sei innerlich mit einem Thema voll beschäftigt, könne aber darüber nicht schreiben. Da sich mein Ansprechpartner nicht damit zufrieden gab, vereinbarten wir ein Treffen im Lassalle-Haus, und ich zeigte ihm den Text. Seine Reaktion war in jeder Hinsicht unerwartet. Er ermutigte mich nicht nur, meine Scheu zu überwinden, er wählte mit intuitiver Sicherheit den für mich schwierigsten Teil des Textes aus und meinte: »Über den marianischen Teil müssen Sie zuerst ein Buch schreiben.«

Wie immer, wenn mich diese Art von Texten nicht nur überrascht, sondern manchmal auch erschreckt, falls sie nicht ganz »kirchenkonform« sind, suche ich in der offiziellen Theologie und bei den Sagen und Mythen nach Entsprechungen. Ich tue das, weil ich weiß, dass sich das Überpersonale, wenn die Zeit reif ist, an verschiedenen Orten gleichzeitig manifestiert, und dass das Neue im Vorherigen als Same schon anwesend ist.

In Maria wird erlöst die alte Schlange

Der Teufel gehörte ebenso zum Weltbild meiner Kindheit wie die Engel. Ich kann mich an Träume aus meiner Vorpubertät erinnern, in denen der schwarze Engel mit einem riesigen Staubsauger auf mich zukam, um mich in sein schwarzes Loch zu verschlingen. Der späteren Psychologiestudentin war diese Art der Träume leicht als verkleidete Triebängste der Vorpubertät deutbar.

Aber, zwischen elf und dreizehn Jahren lösten sie Not aus, vor allem abends, wenn es dunkel wurde. Um mit dieser Angst umzugehen, lehrte mich meine Mutter ein Gebet aus dem frühen Christentum. Ein Gebet zum heiligen Erzengel Michael, eine Art Exorzismus gegen alle bösen Mächte. Wann immer mich also die Dunkelheit ängstigte, betete ich:

»Heiliger Erzengel Michael, beschirme uns im Kampfe, beschütze uns gegen die Bosheit und die Nachstellungen der bösen Feinde. Ihnen möge Gott gebieten; Du aber, Fürst der himmlischen Heerscharen, wollest den Satan und alle anderen bösen Geister, die zum Verderben der Seelen auf der Welt umhergehen, mit Gottes Kraft in die Hölle hinabstoßen.«

Und so wie manch andere Elemente meiner Kindheit verschwanden die Ängste und die sie besänftigenden Rituale mit einsetzender Pubertät und Adoleszenz.

Umso erstaunter war ich, als ich mit 46 Jahren an einem Traum mit dem Michaelsgebet erwachte. Es war das Gebet meiner Kindheit. Nur der Schluss war anders. Statt den Erzengel zu bitten, den Satan und alle anderen bösen Geister in die Hölle hinabzustoßen, endete das Gebet im Traum:

»Du aber, Fürst der himmlischen Heerscharen, wollest den Satan und alle anderen bösen Geister, die zum Verderben der Menschen in der Welt umhergehen, mit Gottes Kraft umwandeln und zur Anbetung führen!«

Ich hatte damals im vierten Jahr die Leitung des St. Katharina-Werkes, eines katholischen Säkularinstituts, inne, dessen spirituelle Inhalte und Strukturen der Erneuerung bedurften. Zu dieser Erneuerung gehörte auch die Neuformulierung der Konstitutionen, der schriftlichen Grundlegung der Spiritualität der Gründergeneration. Als ich den »Michaelstraum« träumte, hatte ich gerade mit der genannten Neuformulierung begonnen. Diese Situation war wohl der Grund, weshalb mich der Traum irritierte. Wusste ich doch, dass diese Art von Träumen mein Arbeiten normalerweise beeinflusste. Gleichzeitig war es mir ein Anliegen, die Gemeinschaft durch meine Neuformulierung nicht in Schwierigkeiten zu bringen. So suchte ich am andern Morgen Kontakt zu meinen in der Zentrale des Werkes lebenden Mitschwestern. Ich erzählte ihnen den Traum, mit dem veränderten Schluss ...! Eine von ihnen, damals mitten im Theologiestudium, strahlte mich an und meinte, solche Erfahrungen müsse es schon früher gegeben haben. Mit diesen Worten rannte sie auf ihr Zimmer und kehrte mit einem Meditationsbild zurück. In Analogie zu vielen Darstellungen, in denen der Erzengel Michael mit einem Speer den Drachen besiegt, stand da die heilige Martha, ohne Waffe, das Kreuz in der Hand, den Drachen mit einem gütig-klaren Blick in Schach haltend.

Unter diesem Blick verlor das ungetüme Riesenvieh offenbar alle Gefährlichkeit und verwandelte sich in eine sichtlich komische, fast gutmütig wirkende Gestalt.

Ab diesem Zeitpunkt zerrann die Vorstellung einer ewigen Hölle in mir, gleich dem Sand der Sanduhr, der langsam und stetig durch die kleine Öffnung auf die andere Seite tröpfelt, und damit eine zu Ende gehende Zeit markiert!

Der neue katholische Katechismus erschien 1993. In dieser Ausgabe wird noch immer in jener Sprache über den Fall der Engel und über die Erbsünde gesprochen, die auch meine Kindheit prägte. Wann immer ich darin Elemente eines evolutiven Weltbildes suche, ist dies ein vergebliches Unterfangen. Noch immer wird gesagt, die Sünde der Engel sei unwiderruflich und könne nicht verziehen werden. Und noch immer werden die Unvollkommenheiten und Leiden dieser Welt mit der Ursünde unserer Stammeltern, vor allem der Evas, die sich von der Schlange verführen ließ und den Apfel vom Baum der Erkenntnis von Gut und Böse aß, verbunden. Und noch immer heißt es, dass der Tod als Folge dieser Sünde in die Welt gekommen sei. Wie wenn heute nicht jedes Kind wüsste, dass es den Tod auf diesem Planeten gab, lange bevor der Mensch auftrat – lange bevor der »Homo Erectus«, der »Aufrecht-Gehende«, bei der Betrachtung des majestätischen Kosmos über sich und seine Existenz Fragen zu stellen begann.

Vom Abstieg und Aufstieg Gottes

Nach christlicher Tradition geschieht Schöpfung in und durch das göttliche Wort, den präexistenten Logos. Im Wort schafft die dreieine Gottheit den Himmel und die Erde, das Sichtbare und das Unsichtbare, alle fein- und grobstofflichen Welten. In dem mir geschenkten Text heißt es entsprechend:

- ICH BIN die Essenz allen Lebens.
- ICH BIN vor aller Schöpfung, gestalt- und formloses Geheimnis Liebe
- ICH BIN seinsloses Sein, die Fülle der Nichtsheit.
- ICH BIN LIEBE
- Nichts existiert außerhalb von MIR.
- ICH trat hervor aus der unbewegten Bewegtheit und sprach: »Es werde Licht«
- In MEINEM WORT schuf ICH MIR die innersten Organe MEINES Schöpfungsleibes, die Engel als Throne, Herrschaften, Mächte und Gewalten
- ICH spiele, tanze, ertaste, erleide und befreie MICH SELBST IN MEINER Schöpfung
- ICH begabte MEINE Geschöpfe mit Freiheit. MICH entäußernd, versteckte ICH MICH im innersten Kern der Lichtgeborenen
- ICH gab Luzifer die Freiheit zum »Ich will nicht dienen«
- Nicht hielt ICH daran fest wie Gott zu sein, denn in Freiheit sollte MEIN Geschöpf MICH suchen, finden, auf MEINEN Akt der Liebe antworten
- Und weiter entäußerte ICH MICH, verlassend die Glorie der Himmel, anziehend die grobstoffliche Dichte, MEIN HERZ einschließend in den innersten Kern der Materie
- ICH BIN der anfangslose Anfang, die Essenz aller Wirklichkeiten: DER KOSMISCHE CHRISTUS

Dieser Text enthält Elemente, die heute als »Abstieg und Aufstieg Gottes« bezeichnet werden. Wenn wir die Geschichte der Stammeseltern, die sich von der Schlange verführen ließen, vom Baum der Erkenntnis zu essen, als in mythologischen Bildern verfasst betrachten, dann steht die Schlange für die in einer »Werdewelt« aufkeimende Freiheit der Geschöpfe. Adam und Eva stehen für jenes Geschöpf, in dem das Bewusstsein zu sich selber findet und daher Freiheit und Verantwortung zu spüren beginnt.

Mit dem Beginn der Schöpfung begann der sogenannte Abstieg Gottes, seine Selbstentäußerung, seine Kenosis. In dem Moment, in dem Gott eine Werdewelt schafft, begibt er sich in einen frei gewählten Zustand der Ohn-Macht, der Selbstentäußerung und der Unwissenheit ...!

Teilhard de Chardin erkannte die großen heilsgeschichtlichen Themen »Schöpfung, Inkarnation und Erlösung« als zentrale Wirkweisen der dreieinen Gottheit. Nicht nur als Wirkweisen, die am historischen Christus aufleuchten. Er sah Schöpfung, Erlösung und Inkarnation in jedem Schritt des evolutiven Aufstiegs der Materie – von der Kosmogenese (Entstehung der Materie) über die Biogenese (Entstehung des Lebens) bis zur Anthropogenese (Entstehung des Menschen). Auf jeder neuen Stufe der Entwicklung, die immer durch Vereinigung und Integration der Elemente stattfindet, inkarniert sich der kosmische Christus tiefer in seiner Schöpfung.

- »ICH spiele, tanze, ertaste und befreie MICH SELBST in MEINER Schöpfung ... nicht hielt ICH daran fest, wie Gott zu sein, denn in Freiheit sollte MEIN Geschöpf MICH suchen, finden, auf MEINEN Akt der Liebe antworten.«

»Warum lässt Gott das zu?« – eine Deutung aus jüdischer Sicht

Die Freiheit des Geschöpfes scheint Gott so wichtig zu sein, dass er dafür alles riskiert, denn: *»ICH gab Luzifer die Freiheit zum ›Ich will nicht dienen‹.«*

In der Genesis heißt es, dass Gott die Schöpfung nach »Seinem Bild und Gleichnis« schafft.

Das bildlose Bild der dreieinen Gottheit wurde uns vor allem über Jesus vermittelt. Gott ist gestalt- und formloser Geist, aber, Gott ist Beziehung. So ist denn die Schöpfung, nach seinem Bild und Gleichnis, ein riesiges Beziehungsgeschehen. »Das Sein erschließt sich uns als relational«, sagen uns die Naturwissenschaftler.

Wenn von Gott als Person gesprochen wird, so hat dies zuerst einmal nichts mit »anthropomorph« zu tun. »Gott ist personal« bedeutet: Gott ist mit sich selber in Kommunikation, in einer Liebesbeziehung. Gottes Abstieg bedeutet, er geht in eine Werdewelt ein. Gottes Aufstieg bedeutet, diese Werdewelt entwickelt sich in aufsteigender Linie zu immer komplexeren, mit höherem Bewusstsein versehenen Gestalten. Im Menschen wird Gott in der Materie sich seiner selbst bewusst.

Der Religionsphilosoph Hans Jonas formulierte diese Sichtweise aus der Quelle alttestamentlichen und kabbalistisch-jüdischen Glaubens. Der Abstieg und Aufstieg Gottes wurde von ihm, einem Juden, dessen Mutter in Auschwitz ermordet wurde, in ergreifender Weise dargestellt:

»Im Anfang, aus unerkennbarer Wahl, entschied der göttliche Grund des Seins, sich dem Zufall, dem Wagnis und der endlosen Mannigfaltigkeit des Werdens anheim zu geben. Und zwar gänzlich: Da sie einging in das Abenteuer von Raum und Zeit, hielt die Gottheit nichts von sich zurück; kein unergriffener und immuner Teil von ihr blieb, um die umwegige Ausformung ihres Schicksals in der Schöpfung von jenseits her zu lenken, zu berichtigen und letztlich zu garantieren. Auf dieser bedingungslosen Immanenz besteht der moderne Geist. Es ist sein Mut oder seine Verzweiflung, in jedem Fall seine bittere Ehrlichkeit, unser In-der-Welt-Sein, ernst zu nehmen: die Welt als sich selbst überlassen zu sehen, ihre Gesetze als keine Einmischung duldend, und die Strenge unserer Zugehörigkeit als durch keine außerweltliche Vorsehung gemildert.«[59]

So einsichtig dies auch sein mag, Jonas macht sich selbst den Einwand:

»Müsste Gott dann nicht wenigstens in den Fällen, wo bisher unerhörtes Leiden von Geschöpfen zum Himmel schreit, eine Ausnahme machen und seine Allmacht ins Spiel bringen? Da dürfte man wohl erwarten, dass der gute Gott die eigene Regel selbst äußerster Zurückhaltung seiner Macht dann und wann bricht und mit dem rettenden Wunder eingreift. Doch kein rettendes Wunder geschah; durch die Jahre des Auschwitz-Wütens schwieg Gott. (...) Und da sage ich nun: nicht weil er nicht wollte, sondern weil er nicht konnte, griff er nicht ein. Aus Gründen, die entscheidend von der zeitgenössischen Erfahrung eingegeben sind, proponiere ich die Idee eines Gottes, der für eine Zeit – die Zeit des fortgehenden Weltprozesses – sich jeder Macht der Einmischung in den physischen Verlauf der Weltdinge begeben hat; der dem Aufprall des weltlichen Geschehens auf sein eigenes Sein antwortet, nicht »mit starker Hand und ausgestrecktem Arm«, wie wir Juden alljährlich im Gedenken an den Auszug aus Ägypten rezitieren, sondern mit dem eindringlich-stummen Werben seines unerfüllten Zieles.«[60]

Im Laufe seiner Auseinandersetzung mit den Leiden des Holocaust kommt Hans Jonas zur Annahme, dass der Grund für Gottes frei gewählte Ohnmacht, die »größtmögliche Vergöttlichung der Schöpfung sei«.

»Nachdem er sich ganz in die werdende Welt hineingab, hat Gott nichts mehr zu geben: jetzt ist es am Menschen, ihm zu geben ... Die Schmach von Auschwitz ist keiner allmächtigen Vorsehung und keiner dialektisch-weisen Notwendigkeit anzulasten, (...) wir Menschen haben das der Gottheit angetan als versagender Verwalter ihrer Sache, auf uns bleibt es sitzen, wir müssen die Schmach wieder von unserem entstellten Gesicht, ja vom Antlitz Gottes hinwegwaschen. (...) Nicht Gott, sondern die Menschen müssen sich vor Gott, vor der Evolution und vor der Geschichte für alles vermeidbare, nicht not-wendige Übel und für alles Böse rechtfertigen.«[61]

Maria steht für den Menschen, an dem die größtmögliche Vergöttlichung stattgefunden hat. Ist es da nicht möglich, dass es sie notwendig braucht, um die alte Schlange zu erlösen und die Schmach vom entstellten Antlitz Gottes wegzuwischen?

Kann es sein, dass zur Selbstentäußerung und Selbstentmachtung Gottes auch seine Unfähigkeit gehört, die gefallenen Engel zu erlösen?

Braucht es dazu den Menschen? Braucht es dazu das Weibliche? Braucht es dazu die »Hingebungsgewalt des Kosmos« (Le Fort) in Gestalt einer Frau? Braucht es dazu Maria, die Königin der Engel?

Im Mythos vom Engelsturz verweigert Luzifer sein JA, weil Gott dem Menschen eine besondere Stellung unter allen Geschöpfen gab, und weil Gott selber Mensch wird.

Im Gedicht von Bonvesin de la Riva (vgl. S. 77) spricht Luzifer Maria direkt an und zeigt ihr auf, dass seine Rolle nötig war, damit in der Schöpfung der Gegenpol zur Allmacht Gottes, nämlich die Ohnmacht Gottes, Wirklichkeit werden konnte. Denn das Ziel christlicher Vollendung ist nicht nur das Erwachen zur Erfahrung »in Ihm leben, bewegen wir uns und sind wir« (Apostelgeschichte 17,28). Die Zielgestalt christlicher Vollendung ist die Liebesvereinigung der zu ihrem Gottesbewusstsein erwachten Schöpfung mit der transzendenten Gottheit.

Auf diesem Weg ist Maria Leitbild. In ihrer Weihe können wir mithelfen, die »alte Schlange« aus ihrem »Ich will nicht dienen« zu erlösen.

Marias lockende Liebe befähigt Luzifer, den Menschensohn als Kyrios aller Schöpfung anzubeten

Wir waren zu dritt, als Susan Herrmann die ersten Entwürfe ihrer Bilder zum Text »EINS UND ALLES« zeigte. Ich war besonders gespannt auf die Umsetzung der Themen des vierten Teiles, in dem Maria Luzifer »verlockt«, Christus, den Menschensohn, als Kyrios aller Schöpfung anzubeten. Als sie uns die Bilder zeigte, brach Hildegard, die Theologin unter uns, in Tränen aus. Bei der nachträglichen Auswertung unserer Reaktionen verstanden wir, was uns so unvermittelt an den Bildern berührte.

Der Teufel, bis zum 11. Jahrhundert als würdevoller, zuweilen auch sehr schöner, dunkler Engel dargestellt, begegnete uns in unserer Kindheit als schrecklich-monströse, menschenfressende Gestalt. Ein wüster, feister Riese, dem nicht selten ein halber Mensch zum Maul heraushing, den er gerade verspeiste. Wir waren mit solchen Bildern aufgewachsen.

Da es heute in unserem normalen Alltag genug der »Hölle« durch die Medien zu sehen und zu spüren gibt, haben wir diese Bilder in unser Unterbewusstsein »entsorgt«. Dort liegen sie, uns nicht mehr im Alltag störend, aber deswegen nicht weniger unbewusst wirksam.

Susan Herrmanns Bilder lösten wohl deshalb Tränen aus, weil ihr Teufel als Teufel unserer Kindheit erkennbar ist, aber gleichzeitig die Komponente der Würde wieder enthält.

Noch mehr aber berührte uns das Licht Christi, das durch das Herz Marias das Herz des dunklen Engels durchstößt und damit seinen Widerstand zum Schmelzen bringt. In diesem Bild entdeckten wir eine eigene, noch kaum zugelassene Sehnsucht. Die Sehnsucht, dass die Liebe Gottes in ihrer fraulichen Ausprägung endlich von Schwert, Speer und dem auf Christus projizierten imperialen Siegesgebaren befreit werde.

Wir waren uns einig, dass die in der byzantinischen Kunst vielfach dargestellte Szene, in der Christus in die Hölle hinabsteigt, um Adam und Eva zu erlösen, dabei aber mit der Geste des Siegers seinen Fuß auf die

Kehle Satans setzt, nichts wirklich unserer Sehnsucht Entsprechendes vollbringt. Wir waren uns einig, dass die Künstlerin mit ihrem Bild unserer tiefsten Sehnsucht Gestalt gegeben hat: Die Umwandlung des diabolischen Neins in das marianische JA. Die Bereitschaft des ehemaligen Lichtengels, Gott in Menschengestalt zu dienen. Dies kann niemals geschehen durch das Hinabstoßen in die Hölle, wohl aber durch die lockende Liebe Marias und jener Frauen und Männer, die sich von ihr zu dieser Aufgabe weihen lassen.

Die Mystikerin Mechthild von Magdeburg hörte Christus in ihrem Herzen sagen:

»Lobe meine Mutter ob der Treue, die sie mir auf Erden dauernd erwies, indem sie in allen ihren Verrichtungen immer meinen Willen dem ihrigen vorzog. Preise sodann ihre Treue, mit der sie mir in allen Nöten beistand, sosehr, dass sie alles, was ich leiblich erduldete, im Geiste mitlitt. Feiere endlich ihre Treue, mit der sie noch im Himmel mir die Allertreueste bleibt, im Heranführen der Sünder zu mir, auf dass sie sich bekehren, und der abgeschiedenen Seelen, auf dass sie von ihren Strafen erlöst werden. Denn durch ihr Verdienst wurden unzählige Sünder bekehrt und Seelen, die mein gerechtes Gericht der ewigen Strafe hätte ausliefern können, wurden durch ihre Barmherzigkeit zurückgerufen und aus den Flammen des Reinigungsortes befreit.«[62]

Das Dunkel ist auch in mir – Einheitserfahrung auf dem Weg des Schweigens

Susan Herrmanns Bilder drücken die Sehnsucht nach der Verwandlung des Widersachers in unmittelbarster Weise aus. Es ist die endlich zugelassene Sehnsucht, die sich mit nichts weniger zufrieden gibt, als mit der Umwandlung des »Ich will nicht dienen« zum »Dein Wille geschehe«.

In meiner Arbeit als Kontemplationslehrerin erfahre ich das Aufbrechen dieser Sehnsucht manchmal bei Menschen, die keine Ahnung hatten, dass sie in ihnen lebt. Bei anderen verstärkt sich auf dem Weg nach Innen die Sehnsucht nach dem Heimfinden des Abgetrennten ins Göttliche. So schrieb »es« im letzten Zen-Kurs bei M.W.:

Soll ich nach Auschwitz gehen und beten für die Seelen, die hängen blieben am Ort des Geschehens, geh ich zu sühnen für die Schuld der Täter?
Die Frage leg ich hin mit meinem Atem.

Und da erkenne ich: Ich muss nicht gehn, denn Auschwitz liegt in mir und Krakau auch und all die Lager, wie sie alle heißen, – der Holocaust –, der liegt in meinem Herzen.

Ich bin das Zuggeleise, das hineinführt durch das Tor aus Stein, in meinem Herzen. Und ich bin der Zug, der ratternd in das Herz des Grauens fährt.

Im Führerstand bin ich der Führer dieses Zuges, der weiß und doch nicht weiß, nur seine Arbeit tut und abends heimgeht an den Tisch und seinen Kindern gütger Vater ist.

Die Menschen bin ich, die gedrängt im Wagen stehen. Ein Leib am andern und kein Raum zum Atmen. Nur Not und Grauen, der Gestank von Menschen und Angst und Panik, Ungewissheit-Gottverlassenheit.

Wo bist Du denn, Jehowa, den die Väter priesen, wo bist Du, Retter unseres Volkes Israel? Warum zeigst Du Dich nicht mit starker Macht, zerschlägst Du nicht die Missetat der Feinde? So schreie ich, aus tausend Seelen – jedoch ungehört.

Ich bin die Seele jenes Juden, der sich zertreten lässt von Füßen der Erschrocknen und Gedrängten.

Der Zug fährt ein. Benommen taumeln wir aufs Pflaster. Kein Gott stützt mich und auch kein Mensch. Und meine Angst geht unter in dem Meer der Nöte. Ein Blatt bin ich, das sich verliert auf Wogen.

Nur Grauen, wo ich um mich schaue. Gesichter angstverzerrt und Augen hohl. Ganz dumpf bin ich in meinem Leiden, so eingeschlossen ist mein Herz in Qual, dass ich den Nachbarn kaum erahnen kann.

Da kommt der Wächter und er schreit: »Los an die Arbeit nun, ihr Judenschweine, denn nur sie macht euch frei.«

Oh, grauenhafter Schreck, der Wächter lebt in mir. In meines Herzens dunkler Kammer, da ist die Lust am Töten, da ist Grausamkeit, Verachtung für die Menschen, da ist Genuss am Quälen anderer Menschen. Hier ist die Freude am Erniedrigen von anderen ...

Aus dieser Dunkelheit des Herzens steigt hoch die Lust, zu treten auf die Körper die da liegen, zu schlagen sie, und hohnerfüllt nur lach ich, wenn sie schrein.

Sag, wie ertrag ich es, dies alles zu erspüren? Es ist so grauenhaft, so eisig kalt und dunkel. Und Abscheu spüre ich vor diesem Herzen.

Doch schau ich tiefer dann hinein, so finde ich die nackte Not, das Leiden tief in dieser Seele, die keine Heimat kennt, die jedes Du verloren hat. Das ist ein Leid, das fast nicht auszuhalten, das ist ein Schmerz, der keine Sehnsucht kennt. Nur dumpfer Schmerz und Trennung, abgespaltnes Sein.

Und keine Träne, nur die Öde, kein Wort, kein Flehen – und kein Du.

Oh Schmerz ohn Namen, dunkle Qual, die mich zerfrisst. Dir zu entfliehen, quäle ich die anderen.

Und mitten im Tumult des Grauens, Bösen, da öffnet sich ganz leis der Liebe Tür in meinem Herzen. Ich fließe ein, in dieses Herz der Herzen. Da ist Barmherzigkeit und Liebe. Da strahlt das Licht vor allem Lichte, das Licht auch, das durchdrungen alle Dunkelheit. Es lädt mich ein, mich einzulassen, heil zu werden.

Kann ich, mit all dem Dunkel meines Herzens? Ich kann. Ich darf. Ich muss.

Oh komm, du Seele, leidgequälte und verwirrte, komm her du Mensch, mit aller Schuld beladen. Bring alles her und lass dann alles ruhn...

Trink Gnade, oh du Durstige, tauch ein ins Bad der Liebe, du Gequälte. Oh, lass dich tragen an den Ort der Orte, der ohne Ort und ewig ist; der stammeln lässt und dann verstummen, der Liebe ist und liebt, und liebt, und liebt und heilt. Denn hier ist alles heil – auch du.

Erfahrungen, wie sie M.W. in der Tiefenmeditation geschenkt wurden, brechen in vielen Menschen auf, die den Weg des Schweigens gehen. Da ist zuerst die Erfahrung, dass wir mit allem, was ist, eins sind. Die Zeit, wo wir das Leid der Welt einfach irgend einem Täter zuschieben können, ist ein für alle Mal vorbei: *»Oh grauenhafter Schreck, der Wächter lebt in mir. In meines Herzens dunkler Kammer, da ist die Lust am Töten ... da ist Genuss am Quälen andrer Menschen.«*

Nicht die Todesstrafe erlöst die Menschheit von diabolischen Verbrechen, nur die Erfahrung, dass das Dunkle in der Welt als Möglichkeit in jedem Menschen schlummert, erlöst aus dem Zwang zur Wiederholung des Bösen.

Noch wichtiger zur Veränderung ist die Erfahrung, dass die eigentliche Ursache des Bösen das Abgespaltensein vom eigenen Urgrund ist: *»Oh Schmerz, ohn Namen, dunkle Qual, Dir zu entfliehen, quäle ich die anderen.«*

Nur die Trennung von unserem eigenen Wesensgrund verwandelt uns in jene Art diabolischer Ungeheuer, die Auschwitz Wirklichkeit werden ließen. Die Trennung von unserem eigenen, tiefsten Wesen ist Ursache jeden Leidens und jeder Not. Der deutsche Mystiker Johannes Tauler, ein Schüler von Meister Eckehart sprach schon im 13. Jahrhundert vom »tödlichen Schaden« des Menschen, der das wahre Licht in seinem Innern verloren hat:

»Wie kann das sein, dass das innere Auge so erbärmlich verblendet ist, dass es das wahre Licht nicht sieht?

Der tödliche Schaden ist daher gekommen: da ist eine dicke grobe Haut, ein dickes Fell darüber gezogen.

Das ist, weil sich die Liebe auf das Geschaffene richtet oder auf sich selbst (...) und davon ist der Mensch blind und taub geworden.

Manche Menschen können dreißig, oder vierzig Häute haben, dicke grobe, schwarze Häute, wie Bärenhäute.«[63]

Erst wenn wir bereit sind, uns von den »Bärenhäuten«, die uns von unserem Wesensgrund trennen, zu befreien und an der Erlösung des Widersachers in und um uns herum mitzuwirken, kann Heilung geschehen. Erst wenn wir unsere eigene innere Abgetrenntheit von unserem göttlichen Grund als Ursache des »Ich will nicht dienen« erkennen, erst dann ist Auschwitz überwunden.

Maria, Virgo Potens

In der reinigenden und befähigenden Weihe der Virgo Potens, der machtvollen Jungfrau, sind wir gerufen, das in der Finsternis verkümmerte Licht anzusprechen und zum Leuchten zu bringen. Sowohl in unserer eigenen, wie auch in der uns umgebenden Hölle. Solange wir dies nicht ernst nehmen, solange wir nicht bereit sind, an der Erlösung des Widersachers mitzuwirken, wird weiterhin bestehen bleiben, was C.G. Jung in Psychologie und Alchemie beschreibt:

»Die christliche Kultur hat sich in erschreckendem Ausmaß als hohl erwiesen: sie ist äußerliche Politur; das Innere ist unberührt und darum unverändert geblieben. Der Zustand der Seele entspricht nicht dem äußerlich Geglaubten. Der Christ hat in seiner Seele mit der äußerlichen Entwicklung nicht Schritt gehalten. Ja, es steht äußerlich alles da in Bild und Wort, in Kirche und Bibel. Aber es steht nicht innen. Im Innern regieren archaische Götter, wie nur je; das heißt, die innere Entsprechung des äußeren Gottesbildes ist aus Mangel an seelischer Kultur unentwickelt und darum im Heidentum stecken geblieben. Die christliche Erziehung hat zwar das Menschenmögliche geleistet; aber es genügte nicht. Zu wenige haben es erfahren, dass die göttliche Gestalt innerstes Eigentum der Seele ist.«[64]

»Marias lockende Liebe befähigt Luzifer, den Menschensohn als Kyrios aller Schöpfung anzubeten« bedeutet, dass wir durch ihre Weihe fähig werden, uns unserem eigenen göttlichen Wesensgrund wieder zu überlassen.

Es könnte durchaus sein, dass »die lockende Liebe« des Weiblichen erfolgreicher das Dunkle und Böse bekehrt als Speer und Schwert. Und dass jene Frauen und Männer, die heute bereit sind, sich von Maria für diese Aufgabe befähigen und weihen zu lassen, eine unersetzliche Arbeit leisten.

Die zärtliche Liebe der kosmischen Mutter, die sich segnend über alle Wirklichkeiten neigt, lässt Luzifer und seine Reiche einstimmen in den Urklang aller Schöpfung: Kodoisch, Kodoisch, Kodoisch, Adonai Zebajoth

Segnend hält Maria ihre Hände über alle Wirklichkeiten.
Luzifer ist aufgenommen in den großen Chorgesang Gottes.

Wenn Luzifer einstimmt in den Urklang aller Schöpfung: Heilig, heilig, heilig

Maria tritt uns entgegen als Virgo, Mater und Sponsa; als Jungfrau, Gattin, Mutter Gottes und Mutter der Menschheit. Alle Facetten des Frauseins werden ihr zugesprochen. Am wenigsten entfaltet wurde wohl der Aspekt der Sponsa, der Braut und Gemahlin. Was die Sponsa für uns heutige Frauen bedeuten kann, wird vorwiegend Thema des sechsten Kapitels dieses Buches sein.

Beim Umkreisen der Mariendogmen begegneten wir vor allem der Virgo und der Mater: der Theotokos als dem Urbild des Weiblichen und Mütterlichen und der Virgo, die das Urbild des Wesensgehorsams darstellt, Symbol der Offenheit gegenüber dem Anruf des Göttlichen.

Die Virgo war lange vor dem Christentum Leitbild der Menschen. Hohe Berge erhielten den Namen Jungfrau – und das Sternbild Jungfrau verweist auf die kosmische Dimension der Virgo. Die Priesterinnen der Antike waren Jungfrauen. Diana, Minerva, Vesta und viele andere Göttinnen waren Leitbilder für die Erlösungskraft der Jungfrau. Bis ins hohe Mittelalter durften Jungfrauen die zum Tode Verurteilten losbitten.

Das Besondere an Maria ist, dass sie uns zeigt, was das Wesen der Jungfrau ausmacht, uns aber ebenso radikal das Wesen der Mutter vorlebt. Gertrud von Le Fort beschreibt das Wesen der Mutter in eindrücklicher Weise:

> »Die Mutter ist das Bild der irdischen Unendlichkeit, an ihrem Glück wie an ihrem Schmerz ziehen die Jahrtausende vorüber; die Mutter ist immer die Gleiche, sie ist die ungeheure Fülle, Stille und Wandellosigkeit des empfangenden und gebärenden Lebens selber, nur vergleichbar mit dem fruchtbringenden Schoß der Erde.«[65]

Im Titel zu diesem Kapitel wird in Maria die geläuterte Qualität der Mutterschaft angesprochen: die zärtliche Liebe der kosmischen Mutter, die sich segnend über alle Wirklichkeiten neigt. Maria ist Prototyp der geläuterten Mutterschaft. Sie hat die archetypischen Aspekte des verschlingend Mütterlichen auf eine neue Stufe gehoben. Der geläuterte Mutteraspekt steht ein für alles Schwache, Schutz – und Hilflose, und gibt nie auf, auch da nicht, wo sich das Verlorene oder zu Recht Verurteilte manifestiert.

Luzifer steht für die im Geschöpf erwachte Freiheit zur Wahl. Diese Freiheit war und ist Ursache der Verweigerung, aus dem eigenen Wesensgrund zu leben. Im Menschen lässt die Gottheit die Selbstvergessenheit und Verweigerung in höchster Ausprägung zu:

- »Und weiter entäußerte ICH MICH, verlassend die Glorie der Himmel, anziehend die grobstoffliche Dichte, MEIN HERZ einschließend in den innersten Kern der Materie.«[66]

Gottes freiwillige Ohnmacht geht so weit, dass er sich in der Erlösung der Schöpfung radikal vom Menschen abhängig macht. Ist es verwunderlich, dass immer mehr Menschen dies auch erfahren, da doch der Mensch unter den Geschöpfen eine besondere Position einnimmt?

Kann der »Aufstieg Gottes« in einer von IHM selbst gewollten Werdewelt überhaupt ohne den Menschen gelingen? Als Kind hörte ich oft, dass Gott den Menschen für gar nichts brauche. Dies, obwohl das Bild des Schöpfers, der von den Leiden der Schöpfung unabhängig in seiner Herrlichkeit und Selbstgenügsamkeit thront, nicht erst mit dem Beginn der Neuzeit abgebröckelt war. Im Buch »Ein Gott im Wandel« zeigt Schiwy auf, dass die Erfahrung des Abstiegs und Aufstiegs Gottes sowohl in der Tradition der Gnosis, als auch in der Tradition der jüdischen Mystik zu finden ist:

> »Nach Gershom Scholem findet sich zum Beispiel in der kabbalistischen Mystik des Isaak Luria und seiner Schule aus dem 16. Jahrhundert auch schon die Überzeugung, dass die endgültige Gestalt des Schöpfers von seiner Schöpfung abhänge: ›Der Prozess nämlich, in dem er sich selber zeugt, gebiert und entwickelt, gelangt nicht rein in Gott selbst zum Abschluss. Es gibt Stücke des Restitutionsprozesses, die dem Menschen überantwortet sind (...).‹ Es ist also mit anderen Worten der Mensch, der dem Antlitz Gottes die letzte Vollendung gibt, der Gott als den König und mystischen Gestalter aller Dinge erst eigentlich in sein Himmelskönigtum einsetzt und dem Gestalter selbst die letzte Gestalt gibt.«[67]

Jesus spricht vom verlorenen Sohn, der nicht mehr weiß, dass er aus einem reichen Hause stammt, und sich so sehr im Materiellen verliert, dass er an den Rand seiner Existenz gelangt. Johannes Tauler spricht vom Menschen, der seinen tiefsten Wesensgrund mit Dutzenden von »groben, dicken Bärenhäuten« zugedeckt hat, und daher nicht weiß, wer er ist. Die Mythen und Sagen der Menschheit sind voll von der Erfahrung, dass der Mensch »tief von seiner Heimat abgeirrt ist«.

Neuausrichtung der Schöpfung durch Marias lockende Liebe

Wer aber könnte die pubertierende Menschheit und den narzistisch in seinen eigenen Glanz verliebten Luzifer besser verstehen als Maria, die Mutter aller unerlösten Schöpfung? Und wer hätte größere Chancen, den Halbwüchsigen der fein- und grobstofflichen Welt zu zeigen, dass die Zeit der Selbsterfahrung in der Getrenntheit nun zu Ende gehen darf als Maria, die alle Wirklichkeit segnende, mit zärtlicher Liebe lockende, kosmische Mutter? Maria die Tochter der Erde, die als erster Mensch die Vergöttlichung des Menschen vorlebt?

In der deutschen Mystik des Mittelalters erwachte in vielen Frauen und Männern die Erfahrung der »Miterlöserschaft« Marias. Sie spürten nicht nur, dass in Maria die mütterliche Liebe Gottes Gestalt annimmt; ihre innige Beziehung zu Maria ließ sie erkennen, dass Maria beim so genannten »letzten Gericht« als Fürbittende der Menschheit auftreten wird. Aber nicht nur Maria tritt beim letzten Gericht für die Menschheit ein; mit Maria, so erfahren die inspirierten Nonnen und Mönche des Mittelalters, wird jeder in Christus zur Vergöttlichung herangereifte Mensch beim letzten Gericht mitrichten. Die provokative Aussage des Paulus im ersten Korintherbrief: »Wisst Ihr nicht, dass die Heiligen die Welt richten werden. Wisst ihr nicht, dass wir über Engel richten werden« (6,2–4) scheint im Mittelalter fester Bestandteil des christlichen Weltbildes gewesen zu sein.[68]

Die sich in mir ausbreitende und vertiefende Einsicht, dass in Maria wir Menschen eine entscheidende Rolle beim »Richten« spielen werden, d.h. beim »Neu-Ausrichten« der Schöpfung, dass ein Teil des *»Restitutionsprozesses, der dem Antlitz Gottes die letzte Vollendung gibt«*, uns Menschen überantwortet ist, erhielt einen neuen Impuls durch eine Begegnung mit Leonardo Boff. Er war eingeladen als Hauptredner beim Treffen des Gönnerkreises des Lassalle-Hauses. Durch sein Buch »Das Mütterliche Antlitz Gottes« wusste ich um seine tiefe Marienverehrung. Da er drei Tage im Lassalle-Haus weilte, konnte ich ihm vom Inhalt dieses Buches erzählen. Ich zeigte ihm den Text EINS UND ALLES und verwies auf gewisse Formulierungen darin, die mich je neu herausforderten, nach dem tieferen Sinn dieser Sprache zu suchen. Ausdrücke wie »Marias lockende Liebe« oder »Die zärtliche Liebe der kosmischen Mutter, die sich segnend über alle Wirklichkeiten neigt« verlangten je neu horchendes Offensein gegenüber der tieferen Botschaft dieser auf den ersten Blick poetisch anmutenden Formulierungen. Denn, dies wurde mir während des Schreibens dieses Buches deutlich: Die Formulierungen sind nicht zufällig. Jedes Wort ist Gabe und Auf-Gabe, die darin enthaltene Botschaft zu erkennen und umzusetzen.

Maria provoziert ihren Sohn – eine alte russische Geschichte

Als ich Leonardo Boff von diesem Prozess erzählte, verwies er mich auf eine russische Apokryphe aus dem 9. Jahrhundert mit dem Namen »Apokalypse der Mutter des Herrn«.

In dieser Geschichte, so sagte er mir, seien sehr ähnliche Elemente enthalten wie in meinem Text. Leonardos Reaktion war Ermunterung, mich der transformatorischen Kraft von EINS UND ALLES zu überlassen. Er versprach, mir einen Ausschnitt aus der Apokryphe zuzuschicken. Einige Wochen später erhielt ich das Versprochene, und las mit bewegtem Erstaunen folgende Geschichte:

»Die heilige, ruhmreichste Herrin, die Mutter Gottes und Mutter Christi, stand auf, um alle Strafen zu sehen. Die Mutter Christi legte Fürbitte für die Verdammten ein und sagte dem Erzengel Michael: ›Wie viel Strafen gibt es dort, wo das Menschengeschlecht bestraft wird?‹

Der Erzengel Michael antwortete: ›Die Strafen sind ohne Zahl.‹ Und da öffnete der Erzengel die Hölle auf ihrer westlichen Seite. Und die heiligste Mutter Christi sah die vielen Strafen, die dem Menschengeschlecht auferlegt waren. Die Hölle hallte nur so wider vom Klagen über so viel Qual.

Dort, wo die Verdammten ihre Strafen erlitten, sahen sie sie, erhoben gewaltig ihre Stimme und sagten: ›Ach, gütiger Herr, Sohn Gottes, seit Jahrhunderten sehen wir kein Licht mehr. Aber jetzt bekommen wir dich zu sehen, die du den Herrn geboren hast.‹

Und alle Engel riefen mit lauter Stimme: ›Freue dich, gesegnete Mutter des Herrn, du, die du ewig Jungfrau bist. Freue dich, Licht, das niemals erlischt. Freue dich auch du, Erzengel Michael, gerechter Fürsprecher für die Seelen aller.‹

Und sie sahen die Verdammten, und sie weinten. Und die Ehrenwerteste sah das Klagen der Engel ob der Verdammten. Und auch sie weinte.

Und die Verdammten schrien und sagten: ›Gesegnet bist du unter uns, die wir uns in der Finsternis befinden für alle Ewigkeit.‹

Und die Heiligste sagte dem Erzengel: ›Sag den Engeln, sie sollen mich erfassen und vor das Antlitz des unsichtbaren Vaters bringen.‹ Und der Erzengel übermittelte die Botschaft den Engeln. Da kamen die Cherubine und Seraphine, fassten die heiligste Maria und setzten sie vor dem unsichtbaren Vater ab.

Sie streckte die Hände dem schreckenerregenden Thron entgegen, erhob die Augen in Richtung ihres Sohnes, des Herrn über Himmel und Erde, seufzte und sagte: ›Hab Erbarmen, Herr, Herrscher über die Christen. Denn ich habe Qualen gesehen, die niemand zu ertragen vermag. Und ich will mit ihnen leiden.‹

Darauf antwortete der Christus mit den Worten: ›Wie könnte ich denn Erbarmen haben mit ihnen, da sie doch kein Erbarmen gehabt haben mit ihren Brüdern und Schwestern und mit meinen Armen?‹

Dessen ungeachtet sprach die Ehrenwerteste: ›Hilf mir, ach Herr!‹

Und Gott sagte: ›Es gibt auf Erden keinen Menschen, der mich anriefe und den ich nicht erhören würde. Aber diese wollten meinen Namen nicht anrufen.‹

Und die heiligste Maria wandte sich den heiligen Männern und Frauen zu und sagte: ›Kommt, alle Engel und alle, die ihr in den Himmeln lebt, alle Gerechten Christi in seinem Reiche und alle, die ihr den Wagemut habt, für die Verdammten Fürsprache einzulegen.‹

Und der Erzengel Michael sagte es allen. Und er selbst kniete sich nieder voll großer Liebe, mitsamt allen Engeln und mitsamt der ganzen Ordnung der heiligen Männer und Frauen.

Darauf sagte die Ruhmreichste ihrem Sohn: ›Vielgeliebter Sohn, steig herab und sieh das Gebet der Verdammten an!‹

In der Tat, der Sohn des Vaters, Christus der Herr, stieg von seinem Thron. Und das sahen auch die Gequälten. Deshalb riefen sie mit lauter Stimme und sagten: ›Hab Erbarmen mit uns, Sohn Gottes.‹

Und der Herr sagte folgendes: ›Hört, alle Menschen! Wegen der Frömmigkeit meiner Mutter und des Gebetes der Engel werdet ihr von meiner Auferstehung am Ostertag an bis zum Sonntag Allerheiligen im Paradies wohnen. Danach kehrt ihr in die Qual zurück.‹

Und alle heiligen Männer und Frauen priesen Gott. Und fortan hofften sie auf den Tag der Auferstehung des Herrn.«

Die Parallelen dieser Geschichte zu jenen Stellen in meinem eigenen Text, die mir, angesichts der Not der Welt, noch immer zu poetisch klangen, lösten die sich einschleichenden Selbstzweifel auf.

Maria im Himmel, von Engeln umgeben, immer darauf ausgerichtet, im narzistischen Nein gefangene Geister und Menschen zur Umkehr zu verlocken, will sehen, wo die Menschen am meisten leiden:

»Wie viel Strafen gibt es dort, wo das Menschengeschlecht am meisten bestraft wird?«

Michael, der Engel der göttlichen Ordnung und des Gerichtes, öffnet ein Fenster zur Hölle. Sie sehen die Verdammten in ihren Qualen und sowohl die göttliche Mutter wie auch der Erzengel weinen.

Das Frappierende in dieser Geschichte ist die Art und Weise, wie die Verdammten Maria begrüßen. Sie sehen Maria und grüßen in Maria Christus:

»Ach gütiger Herr, Sohn Gottes, seit Jahrhunderten sehen wir kein Licht mehr. Aber jetzt bekommen wir dich zu sehen, die du den Herrn geboren hast.«

Maria – Miterlöserin

Maria wurde der Titel »Miterlöserin« gegeben. Christus hat in seinem Tod und seiner Auferstehung die ganze erste Schöpfung erlöst. Durch seine Erlösung ist der Same der neuen Schöpfung in alle Materie gelegt. Aber, seine Macht, die Erlösungsgnade zu schenken, damit sie wirkmächtig werden kann, ist da beschränkt, wo der Mensch im Nein stecken bleibt. In dieser Geschichte aus Russland wird gleich zu Beginn, in der Art wie die Verdammten Maria begrüßen, deutlich, dass sie Christus und Maria brauchen, um von der gerechten Höllenstrafe erlöst zu werden. Um der mütterlichen Barmherzigkeit teilhaftig zu werden, brauchen sie Maria. Und Maria führt immer zu Christus. Die Verdammten drücken dieses Wissen aus, indem sie in Maria zuerst Christus grüßen.

Da Maria die unaussprechliche Not der Hölle sieht, bittet sie, vor den Thron des Unsichtbaren gebracht zu werden. Dort fleht sie mit ausgestreckten Armen um Mitleid mit allen, die in der Hölle sind. Und da begegnet sie der Machtlosigkeit des Vaters und des Sohnes. Da die in der Hölle weilenden die Hungrigen nicht gespeist und die Nackten nicht bekleidet haben, sind sie dem kosmischen Gesetz der Gerechtigkeit unterworfen. Weder der Vater noch der Sohn kann dieses Gesetz außer Kraft setzen.

Da entscheidet sich die Mutter, für ewig in die Hölle zu gehen und mit den Verdammten zu leiden. Und sie beginnt zu locken: Sie lädt alle Engel und Heiligen, die den Wagemut haben, für die Verdammten Fürsprache einzulegen ein, zu bitten, dass Barmherzigkeit vor Recht wirkmächtig werden kann. Und die zärtliche Mutter aller unerlösten Schöpfung wird unterstützt. Von allen Engeln, vor allem aber von Michael, dem ehemaligen Lichtbruder Luzifers, dem Engel der göttlichen Ordnung.

So umgeben von der Fürsprache der himmlischen Geister und der Heiligen bittet sie ihren Sohn, vom Himmel zur Hölle herabzusteigen, um das Gebet der Hölle zu hören. An diesem Punkt der Apokryphe gibt es wieder eine ungewöhnliche Verbindung. Das Gebet des Himmels wird sozusagen auch zum Gebet der Hölle. Die Fürsprache der Engel und Menschen scheint zu bewirken, dass auch die Verdammten den Schritt vom »Ich will nicht dienen« zum »Ja« tun können. Indem sie sprechen: »Hab Erbarmen mit uns, Sohn Gottes«, geschieht die Anerkennung des Kyrios aller Schöpfung.

Und Christus öffnet die Tore des Himmels. Von Ostern bis Allerheiligen dürfen die Verdammten im Himmel verweilen.

Der begrenzte Zeitraum ist wohl Symbol für das in diesem Kapitel angesprochene Thema, dass Gott die Hölle nur durch mütterliche Barmherzigkeit, nicht aber unter dem Prinzip der Gerechtigkeit erlösen kann. Dazu ist die lockende Liebe der Mutter aller unerlösten Schöpfung, sind alle Heiligen und auch wir nötig. Maria ist der Titel »Miterlöserin« geschenkt worden. Öffnen wir uns ihrem Wirken, weiht sie uns für diesen Dienst. Weihe bedeutet Initiation und Ermächtigung. Maria wartet darauf, uns für den Dienst der Miterlösung zu initiieren und zu ermächtigen. Damit das Wort des Völkerapostels Paulus an uns Gestalt annehmen kann: »Für den Leib – Christi, die Kirche, ergänze ich in meinem irdischen Leben das, was an den Leiden Christi noch fehlt« (Kolosserbrief 1,24).

»Marias lockende Liebe befähigt Luzifer, den Durcheinanderbringer, den Menschensohn als Kyrios aller Schöpfung anzubeten«, heißt es im Text EINS UND ALLES. Lassen wir uns von ihrer lockenden Liebe anstecken und bewegen? Haben wir den »Wagemut«, wie es in der russischen Geschichte heißt, für die Verdammten Fürsprache einzulegen?

Sind wir bereit, in der lockenden Liebe der kosmischen Mutter die während Äonen in der Materie entstandenen »luziferischen Neins« in ein »Dein Wille geschehe« wandeln zu lassen?

4 Maria – Auge, Ohr, Mund, Hand und Herz des Friedens

Die Basilika in Lourdes, in der sich 150 Jahre nach den Erscheinungen fast täglich noch immer 20.000 Menschen zu internationalen Gottesdiensten zusammenfinden, ist Pius X. geweiht. Jenem Papst, der die Heiligsprechung von Bernadette Soubirous einleitete. Lourdes ist eines der größten und am meisten besuchten Marienheiligtümer der Welt. Die Sprache in den internationalen Gottesdiensten wie auch in religiösen Ritualen ist in Lourdes erfrischend mutig. Wie geprägt vom Charme der »schönen Dame«, die Bernadette sah, und die auf die Frage nach ihrem Namen, »Que soy era Immaculada Counception« (»Ich bin die Unbefleckte Empfängnis«) antwortete. So beginnt auch das Lourdes-Magazin des Augustes 2001 mit der Einladung, aus unserem Leben eine »Liebesbeziehung mit Gott« zu machen. Der weibliche Einfluss ist in der liturgischen Sprache unüberhör- und unübersehbar.

In den Augen von Tausenden von Kranken und Gebrechlichen begegnet man überall dem Vertrauen auf die Mutter der Barmherzigkeit. Um von ihr an Leib und Seele Heilung zu erbitten, pilgern jedes Jahr Hunderttausende nach Lourdes.

Aber, in den Gottesdiensten, Prozessionen und in den Bitten der Pilger wird ebenso die »Königin des Friedens« gesucht. Die Konflikte dieser Welt sind in Lourdes allgegenwärtig. Man begegnet der Bitte um die Fähigkeit, Versöhnung und Feindesliebe zu lernen, ohne in irgend einer Gruppe mitzumachen. Es genügt, langsam vom Kloster »Petit Couvant Immaculée« zum Heiligtum zu wandern, um Dutzenden von Pilgergruppen zu begegnen, die die »Königin des Friedens« um Heilung der Menschheit und der Erde von Kriegswunden und aktuellen Konflikten bitten. Dabei ist wiederum ebenso unübersehbar, dass Maria immer zu Christus führt. Instinktiv scheinen die Gläubigen um die Notwendigkeit des Zusammenwirkens von Jesus und Maria zu wissen.

In diesem Kapitel geht es nun darum, dem Geheimnis dieses Zusammenwirkens, das in der russischen Geschichte des letzten Kapitels so tief angesprochen ist, nachzuspüren. Denn, so heißt es im Epheserbrief: »Er (Christus) hat in seiner Person die Feindschaft getötet« (2,17).

Schaut man in die Welt hinein, so sind die Auswirkungen dieser Verheißung noch wenig ersichtlich. Könnte es sein, dass ohne die Mitwirkung Marias als Auge, Ohr, Mund, Hand und Herz des Friedens der von ihrem Sohn gelegte Samen nur schwer reifen kann?

Nimm an Deine Berufung, in der Weihe Marias Leib Christi zu sein

Maria, so die Botschaft von allen geweihten Wallfahrtsorten der Welt, führt immer zu Christus. Aber, auch das Umgekehrte trifft zu: Christus führt zu Maria.

Persönliche Erinnerungen und Gedanken

Seit ich denken kann, ist Jesus, der Christus lebendige Wirklichkeit in meinem Leben.

Als Kleinkind war der »Heiland« in der eigentlichen Bedeutung des Wortes Realität für mich; weder kitschig noch romantisch. Der Heiland war der Heiler, der Heilige, der Erbarmende, der das verlorene Schaf sucht, bis er es findet, und der Kinder besonders liebt.

Als junge Frau faszinierte mich Jesus, der Mann. Wie kam es, dass ein gut Dreißigjähriger so wunderbare, weise und gleichzeitig provozierende Geschichten erzählen konnte? Woher nahm er den Mut, laufend alte Traditionen und Gesetze zu überschreiten und in Frage zu stellen? Schon als Zwanzigjährige verglich ich seine Handlungen und sein Sprechen mit meiner psychischen Reife und der meiner Freunde und Freundinnen. Bei diesen Vergleichen frappierte mich seine Menschlichkeit, die Trauer, Freude, Sehnsucht sowie Ärger und Zorn zuließ, die aber von einer Liebe umfangen waren, die ich sonst nirgends antraf. In diesen Vergleichen bewegten mich weniger seine Wundertaten als beispielsweise sein Umgang mit der berüchtigten Maria Magdalena: als sie ihm, mitten in einer Männergesellschaft, mit kostbarstem Öl die Füße salbte und mit ihrem Haar trocknete. Oder die Art, wie er beim Heilen die Menschen immer in ihrem tiefsten Sein, in ihrer Freiheit und Verantwortung und in ihrer Ausrichtung ansprach. Kurz und gut: Ich erlebte ihn als einen wie wir, ganz Mensch – und doch ganz anders.

Während des Psychologiestudiums war es »in«, dass wir Studenten uns selber, im Kontext der Freudschen Theorien, auf unsere Aggressionshemmungen und Leitbilder hin analysierten.

Wie kritisch ich auch schaute, ich konnte bei Jesus keine Aggressionshemmungen finden. Ich erkannte in ihm den großen Liebenden; aber seine Liebe war alles andere als eine Zuckerwasserliebe. Er konnte ebenso streng, fordernd und aufdeckend wie zärtlich, gütig und humorvoll sein. Die Art, wie er seine Jünger zurechtwies und wie er seine Gefühle zeigen konnte, beeindruckte mich damals mehr als seine Wunder; ebenso auch sein Mut zur Abgrenzung. Wie konnte sich ein gut Dreißigjähriger wochenlang in die Wüste Judäa zurückziehen, um mit seinem Gott allein zu sein? In all meinen Testfragen schnitt Jesus immer wieder so überraschend, die üblichen Grenzen überschreitend, ab, dass mich das Geheimnis seines Menschseins immer tiefer berührte.

Bis zu meinem 30. Lebensjahr war ich nicht fähig, die Paulusbriefe zu lesen. Sie waren verschlüsselte Texte, zu denen ich keinen Zugang finden konnte. Erst nach dem 32. Geburtstag wurde ich über die Apostelgeschichte offen für die Botschaft des Völkerapostels und damit für die kosmisch-universale Dimension Christi. Mit tiefer Bewegung erkannte ich den auferstandenen, erhöhten Kyrios, der in einem immerwährenden Akt von Vereinigungen und Läuterungen alle Kräfte und Dimensionen des Alls an sich zieht. Die Begegnung mit dem »mystischen Leib Christi« erschütterte mich dermaßen, dass ich von da an in jedem Gottesdienst darauf wartete, den Christus-Universalis in seiner kosmischen, geschichtlichen und eucharistischen Dimension in zeitgemäßer Form verkündet zu hören. Vergeblich. Dies bewirkte, dass ich meine Freundinnen und Freunde immer öfter in Gespräche über den Kolosserhymnus oder besondere Aussagen wie »die Wirklichkeit aber ist Christus« (Kolosserbrief 2,17) verwickelte, nur schwer begreifend, weshalb ich sie damit irritierte und vor den Kopf stieß.

Als ich mit 42 Jahren über die Sommermonate zum ersten Mal nach Japan flog um bei Yamada-Roshi, dem letzten Zen-Lehrer und Freund von Pater Lassalle tiefer in die Zen-Meditation eingeführt zu werden, prophezeiten mir einige meiner Freundinnen und Freunde, dass nun durch die intensive Zen-Meditation meine große Krise mit Christus beginnen würde. Die radikale Entbilderung und die intensive Schulung bei einem buddhistischen Meister, vor allem aber die Arbeit mit Zen-Koans, würde alle »Konzepte über Christus« in mir auflösen. Ich hörte diese Prophezeiungen mit Gelassenheit, radikal bereit, diesen »Test« mit mir geschehen zu lassen. Ich wusste, dass ich Christus als lebendige Wirklichkeit erfuhr und staunte, dass vor allem Zen-praktizierende Theologen und Theologinnen von »Konzepten« sprachen. Trotz meiner Gelassenheit war meine Bereitschaft, den Test zu wagen, von großem Ernst umfangen. Ich wollte mich der Bewusstseinseinigung und -leerung radikal anheim geben, vertrauend, dass man tatsächlich nur Konzepte und Illusionen verlieren kann. Ich war überzeugt, dass eine Christuserfahrung, die dem Zen-Weg nicht standhält, nicht wert war, weiterhin ernst genommen und gepflegt zu werden.

Bei meinem ersten Dokusan (Einzelgespräch) mit Yamada-Roshi fragte er mich, ob ich bereit sei, alles zu tun, um Erleuchtung zu erlangen. Obwohl ich schon 10 Jahre unter Pater Lassalle meditiert und viel über Erleuchtung gehört hatte, reagierte ich bei meinem ersten Japanaufenthalt noch immer allergisch auf diesen Begriff. Erleuchtung hatte für mich den Klang von etwas Elitärem, und mit einer Elite wollte ich nichts zu tun haben. Der Roshi, der mein Zögern sah, fragte eindringlich, was ich denn bei ihm wolle, wenn die Erleuchtung nicht mein Wunsch sei. Er sei nicht mehr jung und könne seine Kräfte nur noch für Menschen einsetzen, die wirklich erwachen wollten. Als ich noch immer »widerständig« vor ihm kniete, fragte er sehr direkt: »Sagen Sie mir offen, weshalb Sie meine Schülerin werden möchten. Japanaufenthalte sind nicht nur teuer, sie sind, vor allem in der Hitze des Sommers für Sie auch sehr anstrengend.« Die in diesen Worten durchklingende Güte ermöglichten mir zu sagen: »Ich suche nicht die elitäre Erleuchtung, ich möchte ein liebesfähiger Mensch werden.« Darauf hin schaute mich der Roshi lange schweigend und ernst an. Und von Augenblick zu Augenblick wurde sein Gesicht heiterer. Als er schon die Glocke aufhob, um mit dem Läuten das Ende des Gesprächs zu signalisieren, sagte er mit herzhaftem und eindringlichem Humor: »Lieben lernen, das ist als Motivation nicht schlecht«, »but to realize this, you need Satory« (»Aber um das zu verwirklichen, brauchen Sie die Erleuchtung«).

Die nun folgenden 12 Jahre strenger Zen-Meditation unter verschiedenen buddhistischen Meistern haben das Gegenteil der Voraussagen meiner Freunde ausgelöst: Die Zen-Meditation bewirkte keine Auflösung, sondern eine so radikale Vertiefung dessen, was ich als »Christuswirklichkeit« erlebte, dass ich damit nicht meine buddhistischen Freunde und Lehrer, wohl aber viele meiner christlichen Freunde und Freundinnen irritierte. Dazu gehörte auch das Ernstnehmen von inneren Erfahrungen, die der gängigen Pastoral und Theologie offensichtlich nicht entsprachen – wie von jenen »Vorboten«, die meine innere Abkehr von der »ewigen Hölle« einleiteten.

Abkehr von der ewigen Hölle

Im Rückblick erkenne ich meine Irritation als Jugendliche bei all jenen Stellen im Evangelium, in denen Jesus Worte über das ewige Feuer und die ewige Bestrafung in den Mund gelegt werden, als »Vorboten« des geschilderten Prozesses. Wann immer ich in meiner Auseinandersetzung mit dem geschichtlichen Jesus bei Matthäus über das Weltgericht und bei Markus und Lukas über die sogenannte Endzeit las, erlebte ich innerliche Rebellion. Wie sind ewige Strafe und Gottes Liebe vereinbar? – Die Reden Jesu über das ewige Feuer erschienen mir wie Fremdkörper, wie Brüche in seiner Persönlichkeit, nicht passend zu dem großen Liebenden, der mir sonst in den Evangelien begegnete.

Als ich mit 25 Jahren zum ersten Mal hörte, dass die hl. Teresa von Lisieux, die kleine Teresa, für die Erlösung Luzifers betete, jubelte es in mir. Ich erinnere mich, wie ich im Geiste zur »großen Teresa«, der berühmten Heiligen und Kirchenlehrerin sagte: »Deine kleine Schwester vom Kinde Jesu hat Dich immer als Vorbild gesehen, selber nicht berufen zu den großen Taten, die Du wirktest. In ihrem Erbarmen für Luzifer, den dunklen Engel, ist sie aber größer als Du. Da kannst Du von ihr lernen.«

Auseinandersetzungen dieser Art gab es viele, lange vor dem »Michaelstraum«. Trotz dieser Vorbereitungen war die Botschaft von der Stellung des Menschen und der Wichtigkeit des Weiblichen bei der Transformation des Dunklen überwältigend, als »es« aus mir heraus zu schreiben begann. Und sinnigerweise sah ich die vielen Zeugnisse in der Geschichte der christlichen Frömmigkeit, die ähnliche Erfahrungen darstellten, erst, nachdem ich selber für diese Sichtweise sensibilisiert und empfänglich war. So entdeckte ich z.B. Teilhard de Chardins Auseinandersetzung mit der Hölle relativ spät. Aber wie gut konnte ich sein herausforderndes Ringen mit der göttlichen Liebe verstehen:

»Mein Gott, keines der Geheimnisse, an die wir glauben müssen, verletzt unsere menschlichen Anschauungen schmerzlicher als das Geheimnis der Verdammung. Je mehr wir Menschen werden, das heißt, der Schätze bewusst, die im geringsten Sein verborgen sind, und je klarer wir den Wert erkennen, den das kleinste Atom für die schließliche Einheit darstellt, umso verlorener fühlen wir uns beim Gedanken an die Hölle. Ein Zurückfallen in irgend ein Nicht-Sein, das könnten wir noch verstehen ... Aber eine ewige Nutzlosigkeit und eine ewige Pein?

Du mein Gott, hast mir befohlen, an die Hölle zu glauben. Aber Du hast mir auch verboten, mit absoluter Sicherheit von einem einzigen Menschen anzunehmen, er sei verdammt. Ich werde also hier weder versuchen, die Verdammten zu sehen, noch gewissermaßen zu erfahren, ob es solche gibt. Doch indem ich auf Dein Wort hin die Hölle als ein Bauelement des Universums annehme, werde ich so lange beten und betrachten, bis mir dieses fürchterliche Ding als eine bestärkende oder gar beseligende Ergänzung der Einblicke erscheint, die Du mir in Deiner Allgegenwart eröffnet hast.

Und wahrhaftig Herr, muss ich denn meinem Geist oder den Dingen Gewalt antun, um selbst im Geheimnis des zweiten Todes eine Quelle des Lebens zu erkennen? Ist es notwendig, lange hinzusehen, um in den Finsternissen draußen eine erhöhte Spannung und eine Vertiefung Deiner Größe zu entdecken?

Ich weiß wohl, dass die Mächte des Bösen dem göttlichen Bereich um mich herum mit ihrem freiwilligen Zerstörungswerk nichts anhaben können. Im gleichen Maße, wie sie in mein Universum einzudringen versuchen, erfährt ihr Einfluss – wenn mein Glaube nur groß genug ist – das gemeinsame Schicksal jeder geschaffenen Kraft: Von Deiner unwiderstehlichen Kraft erfasst und umgedreht, verwandeln sich die Versuchungen und Übel ins Gute und schüren die Glut der Liebe ... Die Existenz der Hölle kann also im göttlichen Bereich, ... weder etwas zerstören noch etwas verderben. Im Gegenteil. Ich spüre, wie die Hölle darin etwas Großes und Neues bewirkt. Sie fügt dem göttlichen Bereich einen Akzent, einen Ernst, eine Deutlichkeit und Tiefe hinzu, die er ohne sie nicht besäße ... Die Feuer der Hölle und die Feuer des Himmels sind nicht zwei verschiedene Kräfte, sondern nur die entgegengesetzten Kundgebungen derselben Energie.«[69]

Hölle ist die Möglichkeit der selbstgewählten Trennung, des immerwährenden »Ich will nicht dienen.« Die Möglichkeit der Hölle ist also notwendigerweise an die Freiheit der Geschöpfe gebunden. Für mich hat diese Möglichkeit, je mehr ich mich darauf einlasse, immer auch etwas mit »Dummheit« zu tun. Weshalb sollte irgendein Geschöpf immer in dieser Eingeschränktheit leben wollen?

Könnte es sein, dass nur ein Mensch seinem Mitmenschen und dem Engel diese »Dummheit« aufzeigen kann? Könnte es sein, dass das Mütterliche besonders befähigt ist, die narzistische Verblendung aufzudecken und zur Fülle zu verlocken? Ist dies gemeint mit den »Stücken des Restitutionsprozesses«, die dem Menschen überantwortet sind, von denen die jüdische Mystik kündet? – Und wenn dem so ist, was bedeutet dies für uns heutige Menschen? Trauen wir uns die Herausforderung des Pilgerführers von Lourdes zu?

»Haben Sie keine Angst heilig zu werden, öffnen Sie sich der Liebe die Ihnen angeboten wird. So werden Sie die Liebe in die Welt hineintragen. Sie werden Mutter-Gottes für die Welt von heute werden.«

Mutter-Gottes für die Welt von heute sein

Unsere Welt braucht für die sich nicht aus der Getrenntheit herauswagenden Wesen aller Dimensionen die mütterliche Liebe. Das Mütterliche, das Gertrud von Le Fort zu Recht vor allem von den Frauen erwartet, kann sich aber ebenso beim Mann entfalten. Der Transformationsprozess, der die heutige Menschheit erfasst hat, geschieht in Frauen und Männern. In meiner Arbeit als Zen- und Kontemplationslehrerin darf ich immer wieder Zeugin bei der Geburt »mütterlicher Männer« sein. Männer, die durch die Schweigemeditation zu leidenschaftlichem Engagement für die Heilung der Erde, für Gerechtigkeit und die Einhaltung der Menschenrechte erwachen. Immer mehr lerne ich Peacemaker und Peacemakerinnen kennen, die sich radikal absetzen von Aussagen wie »Da kann man nichts machen, da ist Hopfen und Malz verloren« oder »Die Summe der Laster bleibt sich gleich.« Immer öfter lerne ich Menschen kennen, die es zu ihrer bewussten Aufgabe machen, das verborgene Licht in allem Dunkeln, Verirrten und Widerspenstigen anzusprechen. Um diesen Dienst zu vollbringen, brauchen wir nicht auf irgendeine Hölle im Jenseits zu schauen. Hölle und Himmel existieren im Hier und Jetzt. In seinem erfrischenden Buch »Jesus der Zen-Lehrer« schreibt der Chinese Kenneth S. Leong, selber Christ und Zenlehrer, zu diesem Thema:

»Wir sind die Gottheit, die sich selbst vergessen hat. Wir sehen sehr hilflos aus, sind immer wieder Beute des Schicksals. Aber tief in unserem Innern sind wir Gott, der seine Allmacht versteckt, um immer wieder Situationen zu finden, in denen seine Schöpferkraft gefordert ist, und zum Zuge kommen kann. Wenn wir unsere wahre

Identität vergessen, mögen wir weinen und in unserer ›selbsterschaffenen Hölle‹ mit den Zähnen knirschen. Aber im innersten Kern unseres Wesens bleibt eine Urerinnerung, die darauf wartet, wieder erweckt zu werden.«[70]

Unter all den »Bärenhäuten«, unter allen »Schleiern«, unter allem Schutt narzistischer Verblendung, und hinter allen »Gelübden«, die Illusion der Unbewusstheit und Getrenntheit zu erfahren, ist der Mensch unbefleckt und unverletzt. Das Dogma »Immaculata-Concepta« spricht diese Dimension in uns allen an. Denn, was an Maria geschah, gilt für uns alle.

Der auferstandene Christus braucht die Hilfe des Menschen, damit er vollbringen kann, was der Evangelist des Johannes-Evangeliums Jesus sagen lässt:

»Gott hat seinen Sohn nicht in die Welt gesandt, damit er die Welt richtet, sondern damit die Welt durch ihn gerettet werde.« (3,17–18)

»Wie du mich in die Welt gesandt hast, so habe auch ich sie in die Welt gesandt.« (17, 18)

Dies setzt voraus, dass Christinnen und Christen zur Erfahrung geführt werden, Glieder am mystischen Leib Christi zu sein. Solange C.G. Jung Recht hat, wenn er sagt, die christliche Kultur hätte sich als hohl erwiesen, weil das, was in der Kirche in Wort und Bild da ist, das Innere der Menschen nicht verändert hat, weil »zu wenige erfahren haben, dass die göttliche Gestalt innerstes Eigentum der Seele ist«, solange werden wir den »Wagemut zur Miterlösung« nicht aufbringen.

Vom heiligen Augustinus stammt das Wort: »Seht was ihr seid, seid was ihr seht. Empfanget den Leib-Christi, seid der Leib-Christi.« Die Erfahrung, Glieder am Leibe Christi zu sein, ist Voraussetzung, dass wir uns, in der Macht der Liebe gegründet, zutrauen, mitzuwirken an der Erlösung der ersten Schöpfung. Die dazu notwendige Demut ist das Gegenteil von buckliger Unentfaltetheit. Nötig haben wir jene De-Mut, die weiß, dass Maria wirklich Leitbild zur Entfaltung unseres Potentials ist, und dass sie uns ermächtigen will, in ihrem Schutz dem Frieden der Welt zu dienen.

Entdecke die Stationen des Kreuzweges im Leib der Menschheit und trage mit MIR das Kreuz des Aufstiegs ins neue Licht

Erkenne MICH in den sterbenden Arten, Gewässern und Wäldern

Erkenne MICH im Schrei der hungernden Kinder und in der Scham der ihren Leib verkaufenden Mütter

Suche MICH im fehlgeleiteten Durst des Diktators und in der pervertierten Lust des Mörders

Sprich an MEINE verleugnete Gegenwart in der Kenosis der Hölle Eurer Welt und aller Schattenreiche

Heilige MEINE Gegenwart im Dunkel Eurer Zeit und fürchte Dich nicht: ICH BIN ES

Die Kreuzigung findet heute statt. Maria umarmt die leidende Menschheit.
Aus dem weißen Kreuz im Herzen Christi bricht die goldene Quelle durch Maria.

Entdecke die Stationen des Kreuzweges im Leib der Menschheit

Seit 2000 Jahren gehen Christinnen und Christen überall in der Welt den »Kreuzweg«. In vierzehn Stationen vergegenwärtigen sie sich dabei die Leidensgeschichte Jesu: von seiner Verurteilung als Gotteslästerer bis zu seiner Kreuzigung und Grablegung.

In Lourdes gibt es viele Kreuzwege. In kleinen und großen Gruppen gehen die Menschen von Station zu Station, den schmerzhaften Rosenkranz betend. Der bekannteste Kreuzweg besteht aus lebensgroßen, gusseisernen Figuren. Er führt den »Hügel des Espelugues« hinauf, südlich von Massabielle, und ist dem Kalvarienberg in Jerusalem nachgebildet.

Bei meinem zweiten Lourdesbesuch durfte ich den 1,5 Kilometer langen Kreuzweg zusammen mit einer Mitschwester, Maria Christina Eggers, begehen. Zu den üblichen Aussagen zum Kreuzweg lasen wir dabei jene Texte aus EINS UND ALLES, die Christus in seinem Abstieg und Aufstieg beim Aufbau des mystischen Leibes zeigen:

- Als Essenz aller Schöpfung, in der Demut der Kenosis, BIN ICH doch immer Ausdruck MEINER selbst; MICH erfahrend, entdeckend, entwickelnd durch den scheinbaren Gegenpol MEINER selbst: Denn, Illusion ist alle Getrenntheit
- MEIN Wort sind die kleinsten Partikel der Materie
- MEIN Schweigen sind die leeren Räume zwischen den Milliarden Galaxien des Weltalls
- MEINE Melodie ist das Summen der Insekten, das Singen der Vögel, das Rauschen der Ozeane, das Brausen der Winde
- MEINE Freude sind die Söhne und Töchter der Erde
- ICH wurde geboren als Menschensohn zur Fülle der Zeit

- ICH BIN Offenbarung des bildlosen Urbildes
- MEIN Leben und Wirken ist Deutung der Berufung aller Schöpfung: Gottes Leib zu sein
- Hinab stieg ICH nach MEINEM Tod in Höllen- und Schattenreiche, öffnend die Tore der Liebe
- In MEINER Auferstehung und Himmelfahrt gebar ICH die Samen der neuen Schöpfung
- In MIR seid ihr gestorben der alten Schöpfung, in MIR seid ihr auferstanden
- Lass los alle Bilder meines gekreuzigten Körpers. Vergangen sind die Leiden des Jesus von Nazareth: ICH BIN DER AUFERSTANDENE
- Entdecke die Stationen des Kreuzweges im Leib der Menschheit und trage mit MIR das Kreuz des Aufstiegs ins neue Licht
- Erkenne MICH in den sterbenden Arten, Gewässern und Wäldern
- Erkenne MICH im Schrei der hungernden Kinder und in der Scham der ihren Leib verkaufenden Mütter
- Suche MICH im fehlgeleiteten Durst des Diktators und in der pervertierten Lust des Mörders
- Sprich an MEINE verleugnete Gegenwart in der Hölle Eurer Welt und aller Schattenreiche
- Heilige MEINE Gegenwart im Dunkel Euerer Zeit und fürchte Dich nicht: ICH BIN ES

Das Christentum ist aus der Weisheit und Kraft des Kreuzes geboren. Es kann sich nur weiter entfalten, wenn es sich immer stärker mit dem Wesen des Kreuzes identifiziert. Dazu muss das Kreuz der Sühne und Wiedergutmachung zum Kreuz der Vereinigung und des Wachstums ausgeweitet werden, das in jeder Geste von mehr Vereinigung und Versöhnung erlösend wirkt. Das Kreuz ist die Nahtstelle, an der sich jede echte Transformation vollzieht. Alles Wachstum, jede Erneuerung, geschieht im Zeichen des Kreuzes. Denn jede Einigung bedeutet durch den Schmerz des Loslassens und Sterbens hindurchzugehen, um in größerer Fülle und neuer Integration Auferstehung zu erfahren. Der UNIVERSALE CHRISTUS trägt nicht nur die Sünden der ganzen Menschheit, sondern auch die Last und das Leid einer sich in Entwicklung zum Organismus befindlichen Welt.[71]

Die Aufforderung »*Entdecke die Stationen des Kreuzweges im Leib der Menschheit, und trage mit MIR das Kreuz des Aufstiegs ins neue Licht*« gab unserem Kreuzweg in Lourdes eine neue Tiefendimension.

So übertrugen wir die vierzehn Stationen der Leidensgeschichte des historischen Christus auf die Leidensgeschichte der Menschheit und der Erde, betteten sie ein in die zum Rosenkranz gehörenden Bitten um den Schutz Marias.

Daraus ist ein Text entstanden, der zu Gebet und Betrachtung einlädt. Es ist ein Kreuzweg, dem wir den Titel gegeben haben:

Trage in Christus das Kreuz des Aufstiegs ins neue Licht

1. Station: Jesus wird zum Tode verurteilt

Der Hohepriester sagte: »Er hat Gott gelästert! Was ist euere Meinung?« Sie antworteten: »Er muss sterben« (Matthäus 26,65-66).

Auf diese Forderung der Menge hin, ließ Pilatus Barabbas frei und gab den Befehl, Jesus zu geißeln.

JESUS WIRD ZUM UNGERECHT VERURTEILTEN. ER ERLÖST IN SEINEM HERZEN JEDES UNGRECHTE URTEIL DIESER WELT

Ae – Maria, Mutter aller unerlösten Schöpfung

- Segne alle ungerecht Verurteilten
- Segne alle ungerecht Leidenden in den Todeszellen
- Segne und heile die Opfer! Heile und segne die Täter!

Ave – Maria, Auge, Ohr, Mund, Hand und Herz des Friedens

- Durch Deine Weihe ermächtige uns, Fürsprechende aller ungerecht Verurteilten dieser Welt zu sein

Ave – Maria, Leitbild des neuen Menschen

Mit den Augen des Herzens lass uns erkennen:

- Gewandelt zu Gerechtigkeit und Weisheit ist im Herzen Deines Sohnes jedes ungerechte Urteil
- Ur-Teilen ist Teilhabe am Schöpfungsauftrag Gottes. Jeder Gedanke, jedes Gefühl, jede Tat teilt die Ur-Einheit
- Maria, Leitbild des neuen Menschen, lass unser Urteil gegründet sein im UR-EINEN
- Heile unsere Trennung aus der UR-EINHEIT und ermächtige uns zu neuen Formen des Urteils

2. Station: Jesus nimmt das Kreuz auf seine Schultern

»Verflucht sei jeder, der am Pfahl hängt.« (Galaterbrief 3,13)

Schweigend nimmt Jesus das Kreuz der Verfluchten, der Verbrecher und Ausgestoßenen auf seine Schultern.

JESUS WIRD ZUM VERFLUCHTEN. ER ERLÖST IN SEIMEM HERZEN JEDEN FLUCH DIESER WELT.

Ave – Maria, Mutter aller unerlösten Schöpfung

- Erlöse und segne alle, die die dem Menschen verliehene Kraft des Segnens missbrauchen zum Fluch
- Löse jeden Fluch zwischen verfeindeten Familien
- Löse jeden Fluch zwischen verfeindeten Nationen
- Segne und heile die Opfer! Heile und segne die Täter!

Ave – Maria, Auge, Ohr, Mund, Hand und Herz des Friedens

- Durch Deine Weihe ermächtige uns, Heilende all jener zu werden, die im Missbrauch der Kraft des Segnens gefangen sind

Ave – Maria, Leitbild des neuen Menschen

Mit den Augen des Herzens lass uns erkennen:

- Gewandelt zum Segen ist im Herzen Deines Sohnes jeder Fluch dieser Welt
- Die Macht des Denkens ist dem Menschen geschenkt
- Zur Macht des Wortes ist der Mensch erwacht
- Zur Teil-seienden Macht des göttlichen Logos ist der Mensch berufen
- Maria, Leitbild des neuen Menschen, lass unser Denken und Sprechen im UR-EINEN gegründet, zum Segen werden

3. Station: Jesus fällt zum ersten Mal unter dem Kreuz

»Er was gehorsam bis zum Tod, bis zum Tod am Kreuz.« (Philipperbrief 2, 7–8)

Auf dem Weg zur Richtstätte fällt Jesus vor Schwäche unter dem Kreuz zusammen. Er liegt am Boden.

JESUS WIRD ZUM ZUSAMMENBRUCH UNTER DEM KREUZ. ER ERLÖST IN SEINEM HERZEN JEDEN ZUSAMMENBRUCH DIESER WELT

Ave – Maria, Mutter aller unerlösten Schöpfung

- Segne alle durch die Verherrlichung der Gewalt des Krieges Zusammengebrochenen
- Segne alle durch nukleare und biologische Waffen und Minen Zusammengebrochenen und Missbrauchten
- Segne und heile die Opfer! Heile und segne die Täter!

Ave – Maria, Auge, Ohr, Mund, Hand und Herz des Friedens

- Durch Deine Weihe ermächtige uns, Fürsprechende für alle unter den Greueln der Kriege Zusammengebrochenen zu sein

Ave – Maria, Leitbild des neuen Menschen

Mit den Augen des Herzens lass uns erkennen:

- Gewandelt zum Aufgerichtet-Sein ist im Herzen Deines Sohnes jeder Zusammenbruch dieser Welt
- Auf-gerichtete Antenne zum Kosmos, durchdrungen von spielerischer Schöpferkraft, wird sein der Makanthropos, die von der Verwirrung des Krieges befreite Menschheit
- Maria, Leitbild des neuen Menschen, lass unsere Kräfte im UR-EINEN gegründet, auf- und ausgerichtet sein zum Heil und zur Freude der Welt

4. Station: Jesus begegnet seiner Mutter

Maria begleitet ihren Sohn auf seinem Weg nach Golgota. Nichts kann die Mutter tun, um den Kreuzweg ihres Sohnes zu verhindern. Nichts kann der Sohn tun, um das Leid der Mutter zu lindern.

JESUS WIRD ZUM AUSGELIEFERTEN DER STAATLICHEN MÄCHTE. ER ERLÖST IN SEINEM HERZEN ALLE PERVERTIERTE MACHT DER WELT

Ave – Maria, Mutter aller unerlösten Schöpfung

- Segne alle Mütter und Väter, deren Söhne und Töchter zu Ausgelieferten der staatlichen Mächte wurden
- Erlöse alle Mütter und Väter, die ihre Kinder nationalistischen Leitbildern opfern und zur Gewalt animieren
- Segne und heile die Opfer! Heile und segne die Täter!

Ave – Maria, Auge, Ohr, Mund, Hand und Herz des Friedens

- Durch Deine Weihe ermächtige uns, Fürsprechende aller Ausgelieferten gesellschaftlicher und staatlicher Mächte dieser Welt zu werden

Ave – Maria, Leitbild des neuen Menschen

Mit den Augen des Herzens lass uns erkennen:

- Gewandelt zum »In-sich-selber-Sein« ist im Herzen Deines Sohnes jedes Ausgeliefertsein der Welt
- In der Stille des Herzens wird geboren die neue Macht des Menschen
- Die neue Macht bewirkt, dass das Alte sterben darf und das Neue geboren werden kann
- Maria, Leitbild des neuen Menschen, lass uns, gegründet im UR-EINEN, aus der inneren Sammlung zu Boten der neuen Macht werden, die eine Macht der Liebe ist

5. Station: Simon von Zyrene hilft Jesus das Kreuz tragen

Da Jesu Schwäche zunimmt, zwingen die Soldaten Simon von Zyrene, Jesu Kreuz mitzutragen« (Lukas 23,26).

Simon hilft nicht aus Liebe. Er gehorcht äußerem Druck.

JESUS WIRD ZUM GEDEMÜTIGTEN. ER ERLÖST IN SEINEM HERZEN ALLE DEMÜTIGUNG DIESER WELT

Ave – Maria, Mutter aller unerlösten Schöpfung

- Segne alle gedemütigten Kranken und Behinderten, die auf fremde Hilfe angewiesen sind
- Segne die im Namen eines blinden Fortschritts gedemütigten eingeborenen Völker
- Segne die im Namen des Fortschritts kolonialisierten Völker
- Segne und heile die Opfer! Heile und segne die Täter!

Ave – Maria, Auge, Ohr, Mund, Hand und Herz des Friedens

- Durch Deine Weihe ermächtige uns, Fürsprechende aller Gedemütigten dieser Welt zu sein

Ave – Maria, Leitbild des neuen Menschen

Mit den Augen des Herzens lass uns erkennen:

- Gewandelt in Mut zum Sein ist im Herzen Deines Sohnes jede Demütigung der Welt
- Zärtlichkeit Gottes lebt der dem Schwachen und Gedemütigten dienende Mensch
- Geduld mit den verschiedenen Entwicklungsstufen der Menschheit ist Grundlage für den neuen Umgang organismischer Zusammenarbeit. Geduld! Ein langer Atem und Freu-

de über die entstehenden Verbindungen von Mensch zu Mensch, von Volk zu Volk, wird uns selbst verändern zu fähigen, lebendigen Gliedern des sich bildenden Organismus Menschheit

- Maria, Leitbild des neuen Menschen, lass uns, gegründet im UR-EINEN, erfahren die schöpferische Lust an der Verschiedenheit, von Mensch zu Mensch, von Volk zu Volk

6. Station: Veronika reicht Jesus das Schweißtuch dar

»Viele haben sich über ihn entsetzt, so entstellt sah er aus, nicht mehr wie ein Mensch.« (Jesaja 52,14)

Veronika reicht Jesus das Schweißtuch, um sein blutüberströmtes Gesicht zu kühlen und zu trocknen.

JESUS WIRD DER VERUNSTALTETE GOTTMENSCH. ER ERLÖST IN SEINEM HERZEN ALLE VERUNSTALTUNG DIESER WELT

Ave – Maria, Mutter aller unerlösten Schöpfung

- Segne alle durch Krankheit und Gebrechen Gezeichneten
- Segne alle durch Folter Verunstalteten
- Segne und heile die Opfer! Heile und segne die Täter!

Ave – Maria, Auge, Ohr, Mund, Hand und Herz des Friedens

- Durch Deine Weihe ermächtige uns, Fürsprechende aller in ihrer physischen Integrität und Würde Verunstalteten dieser Welt zu sein

Ave – Maria, Leitbild des neuen Menschen

Mit den Augen des Herzens lass uns erkennen:

- Gewandelt in Schönheit und Würde ist im Herzen Deines Sohnes jede Verunstaltung dieser Welt
- Jeder Mensch ist einmaliger Ausdruck göttlicher Liebe. Schönheit, Spiel und Tanz sind Schöpfungssprachen Gottes
- Anschwellen wie regengetaufte Ströme wird die Lebenskraft der Menschheit, wenn der Mensch des Menschen Würde zu ehren beginnt
- Maria, Leitbild des neuen Menschen, lass uns, gegründet im UR-EINEN, entdecken und feiern die Würde aller Kreatur.

7. Station: Jesus fällt zum zweiten Mal unter dem Kreuze

Trotz der Hilfe des Simon von Zyrene bricht Jesus zum zweiten Mal unter dem Kreuz zusammen. Alle Vorstellungen von der Allmacht Gottes kommen dadurch ins Wanken.

JESUS WIRD ZUR OHNMACHT GOTTES. ER ERLÖST IN SEINEM HERZEN ALLE OHNMACHT DIESER WELT.

Ave – Maria, Mutter aller unerlösten Schöpfung

- Segne und beschütze alle ohnmächtigen, der elterlichen Willkür ausgelieferten Kinder
- Segne die Ohnmacht der als Sklaven und billige Arbeitskräfte missbrauchten Kinder
- Segne die Ohnmacht der Jugend ohne Ausbildung und Zukunft
- Segne und heile die Opfer! Heile und segne die Täter!

Ave – Maria, Auge, Ohr, Mund, Hand und Herz des Friedens

- Durch Deine Weihe ermächtige uns, Fürsprechende aller den destruktiven Mächten ausgelieferter Kinder und Jugendlichen dieser Welt zu sein

Ave – Maria, Leitbild des neuen Menschen

Mit den Augen des Herzens lass uns erkennen:

- Gewandelt in überschäumende Lebensfreude und Heiterkeit ist im Herzen Deines Sohnes die Ohnmacht jedes Kindes dieser Welt
- Zum Leitbild für Offenheit und Weisheit wurden die Kinder von Jesus erhoben: »Wenn Ihr nicht werdet wie die Kinder...«
- Gegenwärtigung lebend, sind Kinder die Verheißung der Zukunft
- Maria, Leitbild des neuen Menschen, lass uns, gegründet im UR-EINEN, dienen dem inneren Entwurf jedes Kindes. Erfüllen wird dann das Lachen der von Ohnmacht befreiten Kinder das Haus der Erde. Zur Freude des Himmels

8.Station: Jesus begegnet den weinenden Frauen

Frauen, erschüttert von Jesu Schicksal, stehen weinend am Weg. Er weist sie an, nicht über ihn, sondern über sich selber zu weinen: »Denn wenn das mit dem grünen Holz geschieht, was wird erst mit dem dürren geschehen?« (Lukas 23, 27-31).

Noch im größten Leiden wird Jesus zum Mahnmal der Umkehr. »Weint nicht über mich ...«

JESUS WIRD ZUM MAHNMAL UND ZUR CHANCE DER UMKEHR. ER ERLÖST SEINEM HERZEN ALLE VERWEIGERUNG DIESER WELT

Ave – Maria, Mutter aller unerlösten Schöpfung

- Segne alle ihrer Wirkungsmacht beraubten, in patriarchalen Gesellschaftssystemen gefangenen Frauen
- Segne alle in ihrer Wirkungsmacht pervertierten, in patriarchalen Gesellschaftssystemen gefangenen Männer
- Segne und heile die Opfer! Heile und segne die Täter!

Ave – Maria, Auge, Ohr, Mund, Hand und Herz des Friedens

- Durch Deine Weihe ermächtige uns, Fürsprechende aller in destruktiven Gesellschaftssystemen gefangenen Frauen und Männer zu sein

Ave – Maria, Leitbild des neuen Menschen

Mit den Augen des Herzens lass uns erkennen:

- Gewandelt in Mut zu JA und Aufbruch ist im Herzen Deines Sohnes jede Verweigerung zur Umkehr
- Leben in Fülle heißt immerwährende Umkehr:
  - Umkehr von der Zerstreutheit zur Sammlung
  - Umkehr vom Abgespaltensein zur Einheit
  - Umkehr von der Verweigerung zur Bejahung

- Durch Umkehr entsteht der neue Mensch. Durch Umkehr entstehe die neue Zeit, denn: die Umkehr bringt uns in die Tiefe unseres Herzens, in die zeitlose Zeit, das EWIGE JETZT
- Maria, Leitbild des neuen Menschen, gegründet im UR-EINEN, lass Umkehr zur täglichen Nahrung des Menschen werden

9. Station: Jesus fällt zum dritten Mal unter dem Kreuz

»Er hat unsere Sünden mit seinem Leib auf das Holz des Kreuzes getragen« (1. Petrusbrief 2,24).

Ihn, »der keine Sünde kannte, hat Gott für uns zur Sünde gemacht, damit wir in ihm Gerechtigkeit Gottes würden« (2. Korintherbrief 5, 21).

Der dritte Sturz ist auf dem Hügel von Golgota. Das Wort Gottes, durch das alles geschaffen ist und in dem Alles Bestand hat (Kolosserbrief 1,16–17) liegt zum dritten Mal am Boden.

JESUS WIRD ZUR SÜNDE. ER ERLÖST IN SEINEM HERZEN ALLE SÜNDE DER WELT

Ave – Maria, Mutter aller unerlösten Schöpfung

- Segne die Menschheit auf dem Weg des Aufstiegs Gottes
- Wandle jedes Nein der Schöpfung in Dein großes JA
- Segne und heile die Opfer! Heile und segne die Täter!

Ave – Maria, Auge, Ohr, Mund, Hand und Herz des Friedens

- Durch Deine Weihe ermächtige uns, Fürsprechende aller unerlösten Schöpfung zu sein

Ave – Maria, Leitbild des neuen Menschen

Mit den Augen des Herzens lass uns erkennen:

- Gewandelt zu Hingabe und Treue ist im Herzen Deines Sohnes jede Sünde der Welt
- Aus dem Leib der Erde geboren – durch den Menschensohn neu geboren sind die Söhne und Töchter der Erde. In ihnen ruht der Same der neuen Schöpfung
- Maria, Leitbild des neuen Menschen, gegründet im UR-EINEN, lass uns erkennen und pflegen den Samen des neuen Menschen. Lass uns mitwirken am Erwachen der Menschheit

10. Station: Jesus wird seiner Kleider beraubt

Es heißt, sein Gewand war ohne Saum, an das Gewand des Hohenpriesters erinnernd.

Vor der Kreuzigung wird er seiner Kleider beraubt. Nackt steht er vor der Welt.

JESUS WIRD DIE ERZWUNGENE ENTBLÖSSUNG DES MENSCHLICHEN KÖRPERS. ER ERLÖST IN SEINEM HERZEN ALLE ERZWUNGENE ENTBLÖSSUNG DIESER WELT

Ave – Maria, Mutter aller unerlösten Schöpfung

- Segne alle zur Prostitution gezwungenen Frauen, Mädchen, Männer, Knaben und Kinder
- Segne alle Soldaten, die gezwungen werden, Vergewaltigungen als Kriegswaffe einzusetzen
- Segne und heile die Opfer! Heile und segne die Täter!

Ave – Maria, Auge, Ohr, Mund, Hand und Herz des Friedens

- Durch Deine Weihe ermächtige uns, Fürsprechende für alle in ihrer sexuellen Schöpferkraft Missbrauchten zu sein

Ave – Maria, Leitbild des neuen Menschen

Mit den Augen des Herzens lass uns erkennen:

- Gewandelt in heilige Freude und Lust der Anziehung ist im Herzen Deines Sohnes jeder Missbrauch der sexuellen Schöpferkraft dieser Welt
- Mann und Frau sind Höhepunkt der in aller Geist-Materie zur Vereinigung drängenden Anziehung. Die gegenseitige Entfaltung ihres physischen, psychischen und geistigen Potentials ist ihre Berufung
- Maria, Leitbild des neuen Menschen, lass Mann und Frau, gegründet im UR-EINEN, sich gegenseitig zur Inspiration, zur Heilung und zur Freude werden

11. Station: Jesus wird ans Kreuz genagelt

Umgeben von zwei Verbrechern, wird er gekreuzigt. In seinen letzten Worten öffnet er Türen zu neuem Leben:

»Vater, vergib ihnen, denn sie wissen nicht, was sie tun« (Lukas 23,34).

»Noch heute wirst du mit mir im Paradiese sein« (Lukas 23,43).

»Frau, siehe Dein Sohn. Sohn, siehe Deine Mutter« (Johannes 19,26-27).

JESUS WIRD ZUM GEKREUZIGTEN DER SCHÖPFUNG. ER ERLÖST IN SEINEM HERZEN DIE SCHÖPFUNG DER WELT

Ave – Maria, Mutter aller unerlösten Schöpfung

- Segne den durch unsere Unwissenheit und Habgier zur Wunde geschlagenen Planeten Erde
- Segne die durch unsere Unwissenheit und Habgier in ihrer Bestimmung und Würde verletzten Tiere und Pflanzen
- Segne und heile die Opfer! Heile und segne die Täter!

Ave – Maria, Auge, Ohr, Mund, Hand und Herz des Friedens

- In Deiner Weihe ermächtige uns, Fürsprechende der verletzten Biosphären, Ozeane, Regenwälder, Tiere und Pflanzen der Erde zu werden

Ave – Maria, Leitbild des neuen Menschen

Mit den Augen des Herzens lass uns erkennen:

- Gewandelt in die neue Schöpfung ist im Herzen Deines Sohnes die leidende, zur Wunde geschlagene Erde
- Der kosmische Christus stirbt in den sterbenden Arten, Gewässern und Wäldern

- Christus schreit im Schrei der hungernden Kinder und leidet in der Scham der ihren Leib verkaufenden Mütter
- Christus dürstet im fehlgeleiteten Durst des Diktators und in der pervertierten Lust des Mörders
- Maria, Leitbild des neuen Menschen, gegründet im Herzen des UR-EINEN, lass uns ansprechen Christi verleugnete Gegenwart im Dunkel unserer Zeit und aller Schattenreiche. Und sprich zu uns sein Wort: »Fürchte Dich nicht, ICH BIN ES«

12. Station: Jesus stirbt am Kreuze

»Mein Gott mein Gott, warum hast Du mich verlassen?« (Matthäus 27,46).

Vor seinem Tod schrie er laut und rief: »Es ist vollbracht. Vater, in Deine Hände lege ich meinen Geist« (Lukas 23, 46). Dann neigte er sein Haupt und starb.

JESUS WIRD ZUM TODE UM DEN TOD ZU TÖTEN. ER ERLÖST ALLEN TOD DER WELT

Ave – Maria, Mutter aller unerlösten Schöpfung

- Segne alle Sterbenden beim Übergang ins neue Leben
- Segne alle unvorbereitet und gewaltsam Sterbenden
- Segne und heile die Opfer! Heile und segne die Täter!

Ave – Maria, Auge, Ohr, Mund, Hand und Herz des Friedens

- Durch Deine Weihe ermächtige uns, Fürsprechende für alle Sterbenden und Armen Seelen dieser Welt zu sein

Ave – Maria, Leitbild des neuen Menschen

Mit den Augen des Herzens lass uns erkennen:

- Gewandelt zur Auferstehung ist im Herzen Deines Sohnes der Tod der Welt
- Die Gottheit ließ zu in Christus Alpha den Abstieg – und bewirkt in Christus Omega den Aufstieg. Im Menschensohn bereitet die Gottheit das Freudenmahl für alle Schöpfung
- Maria, Leitbild des neuen Menschen, gegründet im UR-EINEN, lass uns, zusammen mit allen Menschen, bereiten das große Mahl, denn SEIN Leib ist wahrhaft Speise, SEIN Blut ist wahrhaft Trank. Zurückgelassen hat ER die Speise der Unsterblichkeit

13. Station: Jesus wird vom Kreuze abgenommen und in den Schoß seiner Mutter gelegt

Vor Beginn des Sabbats wird er von Joseph von Arimathäa und Nikodemus vom Kreuze abgenommen (Johannes 19, 38f.). Maria wiegt ihren toten Sohn im Schoß.

MARIA WIRD ZUR MUTTER ALLES GEKREUZIGTEN UND TOTEN DIESER WELT

SIE SÄT DADURCH MIT IHREM SOHN DEN SAMEN DER NEUEN SCHÖPFUNG

Ave – Maria, Mutter aller unerlösten Schöpfung

- Segne alle Mütter und Väter, die ihre getöteten Söhne und Töchter in den Armen halten
- Segne alle kinderlosen Frauen und Männer, die die mütterlichen Kräfte ihres Herzens dem Sterbenden schenken
- Segne und heile die Opfer! Heile und segne die Täter!

Ave – Maria, Auge, Ohr, Mund, Hand und Herz des Friedens

- Durch Deine Weihe ermächtige uns, Fürsprechende für alles Sterbende und Tote dieser Welt zu sein

Ave – Maria, Leitbild des neuen Menschen

Mit den Augen des Herzens lass uns erkennen:

- Gewandelt in Barmherzigkeit ist alle Brutalität durch Deine Zärtlichkeit
- Weihe uns, alles Tote in unserem Herzen zu segnen, sodass wir mithelfen, den noch schlafenden Samen der Auferstehung zu erwecken
- Maria, Leitbild des neuen Menschen, im UR-EINEN gegründet, weihe uns, am Mysterium der großen Wandlung des Todes ins neue Leben mitzuwirken

14. Station: Jesus wird in das Grab gelegt

Jesus geht tiefer in die Tiefe als ins Grab. – Er steigt hinab in Höllen und Unterwelten – in die tiefste Trennung von Gott. »So ist er auch zu den Geistern gegangen, die im Gefängnis waren und hat ihnen gepredigt.« (l. Petrusbrief 3,19).

JESUS WIRD DIE GOTTFERNE. ER ERLÖST ALLE GOTTFERNE DIESER WELT.

Ave – Maria, Mutter aller unerlösten Schöpfung

- Segne alle unerlösten Wesenheiten
- Segne alle gefallenen Engel

Ave – Maria, Auge, Ohr, Mund, Hand und Herz des Friedens

- Durch Deine Weihe ermächtige uns, Fürsprechende für alle in der Getrenntheit Leidenden der Zwischenwelten zu sein

Ave – Maria, Leitbild des neuen Menschen

Mit den Augen des Herzens lass uns erkennen:

- Gewandelt in Jauchzen der Liebe ist alle Gottferne der Hölle im Herzen Deines Sohnes
- In Deiner Weihe sind wir berufen, die Werke der Finsternis aufzudecken. Ermächtige uns, einzutauchen in die Finsternis, um das dort verkümmerte Licht Christi zum Leuchten zu bringen, denn »alles Aufgedeckte wird erleuchtet. Alles Erleuchtete aber ist Licht.«
- Maria, Leitbild des neuen Menschen, im UR-EINEN gegründet, verlocke uns zur Mithilfe, dass die Tore der Hölle für immer geöffnet werden

In der Weihe der kosmischen Mutter lernt
und lehrt die neue Macht:

Sie wird geboren in der Stille des Herzens,
vor allem Tun

Sie ist getränkt von der OHN-MACHT der Liebe

»Dein Wille geschehe« ist ihre Nahrung

Die Stärke der neuen Macht
entspricht Euerem Durst zu dienen

Sei Auge, Ohr, Fuß, Hand und Herz der Königin
des Friedens

Maria hat alle Gesichter, deines und meines.
Ihre Hände sind unsere Hände.

Ausgehend von Bildern und Deutungen der jüdisch-christlichen Tradition, welche die Trennung von Gott und Schöpfung beinhalten, ging es in diesem vierten Teil darum, zu den Fragen der Menschen unserer Zeit bezüglich des Bösen vorzustoßen.

Warum greift Gott, wenn es denn sowas wie Gott gibt, nicht in Zeiten größter Not ein?

Wie kann Gottes Wesen Liebe und Allmacht sein, wenn eine ewige Hölle zu seinem Schöpfungsplan gehört? Oder, falls sie nicht zu seinem Schöpfungsplan gehört, was bedeutet dann die ewige Hölle?

Versagt Gottes Allmacht?

Durch diese Fragen wurden wir konfrontiert mit dem Abstieg Gottes, mit seiner Selbstentäußerung. Gott begibt sich in eine Werde-Welt. Im Akt der Selbstentäußerung und frei gewählten Ohnmacht gibt er seinen Geschöpfen die Freiheit, in scheinbarer Trennung und Autonomie ihr Sein auszugestalten. Er ermöglicht dadurch seinen Geschöpfen den Aufstieg ins neue Licht, wie im Kreuzweg dargestellt. Der Prozess der Erlösung geht weiter und schließt Hölle und Schattenreiche mit ein.

Christi Gegenwart in der Hölle und in allen Schattenreichen

Hans Jonas, der von den Greueln des Holocausts gezeichnete Jude, stellt mit seinem ganzen Wesen die Frage, weshalb Gott in Auschwitz schwieg. Und die Antwort, die er in seinem Herzen findet, lautet – wie wir sahen: Gott konnte in seiner frei gewählten Selbst-Entäußerung und Ohnmacht nicht handeln. Er konnte nichts tun.

Angesichts der Frage nach dem Sinn dieser frei gewählten Ohnmacht kommt Jonas zur Formulierung, dass Gott sich so weit entäußerte, um der »größtmöglichen Vergöttlichung der Schöpfung« willen. In dieser Formulierung sind Aufgabe und Macht des Menschen komprimiert ausgedrückt. Es lohnt sich, sich näher mit dieser Aufgabe und Macht zu befassen. Die ergreifende Formulierung von Jonas macht aber nicht nur eine Aussage über den Menschen, sondern ebenso über Gott. Sie verweist auf Gottes Sehnsucht, vom Menschen erkannt, freiwillig bejaht und geliebt zu werden. Denn:

> »Nachdem er sich ganz in die werdende Welt hinein gab, hat Gott nichts mehr zu geben. Jetzt ist es am Menschen, ihm zu geben. (...) Nicht Gott, sondern die Menschen müssen sich vor Gott, vor der Evolution und der Geschichte für alles vermeidbare nicht notwendige Übel und für alles Böse rechtfertigen.«[72]

Die Aussage »nun ist es am Menschen, Gott zu geben« verweist auf die Größe des Menschen und löst gerade daher auch Hilflosigkeit und damit verbunden Abwehr aus. Wie kann der Mensch Gott aus seiner selbst gewählten Ohnmacht befreien? Wie kann der Mensch gutmachen, was er dem Menschen und dadurch Gott angetan hat?

Schon in der Auseinandersetzung mit den Themen Gerechtigkeit und Barmherzigkeit sahen wir, dass es einen Weg gibt, um das, was wir der Gottheit als »versagender Verwalter ihrer Sache« (Jonas) angetan haben, wieder gutzumachen: Die mütterliche Barmherzigkeit, die alle Gerechtigkeit übersteigt, weil sie unter gar keinen Umständen einer ewigen Hölle zustimmt, ist der Schlüssel, um wieder gutzumachen, um »die Schmach vom entstellten Gesicht des Menschen und dem Antlitz Gottes wegzuwischen« (Jonas).

Maria ist Prototyp der mütterlich lockenden Liebe. In ihrer Weihe und Ermächtigung kann der Mensch seine Mütterlichkeit entwickeln: jene mütterliche Barmherzigkeit, die das pubertär-trotzige »ich will nicht dienen« zum Schmelzen bringt; das Nein in unserem eigenen Herzen, das Nein im Herzen des Verbrechers und Mörders, das Nein im Herzen der Hölle.

Am Kreuz hat Jesus von Nazareth in seinem »Vergib ihnen, sie wissen nicht was sie tun« den Samen für den »neuen Menschen« gesät. Der »neue Mensch« kann nur geboren werden, wenn er die mütterliche Barmherzigkeit entwickelt.

Als ich einer Freundin den in Lourdes entstandenen Kreuzweg zeigte, erschrak sie. Formulierungen wie »Jesus wird zur Ohnmacht, er erlöst in seinem Herzen alle Ohnmacht dieser Welt« – oder »Jesus wird zur Sünde, er erlöst in seinem Herzen alle Sünde dieser Welt« erschienen ihr gefährlich. Sie befürchtete, diese Aussage könnte als Freibrief, »drauf los zu sündigen« verstanden werden, da ja schon alles erlöst ist.

Genau das Gegenteil ist gemeint und notwendig. Wenn es im 2. Korintherbrief heißt, dass Gott den, der keine Sünde kannte, für uns zur Sünde gemacht hat, damit wir in ihm Gerechtigkeit Gottes würden (5,21), so ist damit ausgesagt, dass Jesus das dunkelste Dunkel dieser Welt wurde, um dadurch den Samen des Lichts, den Samen des »neuen Menschen« zu säen.

Unser Planet mit all seinen Geschöpfen ist in den Tod Christi, der alle Feindschaft auflöst, getauft und in seiner Liebe gesegnet. Der Same des Lichts kann aber nur zum Leuchten kommen, wenn der Mensch zu seiner Verantwortung erwacht. Zu jener Verantwortung, die bereit ist anzunehmen, dass Gottes Selbstbeschränkung und Ohnmacht den Menschen befähigt, seine ihm geschenkte Freiheit und Macht zum Wohle allen Lebens zu entfalten und einzusetzen; zu jener Verantwortung, aus welcher der Mensch begabt wird, seine ihm von Gott zugedachte Größe anzunehmen, »Gott zu geben...!« (Jonas) und ihn dadurch aus seiner frei gewählten Ohnmacht zu befreien. Dies zu lernen, ist Gabe und Aufgabe unserer Zeit. Das Wort des Paulus »mit Christus seid ihr auferweckt« (Kolosserbrief 3,1) bedeutet, dass das Mysterium der Wandlung aller Schöpfung in den mystischen Leib Christi entscheidend vom Ja des Menschen abhängt.

Der Mensch ist erst ein Entwurf seiner selbst. Zu seiner Entfaltung zum Lichtwesen muss er, christlich ausgedrückt, lernen, Christi Gegenwart in allem Dunkel des Lebens anzusprechen und dadurch das verborgene Licht Christi aufdecken und befreien.

»Einst wart ihr Finsternis – jetzt aber seid ihr durch den Herrn Licht geworden. Lebt als Kinder des Lichts. Habt nichts gemein mit den Werken der Finsternis, die keine Frucht bringen, sondern deckt sie auf. (...) Alles, was aufgedeckt ist, wird zum Licht erleuchtet. Alles Erleuchtete aber ist Licht« (Epheserbrief 5, 8–14).

Christi Gegenwart und Kenosis in der Hölle und allen Schattenreichen bedeutet, dass er in den Werken der Finsternis anwesend ist. An uns ist es, dass wir ihn als das in der Finsternis verborgene Licht ansprechen und dadurch wirksam werden lassen.

Maria-Assumpta, die erste Lichtgestalt der Erde, die im Kleid des »neuen Menschen« lebt, ist Schutz und Schild, wenn wir die Werke der Finsternis aufdecken. Die Virgo Potens, die machtvolle Jungfrau, will uns ermächtigen, Kinder des Lichts zu sein.

Aus dem Herzen wird geboren die neue Vereinigung
von Mann und Frau:

Mann und Frau sind zur gegenseitigen Inspiration
und Freude berufen

Erwachend begegnen sich Mann und Frau.
Die Fenster des Herzens sind offen.

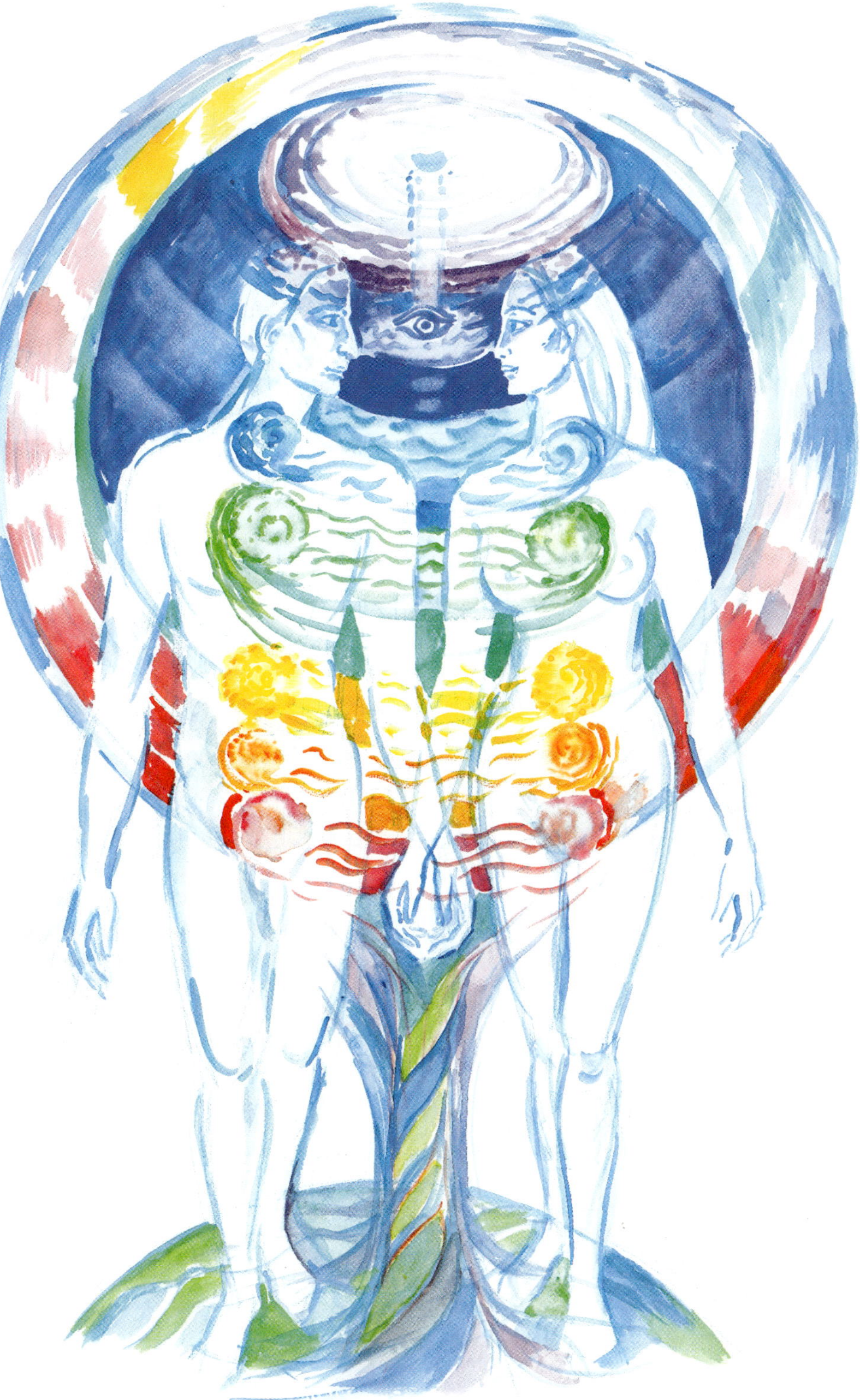

5 Maria – Urbild und Lehrerin neuer Macht

Indirekt ist »Macht« ein roter Faden, der sich durch die ersten Teile dieses Buches zieht. Im Folgenden soll dieser Aspekt eigens thematisiert werden. Dabei lassen wir uns wieder von dem Text EINS UND ALLES leiten. Dort heißt es:

- In der Weihe der kosmischen Mutter lernt und lehrt die neue Macht:
  - Sie wird geboren in der Stille des Herzens vor allem Tun
  - Sie ist getränkt von der OHN-MACHT der Liebe
  - »Dein Wille geschehe« ist ihre Nahrung
  - Die Stärke der neuen Macht entspricht Eurem Durst zu dienen

Das luziferische »Ich will nicht dienen« ist der Ausdruck jener Macht, die sich von der Einheit mit dem Urquell allen Seins gelöst hat, um in scheinbarer Autonomie die personale Freiheit zu entfalten.

Das marianische »Dein Wille geschehe« ist der Gegenpol zum »luziferischen Nein«. Es ist die aus dem Urquell gespeiste Macht, die *Seinsmacht*, also der Gegensatz zur egozentrierten *Habensmacht*. Maria, als Leitbild für die Entfaltung des menschlichen Potentials kann uns helfen, unsere Seinsmacht zu entfalten.

Der Mensch hat einen unauslöschbaren Drang nach Selbsttranszendenz, nach immer größerem »Mehr-Sein«. Noch kompensieren wir unseren Durst nach »MEHR-SEIN« vorwiegend mit »MEHR-HABEN«. Da aber aller Reichtum der Welt unseren Hunger nach Seinsmacht nicht zu stillen vermag, werden wir immer hungriger...!

Wir sahen: Das mythologische Bild von Luzifer, der sich gegen Gott erhebt, ist Ausdruck der Selbstentäußerung Gottes, der sich in seiner Schöpfung so weit zurücknimmt, gleichermaßen »versteckt«, dass für die Geschöpfe ein Raum der Freiheit entsteht. Der Sinn dieser Selbstentäußerung Gottes ist das freie Liebes-Ja des Menschen. Damit der Mensch und mit ihm die Schöpfung zu diesem freien JA fähig wird, musste die Trennung aus der Ur-Einheit stattfinden. Bevor der Mensch zum göttlichen »ICH BIN« erwachen kann, musste er sich in einem »egozentrierten Ich« erfahren und individualisieren.

Diese Phase der Mensch-Werdung hat nun ihren Höhepunkt bereits soweit überschritten, dass nicht nur der Mensch, sondern auch der Planet Erde in seiner Existenz gefährdet ist. Das aus der Habensmacht geborene Streben nach immer mehr Konsumwachstum stößt nun an Grenzen. Was die reichsten 10% der Weltbevölkerung an Energie, Wasser, Erdfläche, Luft und anderen Naturgütern verbrauchen, kann von den übrigen 90% nicht gleichermaßen verbraucht werden, ohne dass die Erde ökologisch kollabiert.

Seit dem Umweltgipfel der Vereinten Nationen in Rio de Janeiro 1992 wissen wir, dass das ökonomische Jahrhundert durch ein ökologisches Jahrhundert abgelöst werden muss. Sollen Erde und Menschheit überleben, brauchen wir ein neues Wohlstandsmodell und eine gerechtere Verteilung der Güter.

Alles Wissen um den bedrohten Planeten und die bedrohte Menschheit löst den notwendigen Wandel aber nicht aus, solange der Mensch in den Klauen der Egozentrik gefangen bleibt. Die Frage, wie die während einer Zeitspanne der Mensch-Werdung notwendige Egozentrik in eine allem Leben dienende Seinsmacht gewandelt werden kann, ist daher von großer Dringlichkeit. Dazu ist notwendig, die Bedeutung der Ich-Entwicklung innerhalb der Menschheit näher anzuschauen.

Persönliche Auseinandersetzung zum Thema »Ich«

Meine erste bewusste Auseinandersetzung mit Bedeutung und Funktion der Ich-Entwicklung erfolgte, als ich mit 27 Jahren in ein katholisches Säkularinstitut eintrat. Zum Zentrum dieser religiösen Gemeinschaft, die sich vorwiegend auf die Resozialisierung von Jugendlichen spezialisiert hatte, gehörte die »Weihe an Gott, mitten in der Welt«.

Als ich, gedrängt durch einen Tiefenimpuls, Kandidatin der Gemeinschaft wurde, befand sich diese bezüglich der pädagogischen Arbeit, wie auch bezüglich der spirituellen Verankerung und Ausrichtung in einer Übergangsphase. Alle Mitglieder wussten um die Notwendigkeit einer spirituellen und strukturellen Erneuerung, aber niemand sah, wie diese Erneuerung stattfinden sollte. Die dadurch entstandene Verunsicherung wurde kompensiert durch besondere Betonung der so genannten unantastbaren Grundvoraussetzungen »der Weihe an Gott«: das Brechen des Eigenwillens und das Sterben des Ichs.

Formulierungen wie: »Zum Stand der Vollkommenheit gehört der Verzicht auf jeden Eigenwillen« oder: »Im Gehorsam gegenüber Deinen Oberen verwirklichst Du den Gehorsam gegenüber Gott« gehörten zu den Kernelementen meiner spirituellen Ausbildung.

Die Auseinandersetzung mit diesem Gehorsamsverständnis führte mich zu einer jahrelangen Auseinandersetzung mit der Frage nach dem Sinn der Ich-Entwicklung und zu vielen Gesprächen mit Menschen, die den Weg der Gelübde jahrzehntelang praktiziert hatten. Ich sah viele in ihrer Vitalität gebrochene Menschen, die an unentfaltetem Leben litten.

Die zweite Phase der intensiven Auseinandersetzung bezüglich der Ich-Entwicklung des Menschen begann, als ich 1976 im Auftrag des Eidgenössischen Justiz- und Polizeidepartementes der Schweiz ein Therapieheim für »besonders schwierige Jugendliche« aufbaute. Es waren vorwiegend Jugendliche mit »Ich-Störungen«. Die Ich-Stärkung war Hauptthema sowohl der therapeutischen wie auch der pädagogischen Arbeit.

So wurden meine Fragen nach der Bedeutung des Ichs auf dem Weg der Erleuchtung und Gotteinigung erweitert durch Fragen zur Bedeutung des Ichs für die psychische Gesundheit des Menschen. Ohne ein starkes Ich, so erfuhren wir täglich, ist die Ausgestaltung des inneren Lebensentwurfes und die Übernahme von Verantwortung nicht möglich.

Von all den verschiedenen Persönlichkeitstheorien, die ich im Kontext meiner Fragen erforschte, gab mir Leopold Szondis Ich-Analyse die umfassendsten Antworten:

Welches Ich muss sterben, um ganz Mensch zu werden?

Welches Ich darf niemals sterben, um ganz Mensch zu werden?

Wie kann das egozentrische Ich zur Treppe werden, die mich zum göttlichen Selbstbewusstsein, zum großen ICH BIN führt?

Ich-Entwicklung nach Leopold Szondi

Nach Leopold Szondi ist das Ich, oft auch das »empirische Ich« genannt, der »Pontifex Oppositorum«, der Brückenbauer zwischen allen Gegensätzen. Das empirische Ich ist jene Dimension in uns, durch die sich unsere Personalisation, d.h. unsere Mensch-Werdung vollzieht.

Der Mensch ist in der Vergangenheit verwurzelt, lebt in der Gegenwart und richtet sich immerfort in die Zukunft aus. Das empirische Ich baut in uns die Brücke zwischen Gegenwart, Vergangenheit und Zukunft. Das Ich ist jene Instanz in uns, die immerfort Gegenwart, Vergangenheit und Zukunft verbindet. Nach Szondi ist das gesunde Ich niemals nur im Diesseits. Es transzendiert die Gegenwart immerfort in Richtung Vergangenheit und Zukunft.

»Genauso, wie das Bewusste und Unbewusste zwei Landschaften der Seele sind, die beide am Ich hängen, müssen wir sagen: am Ich hängt das Diesseits und Jenseits. Vergangenheit und Zukunft sind für das Ich ein komplementäres Gegensatzgebiet, das es zu übersteigen vermag. Das gleichzeitige Sein in der Gegenwart und jenseits der Wirklichkeit ist ein Sonderattribut des menschlichen Seins, das nur durch das »transzendierende Ich« möglich wird. Ohne das Ich gibt es für den Menschen weder eine bewusste Gegenwart noch eine bewusste Jenseitigkeit. Im Ich wird die Welt ihrer Selbst bewusst.

Das Ich ist Träger der Einzelseele und der ganzen archaischen Erbschaft, Schöpfer der Religion, Kunst, Wissenschaft, Technik, Kultur und Zivilisation. Das Ich ist der Machtverteiler, der Organisator der komplementären Koexistenz und der ergänzenden Kooperation der Gegensatzpole der bewussten und unbewussten Seele. Das Ich individualisiert, sozialisiert, sublimiert und humanisiert alle Gegensätzlichkeiten der menschlichen Triebnatur. Das Ich ist weder der allmächtige Gott, noch der ohnmächtige Mensch. Das Ich ist weder Geist noch Natur. Es ist die Brücke zwischen Geist und Triebnatur. Das Ich ist weder Diesseits noch Jenseits, es ist die Brücke zwischen Diesseits und Jenseits.«[73]

Damit das Ich seine Pontifex-Tätigkeit ausüben kann, braucht es drei Fähigkeiten:

– die Fähigkeit zur Transzendenz, d.h. die Fähigkeit, von einem Pol zum anderen zu übersteigen;
– die Fähigkeit zur Integration, d.h. die Fähigkeit zur Wiederherstellung des Ganzen aus seinen Teilen;
– die Fähigkeit zur Partizipation, d.h. das Wiedereinssein-Können mit Menschen, Dingen, Welt und Gott.

Das »empirische Ich«, wie Szondi es beschreibt, hat als Brückenbauer zwischen allen Gegensätzen eine transzendierende, integrierende und partizipierende Funktion.

Leopold Szondis Ich-Analyse hat mit geholfen, Klarheit in meine Fragen zu bringen. Ich unterscheide:

Das empirische Ich als Ort der eigentlichen Menschwerdung ist jene Instanz im Menschen, in der er zur Freiheit und Verantwortung gerufen ist.

Das »empirische Ich« ist der Machtverteiler und Brückenbauer zwischen allen Gegensätzen.

Dieses Ich darf niemals sterben. Im Gegenteil. Der Mensch, der ein gesundes, starkes »empirisches Ich« ausgebildet hat, ist weniger der Gefahr der Egozentrik ausgeliefert, als der »Ich-schwache« Mensch.

Das egozentrische Ich ist das, was in den östlichen Traditionen als Maya, als Illusion bezeichnet wird. Zu Recht. Das »egozentrische Ich« ist die Illusion, getrennt von der Umwelt und in eigener Autonomie zu existieren. Ähnlich wie das empirische Ich, ist auch das egozentrische Ich vorwiegend in seinen Wirkungen zu erkennen. Das »egozentrische Ich« ist abgeschnitten von der Einheit allen Lebens. Es ist auch weitgehend abgeschnitten vom eigenen Urgrund. Es wähnt sich autonom in sich selber, und hat die Fähigkeit zur Partizipation, zum Einssein und In-Beziehung-Sein, kaum entwickelt.

Dieses egozentrische Ich war während der Phase der Individualisierung des Menschen notwendig. Nun aber darf es sterben. Das Ziel des zur Verantwortung gerufenen Menschen, dem als Mitschöpfer und Mitschöpferin Gottes der Faden der Evolution in die Hand gegeben wurde (C. Bresch), ist daher nicht Ich-Losigkeit sondern Ich-Freiheit.

Ich-Freiheit bedeutet, selbstbewusst im Allbewusstsein zu erwachen. Christlich ausgedrückt heißt Ich-Freiheit »Ich und der Vater sind eins«.

Ich-Freiheit ist umso eher erreichbar, als wir um die Notwendigkeit des egozentrischen Ich's als Stufe auf dem Weg des Aufstiegs wissen und entsprechend damit umgehen!

Das große **ICH BIN** ist, christlich ausgedrückt, das im Menschen immanente, trinitarische Geheimnis. Gott schuf uns nach seinem Bild und Gleichnis. Versteckt in uns west der grundlose Grund unseres Seins, der uns hält, und uns gleichzeitig in Freiheit in einen Kosmos entlassen hat, der eine offene, nicht vorherbestimmte Struktur aufweist. Ein Kosmos, in dem Gesetzmäßigkeiten, Zufall, Chaos und Offenheit gleichzeitig wirksam sind.

Das große ICH BIN ist die in uns in der Selbstentäußerung wesende Gottheit. Würde sie sich ganz zurückziehen, würden wir ins Nichts zurückfallen. ICH BIN, die Fülle der Nichtsheit, wurde der Menschheit von Jesus von Nazareth in besonderer Weise als LIEBE offenbart.

Wir sahen: Der in der Selbstvergessenheit des »egozentrischen Ichs« lebende Mensch ist in Wirklichkeit keinen Augenblick abgeschnitten von seinem Seinsgrund. Wäre er abgeschnitten, er würde sofort aufhören zu existieren.

Das große ICH BIN in uns lässt zu, dass wir unseren Seinsgrund negieren, uns nicht um die von dort anklopfenden Impulse kümmern, oder diesen das »Nein, ich will nicht dienen« entgegensetzen. All dies lässt die Gottheit zu, weil sie will, dass wir in Freiheit zu Mitschöpfern und Mitschöpferinnen erwachen und die in dieser Freiheit liegende Aufgabe und Verantwortung annehmen.

Das »egozentrische Ich« hatte die Aufgabe, unsere Selbstvergessenheit und damit verbunden unsere Individualisierung einzuleiten und voranzutreiben. Dies ist nun soweit geschehen, dass sowohl die Menschheit wie auch unser wunderschöner Planet Erde in ihrer Weiterexistenz bedroht sind. Die Zeit ist daher gekommen, in der wir, unter Beibehaltung aller guten Früchte der Individualisierung, den Zugang zu unserem »wahren Wesen«, und damit zur Einheit allen Lebens, wieder finden dürfen. So dies geschieht, werden wir immer mehr vom egozentrischen Ich befreit. Wir werden ichfrei.

Nur in dieser Ich-Freiheit wird es dem Homo-Sapiens möglich, seinem Namen und seiner Bestimmung zu entsprechen. Ich-Freiheit erschafft aus dem Wissenden den Weisen, dem rational Fixierten den Erkennenden.
Der Homo-Sapiens-Sapiens, der aus seinem wahren Wesen und dadurch in der Ich-Freiheit lebt, wird erfahren, dass der Mensch in seinem jetzigen Zustand erst ein Entwurf seiner selbst ist. Ein Werde-Wesen, das, von der Egozentrik befreit, zu ganz anderen Verhaltensweisen als bis anhin fähig wird. Ich-Freiheit wird dem Menschen ermöglichen, jene Seinsmacht zu entfalten, die immer mehr von spielerischer Freude und Schöpferkraft geprägt ist. Eine Seinsmacht, die dem Leben dient und von der Erkenntnis geleitet wird, dass wir berufen sind »Kinder des Lichtes« zu werden.

Maria-Aeiparthenos, die Ewig-Jungfrau ist Leitbild der Ich-Freiheit und der aus dem Seinsgrund gespeisten Macht. Sie kann daher Leitbild in unserem Suchen nach jener Macht sein, die aus der Stille des Herzens vor allem Tun geboren wird. Das nächste Kapitel weist Wege, wie die Ich-Freiheit zu einem lockenden Ziel unserer Selbstwerdung wird.

Die neue Macht wird geboren in der Stille des Herzens vor allem Tun

Wo ist die Stille des Herzens? Wie finden wir zu ihr und was hat die Stille des Herzens mit Macht zu tun?

In den spirituellen Quellen aller großen Religionen gibt es Versenkungswege. Wege, die uns vom Oberflächenbewusstsein in die Tiefe weisen. Der erste Schlüssel zur eigenen Tiefe, der uns aus der Selbstvergessenheit befreit, trägt den Namen Einkehr. Beispiele aus der deutschen Mystik mögen dies verdeutlichen:

»Geh in Deinen eigenen Grund. Inwendig im Innersten der Seele, da ist Dein Leben, und da allein lebst Du.«[74]

»Ist man frei und hat Muße, dann soll man mit allen seinen Teilen und allen Kräften und Sinnen nach innen gesammelt und geeint und in den Grund versunken sein.«[75]

»Will der Mensch kraftvoll im Innern wirken, so muss er alle zersplitterten Kräfte der Seele wieder heimrufen und sie aus allen zerteilten Dingen sammeln zu einem innern Wirken.«[76]

Diese Stimmen aus der deutschen Mystik des 12. und 13. Jahrhunderts zeigen, was mit Einkehr gemeint, und was dazu notwendig ist. Sie zeigen, dass die Sammlung aus der Zerstreuung zur Einheit, die »Bewusstseinseinigung«, unabdingbare Voraussetzung ist, um die »Stille des Herzens« zu erfahren. Das geeinte Bewusstsein wird oft auch Schwellenbewusstsein genannt. Es ist Voraussetzung zu jener Bewusstseinsleerung, die in der christlichen Tradition mit Versunkenheitsbewusstsein, im Zen-Buddhismus mit »Sanmai« umschrieben wird.

Johannes Tauler, ein Schüler von Meister Eckehart, hat den Vorgang der Bewusstseinseinigung meisterhaft beschrieben:

»Es muss eine kraftvolle Einkehr geschehen, ein Einholen, eine innere Sammlung aller Kräfte, der niedersten wie der höchsten, ein Einswerden aus aller Zerstreuung; sind doch alle Dinge vereint kraftvoller. Wer etwas tief erkennen will, der wendet alle seine Sinne darauf und zwingt seine Sinne auf einen Punkt in der Seele, von wo sie ausgeflossen sind. So wie alle Zweige aus dem Stamm des Baumes hervorgehen, so werden alle Sinneskräfte, Gefühl und Entschlusskraft vereinigt im Grund. Dies ist die Einkehr.«[77]

Die Bewusstseinseinigung ist ein aktiver Vorgang. Die Bewusstseinsleerung geschieht von selbst, wenn unsere Konzentration stark genug ist und die Gnade uns berührt. Dann beginnen sich die türlosen Türen nach innen zu öffnen.

Der Dominikaner Heinrich Seuse, ebenfalls ein Schüler von Meister Eckehart, beschreibt den Zustand der Bewusstseinsleerung mit Worten, die der modernsten Ich-Psychologie standhalten:

»Die Versenkung nimmt dem menschlichen Geist Bild und Form und alle Vielheit ab. Er gelangt in eine wahrnehmende Unwissenheit seiner selbst und aller Dinge und wird in den Abgrund der ineinanderfließenden Einheit hineingetragen, wo er Seligkeit gemäß der höchsten Wahrheit erfährt. Darüber hinaus gibt es kein Streben noch Mühen, denn Anfang und Ende sind eins geworden und der Geist ist – sich selbst entsunken – eins mit dem göttlichen geworden.«[78]

Die Formulierung »Er gelangt in eine wahrnehmende Unwissenheit seiner selbst und aller Dinge« drückt den Unterschied zwischen Ich-Losigkeit und Ich-Freiheit aus.

Die Instanz, die im grundlosen Grund wahrnimmt, ist das »empirische Ich«, das sich in der Versunkenheit absolut passiv verhält. Es »tut« nichts, aber es nimmt wahr! Menschen in Kontemplationswochen und Zen-Sesshins, die das Versunkenheitsbewusstsein zum ersten Mal schmecken, kommen regelmäßig tief bewegt, nach Worten ringend, zum Einzelgespräch. Die darin verkostete Seligkeit ist anders als jede mit den äußern Sinnen geschmeckte Seligkeit: eine Seligkeit, die nur in der Stille des Herzens aller Herzen erfahrbar wird.

Die christliche Tradition kennt den so genannt apophatischen Weg der Bewusstseinseinigung und Bewusstseinsleerung. Aber die christliche Tradition entwickelte keinen Weg in die Stille des Herzens, der sich so wunderbar säkularisieren und für den Menschen des 21. Jahrhunderts bereiten lässt, wie es der Zen-Buddhismus tat. Die Zen-Meditation ist ein Geschenk an die Menschheit. Zen-Sesshin sind Perioden, in denen das »Nicht-Denken« angestrebt wird. Sesshin kann mit »Einsammeln im Herzgeist« übersetzt werden.

Zazen, d.h. Sitzen in Versunkenheit, führt uns in die Stille des Herzens, in jenen grundlosen Grund, der von buddhistischen und christlichen Weisen mit NICHS umschrieben wird.[79]

»Der Mensch kann in dieser Erdenzeit dahinkommen, dass er sich als eins begreift in dem, das da ist das Nichts aller Dinge, die man verstehen oder benennen kann. Und dieses Nichts nennt man allgemein Gott, und das ist an sich selber ein allerwesenhaftes Sein. Und hier begreift sich der Mensch als Eins mit diesem Nichts.«[80]

Zen-Buddhisten drücken die Erfahrung des Nichts anders aus. Im Mumonkan, einer der bekanntesten Koan-Sammlungen, heißt es zur Wesensnatur, dem Nichts: »Verstehe es nicht als seiend oder nichtseiend.« Während es in der christlichen Mystik Aussagen gibt, die das NICHTS, d.h. die Erfahrung des gestalt- und formlosen Urgrundes aller Wirklichkeit fast identisch mit dem Zen-Buddhismus ausdrücken, gibt es Äußerungen, die zeigen, dass das Nichts als »Person« im Sinne von absoluter Selbstbewusstheit erfahren wird. Wie wir schon sahen, hat dieses Verständnis von Person nichts mit anthropomorph zu tun.

Das trinitarische Geheimnis im Sinne des seinslosen Seins leuchtet im folgenden Text aus der christlichen Mystik auf:

»Das Band aus drein ist tief geheim, und ihren Kreis kein Sinn begreift: hier ist ein' Tiefe ohne Grund. Hier ist schachmatt Raum, Zeit, Gestalt. Der Wunder Ring: ein Quell der springt, ganz unbeweget steht sein Punkt.«[81]

In der Begegnung von Zen-Buddhisten und Christen gibt es immer noch Menschen, die sich darüber streiten, welche Erfahrung des grundlosen Grundes nun die tiefere und edlere sei.

Liegt in der Gleichheit und Verschiedenheit der Erfahrungen nicht das Geheimnis des Absoluten? Und kann uns die Verschiedenheit nicht in wunderbare Ergänzungen hineinführen? – Ob das NICHTS nun unpersonal oder überpersonal erfahren wird, der zenbuddhistischen wie auch der christlichen Tradition gemeinsam ist jedenfalls die Botschaft, dass der Mensch erst dann zu sich selber, zu seiner tiefsten Bestimmung findet, wenn er dieses Nichts, wenn er seinen grundlosen Grund erfährt. Und in beiden Traditionen ist die Einkehr der Schlüssel zur Wesensschau:

»Werd' wie ein Kind, werd' taub und blind! Dein Eigengut Nichts werden muss; senk in den Grund, was ist und alles Nichts zumal! Lass Ort, lass Zeit, auch Bild lass weit! Geh ohne Weg den schmalen Steg! So stößt Du auf der Wüste Spur.«[82]

Die Verschiedenheit in der Erfahrung des NICHTS wird in vielen Texten von Johannes Tauler besonders prägnant deutlich:

»Wenn man versinkt in den innerlichen Abrund Gottes, verliert man sich ganz und gar in rechter, wahrer Verlorenheit seiner selbst. › Ein Abgrund ruft den andern in sich hinein.‹ Der geschaffene Abgrund zieht seiner Tiefe wegen an. Seine Tiefe und sein erkanntes Nichts, das zieht den ungeschaffenen offenen Abgrund in sich hinein, und da fließt der eine Abgrund in den andern hinein und wird da ein einig Eines, ein Nichts in dem anderen Nichts.«[83]

Der »Weg ohne Weg« in die Stille des Herzens aus der monastischen Tradition des Zen-Buddhismus ist Zazen, d.h. Sitzen in Versunkenheit. Das Zen-Sesshin wird von Tausenden von Menschen überall in der Welt gesucht, weil diese Tage der Bewusstseinseinigung und Bewusstseinsleerung eine Art von »Kloster auf Zeit« für den heutigen Menschen ermöglichen.

Zen-Sesshin, wie auch Wochen des kontemplativen Gebets bewirken eine tiefe Reinigung und Regeneration. Und in dem Maße wie auf dem fortschreitenden Weg das innere Auge geöffnet wird, beginnen wir uns selber und die Welt neu zu sehen. Das ist gemeint mit Kensho oder Satori. Das ist auch gemeint mit der »Via Illuminativa«. Aber die Wesensschau ist nur der erste Schritt auf dem Weg. Wie schon erwähnt, eine Erleuchtung macht noch keinen Erleuchteten. Erst wenn wir aus der Wesensschau zu sehen und zu handeln beginnen, kann die »neue Macht« geboren werden. Sowohl in der christlichen wie auch in der zen-buddhistischen Tradition wird dem Menschen gezeigt, dass er nur durch Einkehr in seinen allerinnersten, grundlosen Grund zu seinem wahren Wesen erwachen kann, durch das er das Reich Gottes in sich und in allen Dingen erfährt.

Beide Traditionen zeigen uns, dass alles in uns liegt – und es von daher nichts zu erreichen gibt. Beide Traditionen zeigen ebenso, dass der Einsatz all unserer Kräfte nötig ist, damit der in uns verborgene Schatz ans Licht gehoben und für uns und die Welt wirksam werden kann.

Meister Eckehart sagt zu diesem Paradox:

»Ich habe jetzt schon alles das, was ich ewiglich haben soll, was uns aber verborgen ist. Diesen Schatz, das ist das Reich Gottes, den haben verborgen die Zeit und die Vielheit der Dinge, und die eigenen Werke des Menschen. Je mehr sich nun der Mensch scheidet von all dieser Vielheit, umso mehr entdeckt er in sich das Reich Gottes.«[84]

Das Leben, gestaltet aus der Verankerung in der Stille des Herzens, erschließt dem Menschen alle Facetten des Alltags in neuer Weise, auch das Thema Macht. Die »Habensmacht« nimmt ab, die Seinsmacht wächst.

Wie aber sieht der immer mehr von der Habensmacht befreite Mensch, der durch die aus der Stille des Herzens geborene Seinsmacht sein Leben gestaltet, aus?

Maria, Virgo Potens, die machtvolle Jungfrau, weist den Weg, wie wir die heute so notwendige Seinsmacht entfalten können.

Die neue Macht ist getränkt von der OHN-MACHT der Liebe

W

»Warum bleibt ihr nicht in euch selbst und greift in euer eigenes Gut? Ihr tragt doch alle Wahrheit wesenhaft in euch.«[85]

»Der Mensch besitzt jetzt in seiner Natur großen Reichtum; je mehr er sich nach außen wendet, umso ferner ist er ihm, je mehr er sich nach innen wendet, umso näher ist er ihm. Wer zu seinem inneren Reichtum gekommen ist, der wirkt alle äußeren Dinge desto besser.«[86]

Auch in außerchristlichen spirituellen Traditionen finden wir ähnliche Aussagen über das spirituelle Potential des Menschen: Die wesenhaft in uns lebende Wahrheit ist das Göttliche in uns.

Würden Kinder, angeleitet durch die Eltern, die Schulen, den Religionsunterricht, mit dieser Botschaft aufwachsen, würden sie angeleitet, auf ihre innere Wahrheit zu hören, welche Art »Macht« würde dann die Menschheit entwickeln?

In meinem eigenen Fragen, weshalb die gesellschaftlichen Institutionen Menschen kaum befähigen, auf ihr inneres Wissen zu vertrauen und die Welt daraus zu gestalten, stoße ich immer wieder auf zwei Grundphänomene, die viel mit »Macht« zu tun haben:

Zwischen Ich-Aufblähung und Angst vor der eigenen Größe

In allen religiösen Traditionen weiß man um besondere Kräfte, die Menschen zuwachsen können, die spirituelle Erfahrungen machen: von gesteigerter, außersinnlicher Wahrnehmung bis zur Fähigkeit zu heilen und in Naturkräfte einzugreifen, um die Materie zu verändern. Und in allen echt spirituellen Traditionen wird aber auch zu Recht gewarnt vor dem direkten Anstreben dieser Kräfte. Bemühen soll sich der Mensch um Liebe, Weisheit und Mitgefühl mit allen Lebewesen. Die durch die spirituelle Praxis wachsende Intuition, Kreativität und der Zuwachs von transpersonalen Fähigkeiten, wie z.B. Hellfühlen, Hellhören und Hellsehen, sollen ganz im Dienste des Lebens in all seinen Formen eingesetzt werden. Die Gefahr des egozentrischen Gebrauchs der wachsenden Seinsmacht von spirituell Übenden stellt eine echte Gefahr dar. Daher wird bei zunehmender Seinsmacht die Fähigkeit zur Unterscheidung der Geister immer wichtiger. Stolz, Überheblichkeit und egozentrierter Gebrauch der neuen Kräfte werden als »Klippen zum Fall« beschrieben. Bis zurück zu den Wüstenvätern wird in Andachtsbüchern und Beichtspiegeln vor der Gefahr der Hybris gewarnt.

Auch C.G. Jung weist auf die Gefahr der Ich-Inflation bei Menschen hin, die ihre Seinsmacht zu entfalten beginnen.

Eine weitverbreitete Reaktion auf diese Gefahr war daher die Betonung von Demut und Askese. Demut wurde oft missverstanden als Unentfaltetheit und Askese als Triebverdrängung. Beide Formen des Umgangs mit den Gefahren der wachsenden Seinsmacht stoßen viele heutige Menschen ab. Im nächsten Kapitel wollen wir deswegen erspüren, wie eine, dem heutigen Menschen entsprechende Unterscheidung der Geister aussehen könnte – und wie wir der so notwendigen Seinsmacht anders als mit buckliger Demut begegnen können.

Zuerst einige Hinweise zum Gegenpol der Hybris und der Ich-Inflation:

Es geht hier um die Angst vor der Größe der menschliche Berufung; um die Angst vor der Ganzhingabe, die notwendig ist, wenn wir anfangen »in unser eigenes Gut zu greifen«, d.h. aus dem großen ICH BIN in uns zu leben. Diese Angst trägt in Kreisen der transpersonalen Psychologie den Namen »Moseskomplex«. Moses wurde bekanntlich beim Hüten der Schafe seines Schwiegervaters dazu berufen, das Volk Israel aus der Knechtschaft Ägyptens zu führen. Moses empfand diese Berufung als Überforderung und Zumutung und lehnte mit der Begründung ab, dass er nicht sprachgewandt genug für diese Aufgabe sei. Gott lässt aber nicht ab. Er schaltet Moses Bruder Aaron als Sprachrohr ein, so dass Moses schließlich nachgibt und den Auftrag, vor den Pharao zu treten, annimmt.

In vielen Berufungsgeschichten begegnen wir dieser Angst vor Überforderung und vor dem Versagen. Ich-Inflation und Moseskomplex werden in der transpersonalen Psychologie als die beiden Seiten der einen Medaille beschrieben: als der Widerstand gegen die eigentliche, spirituelle Aufgabe, das Göttliche in uns zu erfahren und dann in täglicher Neuausrichtung unserer Kräfte »unseren Mist« vom großen ICH BIN in Dünger kompostieren zu lassen. Harald Walach schreibt dazu:

»Zwei Spielformen narzistischer Problematik werden beschrieben, die spezifisch für den spirituellen Weg zu sein scheinen: Die Ichaufblähung und der Moseskomplex. Während sich die erste Form in einer Überhöhung des eigenen Selbst äußert, ist die zweite eine zu starke Geringschätzung der eigenen Größe ... Beides ist im Grunde Widerstand gegen die eigentliche spirituelle Aufgabe: zu seiner »wahren« Natur zu finden und darüber hinaus zu gehen.«[87]

Um die OHN-MACHT der Liebe leben zu lernen, müssen wir zuerst Seinsmacht entfalten. Dazu braucht es neue Formen der Askese: keine Askese der Verdrängung, sondern eine Askese der Entfaltung. Um unserem inneren Entwurf Gestalt zu geben, sind wir gerufen, in jene machtlose Macht hineinzuwachsen, die weiß, dass wir uns selber täglich neu erschaffen durch unser Denken, Entscheiden und Handeln.

Die Hauptursachen von psychischen Störungen unserer Zeit gehen nicht auf Neurosen durch verdrängte Triebkonflikte zurück, sondern auf Gleichgewichtsstörungen im psychischen, energetischen und physischen Bereich; Folgen ungenügender Entfaltung unseres inneren Potentials. Nelson Mandela hat dieses Grundübel unserer Zeit meisterhaft ausgedrückt:

»Unsere tiefgreifendste Angst ist nicht, dass wir ungenügend sind. Unsere tiefgreifendste Angst ist, über das Messbare hinaus kraftvoll zu sein. Es ist unser Licht, nicht unsere Dunkelheit, das uns am meisten Angst macht.

Wir fragen uns, wer bin ich, mich brilliant, großartig, talentiert, phantastisch zu nennen? Aber wer bist du, dich nicht so zu nennen?

Du bist ein Kind Gottes. Dich selbst kleinzuhalten, dient nicht der Welt. Es ist nichts Erleuchtetes daran, sich so klein zu machen, dass andere um dich herum sich unsicher fühlen.

Wir sind alle bestimmt, zu leuchten, wie es Kinder tun. Wir sind geboren worden, um den Glanz Gottes, der in uns ist, zu manifestieren.

Er ist nicht nur in einigen von uns, er ist in jedem Einzelnen. Und wenn wir unser eigenes Licht erscheinen lassen, geben wir unbewusst anderen Menschen die Erlaubnis, dasselbe zu tun.

Wenn wir von unserer eigenen Angst befreit sind, befreit unsere Gegenwart automatisch andere.«

Wir sind geboren worden, um den Glanz Gottes, der in uns ist zu manifestieren, sagt Mandela. Dazu müssen wir den in der Ich-Inflation und im Moseskomplex versteckten Widerstand gegen den Prozess unserer Vergöttlichung durchschauen.

Jesus von Nazareth: Leuchtendes Beispiel der neuen Macht

Jesus von Nazareth ist leuchtendes Beispiel der neuen Macht. Seine Seinsmacht strahlte aus wie ein Magnet. Scharen von Menschen suchten bei ihm Belehrung und Heilung. Die Evangelien zeigen ihn als Meister des Wortes, aber auch als Meister der machtvollen Sanftmut und Heiterkeit. Seine Unterweisung ist voller Poesie: Wenn wir das Himmelreich erfahren wollen, müssen wir werden wie die Kinder! Kinder leben gegenwärtig! Sie sind dem Leben in unmittelbarer Offenheit zugewandt. Jesus öffnet uns die Augen für das Wunder des Gewöhnlichen, den Zauber des Alltäglichen.

Vor allem aber ist Jesus der große Liebende! Seine Seinsmacht wirkt dergestalt, dass er am Kreuz in größter physischer, psychischer und geistiger Machtlosigkeit das Machtwort sprechen kann, das den Samen für die neue Schöpfung zeugt: »Vater, vergib ihnen, sie wissen nicht, was sie tun.« Die alte Schöpfungsordnung von Ursache und Wirkung, d.h. die Spirale des Bösen, die je neu Böses zeugt, wurde durch die Macht seiner OHN-MACHT aufgebrochen. Jesus ist der große Lehrer der Feindesliebe. Die Feindesliebe umfasst ein Potential, das in den meisten Menschen noch nicht geweckt wurde. In der Feindesliebe liegt jene Kraft, die zur Transformation der Welt unerlässlich ist.

Wer aber könnte uns besser zur Feindesliebe verlocken und ermächtigen als Maria, die zugleich machtvolle Jungfrau und Mutter aller unerlösten Schöpfung?

Maria ist von Seiten der Erde her Urbild und daher Lehrerin der neuen Macht. Kaum hat sie ihr »Dein Wille geschehe« gesprochen, wird sie durch Elisabeth ermächtigt, ihre Größe anzunehmen. »Selig ist die, die geglaubt hat, dass sich erfüllt, was der Herr ihr sagen ließ« (Lukas 1,45). Durch diesen Gruß wird Maria erschüttert. Sie spürt das Geheimnis der Auserwählung und antwortet:

»Meine Seele preist die Größe des Herrn, und mein Geist jubelt über Gott, meinen Retter. Denn auf die Niedrigkeit seiner Magd hat er geschaut. Siehe, von nun an preisen mich selig alle Geschlechter. Denn der Mächtige hat Großes an mir getan, und sein Name ist heilig. Er erbarmt sich von Geschlecht zu Geschlecht über alle, die ihn fürchten. Er vollbringt mit seinem Arm machtvolle Taten: Er zerstreut, die im Herzen voll Hochmut sind; er stürzt die Mächtigen vom Thron und erhöht die Niedrigen. Die Hungernden beschenkt er mit seinen Gaben und lässt die Reichen leer ausgehen. Er nimmt sich seines Knechtes Israel an und denkt an sein Erbarmen, das er unsern Vätern verheißen hat, Abraham und seinen Nachkommen auf ewig.«[88]

Marias Vorausschau hat sich bewahrheitet. Sie, die eine Magd sich nannte, wurde zum Leitbild für Unabhängigkeit, Stärke und Freiheit. Sie wurde zum Leitbild jener Hingabe und Demut, die all ihre Seinsmacht dem Heilswirken ihres Sohnes schenkt.

Die Nahrung der neuen Macht heißt »Dein Wille geschehe«

Aus dem Maria auf dem Konzil zu Konstantinopel im Jahre 553 zugesprochenen Titel »Aeiparthenos« (Ewig-Jungfrau) fließt eine Quelle, aus der wir entscheidende Impulse für Ausgestaltung und Einübung der Seinsmacht in unserer Zeit erhalten.

Das Dogma der Jungfräulichkeit besagt, dass Maria mit ihrem »Dein Wille geschehe« zum personifizierten Ausdruck der Ganzhingabe an das Wirken des Heiligen Geistes wird. Dieses »Dein Wille geschehe«, d.h. das freiwillige Ja des Menschen zu den Impulsen, die aus der Stille des Herzens aller Herzen in uns aufsteigen, ist Wesensgehorsam. Marias Ja, sich vorbehaltlos dem Wirken des Heiligen Geistes anzuvertrauen, trotz einer für sie ganz und gar unverständlichen Verheißung (»Wie soll das geschehen, da ich keinen Mann erkenne?«), macht sie für uns zum Vor- und Leitbild.

In allen Zeugnissen von Menschen, die sich auf das große Abenteuer der Gotteserfahrung einlassen, liegt im freiwilligen Ja die Voraussetzung, dass die Initiation in eine neue Seinsweise und der dazu gehörende Prozess der Wandlung beginnen können. Der tiefste Sinn der Jungfräulichkeit hat nichts mit sexueller Enthaltsamkeit zu tun. Jungfräulichkeit meint die radikale Offenheit und Hingabe an das Wirken des Heiligen Geistes in uns.

Will der Mensch, der aus der Seinsmacht zu leben beginnt, der Gefahr der Ich-Inflation entgehen, müssen die ihm zuwachsenden Kräfte und die sich dadurch vergrößernde Macht kontinuierlich im »Dein Wille geschehe« rückgebunden werden. Sonst könnten diese Kräfte pervertiert werden. Schwarze Magie ist ein extremes Beispiel des negativen Einsatzes von Seinsmacht. In allen monastischen Traditionen weiß man daher um die Wichtigkeit der Ausrichtung unserer Kräfte und das Einüben von Tugend.

Die Kräfte ausrichten zu Beginn des Tages

Zum »Ausrichten der Kräfte« gehörte in der christlichen Tradition die »gute Meinung« am Beginn des Tages und die Gewissenserforschung vor dem Einschlafen. Beide Übungen sind für den Menschen, der einen spirituellen Weg geht, auch in unserer Zeit unerlässlich. Wichtig bleibt, wie wir den Tag beginnen und ihn beenden.

Die Ausrichtung unserer Kräfte am Morgen gibt den uns an diesem Tag begegnenden Ereignissen Grundlage und Richtung. Die tägliche Bereitschaft, den neuen Tag in dem, was uns das Heiligste ist, zu verankern, läutert unsere Absichten und stärkt in uns das Gute. Unsere Schwächen und Fehler werden durch das in uns wachsende Gute weit eher gewandelt als durch Kampf und zerstörende Schuldgefühle. »Nicht gegen den Fehler kämpfen, sondern für das Fehlende dasein« (Paul Moor) ist ein Leitsatz, der von der persönlichen Lebensgestaltung bis zu politischen Entscheidungen seine Gültigkeit hat.

Lassen wir uns aus unserer Tiefe ein Gebet schenken oder wählen wir ein vorgefasstes Gebet, das unserem eigenen Erleben entspricht, und wiederholen es dann täglich! Für mich habe ich in Anlehnung an den Text »Eins und Alles« folgendes Gebet formuliert:

Auferstandener Christus – Herz der Welt, Dir weihe ich an diesem Tag meinen Körper, meine Seele, meinen Geist

Lass Ursache, Wirkung und Ausrichtung meines Denkens, Fühlens und Tuns in Dir seinen Ausgang nehmen und in Dir seine Vollendung finden

Ave-Maria, Gebärmutter der Lichtmaterie, in Deinem Schutz begrüße ich heute alle für mich not-wendigen Kräfte der Transformation, als Freunde und Erwecker aus der Illusion der Getrenntheit

Wandle die vielen luziferischen Neins, die sich während Aeonen in der Materie meines Körpers gebildet haben, in Dein großes JA

Lass die Reinigung und Wandlung meines Körpers, des Körpers der Menschheit und des Planeten Erde, schonend geschehen

Lass alle Unreinheiten und Verletzungen im Zellgedächtnis meines Körpers, im Zellgedächtnis der Menschheit, dem Makanthropos, und der Mutter Erde, in bejahende, heilende und freudige Kraft gewandelt werden.

Maria, Gebärmutter der Lichtmaterie, schütze Deine Menschheit und Deinen Planeten bei der Vorbereitung der neuen Hochzeit von Geist und Materie

Wer sich aus der Stille des Herzens seine eigenen Worte zur Ausrichtung der Kräfte am Beginn des Tages schenken lässt, wird diesen Akt der Hingabe mit besonderer Freude vollziehen. Das tägliche »Dein Wille geschehe« nährt die Seinsmacht des Menschen. Denn nur das Verankertsein im grundlosen Grund ermöglicht, dass unsere Seinsmacht zu jener machtlosen Macht gewandelt werden kann, die Jesus uns vorlebte.

Die tägliche Wiederholung stärkt in uns die Absicht, den uns an diesem Tag begegnenden Ereignissen in Offenheit zu begegnen. So wir dies tun, werden wir erfahren, dass unsere tägliche Verankerung im »Dein Wille geschehe« immer mehr die Ängste vor Veränderung und Wandlung auflöst.

Den Tag überblicken am Abend

Ebenso wichtig wie die Ausrichtung der Kräfte zu Beginn des Tages wird der Rückblick am Ende des Tages. Gewissenserforschung sammelt gleichsam die Ernte ein. Im richtigen Geist vollzogen, wirkt sie auf physischer, psychischer und geistiger Ebene. Der Schlaf verbessert sich, die Träume werden tiefer. Oft erzählen mir Menschen, dass sie mit Weisungsträumen gesegnet werden, seit sie begonnen hätten, den Tag in Verankerung in dem ihnen Heiligsten zu beginnen und zu beenden. Das erstaunt nicht. Der Rückblick auf den Tag mit den Fragen: »Wie habe ich heute dem Leben und der Liebe gedient? Wo war ich lieblos und egozentrisch?« löst Verspannungen und heilt, wo wir verletzt wurden und andere verletzt haben. Das achtsame Horchen nach innen lockert unser Erdreich, sodass wir immer mehr zum Schatz in unserm Acker vorstoßen. Ohne jede Anstrengung wird uns in dieser Sammlung bewusst werden, was in unserm Denken und Tun dem Leben diente, und wo wir gegenüber uns selber, den Mitmenschen und der Erde schuldig wurden.

Die Möglichkeit, schuldig zu werden, gehört zur besonderen Ausstattung des menschlichen Seins. Tiere und Pflanzen können nicht schuldig werden. Die Fähigkeit zur Schuld ist die Kehrseite der dem Menschen geschenkten Freiheit. Jede am Ende des Tages erkannte und angenommene Schuld kann für uns zur »Felix-Culpa«, zur glücklichen Schuld, werden. Die Einsicht in unsere eigenen Grenzen und den daraus entstandenen Lieblosigkeiten helfen uns, auch unsere Mitmenschen in ihren Grenzen anzunehmen. Dadurch wächst in uns die so wichtige Fähigkeit zum Mitgefühl.

Das Wissen, dass im Kreuz Christi alle Schuld im Kern erlöst ist, bewahrt uns vor allen destruktiven Schuldgefühlen. Es genügt, die uns darin geschenkte Gnade der Vergebung anzunehmen! Diese tägliche Übung stärkt unser Selbstwertgefühl, denn sie erlöst uns aus der Opferrolle. Nur der Mensch mit starkem Selbstwertgefühl kann zulassen, dass wir oft auch Täter sind und dass auch andere an uns leiden.

Hilfreich ist es, den Tag immer mit dem gleichen, sorgfältig gestalteten Gebet oder Ritual zu beginnen und zu beenden. Dies bewirkt in uns jene Art der positiven Konditionierung, die mit dem Wort »Tugend« umschrieben wird: Tugend verstanden als die durch Übung gewonnene Leichtigkeit und Freude am Guten. Ich bete gerne:

> Auferstandener Christus, wieder bringe ich Dir am Ende dieses Tages meine Fehler, Grenzen und Sünden. Reinige und heile mich, und lass durch meine Reinigung die Welt reiner und heiler werden, denn jeder Mensch ist Zusammenfassung, Ausdruck und Abbild des Universums. So lass die Erhebung meines Herzens der Erlösung und Auferstehung des Universums dienen. Heiliger Geist, nimm das »Dein Wille geschehe« meines Herzens und meines Körpers als Brennholz für das Feuer Deiner Liebe. In meinem Herzen und meinem Körper wasche, was befleckt ist, heile, was verwundet ist, mache weich, was spröd und hart, wärme, was vom Frost erstarrt, lenke, was da irre geht, damit ich und durch mich die Welt bereitet werden zur neuen Hochzeit von Geist und Materie.

Wenn wir um für uns entsprechende Gebete bitten, können sich in uns spontan Gebete aus der Kindheit oder der uns bekannten christlichen Tradition mit neuen Inhalten verbinden. Wir sollten uns von diesen Impulsen aus der Stille unseres Herzens freudig beschenken lassen. Sie sind geistgewirkt und zeigen uns die Resonanz unseres Lebensentwurfes mit der großen Symphonie der Schöpfung.

Tugend – so habe ich betont – wurde früher vorwiegend über eine Askese der Verdrängung und Unterdrückung geübt. Wir brauchen heute eine Askese der Entfaltung im Dienste unseres innewohnenden Potentials. Wir haben nicht weniger Askese als die Wüstenväter nötig. Aber wir brauchen eine andere Askese: gespeist aus der Erkenntnis, dass jeder Gedanke Wirkung auf uns selber und das Universum hat, eine Askese also im Dienste der täglich klareren Ausgestaltung unseres inneren Entwurfes, verankert im marianischen Geist.

Beispiele aus Vergangenheit und Gegenwart

Zum Abschluss noch einige Stimmen aus der Weisheitsliteratur der Vergangenheit, und eine Stimme der modernen Naturwissenschaft, die das in diesem Kapitel angesprochene Thema verdeutlichen helfen.

Der indische Weise Maha Ghosananda schreibt:

»Denke nach, bevor Du sprichst. Der Gedanke manifestiert sich im Wort. Das Wort manifestiert sich in der Tat. Die Tat entwickelt sich zur Gewohnheit. Die Gewohnheit gebiert das Schicksal. Darum achte ich sorgfältig auf meine Gedanken und lasse sie aus Liebe entstehen, aus der Achtung aller Lebewesen.«

In einer Schriftrolle der Essener, die in einer Felsspalte am Toten Meer aufgefunden wurde, heißt es:

»Mein Herz ist ein Garten, genannt Eden. Mein Garten ist fruchtbar und schöpferisch. Wie der Urgarten Eden kann er ein Segen oder ein Fluch sein.

Wenn Unkraut und Disteln gepflanzt werden, so sind sie es, die wachsen. Sie werden die Blumen meines Herzens, die Lebensfreude, ersticken und verderben.
Der Meister hat gesagt: Wie der Mensch in seinem innersten Herzen denkt, so ist er. Wenn ich Samen des Schmerzes und der Zurücksetzung säe, so pflanze ich in meinem Garten die Überzeugung, ungeliebt zu sein, pflanze Dornen des Schmerzes und der Benachteiligung. Selbstmitleid wird die Erfahrung meines Lebens sein.(...)

Ich bin ein Gärtner und ein Denker. Meine Gedanken kommen aus meinem Garten und meine Worte und Gedanken säen wiederum die Blumen oder das Unkraut.

Von heute an beginne ich ein neues Leben. Ich pflanze einen neuen Garten und ernte neue Gedanken und Überzeugungen. Ich bin der Meistergärtner meines Lebens. (...) Ich bin verantwortlich für meine Überzeugungen ...

Wie ich mich jeden Tag fühle, wird das Resultat dessen sein, was ich zu mir gesagt habe, und was ich immer wieder zu mir sage. Auch mein neuer Garten wächst durch Wiederholung. Neue Gedanken bauen sich auf zu neuem Denken – ernste und freudige, kräftigende und nährende Gedanken werden zu verwurzelter Gewohnheit. Mein neuer Garten wird mein neues Leben, meine neuen Sitten und eine neue Weise, mich selbst zu sehen.«

Der renommierte Physiker und Bewusstseinsforscher Erwin Laszlo, dessen Werke um die Wechselwirkung von Materie und Bewusstsein kreisen, schreibt in seinem Buch »Kosmische Kreativität« zur Wirkung des menschlichen Denkens auf das Quantenfeld:

»In dem neuen Paradigma ist unser Gehirn nicht nur ein Fenster zum Universum; es erscheint auch als Teil des Organismus und daher als Informationssender in das Universum hinein.

Durch die subtilen Wellenvorgänge im Quantenfeld vermittelt, fließt die Information zwischen dem Gehirn und dem übrigen Universum in beide Richtungen. Gedanken, Bilder, Gefühle und Intuition, die in unser Bewusstsein treten, finden ihre Entsprechung in den elektrochemischen Aktivitäten unserer neuronalen Netzwerke.

Unsere flüchtigsten Gedanken und unbestimmtesten Intuitionen bleiben in verschlüsselter Form im kosmischen Vakuum erhalten. Unter der Voraussetzung des gegenseitigen Austausches von Information zwischen menschlichen Gehirnen und der Welt sind die Gedanken und Wahrnehmungen einer Person für ihre Umgebung einschließlich anderer Menschen unmittelbar bedeutsam. Weil nämlich das Gehirn in veränderten Zuständen feine individuelle Unterschiede der Quantenfeld-Muster nicht zu trennen vermag, kann der Gehirnzustand eines Individuums innerhalb einer gewissen Variationsbreite von einem anderen gelesen werden.

Dies bedingt eine neue Dimension der Verantwortlichkeit menschlicher Wesen: Was wir denken und fühlen, kann unsere Mitwesen beeinflussen, und zwar nicht nur diejenigen, die uns hier und jetzt nahe stehen, sondern auch diejenigen an entfernten Orten und in kommenden Generationen.«[89]

Maria, Ewig-Jungfrau, ist Urbild des Wesensgehorsams. In ihrer Weihe entfaltet sich die machtlose Macht, die aus der Stille des Herzens geboren wird, und diese Seinsmacht verankert sich im »Dein Wille geschehe«. In ihrem Schutz werden wir immer fähiger, den Impulsen unseres tiefsten Wesens gehorsam, jene Antworten zu finden, die das Leben jetzt von uns verlangt.

Die Stärke der neuen Macht entspricht Eurem Durst zu dienen

Der von Tag zu Tag mehr in die Erfahrung der Einheit allen Lebens erwachende Mensch spürt in sich den wachsenden Drang, dem Leben zu dienen. Dieser Drang, ein »existentielles Müssen«, lässt uns nicht in Ruhe bis wir jene Wirkungsfelder gefunden oder selber aufgebaut haben, in die unsere Seinsmacht hineinfließt, um Welt zu gestalten. In dieser Zeit will unser ureigenes Charisma geboren werden. Wenn wir, aus den Impulsen des Herzens aller Herzen bewegt und im »Dein Wille geschehe« verankert, Ausschau halten, wie wir der Welt am besten dienen können, beginnen wir schöpferisch zu werden.

Meine Arbeit gibt mir das Privileg, viele Menschen in diesem Prozess der Ausgestaltung ihres inneren Entwurfes begleiten zu dürfen: bei einem Geburtsprozess mit allen Schmerzen, die zur Geburt eben gehören. Er wird oft durch eine Krise eingeleitet. Krisen beinhalten immer sowohl Gefahr wie auch Chance. Unsere innere Einstellung entscheidet, ob aus der Krise die Chance der Wandlung wird, oder ob wir beim Aspekt der Gefahr stecken bleiben und unsere Kräfte im Aufbau von Abwehrstrategien verschleudern.

Die Symptome, die diese wichtige Etappe bei der Entfaltung unseres menschlichen Potentials einleiten, lassen sich in drei sich meistens überlappende Phasen einteilen:

1. Phase: Weg durch die Wüste

Ein Gefühl der Unzufriedenheit mit der vertrauten Lebensgestaltung breitet sich wie eine Staubwolke über unserem Alltag aus. Was vorher das Leben lebenswert machte, erscheint schal und hohl. Johannes vom Kreuz, der spanische Mystiker, nennt diese Art der Unzufriedenheit »Nacht der Sinne und des Geistes«. Nicht selten breitet sie sich über alle Aspekte des Lebens aus, von der Arbeit über die Beziehungen bis zur spirituellen Praxis. Gebete, die vorher das Herz mit Zuversicht, Trost und Vertrauen erfüllten, hinterlassen nun Trockenheit. Diese Strecken auf dem Weg des Lebens werden in der spirituellen Literatur verschiedener Traditionen gerne mit »Weg durch die Wüste« beschrieben.

Diese Symptome sollten sorgfältig wahrgenommen werden. Werden sie mit vermehrter Aktivität überdeckt oder, was ich manchmal mit Schrecken erlebe, mit Psychopharmaka unterdrückt, verpassen wir jene Sprosse auf der Leiter des Aufstiegs, die uns näher zu unserer eigentlichen Bestimmung führt. Diese Symptome sind Boten aus unserer Tiefe, welche die jetzt anstehende Transformation einleiten. Sie sind notwendig, um unser Potential an Fähigkeiten und Fertigkeiten entsprechend unserem inneren Entwurf herauszumeißeln. Als erstes müssen wir in solchen Zeiten die Unabhängigkeit von unseren Gefühlen lernen. Weder »Trost noch Misstrost« (Ignatius von Loyola) soll uns abhalten, den Weg durch die Wüste mit Würde und Tapferkeit zu gehen. So wir dies tun, lernen wir nicht nur die so wichtige Gelassenheit; wir entdecken, dass die Wüste kostbare Geheimnisse, verborgene Schätze und Wunder birgt, die nur dem Mutigen mit dem langen Atem offenbart werden.

Der Gang durch die innere Wüste offenbart uns aber nicht nur unsere innewohnenden Schätze. Diese Wegstrecke trainiert vor allem die meist brachliegenden Geistesgaben der Ausdauer, Geduld, Achtsamkeit, des Durchhaltevermögens und Vertrauens. Im Üben dieser in der Zeit der inneren Wüste unerlässlichen Tugenden entwickelt sich in uns die aus der Erfahrung gespeiste Erkenntnis, dass wir als Mikrokosmos des Makrokosmos leben. Immer mehr entdecken wir die innere Resonanz unseres Weges mit der uns umgebenden Welt und den weiten Dimensionen des Universums. Wir erkennen die Zeichensprache der Natur und erfahren die »Mystik des Gewöhnlichen« mit großer Kraft. Wir erkennen weiter, dass wir alle Antworten auf unsere Fragen in uns tragen, wenn wir mit den Ohren des Herzens hören und mit den Augen des Herzens sehen.

Johannes Tauler beschreibt diesen Gang durch die Wüste mit deftigen Worten:

»Entsinke, entsinke in den Grund, in dein Nichts! Lass alle Teufel, die in der Hölle sind, über dich kommen, Himmel und Erde mit allen Geschöpfen; es wird dir alles wunderbar dienen. Versenke dich nur, und alles wird für dich zum Besten ausschlagen.«[90]

Und Heinrich Seuse gibt uns das aus seiner tiefen Erfahrung entsprungene, ermutigende Wort:

»Ein gelassener Mensch sollte alle seine Seelenkräfte so zähmen, dass, wenn er in sich hineinschaut, sich ihm da das All zeigt.«[91]

2. Phase: Das Charisma nimmt Gestalt an

Die Krise wird als Chance der Wandlung gesehen, gedeutet und angenommen. Damit beginnen wir, den großen Mut und den langen Atem, von denen die Märchen erzählen, zu entwickeln.

Die Gaben des Heiligen Geistes werden sichtbar: Geduld, Tapferkeit, Stärke, Weisheit, Kraft, Freude, Liebe. Wir bleiben in der Tiefe unseres Wesens gesammelt, auch wenn wir uns in hitzigen Diskussionen engagieren. Die Fähigkeit, verbunden zu bleiben, obwohl die äußeren Umstände schwierig sind, wächst. Die Fähigkeit, in der Mühsal des Alltags und der Zeitepoche den »Engel der Erweckung« zu erkennen, und dem sogenannten »Widersacher« zu verzeihen, nimmt zu.

Dies gibt dem Menschen eine neue Ausstrahlung. Die erwachende Seinsmacht beginnt sichtbar zu werden.

Nicht selten werden Menschen in dieser Phase von einer seltsamen Unruhe befallen, die sich nicht nur auf psychischer, sondern auch auf physischer und energetischer Ebene manifestiert. Bis jetzt unbekannte Gefühle des Ausgespanntseins, des Verlustes der körperlichen Konturen, Wechsel von Zeiten der Schlaflosigkeit mit Zeiten von übergroßem Schlafbedürfnis, massive Energieschübe, die der Körper zu Beginn nicht genügend assimilieren kann, so dass er mit Herzklopfen und Schweißausbrüchen reagiert, lösen die Frage aus: »Was geschieht mit mir?«

Diese Symptome können Anzeichen sein, dass sich die Einzigartigkeit dieser Menschen zu entfalten beginnt. Das in jedem Menschen vorhandene besondere Charisma, durch das er in dieser Welt etwas erlösen darf, beginnt Gestalt anzunehmen. In dieser Zeit erfahren wir das Gesetz der Lotusblüte in unserem eigenen Sein: Aus unserem Schlamm transformiert das Licht die Blume der Erleuchtung. Mit anderen Worten: Aus der tiefsten Verletzung, die wir in uns tragen, entfalten sich unsere größten Begabungen und Talente. Unsere Schwächen werden Türen zu unserer Kraft, unser »Mist« wird kompostiert in Dünger.

Wir dienen der Liebe mit unserer wachsenden Seinsmacht da am besten und wirkungsvollsten, wo wir die in unserer Kernverletzung und im Kernschatten gebundenen Kräfte durch tiefgreifende Versöhnung befreit haben. Dadurch werden wir fähig, anderen Menschen, die an ähnlichen Verletzungen leiden, beizustehen und zu helfen. Jede und jeder hat in seinem Leben ein Grundthema, das nach Erlösung ruft. In dem Maße, wie wir uns selber aus dem Verhaftetsein in Kernverletzung und Kernschatten befreien, können wir auch anderen auf dem Weg der Befreiung helfen. Ein Geschenk, wenn wir in dieser so wichtigen Phase der Entfaltung unseres Potentials psychologische oder spirituelle Begleitung erfahren, die das physische, psychische und geistige Chaos ordnen hilft und uns ermächtigt, in den Mühen den »Engel der Erweckung« zu erkennen!

3. Phase: Letzte Prüfungen

Diese Phase zeichnet sich dadurch aus, dass der Mensch nun weiß, was seine Themen sind, wofür er seine Talente und Kräfte der Welt zur Verfügung stellen kann und will. Gerade diese dritte Phase kann die Geistesgaben der Geduld, des Vertrauens und Mutes aber noch einmal radikal herausfordern.

- Wo und wie kann man im Alltag seine Kräfte umfassend einsetzen?
- Wo gibt es Arbeitsstellen, in denen die aus der spirituellen und emotionalen Intelligenz zugewachsenen Begabungen gewünscht sind?

Gerade Menschen in Führungspositionen, die sich auf einem spirituellen Weg befinden, können in dieser Zeit noch einmal von Selbstzweifeln und von Mutlosigkeit heimgesucht werden. In dem wunderschönen Buch »Der Alchimist« beschreibt der brasilianische Autor Paulo Coelho diese Phase der Mensch-Werdung mit folgender Metapher:

> »Was du noch wissen musst, ist folgendes: Immer, bevor ein Traum in Erfüllung geht, prüft die Weltenseele all das, was auf dem Weg gelernt wurde. Sie macht das nicht aus Bosheit, sondern damit wir gemeinsam mit unserem Traum auch die Lektionen in Besitz nehmen, die wir auf dem Pfad dorthin gelernt haben. Das ist der Moment, wo die meisten aufgeben. In der Sprache der Wüste nennen wir das verdursten, wenn schon die Palmen am Horizont sichtbar werden. Eine Suche beginnt immer mit dem Anfängerglück. Und sie endet immer mit der Prüfung des Eroberers.«[92]

»Das ist der Moment, wo die meisten aufgeben!« Psychologische und spirituelle Begleitung auf dem Weg der Entfaltung der neuen Macht verhilft dem Menschen, diese Phase der »Prüfung des Eroberers« mit Gelassenheit anzunehmen. Spätestens zu diesem Zeitpunkt erlernen wir, ein unverzichtbares Gewürz beim Bereiten des großen Mahls unseres Lebens zu gebrauchen: den Humor! Humor ist jenes Gewürz, welches das Mahl unseres Lebens, an dem wir täglich weiter kochen, immer schmackhafter macht, trotz Schwierigkeiten und Rückschlägen. Humor steht sowohl für die Fähigkeit ein, über sich selber zu lachen, wie auch dafür, in spielerischer Weise über sich selber und die Welt zu seufzen. Humor würzt unseren Alltag und verhilft uns zu jener gelassenen Heiterkeit, die unsere Zeit so dringend braucht.

Von Maria die neue Macht lernen

Gibt es eine bessere Lehrerin als Maria, die Virgo Potens, um die neue Macht zu entfalten?

Kurt Marti beschreibt den Weg von der buckligen Demut und Nachahmung zur Seinsmacht und Nachfolge in einem erfrischenden Text, der mir auf einem Blatt zugekommen ist:

»Und Maria konnte kaum lesen, und Maria konnte kaum schreiben, und Maria durfte nicht singen, noch reden im Bethaus der Juden, wo die Männer dem Mann-Gott dienen. Dafür aber sang sie ihrem ältesten Sohn, dafür aber sang sie den Töchtern und den anderen Söhnen von der großen Gnade und ihrem heiligen Umsturz. Dennoch erschrak sie am Tage, da Jesus die Werkstatt und ihre Familie verließ, um im Namen Gottes und mit dem Feuer des Täufers ihren Gesang zu leben. Und dann, ach dann, bestätigten sich all die Ängste aufs Schlimmste: Versteinert stand sie und sprachlos, als Jesus am Kreuz vergeblich nach Gott schrie. Später, viel später, blickte Maria ratlos von den Altären, auf die sie gestellt worden war. Und sie glaubte an eine Verwechslung, als immer mehr Leute vor ihr auf die Knie fielen und sie angefleht wurde um Hilfe und Wunder. Am tiefsten verstörte sie aber der blasphemische Kniefall von Potentaten und Schergen, gegen die sie doch einst gesungen hatte voll Hoffnung. Und Maria trat aus ihren Bildern und kletterte von ihren Altären herab, und sie wurde das Mädchen Courage, die heilige kecke Jeanne d'Arc, die kleine Therese, die Rosa Luxemburg und die Simone Weil. Diese Maria war und sie ist vielleibig, und vielstimmig ist die subversive Hoffnung ihres Gesangs.«

Der Text von Kurt Marti bietet die gleiche Botschaft wie der köstliche Satz im Pilgerführer von Lourdes, dem wir wiederholt begegnet sind:

»Haben Sie keine Angst, heilig zu werden, öffnen Sie sich nur der Liebe, die Ihnen angeboten wird. So werden Sie die Liebe in die Welt hineintragen. Sie werden Muttergottes für die Welt von heute werden.«

Die Welt braucht eine neue Politik

Unsere Welt braucht jene Macht, die aus dem großen ICH BIN geboren wird. Unsere Welt braucht Menschen, die mit Freude, Abenteuergeist und heiligem Ernst jeden Tag als Forschungslabor und Übungsfeld benutzen um herauszufinden, wie wir eine aus mütterlicher Barmherzigkeit geborene Macht entfalten können. Eine Macht, die dem Frieden dient. Eine Macht, in der das empirische Ich auf die Tiefenimpulse aus unserem grundlosen Grund ausgerichtet ist und bereit ist, das »Dein Wille geschehe« zu sprechen, das heißt, den Wesensgehorsam zu leben. Unsere Welt braucht Menschen, die die Seinsmacht in Freude und Demut zu leben bereit sind. Von Jesus heißt es: »Er sprach wie einer, der Macht hat.«

Maria kann uns helfen, jene mütterliche Macht, über die ihr Sohn in so großem Maß verfügte, für die Welt zu entfalten.

In der Vergangenheit hat die Menschheit den größten Teil ihres materiellen und psychischen Potentials für Kriegsforschung und Kriegsführung eingesetzt. Und heute noch geben wir pro Minute 1,8 Millionen US-Dollar für Rüstung aus. Noch immer dient militärische Gewalt zur wichtigsten Machtdemonstration bei Konflikten. Die jetzige Weltlage zeigt uns allerdings, dass es so nicht weitergehen kann. Am 15. September 1961 sagte John F. Kennedy in seinem Nachruf anlässlich des tragischen Todes von Dag Hammerskjöld: »Die Menschheit muss den Krieg beenden, oder der Krieg wird der Menschheit ein Ende bereiten ... Die Waffen des Krieges müssen abgeschafft werden, bevor sie uns abschaffen.«

Die aus der Stille des Herzens geborene Macht wird uns die Einsicht schenken, dass Frieden genauso großen Einsatz auf materieller, psychischer und geistiger Ebene verlangt wie Krieg.

Die sich von Stunde zu Stunde mehr vernetzende Menschheit kann nur dann überleben, wenn Friedensforschung und Friedenserziehung vom Kindergarten bis zu den politischen Gremien zu einem Hauptthema von Forschung und auch Übung werden. Vergleicht man die materiellen, psychischen und geistigen Kräfte, die noch zum Beginn des 21. Jahrhunderts für Kriegsforschung und Kriegsführung eingesetzt werden (ein einziger B-2-Bomber kostet 2,1 Milliarden Dollar) mit dem, was für Frieden, präventive Diplomatie, Friedenssicherung und Friedensberatung eingesetzt wird, so könnte man mit Recht an der menschlichen Vernunft zu zweifeln beginnen.

Wir brauchen nicht eine härtere Politik. Wir brauchen eine intelligentere, aus den Kräften der spirituellen Intelligenz geborene Politik. Und wir brauchen eine Weltfriedensordnung, die auf Weltebene schafft, was seit der Antike als Voraussetzung für eine friedliche Gesellschaft als unerlässlich gilt:

- Gesetze, um festzulegen, was getan und nicht getan werden muss.
- Gerichte, um Streitigkeiten zu lösen und zu entscheiden, ob die Bestimmungen der Gesetze verletzt wurden.
- Ein System wirksamer Rechtsdurchsetzung.

In dem inspirierenden Buch »Unser ausgebrannter Planet« des Amerikaners Thom Hartmann werden die Auswüchse unserer »Habensmacht« schonungslos aufgezeigt:

> »In den letzten vierundzwanzig Stunden sind auf unserem Planeten 80.000 Hektar Regenwald zerstört worden. Volle 13 Millionen Tonnen giftiger Chemikalien wurden in unsere Umwelt entlassen. Mehr als 45.000 Menschen sind verhungert, davon 38.000 Kinder. Und mehr als 130 Pflanzen- oder Tierarten sind durch menschliches Handeln ausgelöscht worden. (Ein Artensterben von diesen Ausmaßen fand zuletzt beim Untergang der Dinosaurier statt). Und all dies geschah in nur vierundzwanzig Stunden.«[93]

Können wir einen intelligenteren, humaneren Umgang miteinander lernen? Aus der Perspektive des »egozentrischen Ichs« ist das nicht möglich. Aus der Perspektive des großen ICH BIN können wir zur »Mutter-Gottes« für die Welt von heute werden. Dies ist »nur« eine Sache der Einstellung.

Gerade heute möchte Maria, die Virgo-Potens, von den Altären herabklettern. Sie möchte die kecke Dorothea, die mutigen Hans und Felix und die couragierte Marie-Frieda werden. Sie möchte den Gesang des Magnificat, den Gesang der Hoffnung, in und durch uns singen.

Als Braut, geschmückt mit der durch das Gericht der Endzeit neu ausgerichteten Schöpfung, erwartet sie den Bräutigam. Als Brautgabe IHM darreichend die in ihrer mütterlichen Liebe erlösten Schattenreiche

Kind spielt mit Schlange.
Lamm liegt neben Löwe.

Maria hält die Schattenreiche und reicht sie dem Herzen Christi, dem Menschensohn.

Die Engel sind die Brautschleier Marias.

Grundlage der neuen Macht: Die gegenseitige Inspiration von Mann und Frau

Die Leiden der einseitig patriarchalen Gesellschaftsordnungen für Mensch und Natur prägen das Bild der Geschichte seit vier Jahrtausenden und bis in die Gegenwart hinein. Dabei existieren in den verschiedenen religiösen Traditionen unterschiedliche Deutungen für dieses Leiden. In der jüdisch-christlichen Tradition wird die gestörte Beziehung der Geschlechter als Folge des Sündenfalls gedeutet. »Unter Schmerzen gebierst Du Kinder, Du hast Verlangen nach Deinem Mann; er aber wird über Dich herrschen« (Genesis 3, 16-17).

Und die Zeit vor dem Patriarchat? – Es fehlt nicht an archäologischen und ethnologischen Untersuchungen, die beweisen, was uns die Mythen seit langem erzählen, dass nämlich die frühen menschlichen Kulturen stark von Frauen geprägt wurden. In diesen matriarchalen Kulturen standen Muttergottheiten, Königinnen und Priesterinnen im Zentrum des gesellschaftlichen Lebens.[94] Ob diese Zeitepochen sich aber wirklich durch mehr Gerechtigkeit und Frieden auszeichneten, erscheint fraglich. Wahrscheinlicher stand sowohl im Patriarchat wie auch im Matriarchat der Drang nach Beherrschung des anderen Geschlechtes im Vordergrund.

Wie dem auch sei: Wir leben jetzt. Und wir stehen in der Aufgabe und Verpflichtung, aus dem Leiden der Vergangenheit zu lernen.

Persönlich glaube ich, dass die Auflösung der Dominanz eines Geschlechtes über das andere zur wichtigsten Aufgabe der Gegenwart und Zukunft gehört. Das geht allerdings nicht ohne neue Vision, die uns aus der Enge des dualistischen Bewusstseins befreit und in eine neue Weite führt. Echte Visionen, geboren aus der schöpferischen Seinsmacht von Mann und Frau, werden uns helfen, ganz neue Wege der Heilung für unseren leidenden Planeten und seine Menschheit zu finden.

Unsere Zeit trägt die Chance in sich, die Dominanz des Patriarchates zu beenden, wenn wir Frauen bereit sind, unsere Einzigartigkeit auszugestalten, ohne die Männer zu kopieren; und wenn wir bereit sind, unsere Mitverantwortung an der Entstehung des Patriarchates anzuerkennen.

So dürfen wir fragen: Wie würde die Welt aussehen, wenn wir unsere Energien weniger die Schuldfrage aufwerfend verbrauchten, sondern sie einsetzen für ein neues Miteinander von Mann und Frau?

Wie würde die Welt aussehen, wenn wir uns täglich mit all jenen Lichtkräften verbinden, die zur Auflösung des Geschlechterkampfes gerüstet sind und uns helfen wollen, neue, heilende Formen der Begegnung zwischen Mann und Frau zu finden? Auf all diese Fragen könnten die Antworten lauten:

Mann und Frau, richtet Euere Kraft auf die neue Schwingung zwischen den Geschlechtern aus!

Deckt auf, aber verliert Euch nicht in alten Verletzungen! Die neue Form der Anziehung zwischen den Geschlechtern wird von Lust und Freude an der Entfaltung des menschlichen Potentials geleitet sein.

In der durch die neue Schwingung ausgelösten Anziehung können die alten Verletzungen für jede Frau und jeden Mann zur persönlichen Gnade, zu seinem und ihrem Charisma werden. Zusammen werdet ihr die im Missbrauch pervertierte Schöpferkraft befreien.

Lernt miteinander, das in der heiligen Schöpferkraft der geschlechtlichen Anziehung verborgene Licht zum Strahlen zu bringen, das Euere Körper zu Tempeln des Heiligen Geistes macht!

Freut euch, der Menschheit durch Euere geheilten Verletzungen zu dienen.

Die Anziehung, die zwischen Mann und Frau wirkt, ist die gleiche, die in der ganzen Schöpfung das Auseinanderliegende eint. Um es mit Teilhard de Chardin zu sagen:

»Alles im Universum erfolgt durch Vereinigung und Befruchtung – durch Zusammenschluss der Elemente, die zueinander suchen, paarweise verschmelzen und neu geboren werden in einem Dritten ... Ich bin das einigende Antlitz des Seienden – bin der Duft, der sie herbeilockt und sie in Freiheit und Leidenschaft mitzieht auf den Weg ihrer Einigung.«[95]

Ich träume von einer Zeit, in der wir unsere Beziehungen aus der Erfahrung der Heiligkeit der geschlechtlichen Anziehung und in Freude über den heiligen Eros neu gestalten.

Ich träume von einer Zeit, in der Mann und Frau aus jener Seinsmacht leben, die in der Stille des Herzens geboren wird und im »Dein Wille geschehe« verankert ist.

Ich träume von einer Zeit, in der wir wissen, dass nur die Verbindung der männlichen und weiblichen Macht das Neue gebiert und wir mit Freude bereit sind, alles zu tun, damit es geboren werden kann. Maria, die Gemahlin, die Jungfrau und die Mutter kann uns helfen, die neue Macht zwischen Mann und Frau zu entfalten.

6 Maria – Braut des Auferstandenen

Leben bedeutet Vereinigung von Gegensätzen. Elemente, Atome, Moleküle, Zellen, aber auch Systeme psychisch-geistiger Gegensatzpaare, die konkurrierend nebeneinander existieren, werden durch integrierende Vereinigung in neue höhere Einheiten gewandelt.

»Hochzeit« ist das Symbol für diesen Prozess der Vereinigung.

Dabei gilt: Die neue Einheit ergibt immer ein qualitatives Mehr als die Summe der in der Hochzeit vereinigten Teile. Der Aufstieg des Lebens aus der Vielheit zu immer differenzierterer Einheit auf physischer, psychischer und geistiger Ebene gelingt immer dann, wenn die Hochzeit von vorher Unvereinbarem, gegensätzlich Dualem, stattfindet. Die ganze Evolution von der Entstehung der Materie (Kosmogenese) über die Entstehung des Lebens mit Pflanzen und Tieren (Biogenese) bis zur sich globalisierenden Menschheit (Anthropogenese) kann als ein Prozess je neuer Hochzeiten zwischen Gegensätzlichem angesehen werden.

Die heilige Hochzeit – ein Archetypus

In den alten Kulturen kannte man die heilige Hochzeit (Hieros Gamos). Sie versinnbildlichte die Vereinigung des Männlichen und Weiblichen, wie auch die Vereinigung von Himmel und Erde. In vielen Traditionen der Antike war die heilige Hochzeit das Symbol der mystischen Verschmelzung zwischen Gott und Mensch.

Die heilige Hochzeit ist ein Archetypus, der, wie alle Archetypen, in jenen Zeiten besonders wirksam wird, in denen neue Vereinigungen von Gegensätzen dringend anstehen.

C.G. Jung, der Altmeister der Archetypen, sagt zu diesen Urbildern der Menschheit:

»Archetypen sind wie Flussbetten, die das Wasser verlassen hat, die es aber nach unbestimmt langer Zeit wieder auffinden kann. Ein Archetypus ist wie ein alter Stromlauf, in welchem die Wasser des Lebens lange flossen und sich tief eingegraben haben ...

Alle stärksten Ideen und Vorstellungen der Menschheit gehen auf Archetypen zurück. Besonders ist dies bei religiösen Vorstellungen der Fall. Aber auch wissenschaftliche, philosophische und moralische Zentralbegriffe machen davon keine Ausnahme. Sie sind in ihrer gegenwärtigen Form durch bewusste Anwendungen und Anpassung entstandene Varianten der Urvorstellungen, denn es ist die Funktion des Bewusstseins, nicht nur die Welt des Äußeren durch die Sinnespforten aufzunehmen und zu erkennen, sondern auch die Welt des Innern schöpferisch in das Außen zu übersetzen ...

Die ewige Wahrheit bedarf der menschlichen Sprache, die sich mit dem Zeitgeist ändert. Die Urbilder sind unendlicher Wandlung fähig und bleiben doch stets dieselben, aber nur in neuer Gestalt können sie aufs Neue begriffen werden. Immer erfordern sie neue Deutung ...Was ist es mit dem › neuen Wein in alten Schläuchen‹ ? Wo sind die Antworten auf die seelischen Nöte und Bedrängnisse einer neuen Zeit? Wo überhaupt das Wissen um die seelische Problematik, welche die Entwicklung des modernen Bewusstseins aufgeworfen hat? Nie zuvor stand solche Hybris des Wollens und Könnens der › ewigen‹ Wahrheit herausfordernder gegenüber ...

Es scheint, dass alles Wahre sich wandelt und dass nur das Sich-Wandelnde wahr bleibt.«[96]

Die Worte C.G. Jungs halfen mir, den mir geschenkten Text »Eins und Alles« besser zu deuten. Dies gilt besonders für die starken Bilder der Hochzeit zwischen dem auferstandenen Kyrios und Maria-Sophia-Sponsa. Die aus mir herausbrechenden Formulierungen wirkten auf mich wie Urvertrautes und waren gleichzeitig unverständlich, ähnlich der Koansprache im Zen, diesem besonderen Mittel der geistigen Schulung. Sie wirkten wie Barrieren, an die der Verstand stößt, weil darin scheinbar Unvereinbares vereint ist. Und wie so oft, wenn unsere mentale Intelligenz überfordert ist, reagiert sie mit einer ihr vertrauten Abwehrstrategie. Sie zieht das ihr Unverständliche ins Lächerliche. Aber die Bilder wirkten wie ein energetischer Strom, der sich ein immer breiteres Flussbett sucht, so sehr man sich auch bemüht, sie wegzuschieben. So erging es auch mir.

Erst als ich bereit war, mich für ihre Botschaft zu öffnen und mich dem Schweigen und dem großen Nicht-Wissen aussetzte, begannen sie sich zu erschließen.

Der Wandel von Maria, der Mutter, zur Braut Christi

Der erste Teil des marianischen Textes aus »Eins und Alles« hat die Erlösung Luzifers und aller Schattenreiche durch die Mutter der unerlösten Schöpfung zum Thema (siehe Teil 3). Der Text fährt mit folgenden Worten weiter:

- Die neue, zeitlose Zeit bricht an, wenn Gottes Geist noch einmal wandelt die Gestalt der Jungfrau aus Nazareth:
- Aus Maria Theodokos, der Gottesgebärerin
- Maria Aeiparthenos, der ewigen Jungfrau
- Maria Immaculata-Concepta, der unbefleckt Empfangenen
- Maria Assumpta, der mit Leib und Seele zum Himmel Erhobenen wird
- Maria-Sophia-Sponsa, die Gemahlin

- Als Braut, geschmückt mit der durch das Gericht der Endzeit neu ausgerichteten Schöpfung, erwartet sie den Bräutigam. Als Brautgabe IHM darreichend die in ihrer mütterlichen Liebe erlösten Schattenreiche

- Und der Bräutigam kommt. Der Sohn, offenbart als Kyrios aller Schöpfung, empfängt die Braut; als Brautgabe ihr schenkend den Schlüssel zur türlosen Tür ins innerste Herz der Gottheit:
- Dort ist Feier der Hochzeit
- Dort segnet der Geist der Liebe die neue Verbindung von Geist und Materie
- Dort beginnt die zeitlose Zeit:
- DER NEUE HIMMEL UND DIE NEUE ERDE

In diesem Text kündigt sich ein Gestaltwandel Marias zur Sophia-Sponsa, der Gemahlin an. Durch das Wort von C.G. Jung: »Es scheint, dass alles Wahre sich wandelt und dass nur das Sich-Wandelnde wahr bleibt« wurde ich ermutigt, mich mit diesem Wandel auseinanderzusetzen.

Und der Bräutigam kommt.
Der Sohn, offenbart als Kyrios aller Schöpfung, empfängt die Braut; als Brautgabe ihr schenkend den Schlüssel zur türlosen Tür ins innerste Herz der Gottheit.

Der Mensch ist der Schlüssel zum Herzen Gottes.

In den folgenden Abschnitten geht es also darum, der Bedeutung der »heiligen Hochzeit« nachzuspüren, und Maria auch in dieser Hinsicht als Leitbild für die Entfaltung des menschlichen Potentials zu erkennen. An ihr wird sichtbar, was an uns allen geschehen soll. Sie möge die Augen unseres Herzens erleuchten, damit wir Rolle und Aufgabe der Menschheit für die unsere Zeit erlösende heilige Hochzeit erkennen und bejahen. Denn nur durch unsere Bejahung und unser Mittun kann die Verbindung von Gott und Mensch, von Himmel und Erde immer umfassender gelingen.

Maria, Braut des Auferstandenen, geschmückt mit dem Kleid der neuen Schöpfung

Die heilige Hochzeit des Göttlichen mit dem Menschlichen ist bestimmend in der Selbst- und Welterfahrung der Antike. So haben sich zum Beispiel die jugendlichen Götter von Griechenland und dem Mittelmeerraum immer wieder in Menschenfrauen verliebt. Sie werden durch und durch erotisch dargestellt, von Begierde nach sexueller Vereinigung mit dem menschlichen Geschlecht entflammt. Diese Vereinigung der Gottheit mit einem Menschen verleiht dem Stamm oder Volk jeweils eine besondere Fruchtbarkeit. Nach den Vorstellungen der babylonischen Tradition ist unsere Welt die Frucht der Vereinigung zwischen einer männlichen und weiblichen Gottheit. In anderen Traditionen der frühen Menschheit ist die Liebeslust der Götter zueinander die Ursache, dass jedes Jahr das Leben im Frühjahr neu zu sprießen beginnt.[97]

Gottes leidenschaftliche Suche nach dem Menschen

In dem inspirierenden Buch »Maria. Über die weibliche Dimension Gottes« geht Andrew Greeley den Spuren der heiligen Hochzeit in der Menschheitsgeschichte nach und zeigt eindrücklich das Prinzip der Wandlung dieses Urbildes auf: von Fruchtbarkeitskulten über die Erfahrung, dass Jahwe das Volk Israel als Braut erwählte, bis zur späteren Formulierung, dass Maria als Prototyp der Kirche die besondere Braut der Dreieinen Gottheit ist.

»Es gab bestimmte Zeiten des Jahres, wo man den Tod und die Wiedergeburt des Lichtgottes feierte; etwa die Zeit der Winter- und Sommersonnenwende, oder die Tag- und Nachtgleiche im Frühling und im Herbst. Diese Zeitpunkte hatten mit Ernte oder Erwartung des Lebens zu tun, mit der Wiedergeburt der Natur. Man feierte das Licht, die Fruchtbarkeit und das Leben. Folglich finden wir in diesen vier

Zeiten die meisten rituellen, orgastischen Liebesfeste. Dabei wurde den sonst unterdrückten sexuellen Energien freier Lauf gelassen, um sich selbst und die Gemeinschaft mit den ursprünglichen Lebenskräften des Kosmos zu vereinigen, aber auch um sexuelle Spannungen in einer legitimierten Form abzubauen ... Solche Feste hatten auch dann ohne Zweifel eine wichtige Funktion in der Gesellschaft, als die Anklänge an alte Fruchtbarkeitsriten zu Ehren einer Muttergottheit nur mehr spurenhaft vorhanden waren.

So waren die Israeliten keineswegs das erste Volk, das in der Vorstellung lebte, ihr Gott habe sich auf eine Liebesaffäre eingelassen. Das Einzigartige an Israel ist nicht die Romanze Jahwes, sondern die Leidenschaft der Liebe Gottes zu diesem Volk.«[98]

Den Gestaltwandel des Urbildes spitzt Greeley dann eindrücklich für das Volk Israel zu. Jahwe verhält sich eben nicht so, wie die Göttinnen und Götter bei den anderen Völkern des mesopotamischen Raumes:

»Er hatte es nicht auf Töchter und Frauen Israels abgesehen, nicht bloß auf ihre Körper, sondern auf ihre ganze Person, auf Leib und Seele, ja das ganze Volk. Jahwe wollte die ganze Person eines jeden Menschen. Ihn gelüstete es nicht nach unserem Körper, sondern nach uns als Person. Damit aber hatte ein ganz neues Spiel begonnen.

So wurde Israel zur Braut Jahwes und zum Volk Gottes, zur Tochter Zion, nach der Jahwe leidenschaftliches Verlangen hat. Aus diesem lustvollen Verlangen sollte der Messias geboren werden, der einmal das messianische Zeitalter heraufführen würde. Es ist also ein langer Weg, von den Liebeskulten im Venustempel bis zum leidenschaftlichen Verlangen Jahwes nach der Tochter Zion. Hier wurde die religiöse Vorstellungswelt offensichtlich umgewandelt, verfeinert und personalisiert ...

Im Alten Testament ist die Tochter Zion, also das ganze Volk Israel, der Liebespartner Jahwes. Im Neuen Testament und in der späteren Mariologie ist es Maria oder die Kirche, nach der Gott leidenschaftliches Verlangen hat. Dahinter steht die alte menschliche Einsicht, dass Gottes Liebe genauso stark und mächtig ist wie unsere sexuelle Liebe zu einem Liebespartner. Wenn ein Mann von einem schönen Körper einer Frau verzaubert wird, dann ist er von ihr – bildhaft gesprochen – gefangen und gefesselt; und er wird jeden Widerstand zu überwinden suchen, um sich mit ihr vereinigen zu können. Diese Erfahrung ist vielleicht nur ein schwacher Abglanz jener ungleich stärkeren Liebe Gottes zu uns. Und eine Frau, die ihr ganzes Geschick und ihren ganzen Charme einsetzt, die jeden Zentimeter ihres Fleisches und jede Kurve ihres Körpers ins Spiel bringt, um einen Liebespartner zu verführen, ist ebenfalls nur ein schwacher Abglanz jener göttliche Liebe, die sich der Schönheit des ganzen Universums bedient, um uns zu verführen.«[99]

Die Einsicht, dass Gott die Vereinigung mit seiner Menschheit leidenschaftlich sucht, bedeutet eine Revolution des Bewusstseins, die gerade für die Menschen des beginnenden 21. Jahrhunderts von entscheidender Bedeutung sein kann.

Die heilige Hochzeit und die Partnerschaft von Mann und Frau

In meiner Auseinandersetzung mit dem Urbild der heiligen Hochzeit erstaunte mich nicht, dass Maria den Titel der »Sponsa« erhielt. Ab dem 12. Jahrhundert wird sie, vor allem in der östlichen Tradition, von fast allen Vätern als Sponsa Christi, Braut Gottvaters und des Heiligen Geistes verehrt.[100]

Was hat nun aber der Titel »Sponsa« mit der heutigen Frau zu tun? Was bedeutet die Aussage in »Eins und Alles«: die neue zeitlose Zeit breche an, wenn Gottes Geist Maria Theotokos, die Gottesgebärerin in Maria-Sophia-Sponsa, die Gemahlin wandelt?

Welche Samen der Entfaltung birgt der Titel »Maria-Sophia-Sponsa« für Frauen des beginnenden 21. Jahrhunderts? In dieser Fragestellung berührte mich zunächst noch einmal das Faktum, dass alle wichtigen Attribute der früheren Göttinnen auf Maria übertragen wurden. Dies ist deshalb von großer Bedeutung, weil Maria ein geschichtlicher Mensch unserer Welt ist. Die Verbindung von Himmel und Erde wird dadurch greifbar konkret.

In diesem Sinne fühle ich Dankbarkeit gegenüber den christlichen Kirchen und »Vätern« für die Mariendogmen. Aber gerade diese Dankbarkeit impliziert die Aufforderung, offen zu sein für den jetzt anstehenden Gestaltwandel. Mir scheint, dass er ganz entscheidend vom Ja der Frauen abhängig ist.

Während Monaten suchte »es« in mir vorerst auf der psychisch-geistigen Ebene:

Geht es darum, die Kraft der Urbilder der Mater und Virgo durch die Sponsa zu ergänzen?

Geht es darum, die in unserer Zeit so dringend nötige Partnerschaft von Mann und Frau unter dem Aspekt der Sponsa, d.h. der Braut und Gemahlin zu reflektieren?

Wie würde die Frau als Partnerin des Mannes, wie würde die Frau als Führungskraft aussehen, zu deren täglicher Ausrichtung ihrer Kräfte nicht nur die Verankerung im »Dein Wille geschehe« gehört, sondern auch die Bereitschaft, als Sponsa dem noch unentfalteten heiligen Eros zu dienen?

Wie würde die moderne Frau aussehen, deren Anziehung von den Qualitäten der bräutlichen Leidenschaft der Sponsa und der heiligen Weisheit der Sophia geprägt wäre?

Ich bin überzeugt: Die an den Qualitäten der Maria-Sophia-Sponsa sich orientierende Frau wäre von jedem Geschlechterkampf befreit: Sie wäre bereit, die faszinierende Anziehung von Mann und Frau vom gegenseitigen Missbrauch in der Vergangenheit zu erlösen.

Doch diese Aspekte der Transformation sind noch nicht umfassend genug. Die neue Hochzeit geht tiefer.

Die heilige Hochzeit und die Überwindung der Dualität zwischen Schöpfer und Geschöpf

In meiner Beschäftigung mit dem Thema begann ich zu verstehen, »Maria-Sophia-Sponsa« ist Bild für jene Geisteshaltung, die nötig ist zur endgültigen Auflösung des Dualismus zwischen Schöpfer und Geschöpf. »Maria-Sophia-Sponsa« ist die Weiterentfaltung der Heilsgeschichte des auferstandenen Kyrios mit seiner Schöpfung. In und durch die Tochter der Erde beginnt mit der neuen Hochzeit der Same der Auferstehung zu wirken. Das Wort »in Christus seid ihr eine neue Schöpfung« nimmt Gestalt an. Das Bild der Liebesvereinigung zwischen Maria und dem erhöhten Christus ist Bild der anstehenden kosmischen Neuschöpfung.

Und mit einem Mal waren auch meine Widerstände bezüglich des Gestaltwandels von der Mutter zur Braut wie weggeblasen. Ich verstand, dass der Text »Eins und Alles« sehr genau die Phasen der psychisch-geistigen Schritte enthält, die die neue Hochzeit einleiten. Die Feier der Hochzeit geschieht eben gerade nicht zwischen dem Sohn und der Mutter, wie in den alten Mythologien oft dargestellt. Nicht eine Regression in die Ureinheit steht an. Denn nicht die Mutter wird zur Braut, sondern die Frau mit mütterlichen Zügen.

Die Qualitäten der Braut und Gemahlin ›Maria-Sophia-Sponsa‹ beginnen sich entsprechend erst dann zu erschließen, wenn wir zuvor jene mütterliche Barmherzigkeit entwickelt haben, die sich allem Dunklen zuwendet. Dann kann der Gestaltwandel von der Mutter zur Braut in uns geschehen. Die Braut ist Symbol für eine anstehende neue Vereinigung. Das Brautkleid der Sponsa erscheint als die durch mütterliche Barmherzigkeit von der Dualität befreite, neu ausgerichtete Schöpfung.

Der Prozess der Miterlösung geht weiter. Am Kleid der Maria-Sophia-Sponsa mitzuweben bedeutet demnach auch, mitzuwirken bei der Erlösung der Schattenreiche.

Können wir in diese Qualitäten hineinwachsen? Gibt es Frauen und Männer, die den Wagemut haben, wie es in jener russischen Apokryphe heißt, für die Verdammten zu bitten?

Brautgabe Marias: Die in ihrer mütterlichen Liebe erlösten Schattenreiche

Zu jeder psychotherapeutischen Arbeit und spirituellen Begleitung gehört die Schattenarbeit. Die möglichst nüchterne Einsicht in unsere Grenzen, Fehler und Sünden ist nämlich unerlässlich für jeden psychisch-geistigen Wachstumsprozess. Dabei genügt ein Blick auf die heutige Weltsituation um zu erkennen, dass die Schattenarbeit auf personaler Ebene nur den ersten Schritt im Werk der Miterlösung darstellt. Die jetzt dringend anstehende Schattenarbeit transzendiert die persönliche Heilung des Abgespaltenen und weitet sich von der personalen zur global-kosmischen Ebene aus.

Im zweiten Teil dieses Buches versuchten wir mit Bildern der jüdisch-christlichen Tradition Zugang zum kosmischen Drama des »Ich will nicht dienen« zu finden. Der Engelsturz und die Ursünde von Adam und Eva drücken in mythologischer Sprache den Beginn der Abspaltung aus der Ureinheit aus.

Im dritten und vierten Teil ging es dann um die Erlösung der Hölle und um die Einsicht, dass es nichts gibt, wo Gott nicht ist. Durch die Erlösung der Hölle wird Gott aus seiner Selbstentäußerung in den Schattenbereichen seines Werkes erlöst, in denen er sozusagen verborgen west. Und wir begegneten der in den verschiedenen mystischen Traditionen aufleuchtenden Erkenntnis, dass Gott sich, für die Erlösung der Schöpfung und seiner selbst in der Schöpfung, radikal vom Menschen abhängig macht: »Der Prozess, in dem er sich selber zeugt, gebiert und entwickelt, gelangt nicht ... in Gott selbst zum Abschluss. Es gibt Stücke des Restitutionsprozesses, die dem Menschen überantwortet sind ... Es ist also mit anderen Worten der Mensch, der dem Antlitz Gottes die letzte Vollendung gibt.«[101]

In diesem Teil nun haben wir uns mit der weiblichen Qualität der Mater und der Virgo auseinandergesetzt. Dabei sahen wir: Der Mutteraspekt steht für jene Facette des Weiblichen in Frau und Mann, die allein fähig ist, die Gesetze der Gerechtigkeit zu übersteigen. Die mütterliche Barmherzigkeit allein kann, die in der selbstgewählten Abtrennung Lebenden zu neuem Sein verlocken.

An diesem Prozess teilzuhaben bedeutet für uns nicht mehr und nicht weniger als die Qualitäten der Sophia-Sponsa in uns zu entfalten und der Mutter aller unerlösten Schöpfung zu helfen, die Hölle zu erlösen. Dabei dürfen wir uns vergegenwärtigen: Der Schatten ist eine Kraft, wenn auch in ihrer Wirkmacht gebunden und gefesselt. Erst wenn diese Kraft in uns und in der Schöpfung befreit ist, werden wir zur »Sophia« und »Sponsa« erwachen. Der neue Mensch, bekleidet mit dem Kleid der neu ausgerichteten Schöpfung. kann nur durch die Erlösung der Schattenreiche geboren werden.

Die Bedeutung der Bewusst-Machung

Als ich mich während des Schreibens dieses Buches manchmal seufzend ob der scheinbaren Überforderung durch diese Vision für einige Zeit in der Zentrale des St. Katharina-Werkes aufhielt, legte eine Mitschwester ein Blatt mit folgender Überschrift vor meine Zimmertüre: »Für Pia, ein Engelwort zur Ermutigung.« Es stammt aus dem Buch »Die Antwort der Engel« von Gitta Mallasz. Zwischen Juni 1943 und November 1944 hatte Gittas jüdische Freundin Hannah im besetzten Ungarn wöchentlich Engelworte empfangen und sie einem kleinen Freundeskreis übermittelt. Hannah, ihr Mann Josef und ihre Freundin Lilly wurden deportiert und in nationalsozialistischen Konzentrationslagern ermordet. Gitta überlebte als einzige und veröffentlichte die Texte. Die Offenbarungen, die Hannah erhielt, bestärkten mich in meinem eigenen Suchen und Verstehen. In den Botschaften vom 17. November 1944 spircht »es« durch Hannah:

»Marias neuer Name ist ERKENNEN.«[102]

»Der Knecht windet sich, gebunden ist er von alten Banden. Das Erkennen schneidet die Bande, den alten Drachen, die sich windende Schlange, die in ihrem Schlund das Wissen birgt. Das Erkennen macht alles möglich.«[103]

»Alles erhält einen neuen Sinn.
Verkündet neue Gesetze!
Unmögliches wird möglich!
Alte Werte zerfallen,
was wesentlich war, geht unter,
und alles, was war,
ertrinkt im Nichts.

Aber es bleibt die unbefleckte,
jungfräuliche Materie: Maria.
Auf ihrem Haupte die Sternenkrone,
zu ihren Füßen der Mond,
ihr Gewand die Strahlen der Sonne.
Maria – das Lächeln der Schöpfung,
das Wunder, das über dem Wasser schwebt.
In der Materie: Jungfrau.
Im Licht: Materie.

Blendend wohnt in euch die Licht-Materie,
der Sohn aus Licht
wird von ihr geboren.

Ihr Name ist Durst.
Ihr Name ist ewige Liebe.
Marias neuer Name ist:
ERKENNEN.

Verkündet es:
Die Erlösung ist nah!«[104]

Unser Beitrag bei der Erlösung des Teufels

Während meines inneren Umkreisens der Bedeutung der Hochzeit des Auferstandenen mit Maria-Sophia-Sponsa berührte mich die Botschaft von Hannah »Marias neuer Name ist Erkennen« tief. Das Engelwort half mir, mich auf die Frage einzulassen: »Was können wir zur Erlösung des Teufels tun?« – Und mit einem Mal verstand ich: Der anstehende Schritt ist groß und klein zugleich. Groß ist der Schritt von der buckligen Demut zu jener De-Mut, die weiß und annimmt, dass wir gerufen sind, den in der Entäußerung lebenden Christus in allem Dunklen mitzuerlösen! Klein ist der Schritt, Christus in seiner Selbstentäußerung anzusprechen und zwar im Urklang der Schöpfung, der lautet: »Heilig, heilig, heilig«, wenn wir dies in der Weihe der Mutter aller unerlösten Schöpfung tun.

Einfach schiene es, im Schutze Marias einzutauchen in die Werke der Finsternis, um das verborgene Licht Christi anzusprechen, wenn wir durch die Massenmedien mit der Hölle unserer Zeit konfrontiert werden.

Einfach wäre auch unser Dienst der Miterlösung, würde der Urklang der Schöpfung, das »Heilig, heilig, heilig« bei jedem Gewahrwerden des Übels unserer Zeit als selbsttätiges Gebet in uns aufsteigen ...! Das mag alles wirklichkeitsfremd erscheinen –, ist aber von großer Aktualität. Als ich zum Beispiel nach den Ereignissen des 11. Septembers 2001 in New York in meinen Seminaren von dieser Vision zu sprechen begann, war keine Ablehnung zu spüren. Im Gegenteil!

Die Gewissheit, dass die Hölle erlöst werden muss, scheint bei vielen suchenden Menschen im Vorbewussten wie eine schwelende Glut vorhanden zu sein. Es genügt, das Vorbewusste ins Bewusstsein zu heben, und die Glut wird zum lodernden Feuer.

Mit Erstaunen erlebe ich, wie viele Frauen und Männer es »logisch« finden, dass der Mensch bei der Erlösung der Hölle eine wichtige Funktion hat. Es scheint, dass das Ansprechen des verborgenen Lichtes Christi im Dunklen unserer Zeit die quälende Ohnmacht auflöst und Kraft zur Versöhnung und zum kritischen Widerstand schenkt. Es scheint, als wären viele Menschen bereit, an der Erlösung der Schattenreiche mitzuwirken, am »Kleid der neuausgerichteten Schöpfung« mitzuweben und dadurch den Gestaltwandel von der Mutter zur Braut an sich selber geschehen zu lassen.

Brautgabe des Auferstandenen: Der Schlüssel zur türlosen Tür ins innerste Herz der Gottheit

Wir haben wiederholt gesehen, dass von Maria-Sponsa immer in Verbindung mit Sophia die Rede war. Ganz im Sinne des Wortes aus »Eins und Alles«:

- Die neue, zeitlose Zeit bricht an, wenn Gottes Geist noch einmal wandelt die Gestalt der Jungfrau aus Nazareth: (...)
- aus Maria Assumpta, der mit Leib und Seele zum Himmel Erhobenen wird
- Maria Sophia Sponsa, die Gemahlin

Sophia, die Weisheit, ist die in jüdischen Schriften am stärksten entwickelte Personifizierung göttlicher Gegenwart. Elisabeth A. Johnson drückt dies so aus:

> »Der Begriff selbst ist ein Femininum: im Hebräischen hokma, im Griechischen sophia, im Lateinischen sapientia. Während das allein noch gar nichts bedeutet, ist jedoch die biblische Darstellung der Weisheit durchweg weiblich; ihr werden die Rollen Schwester, Mutter, Geliebte, Köchin und Gastgeberin, Predigerin, Richterin, Befreierin, Gerechtigkeitsstifterin und unzählige andere Frauenrollen zugewiesen, in denen sie eine transzendente Macht symbolisiert, die die Welt ordnet und sich an ihr erfreut. Sie durchdringt die Welt, die Natur wie die Menschen, und wirkt auf sie ein, um sie alle auf die rechte Bahn des Lebens zu locken.«[105]

Das Wesen der Sophia wird im Buch der Weisheit besungen: Die Weisheit (sprich Sophia) wird als heilig, einzigartig, unbefleckt, nicht zu hemmen, alles vermögend, alles überwachend, alle Geister durchdringend bezeichnet. Sie erscheint als reiner Ausfluss der Herrlichkeit des Allherrschers, der ungetrübte Spiegel von Gottes Kraft, das Bild seiner Vollkommenheit. Ohne sich zu ändern, erneuert sie alles, denn sie vermag alles. Von Geschlecht zu Geschlecht schafft sie Freunde Gottes und Propheten.

Über die Sophia siegt keine Schlechtigkeit. Sie entfaltet machtvoll ihre Kraft von einem Ende der Welt zum andern und durchwaltet das All voll Güte.[106]

Ich las diese Texte ganz neu, als ich dem Gestaltwandel von Maria Assumpta zu Maria-Sophia-Sponsa nachspürte. Mich berührten vor allem die Worte: »Ohne sich zu ändern erneuert Sophia alles. Über sie siegt keine Schlechtigkeit. Von Geschlecht zu Geschlecht schafft sie Freunde Gottes und Propheten.«

Weisheit als neue Frucht vom Baum der Erkenntnis

Die jetzt anstehende heilige Hochzeit geschieht in dem Maße, wie Sophia in uns Wohnung nimmt, wenn wir also weise werden. Sophia kann aber nur in uns Wohnung nehmen, wenn wir uns an der Erlösung des Abgespaltenen, der »Hölle«, beteiligen. In der Botschaft der Engel hieß es: »Der Knecht windet sich, gebunden ist er von alten Banden. Das Erkennen schneidet die Bande... die sich windende Schlange, die in ihrem Schlund das Wissen birgt. Das Erkennen macht alles möglich ... Marias neuer Name ist Erkennen.«

Wenn die Samen von »Maria-Sophia-Sponsa« in uns zu sprießen beginnen, werden wir zu Erkennenden! Nicht mehr verführt durch die Schlange, essen wir vom Baum der Erkenntnis, sondern ermächtigt von Maria, der Mutter aller unerlösten Schöpfung. Durch ihre Hand gereicht, wird uns die Frucht vom Baum der Erkenntnis von Gut und Böse zum Segen und zur unerlässlichen Nahrung.

Aber erst, wenn wir im marianischen Sinne Erkennende sind, werden uns die Augen aufgehen und der auferstandene Kyrios übergibt uns den Schlüssel zur türlosen Tür ins innerste Herz der Gottheit.

Mitten in diesem inneren Suchprozess traf ich Susan Herrmann mit ihren Bildern zu den eben dargelegten Textstellen aus »Eins und Alles«. Und wieder staunte ich wegen des überall aufbrechenden Wissens über die jetzt stattfindende, heilige Hochzeit. Der Schlüssel, welchen der auferstandene Kyrios Maria, der Braut schenkt, hat die Form des Menschen. Das Schlüsselloch in der türlosen Türe hat menschliche Form.

Dort ist Feier der Hochzeit

Dort segnet der Geist der Liebe die neue Verbindung
von Geist und Materie

Der Heilige Geist,
symbolisch durch die weiße Farbe dargestellt.

Seine Flügel verbinden Christus und Maria.
Im Herzen das leere Auge, das Auge beider Gesichter.

Die Erde als Hostie der Wandlung.

Das Wort wird Fleisch – Die Materie wird Licht

Und was geschieht in uns, wenn die heilige Hochzeit stattfindet? In der »Antwort der Engel« wird diese Frage in einem der letzten Gespräche, also kurz vor der Deportation von Hannah und Lilly, in einer Weise beantwortet, die keine Ergänzung braucht:

»Das Erbe, das ER euch vermacht, ist das ewige Sein.
Geheimnisvolle, wunderbare Lehre:
Erkennen ist in Wahrheit Liebe,
ist ewige, unbefleckte Empfängnis.

Sieben Stufen führen zum ewigen Sein,
sieben Schritte, die ihr schreiten könnt.
Die erste Geburt ist (...) Materie.
Die zweite ist (...) Pflanze.
Die dritte ist (...) Harmonie.
Die vierte ist geschmückte Stätte der Hochzeit.
Die drei oberen Stufen
schreitet der Bräutigam hinunter – das LICHT –
und wenn der Bräutigam die Braut erkennt,
so wird der Tod für immer tot.

Drei Schritte sind die Zeit.
Vergangenheit ist Reinigung.
Gegenwart ist Selbsthingabe.
Zukunft ist Hochzeit.
Die zwei Liebenden entspringen IHM,
dem ewig Gebärenden.
STATT LICHTLOSEM KÖRPER UND KÖRPERLOSEM LICHT
DAS NEUE: DIE ZWEI LIEBENDEN VEREINT.
DAS WORT WIRD FLEISCH
UND DIE MATERIE WIRD LICHT.«[107]

Der neue Himmel und die neue Erde

Nach dem Neuen Katechismus der katholischen Kirche folgt auf die Auferstehung der Toten das Letzte Gericht. Dieses Gericht vertraut der Vater ganz dem Sohn an.

»Das Letzte Gericht wird zeigen, dass die Gerechtigkeit Gottes über alle Ungerechtigkeiten, die von seinen Geschöpfen verübt wurden, siegt und dass seine Liebe stärker ist, als der Tod.«[108]

Der Neue Katechismus hält zwar an einer ewigen Hölle fest; es gibt aber auch verschiedene Stellen, welche die Möglichkeit der Erlösung der Hölle zulassen. So wird mehrere Male ausgedrückt, dass eine ewige Verdammnis nicht im Willen Gottes, sondern im Nein des Menschen begründet ist. »In die Hölle kommen« kann nur ein Mensch, der die Gnade der Barmherzigkeit nicht annimmt. – Ziel der Heilsgeschichte ist die Umwandlung der ganzen Schöpfung in den neuen Himmel und die neue Erde. Zuerst ereignet sich aber die Auferstehung der Toten:

»Christus wird uns am Letzten Tag auferwecken; andererseits sind wir aber schon in gewisser Weise mit Christus auferstanden. Durch den Heiligen Geist ist das ... Leben schon jetzt auf Erden eine Teilhabe am Tod und an der Auferstehung Christi: ... »Ihr seid mit Christus auferweckt, darum strebt nach dem, was im Himmel ist« (Kolosserbrief 3,1).[109]

In dieser Aussage ist klar ausgedrückt, dass das Mysterium der Auferstehung hier auf Erden beginnt. Hier sollen wir nach dem streben, was »im Himmel« ist. Hier sollen wir so leben, dass der Same der Auferstehung in uns zu wachsen beginnt. Die Auferstehung des Fleisches bezieht sich aber nicht nur auf den Menschen. Die ganze materielle Schöpfung, die jetzt noch in Geburtswehen liegt, ist dazu bestimmt, umgewandelt zu werden und an der Verherrlichung des auferstandenen Christus teilzuhaben.

Ausgehend von einem eindrücklichen Wort Tertullians wird im Katechismus das »Fleisch« als Angelpunkt allen Heils beschrieben:

Dort beginnt die zeitlose Zeit:
DER NEUE HIMMEL UND DIE NEUE ERDE

Alles tanzt in seiner Einmaligkeit
den großen Tanz Gottes und feiert
seine Gegenwart im Herzen der Vielheit.

»Caro salutis est cardo – Das Fleisch ist der Angelpunkt des Heils. (Tertullian, res. 8,2)
- Wir glauben an Gott, den Schöpfer des Fleisches,
- wir glauben an das Wort, das Fleisch geworden ist um das Fleisch zu erlösen,
- wir glauben an die Auferstehung des Fleisches, in der sich die Schöpfung und die Erlösung des Fleisches vollenden.«[110]

In diesem Prozess der Auferstehung des Fleisches kommt Maria eine zentrale Rolle zu. Der Katechismus sagt es so: »Die mit Christus Vereinten werden die Gemeinschaft der Erlösten bilden, die heilige Stadt ... Gottes, die Frau des Lammes.«[111]

Maria-Assumpta gilt als erster Mensch, der die neue Materie angezogen hat. Können wir, durch sie ermächtigt, lernen, der neuen Hochzeit zu dienen, die den neuen Himmel und die neue Erde erstehen lässt? Lassen sich die in mythologischer Sprache gehaltenen Bilder über die so genannt »letzten Dinge« vielleicht mit den neuesten Erkenntnissen über die Transformation der Materie verbinden? – Diesen Fragen soll im letzten Kapitel nachgespürt werden.

7 Maria – Wegbereiterin universeller Transformation

In diesem letzten Teil soll die Grundlinie der Entfaltung des menschlichen Potentials, die im Bild der heiligen Hochzeit zwischen dem auferstandenen Kyrios und Maria-Sophia-Sponsa ihren Höhepunkt findet, noch einmal herausgehoben werden. Dann wollen wir der Frage nachspüren, was die modernen Forschungsergebnisse über das Transformationsvermögen des menschlichen Körpers und die Aussage von Tertullian »Das Fleisch ist der Angelpunkt des Heils« miteinander zu tun haben. Die darin enthaltene Frohbotschaft und Verheißung wird auf unser Leben im Dienste der Menschen ansteckend wirken.

In Maria ist Euch geschenkt die neue Sammlung Eurer Kräfte

Im Laufe meiner Auseinandersetzung mit dem Bild der Hochzeit zwischen Christus und Maria gab es, wie schon erwähnt, Zeiten voller innerer Widerstände. Immer wieder empfand ich mein Verstehen ungenügend, der tieferen Botschaft des Bildes nicht entsprechend.

In der Analyse dieser Widerstände entdeckte ich in mir große Ambivalenz: etwas in mir sehnte sich nach Verstehen, während andere Teile von mir umfassendem Verstehen auswichen. Einmal, als ich, erschöpft von diesem Zwiespalt, meine Abwehrstrategien klar erkannte, bat ich innig um Weisung. Ich bat um Einsicht und um die Fähigkeit, der Einsicht entsprechend zu handeln. Diese Bitte löste sofort die richtungsweisende Antwort aus. Ich hörte in mir folgende Worte: »Im Körper geschieht die Hochzeit. Die Hochzeit zwischen dem Auferstandenen Kyrios und Maria ist Bild für den in uns sprießenden Samen des Lichtkörpers.«

Diese Worte hatten erlösende Kraft. Ich wusste, dass die Botschaft »im Körper geschieht die Hochzeit« mich auf die richtige Fährte setzte. Und im nächsten Moment tauchten die vielen Stellen des Neuen Testamentes in mir auf, die den Lichtkörper voraussagen: vom »Mache dich auf und werde Licht« des ersten Adventssonntages bis zum Appell des Apostels Paulus »Lebt als Kinder des Lichtes« im Epheserbrief. Und ich erinnerte mich, dass ich schon vor vielen Jahren alle Stellen aus dem Alten und Neuen Testament zum Thema Licht und Auferstehung herausgeschrieben hatte. Ich trug diese Texte monatelang bei mir, um mich von ihrer Botschaft inspirieren zu lassen. Aber nie hatte ich sie auf der physischen Ebene gedeutet. »Mache dich auf und werde Licht« hatte für mich nur eine geistige Dimension. In der Erinnerung an diese Jahre verstand ich, dass ich schon damals viele Hinweise bekam, die auf die physische Ebene verwiesen. Aber genau da setzte mein Abwehrsystem ein. Zu fremd war mir die Vorstellung, dass sich auch unser menschlicher Körper in einem evolutiven Prozess befinden könnte, der eine kontinuierliche Vergeistigung der Materie beinhaltet.

Und nun verstand ich in einem Moment, dass ich mich seit über 20 Jahren in einem Entwicklungsprozess befand, dessen Linie stringent auf die Botschaft »im Körper geschieht die Hochzeit« hinführte. Ich verstand, dass jene Sätze im Text »Eins und Alles«, welche die Evolution des menschlichen Körpers betreffen, nichts wirklich Neues für mich enthielten. Das einzig wirklich Neue war die so stark auftauchende marianische Dimension. Worte wie: »In Maria ist Euch geschenkt die neue Sammlung Eurer Kräfte, sie ist Gebärmutter der Lichtmaterie ... In deinen Zellen, Säften und Organen erhebt sie die Schwingung, bringt zum Leuchten das noch ungeweckte Licht des Auferstandenen« machten mich zwar auf der Ich-Ebene ratlos, lösten aber auf einer tieferen Ebene eine Art von Erkennen aus, das mich je länger je mehr in Bann zog. Ich erfuhr, dass unser Körper mehr weiß, als unser Ichbewusstsein. Worte sind Energieträger. Unser Körper reagiert auf die Energie der Worte, wenn diese aus der Tiefe unseres Wesens auftauchen. Unser Körper versteht die Botschaft, während sich unser Ichbewusstsein mit Abwehrstrategien wie »das kann doch nicht wahr sein« vor den Konsequenzen der neuen Sicht schützt.

Die Einsicht in diese Zusammenhänge, die ich nun mit vielen Worten beschreibe, trat nicht stufenweise in mein Bewusstsein. In einem Moment war alles da. Ich verstand. So holte ich meine Tagebücher der letzten zwanzig Jahre hervor, um mir die Prozesse, die zur Formulierung »im Körper geschieht die Hochzeit« führten, noch einmal zu vergegenwärtigen. Und ich staunte. Ich hatte schon längst Impulse erhalten und Prozesse durchgelebt, die Aspekte dieser Hochzeit waren. Warum nur hatte ich nicht wirklich verstanden?

Einige Stufen dieser Entwicklung seien hier angeführt.

Äußere und innere Ausweitung

Im Jahre 1982 wurde ich zur Zentralleiterin des St. Katharina-Werkes gewählt. Die ehemals blühende Frauengemeinschaft, deren Hauptanliegen die Resozialisierung von besonders schwierigen, weiblichen Jugendlichen war, steckte in einer Krise. Sowohl in der pädagogischen Arbeit, wie auch in der Aktualisierung der Spiritualität der Gründerinnengeneration fehlte eine Vision, die den Weg in neue Weite ermöglichte. So war auch meine spirituelle Ausbildung von »Nicht mehr und noch nicht« gekennzeichnet. Ich beschäftige mich daher besonders intensiv mit den Dokumenten des Zweiten Vatikanischen Konzils. Sie wurden zum Kompass meiner Orientierung und Ausrichtung.

Daneben begann ich in der pädagogisch-psychologischen Arbeit nach neuen Wegen zu suchen. Diese Experimente waren mehrheitlich von Erfolg begleitet, so wurde ich 1982 zur Leiterin der Gemeinschaft gewählt.

Die folgenden 12 Jahre gehören zu den schwierigsten meines Lebens. Ich brachte einiges an Erfahrung mit, wie man sozialpädagogische Institutionen erneuert, aber ich hatte null Ahnung, wie man eine religiöse Gemeinschaft reformiert. Alles war Neuland. Nichts Vertrautes. Und überall begegnete ich Problemen, die dringend nach Veränderung sowohl auf der inhaltlich-spirituellen wie auch auf der strukturellen Ebene riefen. Von morgens bis abends leitete ich, in Absprache mit meinen Mitschwestern, Veränderungen ein und begegnete dabei Schwierigkeiten, die ich nicht voraussehen konnte.

Zwölfstunden-Tage prägten die ersten sieben Jahre fast durchgängig. So fiel ich in eine tiefe Erschöpfung, die jahrelang dauerte. In der Analyse meiner Müdigkeit wurde mir klar, dass, neben den objektiven Überforderungen, meine Selbstzweifel der größte »Energiefresser« waren. Mit welchem Recht wurden die Weisungen meiner Tiefenträume zur Grundlage der Erneuerung? – Meine Tagebücher sind voll von Fragen, ob es richtig ist, dass *meine* Visionen zur Grundlage der ganzen Gemeinschaft werden. Die Herz-Jesu-Verehrung, spirituelle Grundlage der Gemeinschaft, weitete sich in mir mit Macht zur Verehrung des Universalen Christus aus, wie er im Epheser- und Kolosserbrief beschrieben ist. War es richtig, eine ganze Gemeinschaft mit dieser Sichtweise zu konfrontieren?

In dieser Zeit der physischen Erschöpfung und des inneren Ausgespanntseins, hatte ich gänzlich unvorbereitet eine starke »Kundalini-Erfahrung«. Ich hatte noch nie etwas von Kundalini gehört und war daher während Wochen in einem Zustand der Verzweiflung.

Meine Erfahrung mit der Urkraft im Körper

Es begann, als ich mit einer harmlosen Grippe in der Zentrale des St. Katharina-Werkes im Bett lag. Es war Mittagszeit. Meine Tante, die schon in jungen Jahren in die Gemeinschaft eingetreten war, brachte mir auf einem Tablett das Mittagessen. Ich setzte mich im Bett auf und bat um ein Handtuch, um das Tablett mit dem Essen darauf abzustellen. Während sie sich umwandte, um das Gewünschte zu suchen, stieg eine mir völlig unbekannte Energie vom Becken in die Wirbelsäule und richtete mich kerzengerade im Bett auf. Mir war, als würde sich eine gewaltige Kraft mit 250 Stundenkilometern einen Weg durch meinen Körper suchen. Reflexartig schrie ich meiner erschrockenen Tante zu: »Verlass das Zimmer« und überließ mich mit wachsendem Entsetzen der unbekannten Energie.

Während ich Angst hatte, dass mein Körper unter der ungewohnten Energie zu bersten drohte, wurde mein Bewusstsein in einen Ozean von Wissendem-Nicht-Wissen ausgeweitet.

Das mich in der Erneuerung der Spiritualität Tag und Nacht beschäftigende Thema des Christus-Universalis schien meinen ganzen Körper zu erfassen. Mit wortlosen Worten erfuhr ich, was ich später die Christuswirklichkeit nannte, während sich gleichzeitig eine bodenlose Angst in mir ausbreitete, dass mein Körper die Energie nicht fassen könnte.

Es dauerte stundenlang. Erst gegen Abend trat Beruhigung ein.

Das war der Anfang eines sieben Jahre dauernden Prozesses auf physischer, psychischer und geistiger Ebene.

So sehr ich darum bat, ich fand damals keinen Lehrer und keine Lehrerin, die mir hätten helfen können, meine Zustände zu deuten. Aber ich hatte nahe Freunde, mit denen ich bis in alle Details über das sprechen konnte, was über mich hereingebrochen war. Freunde, die zwar ebenfalls unwissend bezüglich Kundalini waren, die aber so stark an mein Geführt-Werden glaubten, sodass ich immer wieder Mut und Kraft im Gespräch mit ihnen schöpfte.

Und: Es wurden mir Bücher zugespielt, die mir halfen, meinen Zustand zu deuten. Das erste und entscheidende Buch war das 1983 erschienene Werk von Oscar Marcel Hinze über die Wissenschaft des Tantra. Die Hauptaussagen seines Buches »Tantra-Vidya«[112] haben das Thema der Verwandlung der Materie durch Erleuchtung zum Inhalt. Auf der

Grundlage von Schriften des Kundalini-Yoga sowie der Kabbalistischen Mystik beschreibt Hinze das spontane Aufbrechen von Kundalini-Reaktionen, die so sehr meinem eigenen Erleben entsprachen, dass ich dieses Buch wie eine Gebetserhörung empfand. Viele der darin beschriebenen Prozesse erlebte ich nun tagtäglich: Energieschübe, die den ganzen Körper erfassten und je neu Angst auslösten, verbunden mit einer mir bis dahin gänzlich unbekannten Ausweitung des Bewusstseins. Dieses Bewusstsein, dieses Wissende-Nicht-Wissen hatte für mich nur einen Namen: Christus-Universalis.

Neben den körperlichen Zuständen von Erschöpfung, rasendem Herzklopfen, Schlaflosigkeit etc. erlebte ich mich auf der psychisch-geistigen Ebene in einem fast Tag und Nacht andauernden »Geburtsprozess«. Alle Elemente, die zur Erneuerung der Spiritualität gehörten, wurden in jenen schlaflosen Nächten und in Tiefenträumen geboren, ohne dass ich sie suchen musste. »Es« arbeitete so sehr in mir, dass ich, vor allem in Zeiten extremer Müdigkeit, verzweifelt um Pausen bat.

Dies alles fand bei einem sehr anspruchsvollen, äußeren Arbeitsprogramm statt. Im Rückblick staune ich, dass ich nie ernsthaft krank wurde. Neben den Gesprächen mit meinen nächsten Vertrauten war mein Tagebuch eine wichtige Hilfe. Das Schreiben erleichterte die Spannung und milderte die Ängste, nicht mehr »normal« zu sein. Im Folgenden seien einige Tagebuchnotizen aus jenen Jahren wiedergegeben:

Eine wache Nacht. In Christus leben wir, bewegen wir uns und in IHM sind wir. Jetzt! Diese Nacht! Ich habe Anteil an Kreuz, Tod und Auferstehung. Jetzt! Diese Nacht! Ich spüre die Leiden, Ängste, Zweifel und Sünden der Welt. Aber noch tiefer in mir ist alles Vertrauen. In Dir Christus lebe ich, bewege ich mich, bin ich. Ich lasse mich in Dich hineinfallen mit allen meinen Dunkelheiten. Wandle in mir ein Stück Welt in Deinen Leib. Gib durch das Annehmen dieses Leidens dem Menschen Trost, der jetzt des Trostes am meisten bedarf.

Nun, beim Einschlafen spüre ich wieder diese Energie in mir. Diesmal ist das Zentrum, von dem die Energie ausfließt nicht die Wirbelsäule, sondern die Fußsohlen und der Kopf. Von beiden Seiten aus fließen ganze Energieströme in den Körper. Bis jetzt ist das Herzklopfen erträglich. Aber, ich spüre noch immer die Angst vor der Angst in mir. Die Intensität, mit welcher mich die Kraft vor Weihnachten überfiel, sitzt mir noch in den Knochen. Weshalb beginnt es jetzt wieder? Fast einen Monat lang war ich von dieser Heftigkeit verschont. Was löst es aus?

Ich spüre die Urkraft. Es ist, wie wenn ein Energiestrom jede Zelle in mir füllen würde, von den Zehenspitzen bis zum Scheitel. Aber mein Herz bleibt heute ruhig. Gott sei Dank! Die massive Herzbeschleunigung löst am meisten Angst in mir aus. Daneben bin ich vor lauter ›Baustellen‹ in meiner Gemeinschaft erschöpft. Oft habe ich beides zur gleichen Zeit in mir: Erschöpfung und eine Energie, die mich mit Staunen erfüllt. Ich habe angefangen, diese Energiequelle anzusprechen und merke, dass ich dann ruhiger werde. Ich bitte die Kraft, mich nicht zu verbrennen, sondern zu wandeln, sodass ich eine durchlässige Zelle am Leib-Christi werde.

Traum von der aufgerichteten Kobra:

Ich gehe durch einen Weg, auf dem auf beiden Seiten Kothäufchen liegen. Bei näherem Hinschauen sehe ich, dass die Häufchen kein Kot sind, sondern zusammengerollte Schlangen. Mit Bestürzung gehe ich schneller, um heil durchzukommen. Da sehe ich rechts vorne bei der Kreuzung, wie sich eine Riesenkobra (ca. 5-6 m lang) aufrichtet. Ich eile voller Angst nach links, den Weg hinunter und bin erstaunt, dass mir nichts geschieht.

Ein guter Tag. Ich konnte viel erledigen. Keine Zustände! Nachdem es mich in der letzten Woche fast täglich und nächtlich geschüttelt hat, ist diese Pause ein großes Geschenk. Kann es sein, dass die Urkraft wieder ruhig ist? Ist das Fegfeuer vorüber?

Gestern wieder leichte Herzattacken. Zeichen der Müdigkeit. Diese Reaktionen haben aber nichts mit Urkraft zu tun. Ich spüre den Unterschied genau. Ich legte mich über Mittag zum Schlafen und erwachte, als ich meinen Namen rufen hörte. Gestern und heute! Gestern leise und voller Zärtlichkeit, heute ebenfalls leise, aber so drängend und intensiv, dass ich mich aus dem Schlaf in die Höhe gerissen, sitzend vorfand. Wer ruft mich? Was soll ich tun? Ich denke an den biblischen Samuel. »Bist DU es der ruft?«

Beim Durchblättern der Tagebücher sehe ich in den ersten Jahren viele Elemente, die in der christlichen Tradition zur »Via Purgativa«, dem Weg der Reinigung gehören. Immer wieder, bei ausgeweitetem Bewusstsein, spürte ich die Leiden der Welt. Immer mehr erkannte ich mich als Teil der Opfer und der Täter. Und ich erfuhr mit Erstaunen, dass die starke Energie, die ich so oft als bedrohend empfand, abgeleitet wird, wenn ich mich mit dem Leiden der Welt verband. Durch diese Erfahrung entstand ein Gebet, dass auch heute noch täglich in der Zentrale des St. Katharina-Werkes gebetet wird:

Universaler Christus, heile mich
Universaler Christus, heile uns

Kosmischer Christus, lenke meine schöpferische Kraft
Kosmischer Christus, erneuere das Universum

Eucharistischer Christus, einige die Menschen zur Menschheit
Eucharistischer Christus, wandle die Menschheit zu Deinem Leib.

In jenen Jahren hatte ich phasenweise den Eindruck, ohne Brachzeiten zu leben.

Und obwohl ich wusste, dass ich nur über die mir so geschenkten Weisungen fähig war, die Spiritualität der Gemeinschaft zu erneuern, wurde mir manchmal alles zu viel. Ich sehnte mich nach weniger Intensität. In all dem Hin und Her lernte ich aber langsam mit der Kraft, die Kundalini genannt wird, umzugehen. Dabei erlebte ich mich wie ein Kind, dass ohne jede Hilfe die ersten Gehversuche in ein unbekanntes Gebiet tut.

In dieser Zeit machte mir Niklaus Brantschen ein besonderes Geburtstagsgeschenk. Er hatte herausgefunden, wo M. O. Hinze, der Autor von Tantra-Vidya lebte, und mir einen Termin bei ihm verschafft. Das kurze Gespräch mit Hinze war ermutigend. Er hörte sich die Beschreibungen meiner Zustände an und zeigte mir, dass die evolutive Kraft der Kundalini bei mir einfach stärker wirksam sei als normalerweise. Wirken würde diese Kraft bei jedem Menschen, aber unbemerkt. Die spontane Aktivierung dieser Urkraft, ohne Vorbereitung, sei sowohl für meinen Körper, wie auch für mein psychisches Gleichgewicht eine große Herausforderung. Wenn es mir gelinge, dieser Urkraft zu vertrauen und alle Angst zu verlieren, auch wenn mein Herz noch so rase, würde sich die dem Körper jetzt noch so unbekannte Energie integrieren. Hinze verglich meine Erfahrungen mit einem Drachen, der plötzlich von einem Windstoß erfasst wird und hochfliegt. Diejenigen, die den Drachen fliegen lassen, müssten so tief geerdet sein, wie der Drache an Höhe gewinnt. Fehle diese Erdung, so stürze der Drache herunter.

Diese Ausführungen waren zwar heilsam, aber noch wusste ich nicht, wie nun diese Erdung aussehen sollte. Manchmal schimpfte ich wie ein

Rohrspatz vor mich hin, weil ich mich überfordert und allein gelassen fühlte.

Beim Durchblättern meiner Tagebücher sehe ich allerdings, dass dies nicht zutrifft. Ich bekam alle Hilfen, die ich brauchte, vor allem über Weisungsträume. Ich bekam keinen leiblichen Lehrer, keine Lehrerin, aber ich wurde so geführt, dass ich im Nachhinein staunende Dankbarkeit spüre. Zwei dieser Träume seien hier wiedergegeben:

Traum über die Atomenergie:

Eine Gruppe von Menschen befasst sich mit Atomenergie. Geräte und Anlagen sollen konstruiert werden, damit diese starke Kraft genutzt werden kann. Ich bin in dieser Gruppe eine Befürworterin dieser Anlagen. Als sie fertig gebaut sind, wird mir unheimlich. Wie genau sind sie zu benützen, wer von den Anwesenden hat Erfahrung mit solchen Anlagen? Ich mache alle Kontrollen, die mir möglich sind, spüre aber, dass sie ungenügend sind. Ich wünschte mir einen Fachmann. Da dieser nicht da ist, befallen mich Zweifel, ob es richtig war, diese Anlagen zu bauen. Während ich darüber nachsinne, spüre ich, dass der abgelaufene Prozess nicht mehr rückgängig gemacht werden kann. Und mir kommt in den Sinn, dass frühere Generationen dieses Risiko ebenso eingehen mussten beim Erringen neuer technischer Möglichkeiten. Über die genutzte Atomenergie können ganz neue Möglichkeiten der Entwicklung für die Menschheit entstehen.

Interpretation: Der Traum spricht von großer Energie, Gefahr und Chance. Es sind Bilder, die meine Stimmung ausdrücken, besser, mein Empfinden. Ich spüre diese Tage wieder die Aktivität von Kundalini. Mein Körper ist zeitweise so mit Energie gefüllt, dass immer noch Angstgefühle auftauchen. Diese Nacht aber lasse ich mich von dieser Angst nicht überwältigen. Ich nehme die Atomenergie in mir wahr und vertraue mich ihr an. Diese evolutive Kraft ist die Kraft des universalen Christus. Sie wird mich nicht zerstören, sondern wandeln. Ich bete zum Heiligen Geist, dass er alles Unreine in mir reinige, wandle, damit ich mit all dem, was mir geschenkt ist, dienen kann.

Der Traum über die Atomenergie löste in jenen Jahren ein großes Bedürfnis aus, mehr über die Kundalini, diese im Körper ruhende Urkraft, zu erfahren. Aber damals kam ich noch kaum an diese Literatur heran. So war das Büchlein von Carl Friedrich von Weizsäcker und Gopi Krishna über »Die biologische Basis der religiösen Erfahrung«[113] wieder so etwas wie eine Gebetserhörung. Dass der renommierte Physiker von Weizsäcker und der Brahmane Gopi Krishna in einer den westlichen Menschen verständlichen Sprache über die Chancen des Erwachens der Kundalini für die Weiterentwicklung der Menschheit schrieben, gab Hoffnung, mit der Zeit Menschen zu finden, die Ähnliches erlebt haben und mit ihnen Erfahrungen auszutauschen.

Diese Hoffnung wurde erfüllt. Durch einen »Zufall« lernte ich Tonby Hopmann, einen Architekten, der 30 Jahre seines Lebens in Indien verbracht hatte, kennen. Hopmann war in dieser Zeit Gopi Krishna immer wieder begegnet und maßgeblich beteiligt bei der Herausgabe seines Buches über die Wirkungen der Kundalini.

All diese inneren und äußeren Begegnungen halfen, die Angst vor den Energieschüben und den damit verbundenen Begleitphänomenen langsam loszulassen. Und immer mehr lernte ich dieser kosmischen Kraft zu vertrauen.

Der zweite Traum ist ein Beispiel dessen, wie durch die Aktivität der Kundalini die Erfahrung der Einheit allen Lebens und der kosmische Sinn zu erwachen beginnen:

Traum vom jungfräulichen Baum:

Ich bin in einem Haus und schaue aus dem Fenster. Vor mir, etwa in zwanzig Metern Entfernung, ist ein Wald mit ganz verschiedenen Bäumen. Als ich näher hinschaue, sehe ich, dass alle Laubbäume direkt vor dem Aufgehen der Blätter stehen. Zum Teil quellen die Blätter schon aus den Knospen hervor, zum Teil sind sie unmittelbar davor. Es braucht noch ein bis zwei Nächte. Mit großem Staunen sehe ich dieses Naturwunder. Direkt vor mir ist ein Baum, der die anderen überragt. An ihm haben sich große Blätter eben entrollt. Voll tiefer Ergriffenheit schaue ich diesen Baum an. Die Blätter sind schön – riechen nach Bienenhonig und Lindenblüten – sind irgendwie jungfräulich. Ich schaue, staune und spüre, wie das Wort »Kosmischer Christus« in mir aufsteigt.

Plötzlich sehe ich, wie der Baum beginnt, sich mir zuzuneigen. Gleichsam, als wollte er mich einladen, in seine Krone zu sitzen. Immer neu neigt er sich mir zu. Die Einladung wird immer deutlicher, immer intensiver. Ich wage aber nicht, ihm entgegenzuspringen. Der Baum beugt den Stamm immer tiefer nach hinten – und wirft sich dann mit großer Wucht und Kraft gegen mein Fenster, sodass ich nur noch zwei Meter zu springen hätte, um seine Krone zu ergreifen. Aber noch immer tue ich es nicht. Da neigt er sich mit letzter Kraft direkt ans Fenster und bleibt dort wartend liegen. Nun kann ich nicht mehr anders – ich setze mich in seine Krone und lasse mich in den Wald tragen. Dort angekommen, frage ich erstaunt, was ich da soll? Den Baum und den Wald kennenlernen, heißt es. Ich bin etwas ängstlich, erfahre vom Baum aber viel Sicherheit. Als ich frage, wo ich denn schlafen könne, wird mir eine besondere Gabelung der Äste zugewiesen, die mir Sicherheit und Schutz in der Nacht gewähre ...! Mit einem Gefühl tiefen Erstauntseins und Ergriffenseins wache ich auf.

Einige Monate bevor ich diesen Traum träumte, hatte ich angefangen, im Garten der Zentrale des St. Katharina-Werkes vor dem morgendlichen Gottesdienst unter einer Tanne Atemübungen zu machen. Nach dem Traum spürte ich deren Wirkungen. Im Tagebuch heißt es dazu:

Seit Monaten mache ich die Atemübungen zur Reinigung der Kundalinikanäle (Sushuma, Ida und Pingala), morgens vor der Hl. Messe im Garten, unter einer Tanne mit zwei Stämmen, aber einer Krone. Ich atme zum Gebet »Herr, wasche ab meine Schuld, von meinen Sünden mache mich rein ...« die volle Yoga-Atmung. Die Wirkungen dieser Atmung auf physischer und psychischer Ebene spürte ich von Anfang an. Ich gehe mit anderer Wachheit und Offenheit in den Gottesdienst, wenn ich zuvor im Garten war – ich bin beschwingter und, so scheint es mir, auch weniger anfällig für Erkältungskrankheiten. Diese »Gaben« sind mir nun schon seit Monaten vertraut.

In den letzten Wochen begann nun aber eine neue Dimension in mir lebendig zu werden, wenn ich morgens unter meiner Tanne stand. Eine in Worten nicht ausdrückbare Frage, nach dem »Wesen des Baumes«...! Eine mir vorher gänzlich unbekannte Sehnsucht, meinem Baum und damit allen Bäumen, in ihrem Wesen zu begegnen. Aus dieser Stimmung heraus begann ich innerlich regelmässig mit dem Baum zu sprechen, und vor allem, ganz neu zu hören. So, als hätte ich ein inneres Ohr entdeckt, das sich erst langsam öffnet, das mich aber befähigen wird, die Stimme der Bäume zu vernehmen.

Auch diese Tage in Titterten, meiner Klause im Baselland, war die innere Sehnsucht nach den Bäumen ständig da. Und heute ist sie so stark, dass ich nun, da es dunkel ist, erstmals nachts dem nahe gelegenen Waldrand entlanggehen **muss**, um zu hören, um mein inneres Ohr zu entwickeln ...!

Als ich gestern Abend zurückkam, war die Sehnsucht zum tiefen Schmerz geworden. Der Weg, den ich entlang wanderte, war stockdunkel. Ich ging daher langsam, in der Überzeugung, dass sich mein Körper an die Dunkelheit gewöhnen werde und zur Orientierung fähig sei. Während ca. einer Viertelstunde war kein Stern zu sehen, eher fühlte ich mich von Nebel umgeben. Eine leise Furcht war in mir. Bilder von Verbrechen und Lustmördern stiegen in mir auf ...! Gleichzeitig wusste ich, dass mir nichts geschehen wird, wenn ich die Nacht mit reinem Herzen suche – und, dass ich eins bin mit dem Nebel, mit dem Wald, und mit den Menschen, die Verbrechen begehen: Nichts ist von mir getrennt. Und in dem Maße, wie ich meine Angst vor dem Dunkeln in der Welt durch Christus in Vertrauen wandeln lasse, wird die Heilung und Kraft, die in mir entsteht, auch da heilen, wo Menschen an unkontrollierten Triebüberflutungen leiden und damit anderen Leid zufügen. Was ich jetzt schreibe, war weniger in Gedanken in mir, vielmehr als ein Wissen, das nicht aus der mentalen Bewusstseinsstruktur, sondern aus der Tiefe aufsteigt.

Während ich mich langsam, mich Schritt um Schritt der Dunkelheit und dem Wald übergebend vorwärts bewegte, schrie plötzlich in der Nähe ein Tier. Laut und voller Weh. Ich blieb erschreckt stehen. Immer neu ertönte ein Schrei. Ich überwand den Impuls, davonzulaufen und versuchte, das Wesen des Tieres, seinen Schmerz zu umfangen. Plötzlich hörte ich mich laut sagen: »Was hast Du denn? Was tut Dir weh?« Und ich spürte, wie etwas in mir das Tier um Vergebung bat, dass ich nicht einmal seinen Namen wusste, dass ich seinen Schrei zum ersten Mal hörte. Und wieder vernahm ich in mir jenes Drängen, auf Fernsehen und unnötige Gespräche zu verzichten, um statt dessen die Sprache der seufzenden Schöpfung kennenzulernen und mich dem Wesen des Waldes, den Kräften der Sonne, des Mondes und der Sterne zu öffnen!

Als ich nach einer, mir nicht in üblichen Zeitbegriffen zugänglichen Weile den Rückweg antrat, lichtete sich der Nebel – und über mir sah ich den Sternenhimmel. Ein Gefühl, gemischt aus Ehrfurcht, Freude, Sehnsucht und Ergriffenheit erfüllte mich und ließ mich sagen: »Ich bin auch Du – Du bist auch Pia.« Als ich nach Hause kam, konnte ich nicht mehr arbeiten. Die Sehnsucht, mich ohne Angst der Natur zu öffnen, war wie ein feuriger Schmerz in mir. Gleichzeitig war ich sehr müde, spürte leichtes Kopfweh. Ich legte mich zu Bett, ohne etwas zu wollen, als in mich hinein zu horchen.

Während ich dalag, kam ich mir vor wie ein Kind, eine Erstklässlerin, der ein interessantes Klassenzimmer betreten hat, aber hilflos und etwas erschreckt nach einem guten Lehrer Ausschau hält. Und wieder einmal bat ich Christus, mir jene Menschen zu schicken, die mich lehren können, die Sprache des Waldes zu verstehen ...! Und während ich betete, kam aus noch größerer Tiefe die Bereitschaft, auf einen äußeren Lehrer zu verzichten, falls dies nötig sei ...

Maria als Lehrerin

Wenn ich zurückschaue auf diese Erfahrungen, die fast 20 Jahre zurückliegen, begegne ich immer wieder dem intensiven Wunsch, einem Yogameister oder einer Schamanin zu begegnen, die sich mit Kundalini-Erfahrungen auskennt, und darin geschult zu werden.

Und nun wurde durch die Botschaft von »Eins und Alles« Maria meine Lehrerin.

»In Maria ist Euch geschenkt die neue Sammlung Eurer Kräfte ... Sie ist Gebärmutter der Lichtmaterie« heißt es dort. Und auch dies ist wieder Neuland. Aber lockendes Neuland! Maria-Assumpta gilt in der christlichen Tradition als der erste Mensch, der Anteil am Erstgeborenen der Toten, d.h. an der Auferstehung des Fleisches hat.

»Das absolut Neue wird aus dem Vorlauf auf die letzten Dinge erwachsen. Das ist die Kunst apokalyptischer Zeiten: man erinnert sich der kommenden Dinge« (Evdokimov). Nach christlichem Verständnis ist die ganze Schöpfung seit den Anfängen auf die letzen Dinge, d.h. auf die Transformation der Materie ausgerichtet.

»Was gesät wird, ist verweslich, was auferweckt wird, herrlich. Was gesät wird, ist schwach, was auferweckt wird, ist stark. Gesät wird ein irdischer Leib, auferweckt wird ein überirdischer Leib.«

Wer aber sagt, dass Auferstehung, d.h. Verwandlung unserer Materie, erst nach dem Tod beginnt? Die katholische Tradition bekennt je neu, dass die Gläubigen im Heiligen Geiste schon jetzt Anteil an der Auferstehung Christi haben. »Ihr seid mit Christus auferweckt, darum strebt nach dem, was im Himmel ist« (Kolosserbrief 3,1).

Wie wäre es, wenn die christlichen Kirchen dies wirklich tun würden, wenn sie dies zu ihrem Hauptprogramm machen würden, anstatt sich von all jenen zu distanzieren, die heute weltweit die Phänomene des Lichtkörperprozesses studieren? Warum greift die Kirche nicht in ihr »eigenes Gut«? Hätte sie doch einen kostbaren Schatz an Erfahrungen zum Thema »Verklärung des Körpers«, der in Zusammenarbeit mit den neuesten Forschungen über das Transformationsvermögen des menschlichen Körpers für die Menschheit von größtem Nutzen sein könnte.

»In Maria ist Euch geschenkt die neue Sammlung Eurer Kräfte« heißt es im Text »Eins und Alles«. Als machtvolle Lehrerin unterweist sie darin, was das Wort des Tertullian »Das Fleisch ist der Angelpunkt des Heils« für den Menschen im Übergang der Zeiten bedeuten kann. In ihrem Schutz und durch ihre Weihe ermächtigt, können wir lernen, schon hier auf Erden der Hochzeit von Geist und Materie zu dienen.

Kommuniziere mit Deinen Organen und wisse, Du kommunizierst mit dem ewigen Wort, das in jeder Zelle Deines Körpers west

Die Kundalini-Aktivitäten, die mich 1983 so plötzlich überfallen hatten, beruhigten sich allmählich. Nach sieben Jahren hatte ich keine Angst mehr vor Energieschüben.

Ich hatte alles mir Zugängliche über Kundalini gelesen und gelernt, diese machtvolle Energie zu integrieren. Im Folgenden einige Worte zu dieser Urkraft im menschlichen Körper.

Kundalini-Shakti, die göttliche Mutter

Der Tantrismus ist eine der drei großen Richtungen der Gottesverehrung im modernen Hinduismus. Der Tantra Yoga, auch »Kundalini-Yoga« genannt, spielt darin eine besondere Rolle. Ziel des Kundali- Yoga ist es, die spirituelle Kraft im Menschen zu wecken. Kundalini-Shakti heißt wörtlich »Schlangenkraft«. Die Shakti gilt im Hinduismus als Gemahlin Shivas. »Shakti« bedeutet Kraft, Energie und schöpferische Macht. Sie wird in ganz Indien als göttliche Mutter verehrt. Shakti personifiziert die Ur-Energie, den dynamischen Aspekt der Gottheit, durch den sie schöpferisch tätig ist.

Damit Schöpfung entstehen konnte, musste die Shakti in einem stufenweisen Prozess das Licht der Urenergie ein-rollen. Diese Ein-Gerollte, die ihr Licht im fortschreitenden Prozess der Materialisierung vom Gestaltlosen zum Fein- und Grobstofflichen verstecken musste, wird »Avidya-Shakti« genannt. Avidya-Shakti ist also die weibliche Kraft Gottes, die sich aus ihrer eigentlichen Heimat, dem göttlichen Wissen (Vidya) entfernt und in die Materie einschließt. Sie wird dabei zur Avidya, zur Verhüllten des göttlichen Lichtes in der Materie.

Kundalini-Shakti bedeutet daher die Zusammengerollte. Beim Menschen liegt die Kundalini-Shakti, das versteckte schöpferische Urlicht, am unteren Ende der Wirbelsäule. Sie wird in der Literatur dargestellt als schlafende Schlange.

Nach tantrischer Lehre wird sich, wenn die Zeit reif ist, die schlafende Kundalini wieder ent-rollen. Sie wird sich aufrichten und in einem stufenweisen Erleuchtungsvorgang den Heimweg antreten. Sie kehrt, umkleidet mit Materie, wieder zum Ursprungs-Licht zurück. Nach tantrischer Auffassung geschieht dieser Prozess der Erleuchtung und Transformation der Materie sowohl auf mikrokosmischer wie auch auf makrokosmischer Ebene. Sowohl das sich Ein-Rollen, also das Verstecken des Lichtes, wie auch das Sich-Entrollen, das Durchlichten der Materie, geschieht beim Einzelmenschen wie auch in der Menschheit als Ganzer, dem Makro-Anthropos.

Im Tantrismus wird also mit einer stufenweisen Erleuchtung der Materie gerechnet. Dieser Erleuchtungsvorgang wird von oben und unten in Gang gesetzt. Zuerst hebt die schlafende Kundalini ihren Kopf. Dann richtet sie sich auf und steigt entlang der Wirbelsäule Richtung Scheitelchakra. Von oben her wird dieser Prozess unterstützt durch die Ausgießung des göttlichen Nektars Amrita. Diese »Ölsalbung« des mikro- und makrokosmischen Körpers mit göttlicher Substanz macht die Materie zur »Gesalbten« und dadurch zur Lichtmaterie.[114]

Die Auseinandersetzung mit dem Weisheitswissen um Kundalini-Shakti hat mir wesentlich geholfen, die Urkraft zu integrieren. Im Rückblick ist es für mich aber erstaunlich zu sehen, dass »Es« in mir die hinduistische Sichtweise laufend in christlich-evolutive Sprache übersetzte: Die sich-einrollende Shakti korrespondierte dem sich aus der göttlichen Allmacht entäußernden, kosmischen Christus.

Beim Durchblättern meiner Tagebücher aus der Zeit der frühen Neunzigerjahre stellte ich fest, dass in mir aus der weiblichen Shakti der kosmische Christus wurde.

Mit der Integration der Kundalini-Aktivitäten begann aber sofort ein weiterer Lernprozess, dessen Hauptthemen Christus, die Evolution und den menschlichen Körper beinhalteten. Und immer wieder das Thema Wandlung. Dazu wieder einige Tagebuchauszüge:

Lerne den neuen Atem

Atme ein das alles Dunkle wandelnde Licht
des Auferstandenen:

Atme Lumen Christi, sei Lumen Christi

Bewusstes Atmen des göttlichen Lichtes lässt
unsere Körper immer mehr
das Dunkel wandeln.

Sesshin:

Versenkung. Es ist das erstemal, dass ich bei der großen Pause am Nachmittag weiter sitzen **musste**. Jede Meditationseinheit war mir zu kurz, jedes Glockenzeichen eine Störung. Versenkung. Welch eigenartiger Zustand. Es ist Nicht-Denken und doch intensivstes Erleben. Nicht-Wissen und doch intensivste Erkenntnis. Die Eucharistiefeier danach war dasselbe, nur in anderer Weise: Fest der Wandlung, Fest des Sterbens und der Auferstehung, Wandlung der Schöpfung in den Leib Christi.

Letzte Nacht erwachte ich wieder Punkt 12 Uhr mit erhöhtem Puls und Herzschmerzen. Dann sprach die innere Stimme: »Dein Körper ist von nun an dein Lehrmeister. Vertrau dich seinen Impulsen an. Höre auf dein Herz und befolge alle seine Impulse.«

In mir war Skepsis. »Ich weiß, dass mein Körper wichtig ist, aber Seele und Geist sind doch wichtiger.« Die Antwort folgte in einer Stimmung der Heiterkeit: »Bin ICH nicht das Herz jedes Herzens? Vertraue dich mir an, indem du den Impulsen deines physischen Herzens gehorchst. Ich wirke in jedem Atom deines Körpers. Wie kannst du die physischen Signale deines Herzens gering achten?«

Wieder sagte ich: »Weshalb diese Konzentration auf den Körper?« Die Antwort: »Vertraue mir, indem du deinem Herzen vertraust. Es wird dich führen. Es wird dir zeigen, wie die dunkle Seite in dir gewandelt wird. Die dunkle Seite, die sich noch wehrt, die alten Pfade zu verlassen und die neuen, die ich dir zeigen werde, zu beschreiten. Die dunkle Seite ist die alte Materie.«

Diesem Dialog, der in wortlosen Worten stattfand, folgte die Anweisung, mich vom Druck im Herzen zu befreien, indem ich die Erde visualisiere und ihr die Worte »Licht, Liebe, Heilung, Frieden« zuatme. Wieder spürte ich Widerstand in mir. Jetzt, mitten in der Nacht, sollte ich Atemübungen machen? Und wieder erfuhr ich Weisung in einer Stimmung großer Heiterkeit: »Wolltest du nicht etwas tun für die vom Krieg verfolgten Menschen? Weshalb wehrst du dich nun, da ich dir Gelegenheit gebe zu helfen?«

Wenn ich heute diese Impulse, die zu Beginn der Neunzigerjahre ins Tagebuch geschrieben wurden, auf mich wirken lasse, so verstehe ich, dass der Weg lang ist, Weisungen dieser Art wirklich ernst zu nehmen und umzusetzen. Nötig war wohl Ende der Neunzigerjahre die erneute Aufforderung »Kommuniziere mit Deinen Organen und wisse, Du kommunizierst mit dem ewigen Wort, das in jeder Zelle Deines Körpers west.«

Und mit einem inneren Lachen erkenne ich, wie Shakti, die göttliche Mutter, die ich bei ihrem Erwachen vor allem als Christuswirklichkeit erfuhr, sich nun über Maria unausweichlich als weibliche Dimension Gehör verschafft. Scheinbar eignet sich Maria besonders, uns Weisung, Schutz und Ermächtigung zu schenken, wenn wir anfangen ernst zu nehmen, dass unser Körper Tempel des Geistes Gottes ist. Scheinbar brauche ich

Marias Hilfe, um anzunehmen, dass das »Ewige Wort« in jeder Zelle unseres Körpers west. Scheinbar ist Marias Hilfe von großer Bedeutung bei der Aktualisierung der Verheißung: »Im Körper geschieht die Hochzeit.«

Um mit diesem neuen Pfad zurechtzukommen, halfen mir immer wieder Bücher, durch deren Inhalte ich erkennen konnte, dass meine mir oft so unerklärlichen Zustände Teil der Menschheitserfahrung sind. Ein solches Buch war das 1994 erschienene Werk »Der Quantenmensch«[115]: eine Zusammenfassung all jenes Wissens, das heute über das Transformationsvermögen des menschlichen Körpers zur Verfügung steht. Sam Keen meint über dieses Buch: »Nur einmal in jeder Generation bricht eine Idee hervor, die so neu und so mutig ist, dass sie unsere gefälligen Kategorien erschüttert und unsere Sicht des Menschen verändert.«

Stufenweise Transformation des menschlichen Körpers

Im Kapitel über »Metanormale Verkörperung in Legende, Kunst und Religion« las ich erstmals alte und neue Texte über die christliche Lehre von verklärten Körpern. Von Paulus über Origines und Thomas von Aquin bis zu Romano Guardini ist im »Quantenmensch« Entscheidendes aus dem Schatz der katholischen Kirche über Auferstehung und Verklärung des Körpers dargestellt. Jene Stellen, die mir in meinem eigenen Prozess besonders hilfreich waren, seien hier wiedergegeben:

»Obgleich die Lehre der Auferstehung Teil einer vorwissenschaftlichen Weltanschauung ist und von schlichtem Aberglauben mit getragen wird, hat sie überdauert – wahrscheinlich, weil intelligente und sensible Denker das Potential des Körpers zu einem grundlegenden Wandel erspürten.

Wenn man die christliche Sichtweise aus der hier zugrunde liegenden entwicklungsgeschichtlichen Perspektive heraus umgestaltet, könnte die Lehre von den letzten Dingen einen neuen Evolutionsbereich symbolisieren, und die ›auferstandenen Körper der Gerechten‹ könnten eine metanormale Verkörperung versinnbildlichen.

Origines, der Theologe des 3. Jahrhunderts, den viele für den bedeutendsten christlichen Denker seiner Zeit hielten, schrieb mit einer eindringlichen Kraft und großem Vorstellungsvermögen über den verklärten Körper. Obgleich einige seiner Lehren mit dem Kirchenbann belegt wurden und die meisten seiner Schriften verlorengegangen sind (es hieß, er habe über tausend Bücher geschrieben), ist uns sein einflussreiches Werk ›Von den Prinzipien‹ erhalten geblieben – zum großen Teil in der lateinischen Übersetzung von Rufinus aus dem 4. Jahrhundert, aber auch in Fragmenten der ursprünglich griechischen Fassung: Wenn die Leiber auferstehen, tun sie es zweifellos, um uns zu bekleiden; und wenn wir Leiber haben müssen – und das ist sicherlich notwendig –, so werden wir in keinem anderen als in unserem eigenen Leib sein. Wenn es nun zutrifft, dass sie auferstehen, und zwar als ›geistliche Leiber‹, so ist klar, dass gemeint ist, sie stünden befreit von Verweslichkeit und Sterblichkeit von den Toten auf; sonst wäre es nichtig und überflüssig, dass einer von den Toten auferstünde, um noch einmal zu sterben.

Dies lässt sich erst dann deutlicher erkennen, wenn man sich gründlich klarmacht, welches die Beschaffenheit des ›natürlichen Leibes‹ ist, der in die Erde gesät wird und die Beschaffenheit des ›geistlichen Leibes‹ annimmt ... Denn aus dem ›natürlichen Leib‹ bringt eben die Kraft und Gnade der Auferstehung den ›geistlichen Leib‹ hervor, indem sie ihn von der ›Unehre‹ in die ›Herrlichkeit‹ verwandelt ...

So meinen die Törichten und die Ungläubigen, unser Fleisch verginge nach dem Tode in der Weise, dass nichts von seiner Substanz übrig bleibe; wir aber, die wir an seine Auferstehung glauben, erkennen, dass im Tod nur eine Umwandlung des Fleisches geschieht, seine Substanz aber, das steht fest, bleibt und wird durch den Willen seines Schöpfers zu einer bestimmten Zeit wieder ins Leben gerufen, und dann geschieht eine neue Umwandlung ...

In diesem Zustand, so ist anzunehmen, wird all unsere Körpersubstanz übergeführt werden, zu der Zeit, wo alles zum Einssein zurückgebracht wird, und Gott ›alles in allem‹ sein wird. Dies muss man sich aber nicht als ein plötzliches Geschehen vorstellen, sondern als ein allmähliches, stufenweise im Laufe von unzähligen und unendlich langen Zeiträumen sich vollziehendes, wobei der Besserungsprozess langsam einen nach dem anderen erfasst ...

Origines sah manche der in diesem Buch beschriebenen gedanklichen Anregungen durch sein intuitives Erkennen unserer Möglichkeiten für ein außergewöhnliches Leben voraus – durch seine Überzeugung, dass jede stoffliche Substanz ›jeder Form der Verwandlung‹ unterliegen kann, durch seinen beharrlich vertretenen Standpunkt, dass der verklärte Körper – auf welch geheimnisvolle Weise auch immer – aus unserem gegenwärtigen Körper wiedererstehen wird, nicht aus einem ›fünften Stoff‹, wie einige griechische Philosophen annahmen, und durch seinen Glauben an eine allmähliche Entwicklung hin zu einer Verklärung ›im Laufe von unzähligen und unendlich langen Zeiträumen‹.

Obgleich die Gelehrten noch immer über die Quellen seines Denkens debattieren, die sie abwechselnd christlichen, neuplatonischen und gnostischen Ideen zuschreiben, lassen sich bei Origines viele Übereinstimmungen mit späteren christlichen Vorstellungen über den verklärten Körper finden. Er nahm, ähnlich wie der heilige Paulus vor ihm und Thomas von Aquin eintausend Jahre später, den Gedanken vorweg, dass die menschliche Natur – sowohl Geist als auch Körper – eine lichtvolle Existenz verwirklichen kann.«[116]

Das Buch von Michael Murphy half mir die Möglichkeit zuzulassen, dass unser jetziger Körper tatsächlich erst ein Entwurf seiner selbst ist, wie es bei einigen Kirchenvätern der ersten Jahrhunderte heißt. Und langsam festigte sich in mir die Gewissheit, dass das »Fleisch tatsächlich der Angelpunkt des Heils« sein könnte.

Die Begegnung mit dem Gedankengut Sri Aurobindos und der Mutter, von der im nächsten Kapitel die Rede sein wird, gab dieser Gewissheit neue Nahrung.

Sprich an meine Gegenwart in Deinen Zellen und befiehl in meinem Namen ihr Erwachen

Aus dem Rückblick anhand meiner Tagebücher auf die erste Hälfte der Neunzigerjahre erkenne ich zwei dominierende Themen:

Die Erfahrung, dass jede Öffnung in den transpersonalen Raum eine entsprechende tiefe Reinigung auf psychischer und physischer Ebene notwendig macht.

Die Erfahrung, dass Heilung, Freude und Friede in uns zunehmen, wenn wir bereit sind, die Leiden der Menschheit und die Leiden des Planeten Erde in unser Herz zu nehmen. Nicht das Verschließen unseres Herzens hilft gegen Überforderung durch die Not der Welt. Das Gegenteil ist der Fall! Die Öffnung des Herzens für alles Leid der Welt lässt uns die grenzenlose Tiefe unseres Herzens erst erfahren. Dadurch entspannt sich auch unser Körper.

Bewusste Öffnung zur Welt

Nachdem ich fähig wurde, die Kundalini-Aktivitäten zu integrieren, waren sowohl die physisch-psychische Reinigung wie auch die bewusste Öffnung zur Welt, die nun wichtigsten Lernfelder. Dazu wieder einige Texte aus meinem Tagebuch:

Schon lange weiß ich, dass jede neue Öffnung in den transpersonalen Raum hinein eine entsprechende tiefe Reinigung und Läuterung bedingt. Ich weiß um dieses Gesetz der Entsprechung. Wie oben so unten! Ich weiß darum aus eigener Erfahrung, aber auch aus meiner jahrelangen Arbeit in der spirituellen Begleitung. Trotz dieses Wissens befinde ich mich nun fast täglich in einem Zustand des »Nicht-für-möglich-Haltens«. Die Konkretheit des Gesetzes der Entsprechung, wie es sich nun in mir manifestiert, erscheint mir manchmal so krass, dass mein skeptischer Geist schon wieder Mühe hat, die darin in Erscheinung tretende Gesetzmäßigkeit anzunehmen.

Nach dem Sesshin verbrachte ich einige Tage mit Beat und Beatrice. Kaum war ich dort, begann sich mein Puls zu erhöhen. Noch immer mit Unwillen und Enttäuschung dass »es« schon wieder anfängt, begann ich, entsprechend meiner inneren Führung, das Heilungsgebet für die Erde zu atmen. Und wieder wurde mir bewusst, wie abwehrend ich mich noch immer diesem »Anklopfen meines Herzens« gegenüber verhalte. Wieder erlebte ich mein Tun eher als Atemübung, denn als Gebet.

Abends beim Fernsehen sah ich in der Tagesschau, wie 500.000 Flüchtlinge aus Ruanda ohne Unterkunft, Nahrung und Wasser auf dem Weg waren. Ich begann zu schluchzen und fragte: »Warum? Was können wir tun?«

Da stieg ein zärtlich werbender Impuls in mir hoch: »Ich gebe Dir doch die Möglichkeit zu helfen. Lerne, mit jedem Atemzug Licht, Liebe, Heil und Frieden auf die Erde zu lenken. Lass Dich von Deinem Herzen darin unterweisen. Mit der Zeit wird dieses Gebet eintreten, auch während Du Deine alltäglichen Pflichten erfüllst. Auch nachts wird Dein Herz für die Erde und für die Menschheit bitten. Weshalb schreist Du »Was kann ich tun?«, wenn Du mit der Not von Erde und Menschheit konfrontiert wirst, dieweil Du mein Anklopfen in Deinem Herzen mit Unwillen und Skepsis beantwortest? Wann endlich wirst Du mir dafür danken, dass ich Deine Bitte »Zeige uns, was wir tun sollen« erhöre? Wann endlich wirst Du mein Wirken im erhöhten Puls Deines Herzens anerkennen und bejahen?«

Nach diesen Erfahrungen drang erlösendes Weinen aus mir heraus. Und ein tiefes Bedürfnis, meine Skepsis der inneren Stimme gegenüber loszulassen, erfüllte mich mit Frieden.

Anderntags erwachte ich in der Stimmung der Geborgenheit, in der ich eingeschlafen war. Es war ein strahlender Maientag und ich freute mich darauf, den freien Tag im Garten zu genießen. Ab Mittag aber war es mit dem inneren Frieden vorbei. Mir war, als würden »Giftdämpfe« aus meinem Körper entweichen, die meinen Kopf, mein Gesicht, meinen Hals und den Schulterbereich mit einem so nagenden Schmerz erfüllten, dass ich nach zwei Stunden ein geschwollenes, aufgedunsenes Gesicht hatte. Und mit großer Klarheit wusste ich: Das ist die nötige personale Reinigung, in Entsprechung zur Bereitung meines Körpers, für die Aufnahme neuer transpersonaler Impulse.

Ich wusste damals noch wenig darüber, dass sowohl unsere persönlichen Verletzungen, wie auch das Erbe der ganzen Menschheitsgeschichte in unserem Zellbewusstsein gespeichert ist. Immerhin verstand ich, dass es um Reinigung geht. Dass diese Reinigung auch den Körper bis in die Zellen hinein meint, lernte ich langsam, manchmal mit Skepsis und Unwillen, anzunehmen.

Beim Blick in meine Tagebücher entdeckte ich noch etwas Wichtiges: Wenn neue, unserem Alltagsbewusstsein unvertraute Impulse in uns aufbrechen, scheint unser Abwehrsystem das Ungewohnte sofort zu verdrängen. Massiver, körperlicher Druck war notwendig, damit ich die Tiefenimpulse ernst nahm. Erst jetzt verstehe ich: Nicht Gott mutet uns diesen Druck zu. Wir sind es, die IHM zumuten, seine Pädagogik mit Druck auszuüben. Ohne diesen Druck laufen wir immer wieder den inneren Weisungen davon.

In jener Zeit, der zweiten Hälfte der Neunzigerjahre, suchte ich das Buch: »Wohin geht der Mensch?« in meinem Bücherregal. Hugo M. Enomya Lassalle hatte es schon in den Achzigerjahren geschrieben. Noch hatte ich damals aber keine Ahnung, dass mir die darin enthaltenen Botschaften zehn Jahre später zur unerlässlichen Nahrung und Orientierung werden sollten.

Durch Lassalle auf Aurobindo verwiesen

Pater Lassalle war mein erster Zen-Lehrer. Wie so viele andere christliche Ordensleute hatte ich das Glück, durch seine Vermittlung bei seinem Lehrer und Freund Yamada Koun Roshi in Japan einige Jahre während der Sommermonate Unterweisung in der Zen-Meditation zu empfangen. Da Lassalle eine entscheidende Rolle in meinem Leben spielte, nicht nur bezüglich der Zen-Meditation, sondern vor allem bezüglich der mich seit Beginn der Achzigerjahre so stark beanspruchenden physischen, psychischen und geistigen Prozesse, seien einige Daten aus dem Leben und Wirken dieses besonderen Menschen festgehalten:

Er wurde 1898 in Externbrock bei Nieheim in Deutschland geboren. Nach dem ersten Weltkrieg trat er in den Jesuitenorden ein. 1929 ging er nach Japan und wurde an der Sophia-Universität in Tokyo Professor für deutsche Sprache. Das Wirken an einer Universität genügte ihm nicht. Schon 1931 gründete er zusammen mit Studenten das »Jochi-Settlement« in den Elendsvierteln von Tokyo. Begleitend zu diesen Tätigkeiten vertiefte er sich immer mehr in den Zen-Buddhismus. In jener schwierigen Zeit trug er die Verantwortung für die Jesuitenmission und das Vikariat Hiroshima. Dort erlebte er am 6. August 1945 den Atombombenabwurf aus unmittelbarer Nähe.

Lassalle war Pionier der Begegnung von östlichem und westlichem Denken und erhielt von der Stadt Hiroshima die Ehrenbürgerschaft für seine Initiative, dort eine Weltfriedenskirche zu bauen. Er starb 1990 im Alter von fast 92 Jahren.

Alle die das Glück hatten, diesem weitsehenden Menschen während mehrerer Jahre immer wieder zu begegnen, wurden nachhaltig von seinem Pioniergeist geprägt. Ich erinnere mich besonders an seinen 88. Geburtstag. Zusammen mit Niklaus Brantschen wurde ich zu dieser Feier an die Sophia-Universität in Tokyo eingeladen. Aus aller Welt erhielt Lassalle im Laufe des Tages Anerkennung für seine großen Verdienste als Vermittler zwischen Ost und West; vor allem aber dafür, dass die Zen-Meditation durch ihn Eingang in die christliche Spiritualität gefunden hatte. Immer wieder wurden während der Feier seine bahnbrechenden Bücher zu diesem Thema erwähnt. Aber kein Wort war zu hören zu seinem revolutionären Buch »Wohin geht der Mensch? (Einsiedeln 1980)« Gegen Ende des Festes hatte ich Gelegenheit, ihn darauf anzusprechen. »Weshalb hat niemand über das Ihnen so sehr am Herzen liegende Thema des › Neuen Menschen‹ gesprochen? Er lachte und meinte mit dem ihm eigenen, schelmischen Charme: »An den meisten Universitäten ist dieses Thema noch tabu. Aber die Zeit wird kommen, zu der das emergierende neue Bewusstsein zentrales Thema von Universitäten sein wird.« – Lassalle hätte sich am Buch »Der Quantenmensch« von Michael Murphy gefreut.

Durch Lassalle bekam ich Zugang zu den Schriften von Aurobindo, der mit seiner Mitarbeiterin Mirra Alfassa einen Ashram in Pondicherry/ Indien leitete. Er Lassalle Pondicherry besucht und war vor allem von Mirra Alfassa, die einfach »die Mutter« genannt wurde, tief beeindruckt.

Auf die umfassende Arbeit von Aurobindo und der Mutter kann hier nicht eingegangen werden. Nur soviel: Sowohl Aurobindos wie auch Mirra Alfassas Botschaft an die Welt heißt: »Die Erlösung ist physisch.« Beide waren überzeugt, dass den Menschen eine radikale Transformation bevorstehe. Beide erfuhren an ihren eigenen Körpern Prozesse, die sie als Vorstufen eines die gesamte Menschheit erfassenden Prozesses der Veränderung des menschlichen Körpers deuteten. Und beide lebten in der Gewissheit, dass wir aufgerufen sind, diesen evolutiven Prozess mit all unseren Kräften zu unterstützen.

Als meine innere Führung mich immer mehr und in einer Art, der ich nicht ausweichen konnte, auf meinen Körper lenkte, begann ich also, mich mit dem Werk von Aurobindo und der Mutter vertieft auseinanderzusetzen. Ich war berührt von ihrer Botschaft – und gleichzeitig überfordert.

Erst als im Jahre 1999 innerhalb des Textes »Eins und Alles« die Formulierung auftauchte »Sprich an Meine Gegenwart in Deinen Zellen und befiehl in Meinem Namen ihr Erwachen«, war ich vorbereitet für Aurobindos und Mutters Botschaft: Beide hatten in der Tiefe ihres Körpers, in den Zellen, etwas entdeckt, das von den Weisen dieser Erde als höchstes Bewusstsein erfahren wird. Dieses höchste Bewusstsein in der Tiefe der Zellen nannten Aurobindo und die Mutter »das Mental der Zellen«.

Wenn es den Menschen gelingt, dieses höchste Bewusstsein, das in der Tiefe der Zellen ruht, zu berühren und von den »mentalen Schlacken« zu befreien, dann kennt der Körper keine Grenze mehr. Er **ist** überall! Er **weiß** um alles. Er **ist** sowohl Teil wie auch das Ganze.

Wenn es uns gelänge, die Verständigung mit jenem Bewusstsein in der Tiefe der Zellen herzustellen, so die Mutter, erlangten wir augenblicklich eine unvorstellbare Freiheit.

Einige Zitate aus den Aufzeichnungen der Mutter und ihrem Biographen Satprem seien hier wiedergegeben:

»Etwas Neues muss in das Bewusstsein der Zellgruppen getreten sein ... etwas, eine neue Erfahrung muss dort begonnen haben. Das Ergebnis: Letzte Nacht hatte ich eine Reihe fantastischer Erfahrungen – in den Zellen –, die ich noch nicht einmal beschreiben kann und die den Anfang einer neuen Verwirklichung bedeuten müssen ... Als die Erfahrung anfing, betrachtete ein Teil das (du weißt, etwas in einem betrachtet die Dinge immer mit einiger Ironie und Belustigung) und sagte: › Also wenn das jemand anderem zustieße, würde er sich für schwer krank oder halb verrückt halten!‹ So blieb ich ruhig und sagte: › Gut, man muss es geschehen lassen; ich werde zusehen – ich werde schon sehen ...‹ Unbeschreiblich! Unbeschreiblich (die Erfahrung müsste sich mehrmals wiederholen, damit ich sie verstehen kann), fantastisch! Es begann um halb neun und dauerte bis halb drei am nächsten Morgen, das heißt ich verlor keine einzige Sekunde lang das Bewusstsein, die ganze Zeit beobachtete ich die fantastischsten Dinge. Ich weiß nicht, wohin das führen wird ... Es ist unbeschreiblich. Man wird ein Wald, ein Fluss, ein Berg, ein Haus – und das sind die Empfindungen DES KÖRPERS, die ganz und gar konkreten Wahrnehmungen des Körpers. Und noch vieles andere mehr. Unbeschreiblich.

Eine Art Allgegenwart der Zellen? Einheit – das Gefühl der Einheit ... Es ist offensichtlich: wenn das etwas Natürliches, Spontanes und Beständiges wird, dann kann der Tod nicht mehr existieren, sogar im Körper... Da ist etwas, das ich spürte, ohne es schon ausdrücken oder mental verstehen zu können.«[117]

»Ich weiß nicht, was geschieht. Etwas geschieht in den Zellen ... Es ist ein Zustand intensiver Schwingung, in dem man gleichzeitig ein Gefühl der Allmächtigkeit hat, selbst hierin (Mutter deutet auf ihren Körper), in diesem alten Apparat ... eine leuchtende Allmächtigkeit. Und es ist statisch, das heißt, in den Zellen herrscht ein Gefühl der Ewigkeit. Das ist etwas völlig Neues im Körper, das vollkommen unbewegt zu sein scheint ... Ich weiß nicht, was es ist: Es ist keine Unbewegtheit, nicht die Ewigkeit, ich weiß nicht, › etwas‹ Ähnliches, und es ist Macht, Licht, wirklich die Liebe. Das geht so weit, dass man sich hinterher fragt, ob man noch dieselbe Form hat!«[118]

»Der Körper hat das Gefühl, dass die höchste Schwingung, die des wahren Bewusstseins, so intensiv ist, dass sie der Reglosigkeit der Unbewegtheit gleichkommt: eine (für uns) unmerkliche Intensität. Diese Intensität ist so groß, dass sie für uns der Reglosigkeit gleicht. Das ist ein Zustand der Unsterblichkeit, unwandelbar friedlich, ruhig, mit Wellen einer gleichsam blitzartigen Geschwindigkeit, so schnell, dass sie unbewegt erscheinen: dem Anschein nach regt sich nichts, und es ist eine ungeheure Bewegung. Das erscheint so natürlich, so einfach!... Aber sobald man wieder auf dieser Seite ist ... Der gewöhnliche, alte Zustand bedeutet wirklich bewusst den Tod und das Leiden, während im anderen Zustand Tod und Leiden als etwas wahrhaft Unwirkliches erscheinen!«[119]

»Hätte man, als es nur die Materie und kein Leben gab, diesem Logiker gesagt, dass bald Leben auf der Erde entstehen würde – in einem materiellen Körper –, hätte er ausgerufen: ›Das ist unmöglich! Das kann nie geschehen! Was? In dieser Suppe von Elektronen, Gasen, chemischen Elementen, in diesem Haufen von Lehm, Steinen und leblosen Metallen? Wie wollen Sie das Leben dorthinein bringen? Werden die Metalle laufen lernen!?‹ «[120]

»Können wir hoffen, dass dieser Körper, unser gegenwärtiges Mittel der irdischen Manifestation, sich allmählich in etwas verwandeln kann, das ein höheres Leben ausdrückt, oder werden wir diese Form gänzlich aufgeben und eine andere annehmen müssen, die noch nicht auf der Erde existiert?, fragte Mutter, jene, die in den Körperzellen nach dem ›Schlüssel‹ für die Spezies suchte. Wird es ein stetiger Übergang sein oder das plötzliche Auftreten von etwas Neuem?... Wird es der Spezies Mensch wie bestimmten anderen Arten ergehen, die von der Erde verschwanden?«[121]

Obwohl ich diese und andere Texte von Mirra Alfassa und Aurobindo schon mehrmals gelesen hatte, wirklich in mir zulassen konnte ich deren Botschaft erst, als ich in »Eins und Alles« mit der gleichen Botschaft konfrontiert wurde. »Sprich an Meine Gegenwart in Deinen Zellen und befiehl in Meinem Namen ihr Erwachen.«

Meine Dankbarkeit gegenüber Lassalle war groß. Welch ein Geschenk, ihn gekannt zu haben. Welch ein Geschenk, dass er sich von Aurobindos und Mutters scheinbar fantastischen Erfahrungen nicht erschrecken ließ! Welch ein Geschenk, dass er schon zu Beginn der Achtzigerjahre über den »neuen Menschen« zu schreiben begann!

Romano Guardini: »Leib im Werden«

Aber, wie immer, begann »es« in mir wieder in der christlichen Tradition nach Entsprechungen zu suchen. Wo war die theologische Stimme, die in einer zeitgemäßen Form über Auferstehung sprechen konnte? Wer war mutig genug, über die Auferstehung des Fleisches, nicht nur über die Auferstehung der Toten, zu reden?

Auch ein Wort des Philosophen Ludwig Feuerbach, dem Kritiker des Christentums, bewegte mich zu suchen: »Die Auferstehung des Fleisches ist der höchste Triumph des Christentums über die erhabene aber abstrakte Geistigkeit der Alten.«

Und wieder wurde ich fündig im »Quantenmensch«. Dort wird der katholische Theologe Romano Guardini zitiert, für den die Verklärung des Körpers auf dieser Erde ebenso im Bereich der Möglichkeiten liegt wie für Aurobindo und die Mutter:

»Mensch aber ist der Geist, sofern er sich im Leibe ausdrückt und auswirkt. Mensch ist der körperliche Organismus, sofern er in der Wirksphäre des persönlichen Geistes steht und durch diesen zu einer Gestalt und Wirksamkeit geformt wird, die er aus sich nie gewinnen kann: zum Ort, wo der Geist mit seiner Würde und Verantwortung in der Geschichte steht.

Auferstehung bedeutet also, dass die Geistseele wieder wird, wozu sie durch ihr Wesen bestimmt ist, nämlich Seele eines Leibes – ja dass sie jetzt erst zum Werk der Leibgestaltung ganz frei und mächtig wird. Und sie bedeutet, dass der entseelte Stoff wieder durchgeistete, personbestimmte Körperlichkeit, das heißt also Menschenleib wird – welcher Leib freilich nicht mehr den Bedingungen von Raum und Zeit unterworfen, sondern, wie Paulus sagt, in einem neuen Zustand, ›geistlich‹, pneumatisch ist ...

In diesen verschiedenen Seienden begegnet uns immer wieder ›Körper‹: im Bergkristall, im Apfelbaum, im Pferd, in dem Menschen da vor mir – aber durch welche Unterschiede getrennt! Jedesmal wird die Körperlichkeit in den Dienst eines neuen Prinzips gestellt und gewinnt dadurch nicht nur andere Eigenschaften und Verhaltensweisen, sondern jeweils einen neuen Charakter. Immer mehr überwindet sie das Lastende, Gebundene, Harte, Dumpfe. Sie wird leichter, steigt ins Weitere und Freiere. Der Bereich der Wirklichkeit, zu dem sie Verhältnis gewinnt, wird größer ...

Hört diese Linie mit dem Menschen, wie wir ihn kennen, auf? Das unwillkürliche Empfinden sagt, sie müsse weitergehen; diese Menschlichkeit sei kein Abschluss; die Möglichkeit dessen, was Leib heißt, könne in ihr noch nicht erschöpft sein. Dafür gibt es auch einen unmittelbar einleuchtenden Hinweis, nämlich die Stufung der Leiblichkeit im Menschen selbst.

Der Menschenleib ist nichts Festes und Fertiges, sondern steht in beständigem Werden. Dass ein gesunder, durch Pflege und Übung gebildeter Körper mehr ›Leib‹ ist als ein vernachlässigter, liegt auf der Hand. Wo ist aber intensivere und wertvollere Leiblichkeit: im Antlitz, in der Gestalt oder Haltung eines Menschen, der mit edlen Dingen umgeht und ein tiefes Innenleben führt, oder in einem zwar gesunden und sportlich geübten, aber ungeistigen und oberflächlichen? Die Frage überrascht im ersten Augenblick; aber nur deshalb, weil man gewöhnt ist, die Körperlichkeit des Menschen nicht viel anders zu sehen als die des Tieres, nämlich als bloße Natur.

Der Menschenleib ist aber in entscheidender Weise vom Geiste bestimmt. Das durchgearbeitete Antlitz eines um die Wahrheit ringenden Menschen ist nicht nur ›geistiger‹, sondern einfachhin antlitzhafter als das eines dumpfen; das heißt aber, echterer, intensiverer Leib. Ebenso ist die Haltung eines Menschen mit gütigem, frei gewordenem Herzen nicht nur mehr ›Seele‹ als bei einem selbstsüchtigen und innerlich groben, sondern lebendigere Leiblichkeit.

So beginnt hier eine ganz neue Stufenfolge der Verwirklichung. Der Leib wird als solcher um so intensiver und wertvoller, je tiefere Innerlichkeit, je reicheres Herzensleben, je edlere Geistigkeit sich in ihm auswirkt.

Was muss aber erst möglich werden, wenn im Durchbruch der Ewigkeit, im Allwalten der heiligen Macht Gottes der Geist zu seiner vollen Reinheit und Kraft freigegeben ist?«[122]

»In Maria ist Euch geschenkt die neue Sammlung Eurer Kräfte. Sie ist Gebärmutter der Lichtmaterie.« Diese, mir anfangs fremd erscheinenden Worte trösten heute bei der Frage: Was heißt, »entdecke Meine Gegenwart in Deinen Zellen und befiehl in Meinem Namen ihr Erwachen«. Warum Befehl? Wie hat dieser Befehl auszusehen? Im Schutze Marias werden wir lernen, diese Botschaft umzusetzen. Dann entsteht vielleicht eine neue Sehnsucht, die der Theologe Hans Jürgen Luibl in der »Reformierten Presse« an Ostern 2001 beschrieb:

»Vielleicht war es doch ein Fehler, in theologisch-gesellschaftlicher, blutleerer Korrektheit im Glaubensbekenntnis aus der ›Auferstehung des Fleisches‹ die ›Auferstehung der Toten‹ gemacht zu haben.

Vielleicht kehren die Menschen aus den Theatersälen wieder in die Kirchen zurück, wenn ihnen solche Zukunft eröffnet wird: weniger gebildet, dafür biblisch-bildhafter. Die Auferstehung des Fleisches könnte sich dabei als Sehnsuchtsreform eines neuen Christentums erweisen. Wer will schon wissen, welche Überraschungen der liebe Gott für seine Gemeinden noch bereit hat.«

Mit Auferstehung ist eine völlig neue Dimension des Seins gemeint. Die »Augen des Fleisches« sind nicht fähig, diese Dimension wahrzunehmen. Aber die »Augen des Geistes« ermöglichen uns »Gegenwärtigung«, d.h. wir erspüren zukünftige Entwicklung im Hier und Jetzt.

Maria lebt in jenem Daseinsraum, der wurde durch die Auferstehung Christi (Rahner). Werden wir uns von ihr unterweisen lassen, jetzt, wo unsere Kräfte neu ausgerichtet werden?

Die Tore zur Hölle wurden geöffnet
vom Menschensohn

*Christus öffnet die Tore in unser Dunkel und
Licht fällt in die Hölle in uns.*

Lerne den neuen Atem: Atme Lumen Christi, sei Lumen Christi

War es zu Beginn der Achtzigerjahre für mich noch schwierig, Literatur über die Entfaltung des menschlichen Potentials zu finden, so änderte sich dies rasant nach Mitte der Neunzigerjahre. Bücher zu diesem Thema schossen wie Pilze aus dem Boden.

Nicht zuletzt ausgelöst durch die Krise unserer Zeit, beginnen sich immer mehr Menschen zu fragen: »Wohin geht der Mensch? Wohin geht die Menschheit?«

Ein in diesem Kontext Aufsehen erregendes Buch schrieb Chilton Pearce. Er fragt nach der Entfaltung des Menschen aus neurobiologischer Sicht. Nach Pearce schlummert im Menschen ein noch weitgehend unentdecktes Potential, das geradezu unglaubliche Möglichkeiten der Entfaltung in sich trägt. Aus neurobiologischer Sicht leben wir noch vorwiegend mit den so genannt »niederen Teilen« unserer Gehirnstruktur. Noch können wir die evolutionären Errungenschaften des Neocortex (Neuhirn), dieses größten und neuesten Teiles in der Entwicklung unseres Zentralnervensystems, wenig nutzen. Anhand einer Fülle von wissenschaftlichem Forschungsmaterial zeigt Pearce in revolutionären Thesen auf, dass dieses brachliegende Potential Möglichkeiten in sich trägt, wie sie von Weisen, Heiligen und Mystikern aller Zeiten entfaltet wurden. Und er ermutigt, dass wir als Einzelne jene Schritte auf das Potential hin tun, das die Natur für uns im Sinn hat.[123]

Von entscheidender Bedeutung dafür, dass wir den in uns ruhenden Reichtum ans Licht heben können, ist nach Pearce die Verbindung der Intelligenz des Gehirns mit der Intelligenz des Herzens: Wie kann dies geschehen? Was können wir tun, um unseren Kopf mit dem Herzen zu verbinden? – Darüber gibt es seit alters ein Wissen, das bis in unsere Zeit hinein nur Wenigen vorbehalten war. Der Schlüssel zur Verbindung der Intelligenz des Herzens und der Intelligenz des Gehirns ist unser Atem!

Der Atem verbindet Kopf und Herz

Bewusstes Atmen verbindet uns sowohl mit den Tiefen des Universums, wie auch mit den Tiefen unseres eigenen Herzens.

Bevor ich auf die Weisung »Lerne den neuen Atem: Atme Lumen Christi, sei Lumen Christi« eingehe, möchte ich einige Stellen von Maruscha Magyarosy über die Bedeutung des Atems zitieren. Magyarosy ist Yogalehrerin und arbeitet weltweit mit einem gezielten Atem- und Bewusstseinstraining an der Entfaltung des menschlichen Potentials. Hören wir aus dem reichen Schatz ihrer Erfahrungen:

Das Liebesspiel mit dem Schöpfer

»Die ungeheure Kraft, das Geheimnis des Atems, ist seit Jahrtausenden bekannt, ebenso die zahlreichen Techniken, die zu verschiedenen Erfahrungen führen und mit denen sich verschiedene Ergebnisse erzielen lassen: von der Steigerung körperlicher Vitalität und Gesundheit über die Auflösung psychischer Blockaden zur Hellsichtig- und Hellfühligkeit bis zur Entfaltung unseres Menschseins, unseres Bewusstseins und unseres Potentials, bis hin zur höchsten Gotteserfahrung. In den alten Hochkulturen in Ägypten, im Vorderen Orient bei den Sufis, aber auch in Indien und anderen asiatischen Ländern wurde der Atem als etwas Heiliges betrachtet. Die Lehre des Atems war eine Geheimlehre, in die nur jene Personen eingeweiht wurden, die einen entsprechenden Reifegrad erreicht hatten und die es verstanden, verantwortungsbewusst mit Lebensenergie umzugehen.

Seit der Wiederentdeckung verschiedener alternativer Heilmethoden wird dem Atem in den letzten Jahrzehnten besondere Bedeutung beigemessen. Die Atemtherapie ist heute sowohl eine begleitende als auch eine selbstständige Heilmethode. Dabei ist bei allen Atemmethoden bewusstes Atmen der Schlüssel zu holistischer Gesundheit, zu einer Ausgewogenheit von Körper, Seele und Geist. Verbunden mit der Kraft der Gedanken und der Macht der Vorstellung ist der Atem eines der wirkungsvollsten Instrumente, um unser menschliches Potential in allen Bereichen unseres Da-Seins zu leben. Er ist das Medium zur ›Initiation ins Leben‹ für jeden Menschen erfahrbar, der sich dem Atem wirklich öffnet.

Wenn wir uns dem belebenden und heilenden Fluss unseres Atems hingeben, wenn wir Prana – die Urlebensenergie – bewusst in uns einströmen lassen, dann beantwortet der Atem selbst alle Fragen, die wir an ihn haben. Er bietet uns sein größtes Geschenk, er verrät uns sein tiefstes Geheimnis, das wir in keinem Weisheits-Buch der Welt mit noch so faszinierenden Worten finden können – jenes Geheimnis, das hinter allen Techniken, hinter allen Konzepten, Dogmen und Religionen verborgen darauf wartet, wiederentdeckt zu werden: die Initiation ins Leben, die Erfahrung unserer selbst, der Kontakt mit dem Ursprung.

Der Atem führt uns als Lebensreisebegleiter, als unser intimster und weisester Lehrer zur Quelle unseres Da-Seins und von dort wieder nach außen, in dem Maße, in dem wir bereit sind, uns auf das Leben und damit auf die Liebe einzulassen. Und auf dieser ›Initiations-Reise‹ können wir den Atem wie einen Geliebten erfahren, wie einen ewigen, bedingungslos Liebenden, der immer zur Verfügung steht, ob wir nach Außen oder nach Innen reisen. Er verbindet uns mit unserem inneren Geliebten, der immer war, immer ist und immer sein wird ... im Zentrum unseres Herzens, im Herzen jeder Körperzelle, in der Tiefe unserer Seele.

Ich erlebe das Atmen manchmal wie ein befreiendes, bedingungsloses ›Liebesspiel mit dem Schöpfer‹, in mir und durch mich, der nicht fragt: Wann, wo, warum, wie oft und wie lange? Er ist einfach – überall und jederzeit. Und er durchdringt alles. Dabei löst er alles Krankhafte, alles Festgefahrene, alles Unbewusste und Begrenzende auf. Er ist frei von Konzepten, frei von Erwartungen und Illusionen. Er kennt weder Dogmen noch Normen noch Konfessionen noch Konventionen. Und er kennt kein Gesetz, kein Alter, kein Geschlecht, keine Rasse. Er führt unmittelbar in die Freiheit. Und das bedeutet: Atem-Befreiung – ein Hauch von Ewigkeit.«[124]

Die von Maruscha Magyarosy so wunderbar beschriebenen Möglichkeiten durch bewusstes Atmen erfahren heute viele Menschen, die den »Weg nach Innen« gehen. Wie schon in Kapitel eins und Kapitel fünf dargestellt, ist der Atem auch in der Zen-Meditation Mitte der Konzentration, durch welche Bewusstseinseinigung und Bewusstseinsleerung möglich wird.

Eindrücklich ist es, Menschen auf diesem Weg zu begleiten und dabei zu sein, wenn sie ihren Atem entdecken. Nach einer zweitägigen Meditationszeit im Lassalle-Haus, kurz bevor ich diese Zeilen notierte, schrieb mir eine Zen-Schülerin:

»Eine alte Tür
schwer, aus bestem Holz vom vorigen Jahrhundert
und festgefügt in eisernen Scharnieren.
Die Falle funktioniert und öffnet die Tür – doch nur einen Spalt.
Sie knarrt und quietscht und stösst dann irgendwo an weiß nicht was.
Und Schluss.
Seit so langer Zeit arbeite ich an dieser Tür.
Mit vielen Tricks hab ich's versucht, doch bleibt sie fest.
Ich weiß, dass sich auf Druck der Widerstand nur verhärtet.
Doch drückt mein Unbewusstes dennoch, und ich bleib draußen stehn.
Und jetzt?

Heut morgen geht sie auf,
als hätte ich auf einen unsichtbaren Knopf gedrückt.
Eine Seifenblase hat sie aufgestoßen – dort fliegt sie noch, schimmernd hell
in einem Zimmer voll Licht – voll Atem.
Jetzt spür ich mich atmen!
Einfach unbeschreiblich, ich müsste Bücher füllen, jeder Atemzug ein Kapitel lang.
Jedes Ein und Aus durchdringt mich, bewegt meine Zellen
einmal hie und einmal dort, einmal so und einmal anders.
Sanft und liebevoll wie keine Menschenhand es kann.

Und immer noch bin ich gestreichelt und liebkost in meinem Körper
vom Fuße bis zum Scheitel
einmal hier und einmal dort, einmal so und einmal anders.
Mir bleibt nur: lächelnd zuzuschauen.
Ich bin entzückt.
Die Tür ist offen, der Himmel ist weit.
Ich habe das Atmen entdeckt.«

Nach der Beschreibung der durch den Atem geschenkten Seinserfahrung, beendet Barbara den Brief mit folgenden Worten:

»Ich will auch für dich atmen, liebe Pia,
und für die Welt
und ganz tief heilend
für alle ausgebeuteten Kinder.

Sei umarmt von deiner glücklichen Schülerin.«

Im Atem erfahren wir die Einheit allen Lebens. Er führt uns zur Intelligenz des Herzens, das weiß, dass es im EINEN keine Rangunterschiede gibt. Er führt uns zum großen Mitgefühl und wird dabei zum immerwährenden Gebet.

Warum: »Atme Lumen Christi«?

In den letzten drei Teilen dieses Buches versuchte ich zu zeigen, wie mich meine innere Führung immer mehr dahin lenkt, den Körper als Tempel des Heiligen Geistes zu entdecken und ernst zu nehmen. Und, welch entscheidende Rolle unserem Atem in diesem Prozess zukommt. Obwohl ich also fast zwanzig Jahre dabei war bewusst zu atmen, wusste ich, dass die Formulierung »Atme den neuen Atem: atme Lumen Christi, sei Lumen Christi« wieder eine innere Ausweitung beinhaltete. Und mit erneutem Erstaunen stellte ich fest, dass meine Tiefe sich durchgängig der christlichen Sprache bedient, wenn ich in neue Daseinsräume geführt werde, obwohl ich mich so oft und so dankbar in den »Erfahrungs-Räumen« des Zen-Buddhismus und anderer Religionen aufhalte. Warum genügt es nicht mehr, der Welt Licht, Liebe, Heilung und Frieden zuzuatmen? Warum »Atme Lumen Christi, sei Lumen Christi«?

Von Jürgen Moltmann stammt die Formulierung: »Im Auferstandenen wird die Evolution zur Revolution.« Könnte es sein, dass das bewusste Aufnehmen und senden von Lumen-Christi (Licht des Auferstandenen, Licht der neuen Schöpfung) anders wirkt als »Licht, Liebe, Heil, Friede«? – Wird im Osterruf »Lumen Christi« die Kraft der Erneuerung anders, revolutionärer wirksam als über andere Worte?

Mitten in diesem Suchprozess schenkte mir ein Freund das neue Buch von Satprem, dem schon erwähnten Biographen »der Mutter« mit der Überschrift »Der kommende Atem«. Auf dem Buchdeckel heißt es:

> »Irgendwann, vielleicht im Erdmittelalter, landeten Fische in langsam austrocknenden Wasserschichten und wurden gezwungen, eine andere Atemweise zu erlernen. So wurden die Amphibien geboren. Sie verließen ihr Goldfischglas, und außerhalb des Goldfischglases fanden sie nicht den Tod: Sie entdeckten eine andere Art zu atmen.
>
> Das Ende des Fisches bedeutet nicht den Tod, es bedeutet eine andere Spezies: die Amphibie, die in eine andere Luft vorstößt.
>
> Desgleichen ist es in der Tiefe der uns bekannten Pseudo-Physiologie ... In der Tiefe können wir eben diese Glaswand durchbrechen, die uns gefangen hält, und wir erreichen eine andere materielle Luft, eine andere Atemweise ... in der Materie.
>
> Ein anderes Gesetz.
>
> Eine andere Möglichkeit des Seins.«[125]

Eine andere Atemweise kommt auf uns zu. Aber warum »Lumen Christi«?

Könnte es sein, dass in uns durch die Verbindung des Ostergrußes mit dem Atem das »eschatologische Erleben« geweckt wird? – Eschatologie ist in der christlichen Theologie ja die Lehre von den letzten Dingen, vom so genannten Ende der Zeit. – Eschatologisches Erleben wäre Gegenwärtigung! Über eschatologisches Erleben wird die Zukunft in die Gegenwart hineingeholt. Ist dies gemeint mit der Aufforderung: »Lerne den neuen Atem: Atme Lumen Christi, sei Lumen Christi«? Kann Maria, die Gebärmutter der Lichtmaterie, uns helfen, den neuen Atem zu finden?

Mit dieser Fragestellung suchte ich wieder zeitgemäße Formulierungen zum so genannten »Ende der Zeit«. Ich fand starke, inspirierende Aussagen dazu im Buch »Unser Haus, die Erde« von Leonardo Boff. Im Kapitel über ein zeitgemäßes Verständnis von Theophanie (Gott, alles in Allem) heißt es:

»Das ökologische und kosmogenische Bewusstsein haben uns auf die Tatsache aufmerksam gemacht, dass sich sowohl der Kosmos als auch die Menschheit in einem gewaltigen Werdeprozess befinden, der noch lange nicht abgeschlossen ist. Erst in der Zukunft und weder in der Vergangenheit noch in der Gegenwart findet unser wahres Wesen zu seiner Verwirklichung. Weder der Kosmos noch wir selbst sind, wozu wir gerufen sind zu sein.

Kategorien wie Kosmogenese, Zukunft, Hoffnung, Projekt, neuer Himmel und neue Erde bringen den Sinn dieses gewaltigen noch in Gang befindlichen Prozesses zum Ausdruck. Das Vorwärts- und Aufwärtsschreiten beschreibt unentwegt den dialektischen Bogen von Chaos und Kosmos, von Ordnung, Krise und neuer Ordnung und steigt auf zu immer komplexeren und höheren Ebenen von Ausstrahlung, Energie und Sein.

Die gesamte biblische und theologische Überlieferung sieht den Heiligen Geist in Bezug zur Zukunft. Er wird dargestellt als das Prinzip des neuen Himmels und des neuen Kosmos. Wenn er über unsere Realität ›ausgegossen wird, dann wird die Wüste zum Garten, und der Garten wird zu einem Wald. In der Wüste wohnt das Recht, die Gerechtigkeit weilt in den Gärten. Das Werk der Gerechtigkeit wird der Friede sein, der Ertrag der Gerechtigkeit sind Ruhe und Sicherheit für immer‹ (Jes 32, 15–17).

Im biblischen Verständnis wird die Geschichte dann ihr glückliches Ende finden, wenn der Geist über das Fleisch und über den ganzen Kosmos ausgegossen wird (Joel 2, 28–32; Apg 2, 16–19). Der neue Mann und die neue Frau werden kraft des Geistes kommen, der uns an den neuen Adam, das heißt an Jesus Christus (vgl. 1 Kor 12,13) und an die neue Eva (vgl. Gen 3,15; Joh 19,27) rück-binden wird. Dass wir dann auch neugeboren werden, wird dem Geist zugeschrieben (Joh 3,3–8). Allen wird ein ›geistiger Leib‹ (1 Kor 15,45) versprochen, mit anderen Worten: eine konkrete Existenz im Kosmos, mit den Merkmalen des Geistes, wie sie am Leib des auferweckten Jesus abzulesen ist: Leben in Fülle, uneingeschränkte Kommunikation und Verklärung der materiellen Gegebenheiten.

Am Ziel der Geschichte wird die ganze Schöpfung pneumatifiziert, will sagen: erfüllt mit Dynamik, mit Leben und mit der Möglichkeit, dass alle mit allen ebenso wie mit Gott kommunizieren. Gott wohnt dann voll und endgültig in der Schöpfung. Deshalb verliert diese aber nicht ihren Charakter als offenes System. Im Gegenteil, jetzt erst ist ihre Offenheit grenzenlos. Doch handelt es sich dann dabei weniger darum, dass die Schöpfung in Gott, sondern vielmehr in das Leben Gottes eintaucht; und dieses haben wir uns als einen Prozess grenzenloser Selbstverwirklichung ohne Entropie vorzustellen, der zeitgleich mit dem Universum angefangen hat. Dann aber bringt die Aufgipfelung der kosmogenischen Geschichte das Ende der Vorgeschichte. Nunmehr beginnt die ewige Geschichte einer grenzenlosen Entwicklung und einer unerschöpflichen Aneignung des Reiches der Dreieinigkeit.«[128]

Kann Maria, dieser besondere Tempel des Heiligen Geistes uns helfen, den neuen Atem zu finden? Die Frage stellen, heißt sie bejahen.

Schlussgedanken

Die besondere Herausforderung beim Schreiben dieses Buches lag unter anderem darin, mich bewusst mit den verschiedenen, zu meinem Leben gehörenden religiösen Traditionen, im Kontext meiner inneren Führung, auseinanderzusetzen. Dabei machte ich eine alte Erfahrung neu: Die Sprache meiner Seele ist immer christo-zentrisch und trinitarisch – gerade wenn ich in neue Räume geführt werde, und das, obwohl ich nie Theologie studierte. Die tiefere Botschaft theologischer Inhalte wird mir aber häufiger über andere Weisheitstraditionen, zumal über den Zen-Buddhismus, erschlossen, als über die gängige christliche Verkündigung.

Die Auseinandersetzung mit dem mir geschenkten Text »Eins und Alles«, führte mich erneut in dieses Spannungsfeld hinein. Dabei wurde mir deutlich, dass sich die spirituellen Wege der verschiedenen Traditionen in zwei Hauptströmungen einteilen lassen:

- Die einen erfahren die Materie getrennt von der letzten Wirklichkeit. Für extreme Verfechter dieser Richtung existiert sie überhaupt nicht. Materie wird als Maya wahrgenommen, also als Illusion.
- Die anderen sind sozusagen »Hüter der Materie«. Nach ihnen kommt alle Materie aus Gott, hat in ihm Bestand und befindet sich in einem kontinuierlichem Prozess der Wandlung und Höherentwicklung.

Zwischen diesen beiden Richtungen gab und gibt es viele Auseinandersetzungen. Für mich gehören die beiden Richtungen unabdingbar zusammen. Das Suchen nach Erleuchtung und das Erkennen der allumfassenden Wirklichkeit in der ganzen phänomenalen Welt führt nicht von der Wesenschau, von der Erleuchtung weg, sondern tiefer in sie hinein.

Es gehört offenbar zu meinem Weg, dem Prozess der Transformation der Materie mit allen Kräften zu dienen. Im Gegensatz zu den frühen Achtzigerjahren fühle ich mich nicht mehr ohne Lehrerin. Beim fortwährenden Beschreiten von Neuland, wie es zu diesem Prozess gehört, ist Maria-Sophia-Sponsa meine Lehrerin. Sie ruft uns alle, Priesterinnen und Priester der kosmischen Wandlung zu sein. Und sie weist Wege, wie dies im Hier und Jetzt konkret geschehen kann.

Ein Weg liegt in der Entfaltung weiblicher Kraft, Macht und Energie. Er ist nicht allein den Frauen vorbehalten. Als Qualität ist die weibliche Energie in jedem Menschen angelegt, in Frau und Mann. Der besondere Akzent des weiblichen Umgangs mit Macht kann von beiden Geschlechtern gelebt werden. In vielen Menschen schlummert diese Kraft noch. Unsere Zeit verlangt dringend danach, dass sie geweckt, entfaltet und umgesetzt wird.

In Maria sind – so sahen wir – drei Archetypen der weiblichen Macht verkörpert: die Mutter, die Jungfrau und die Gemahlin/die Partnerin (Maria-Sophia-Sponsa): verschiedene Facetten des Weiblichen, die einander ergänzen und alle auf die je eigene Weise not-wendend sind.

Da begegnet zunächst die *Mutter*. Maria ist das Urbild der *mütterlichen* Barmherzigkeit. Ohne diese Qualität kann das Dunkle, Erstarrte, Verirrte, können die Schattenreiche nicht erlöst werden. Es gilt, die mütterliche Barmherzigkeit in der Kraft Marias in uns selber zu entfalten. Es geht darum zu lernen: Im Schutz von Maria, der barmherzigen Mutter aller unerlösten Schöpfung, und durch sie ermächtigt, sind wir befähigt, in das Dunkel unserer Zeit hineinzugehen und darin das Licht Christi zu entzünden.

Ein zweiter weiblicher Archetyp, inkarniert in Maria, ist die *Jungfrau*. Auch dieser Archetyp drückt eine innere Haltung aus, die nicht den Frauen vorbehalten ist. Es geht um bedingungslose Offenheit gegenüber dem Göttlichen in uns und in aller Existenz: um eine Haltung, die radikal ernst nimmt, dass Gott in und durch uns lebt.

Mit Marias Hilfe können wir uns für die göttliche Dimension öffnen und aus ihr heraus im Hier und Jetzt die Welt gestalten. Ein für alle Mal sind wir Mitschöpferinnen und Mitschöpfer Gottes, ohne uns geht es nicht.

Der Archetypus der Jungfrau richtet sich also auf das Göttliche aus, wie immer es sich präsentiert. Diese jungfräuliche Haltung führt uns dazu, uns den anderen Religionen zu öffnen und ihnen in Ehrfurcht und Achtung zu begegnen.

Und schließlich sehen wir Maria-Sophia-Sponsa die *Partnerin*, die *Gefährtin*. Sie steht für jene Geisteshaltung, die den Dualismus zwischen Schöpfer und Geschöpf ein für alle Mal auflöst. Erwachen »Liebesvereinigung« ist das Wort, das sie kennzeichnet.

In MEINER Auferstehung und Himmelfahrt gebar ICH die Samen der neuen Schöpfung

In MIR seid Ihr gestorben der alten Schöpfung, in MIR seid Ihr auferstanden

Genährt von tiefer Erkenntnis steht der neugeborene Mensch auf. Auge in Auge sich in Christus erkennend.

Das archetypische Bild der heiligen Hochzeit, Vereinigung von Geist und Materie wird hier aktiviert. Diese Hochzeit geschieht leiblich an uns, sie vollzieht sich im Körper. Texte der Bibel (z.B. »Lebt als Kinder des Lichts«; »Mache dich auf und werde Licht«) entschlüsseln sich in der Erfahrung als Transformation des menschlichen Körpers. Im Körper vereinigen sich Geist und Materie, der Körper verwandelt sich zum Körper aus Licht.

Maria-Sophia-Sponsa trägt in sich die Verheißung echter Partnerschaft auf allen Ebenen des Daseins, auch zwischen Mann und Frau. Kräfte der Freude, Kreativität und gegenseitige Inspiration werden wach, wenn jahrhundertealte Verletzungen zwischen den Geschlechtern heilen können, wenn die weibliche Macht sich partnerschaftlich mit der männlichen verbindet.

Maria ruft uns alle, Priesterinnen und Priester der kosmischen Wandlung zu sein. Wie kann das geschehen? – Ein Weg liegt in der in diesem Buch beschriebenen Entfaltung der weiblichen Kraft, Macht und Energie. Sie ist die Voraussetzung, dass sich unsere Körper transformieren können.

Sie wirkt sich auf die Gestaltung der neuen Strukturen aus, derer wir so dringend bedürfen. Die Entfaltung der weiblichen Macht und die Selbstorganisation der Menschheit nach dem Abbild göttlicher Grundstrukturen können uns aus der von vielen Menschen lähmend empfundenen Ohnmacht herausführen.

Indem sie das weibliche Potential weckt, ermächtigt Maria die Menschheit zu ihrer Selbstorganisation aus der spirituellen Quelle.

Anders als im Tierreich geschieht diese Selbstorganisation nicht instinktiv. Sie muss vom Menschen bewirkt, geschaffen werden, indem er die entsprechenden Strukturen und Kommunikationsformen herstellt. Das innerste Wesen der Schöpfung ist aber aufgebaut auf jene dreifaltig-göttliche Grundstruktur: Einheit, Verschiedenheit, Einzigartigkeit. Die Selbstorganisation der Menschheit kann gelingen, wenn wir flexible und lebensfördernde Strukturen schaffen, die für diese drei Dimensionen Erfahrungsräume öffnen und sie zur Blüte bringen.

Und sie weist Wege, wie dies im Hier und Jetzt konkret geschehen kann.

Anhang

Verzeichnis der benutzten Literatur

Annan Kofi: Brücken in die Zukunft; Eine Initiative von Kofi Annan; Frankfurt am Main (S. Fischer Verlag) 2001

Binder, Werner: Im Atem der Barmherzigkeit; Zürich (Sebil-Verlag) 2001

Boff, Leonardo: Das Weibliche und der heilige Geist; Düsseldorf (Patmos Verlag) 1982

Boff, Leonardo: Unser Haus, die Erde, Den Schrei der Unterdrückten hören; Düsseldorf (Patmos Verlag) 1996

Brennan, Barbara Ann: Licht-Heilung; München (Wilhelm Goldmann Verlag) 1994

Brennan, Barbara Ann: Licht-Arbeit; München (Wilhelm Goldmann Verlag) 1989

Bresch, Carsten: Zwischenstufe Leben, Evolution ohne Ziel?; München (Fischer Verlag) 1983

Coelho, Paulo: Der Alchimist, Roman; Zürich (Diogenes Verlag AG) 1996

Der Weg der Meister I: Texte von Meister Eckehart, Johannes Tauler, Heinrich Seuse, Angelus Silesius; Dietfurt/Altmühltal (Meditationshaus St. Franziskus) 1988

Der Weg der Meister II: Texte von Meister Eckehart, Johannes Tauler und der Deutschen Mystik; Dietfurt/Altmühltal (Meditationshaus St. Franziskus) 1988

Päpstliches Sekretariat für die Nichtchristen: Dialog und Mission

Einsichten des Glaubens, Texte der Kirchenväter, Band 2, München (Kösel-Verlag) 1963

Enomiya-Lassalle, Hugo M.: Leben im neuen Bewusstsein, ausgew. Texte zu Fragen der Zeit, Hrsg. Roland Ropers; München (Kösel-Verlag) 1986

Evdokimov, Paul: Die Frau und das Heil der Welt; Moers (Brendow Verlag/Kaffke Verlag)1989

Frambach, Ludwig: Identität und Befreiung in Gestalttherapie, Zen und christlicher Spiritualität; Petersburg (Verlag Via Nova) 1993

Gössmann, Elisabeth: Reflexionen zur mariologischen Dogmengeschichte; in: Hedwig Röckelein (Hrsg.): Maria Abbild oder Vorbild. Zur Sozialgeschichte mittelalterlicher Marienverehrung; Tübingen (Ed. Diskord) 1990 (Tagungsdokumentation)

Gebser, Jean: Gesamtausgabe II, Ursprung und Gegenwart; Schaffhausen (Novalis Verlag) 1978

Gorecka, Marzena: Das Bild Marias in der Deutschen Mystik des Mittelalters; Bern (Peter Lang Verlag) 1999

Greeley, Andrew: Maria: Über die weibliche Dimension Gottes; Graz (Verlag Styria) 1979

Greenwell, Bonnie: Kundalini, Erfahrungen mit der geheimnisvollen Urkraft der Erleuchtung; Bergisch-Gladbach (Gustav Lübbe Verlag GmbH) 1998

Gyger, Pia: Mensch verbinde Erde und Himmel; Luzern/Stuttgart (rex verlag) 1993

Handbuch der Marienkunde, Hrsg. von Wolfgang Beinert und Heinrich Petri, Band 1; Regensburg (Verlag Friedrich Pustet) 1997

Hartmann, Thom: Unser ausgebrannter Planet; München (Bertelsmann: Reihe Riemann-Verlag) 2000

Hinze, Oscar Marcel: Tantra-Vidya; Wissenschaft des Tantra; Freiburg im Br. (Aurum-Verlag) 1983

Iranschähr, H.K.: Der neue Mensch im neuen Zeitalter; Gossau (Lukas-Verlag) 1991

Johnson, Elisabeth A.: Ich bin die ich bin. Wenn Frauen Gott sagen; Düsseldorf (Patmos Verlag) 1994

Jung, C.G.: Psychologie und Alchemie; Olten (Walter-Verlag) 1975

Jung, C.G.: Mensch und Seele, Aus dem Gesamtwerk ausgewählt von Jolande Jacobi; Zürich (Ex-Libris) 1971

Karrer, Otto: Maria in Dichtung und Deutung; Zürich (Manesse Bibliothek der Weltliteratur) 1962

Katechismus der Katholischen Kirche; Freiburg Schweiz (Paulusverlag) 1993

Laszlo, Erwin: Kosmische Spiritualität; Frankfurt am Main und Leipzig (Insel Taschenbuch) 1997

Leong, Kenneth S.: Jesus der Zen-Lehrer; Freiburg im Breisgau (Herder Spektrum) 2000

Lorenz, Erika: Ein Pfad im Wegelosen; Freiburg im Breisgau (Verlag Herder) 1986

Magyarosy, Maruscha: Intelligenz des Herzens durch die Fünf Tibeter; Bern, München, Wien (Scherz Verlag) 1997

Mallasz, Gitta: Die Antwort der Engel; Zürich (Daimon Verlag AG) 1998
Meier-Seethaler, Carola: Ursprünge und Befreiung; (Arche-Verlag) 1989
Muller, Robert: First Lady of the World
Murphy, Michael: Der Quantenmensch; Wessobrunn (Integral) 1994
Mythen der Welt; Luzern und Frankfurt/M (Verlag C.J. Bucher) 1976
Paul VI: Marialis Cultus; Leutesdorf 1974
Pearce, Joseph Chilton: Der nächste Schritt der Menschheit; Freiamt (Arbor-Verlag) 1994
Pilgerbuch von Lourdes, Führer durch das Heiligtum; Oeuvre de la Grotte, 1995-1996
Rahner Karl: Grundkurs des Glaubens; Freiburg i.Br. (Herder) 1975
Rosenberg, Alfons: Engel und Dämonen, Gestaltwandel eines Urbildes; München (Kösel-Verlag) 1986
Satprem: Das Mental der Zellen; Paris und Einsiedeln (Institut für Evolutionsforschung und Daimon Verlag) 1992
Satprem: Der kommende Atem; Einsiedeln (Daimon Verlag) 1987
Schiwy, Günther: Ein Gott im Wandel; Düsseldorf (Patmos Verlag) 2001
Schiwy, Günther: Kosmische Gebete des Teilhard de Chardin; Hildesheim (Bernward) 1986
Spendel, Stefanie Aurelia und Wagner, Marion: Maria zu lieben. Moderne Rede über eine biblische Frau; Regensburg (Verlag Friedrich Pustet) 1999
Swimme, Brian: Das Universum ist ein grüner Drache; München (Claudius Verlag) 1991
Szondi, Leopold: Ich-Analyse. Die Grundlage zur Vereinigung der Tiefenpsychologie; Bern (Verlag Hans Huber) 1956
Talbot, Michael: Das holographische Universum. Die Welt in neuer Dimension;München (Droemer Knaur) 1992
Teilhard de Chardin, Pierre: Hymne an das Ewig Weibliche; Einsiedeln (Johannes Verlag) 1968
Teilhard de Chardin, Pierre: Lobgesang des Alls; Paris (Editions du Seuil) 1961
Teilhard de Chardin, Pierre: Die Entstehung des Menschen; Zürich (Ex Libris) 1978
Teilhard de Chardin, Pierre: Die Menschliche Energie, Teilhards Werke bei Walter; Olten und Freiburg i. Br. (Walter-Verlag)
von Le Fort, Gertrud: Die ewige Frau – Die Frau in der Zeit – Die zeitlose Frau; Karben (Verlag Petra Wald) 1996
von Weizsäcker, Carl Friedrich und Gopi Krishna: Die biologische Basis der religiösen Erfahrung; Bern und München (Suhrkamp) 1988
Walach, Harald: Zeitschrift für Transpersonale Psychologie und Psychotherapie, 6. Jahrgang, Heft 2/2000
Weil, Alfred: Wege zur Todlosigkeit; Tod und Transzendenz in der Lehre des Buddha; Universität Konstanz 1993
Wilber, Ken: Eros, Kosmos, Logos; Frankfurt am Main (Wolfgang Krüger Verlag) 1996
Wilber, Ken: Integrale Psychologie; Freiamt (Arbor Verlag) 2001

Anmerkungen

1 Pilgerbuch von Lourdes, Führer durch das Heiligtum, S. 37
2 Paul Evdokimov: Die Frau und das Heil der Welt, S. 87
3 Handbuch der Marienkunde, Band 1, S. 248
4 Texte der Kirchenväter, Band 2, S. 248f.
5 Ebd., S. 245
6 Ebd., Band 2, S. 260
7 Vgl. Elisabeth Gössmann: Reflexionen zur mariologischen Dogmengeschichte
8 Handbuch der Marienkunde, Band 1, S. 126
9 Ebd., S. 126f.
10 Paul Evdokimov: Die Frau und das Heil der Welt, S. 89
11 Pierre Teilhard de Chardin: Hymne an das Ewig Weibliche, S. 5
12 Handbuch der Marienkunde, Band 1, S. 311
13 Pia Gyger: Mensch verbinde Erde und Himmel, S. 67
14 Leonardo Boff: Das Weibliche und der heilige Geist, S. 52 f.
15 Erika Lorenz: Ein Pfad im Weglosen, S. 156

16 Vgl. Pia Gyger: Mensch verbinde Erde und Himmel, S. 119 ff.
17 Niklaus Brantschen: Unveröffentlichte Texte
18 Katechismus der Katholischen Kirche, S. 131 ff.
19 Ebd., S. 127, Absatz 377
20 Genesis 3, 23–24
21 Jean Gebser: Gesamtausgabe Band II, Ursprung und Gegenwart
22 Ken Wilber: Eros, Kosmos, Logos, S. 36 ff.
23 Mythen der Welt, S. 18
24 Handbuch der Marienkunde, Band 1, S. 337 f.
25 Ebd., Band 1, S. 338
26 Dialog und Mission: Päpstliches Sekretariat für die Nichtchristen, Abs. 3, 18, 19, 21
27 Paul Evdokimov: Die Frau und das Heil der Welt, S. 145
28 Katechismus der Katholischen Kirche, S. 268, Abs. 643
29 1 Kor 15, 12–22
30 1 Kor 15, 26–29
31 1 Kor 15, 35–55
32 Vgl. Katechismus der Katholischen Kirche, S. 275, Abs. 966
33 Ebd., S. 287, Abs. 655
34 Kol 3,1
35 Gertrud von Le Fort: Die ewige Frau
36 Vgl. Paul VI.: Marialis Cultus
37 Karl Rahner: Grundkurs des Glaubens
38 Stefanie A. Spendel/Marion Wagner: Maria zu lieben, S. 19
39 Leonardo Boff: Unser Haus, die Erde, S. 298
40 Alfred Weil: Wege zur Todlosigkeit, S. 28
41 Ebd., S. 30 f.
42 Alfred Weil: Wege zur Todlosigkeit, S. 35 f.
43 Ebd., S. 36
44 Ebd., S. 39
45 Ebd., S. 72
46 Ebd., S. 50
47 Ebd., S. 144
48 Ebd., S. 104
49 Ebd., S. 104
50 Vgl. Alfons Rosenberg: Engel und Dämonen, S. 49–53
51 Ebd., S. 147
52 Ebd., Engel und Dämonen, S. 147–149
53 Otto Karrer: Maria in Dichtung und Deutung, S. 257
54 Carsten Bresch: Zwischenstufe Leben
55 Andrew Greeley: Maria, S. 97 ff.
56 Ebd., Maria, S. 117–118
57 Ebd., S. 119
58 Robert Muller: First Lady of the World, S. 90 f.
59 Günther Schiwy: Ein Gott im Wandel, S. 201
60 Ebd., S. 199–201
61 Ebd., S.203
62 Marzena Gorecka: Das Bild Marias in der Deutschen Mystik des Mittelalters, S. 586
63 Der Weg der Meister I, S.132–133
64 C.G. Jung: Psychologie und Alchemie, S. 26
65 Ebd., S. 109
66 Pia Gyger: Eins und Alles
67 Günther Schiwy: Ein Gott im Wandel, S. 213
68 Marzena Gorecka: Das Bild Marias in der Deutschen Mystik des Mittelalters, S. 589 ff.
69 Günther Schiwy: Kosmische Gebete des Teilhard de Chardin, S. 57–60
70 Kenneth S. Leong: Jesus der Zen-Lehrer, S. 126
71 Vgl. Pia Gyger: Mensch verbinde Erde und Himmel, S. 87
72 Günter Schiwy: Ein Gott im Wandel, S. 199–201
73 Vgl. Leopold Szondi: Ich-Analyse, S. 113–157

74 Meister Eckehart, in: Der Weg der Meister, Band I, S. 33
75 Johannes Tauler, in: Ebd., S. 34
76 Meister Eckehart, in: Ebd., S. 35
77 Johannes Tauler, in: Ebd., S. 16
78 Heinrich Seuse, in: Ebd., S. 23
79 Vgl. das innerste Anliegen Meister Eckeharts
80 Heinrich Seuse, in: Der Weg der Meister I, S. 157
81 Der Weg der Meister II, S. 7
82 Ebd., S. 15
83 Johannes Teuler, in: Der Weg der Meister I, S. 185
84 Meister Eckehart, in: Ebd., S. 182
85 Meister Eckehart, in: Ebd., S. 190
86 Heinrich Seuse, in: Ebd. S. 278
87 Harald Walach: Transpersonale Psychologie und Psychotherapie, Jg. 6, 2/2000, S. 53–67
88 Lukas 1, 46–56
89 Erwin Laszlo: Kosmische Kreativität, S. 283 f.
90 Johannes Tauler, in: Der Weg der Meister I, S. 263
91 Heinrich Seuse, in: Ebd., S. 209
92 Paulo Coelho: Der Alchimist, S. 139
93 Thom Hartmann: Unser ausgebrannter Planet
94 Aufschlussreich zu diesem Thema ist das Buch von Carola Meier-Seethaler: Ursprünge und Befreiung
95 Teilhard de Chardin: Hymne an das Ewig Weibliche, S. 5
96 C.G. Jung: Mensch und Seele, S. 62–74
97 Vgl. Andrew Greeley: Maria. Über die weibliche Dimension Gottes, S. 175–205
98 Ebd., S. 179
99 Ebd., S. 180–182
100 Vgl. Marzena Gorecka: Das Bild Marias in der Deutschen Mystik, S. 99
101 Günther Schiwy: Ein Gott im Wandel, S. 213
102 Gitta Mallasz: Die Antwort der Engel, S. 405
103 Ebd., S. 357
104 Ebd., S. 405
105 Elisabeth A. Johnson: Ich bin die ich bin, S. 124
106 Buch Weisheit 7, 22–8,1
107 Gitta Mallasz: Antwort der Engel, S. 385
108 Katechismus, S. 297, Abs. 314
109 Ebd., S. 287, Abs. 655
110 Ebd., S. 290, Abs. 1015
111 Ebd., S. 298, Abs. 1045
112 Oscar Marcel Hinze: Tantra-Vidya
113 C.F. von Weizsäcker und Gopi Krishna: Die biologische Basis der religiösen Erfahrung
114 Vgl. Oscar Marcel Hinze: Tantra-Vidya, S. 193–225
115 Michael Murphy: Der Quantenmensch
116 Michael Murphy: Der Quantenmensch, S. 219 f.
117 Satprem: Das Mental der Zellen, S. 44–45
118 Ebd., S. 121
119 Ebd., S. 115
120 Ebd., S. 139
121 Ebd., S. 23
122 Romano Guardini: Der geistliche Leib; in: Die letzten Dinge; Mainz (Matthias Grünewald) 1989. Zitiert nach: Michael Murphy: Der Quantenmensch, S. 221 f.
123 Joseph Chilton Pearce: Der nächste Schritt der Menschheit
124 Maruscha Magyarosy: Intelligenz des Herzens durch die Fünf Tibeter, S. 43 f.
125 Satprem: Der kommende Atem
126 Leonardo Boff: Unser Haus, die Erde; S. 274 f.
127 Günther Schiwy: Ein Gott im Wandel, S. 114 f.
128 Pierre Teilhard de Chardin: Lobgesang des Alls, S. 87 f.